高等师范院校公共课教材
全国中小学教师继续教育、培训、进修用书

现代教育技术

主　编　祝宇红　方华基
副主编　张　京　曹世华

ZHEJIANG UNIVERSITY PRESS
浙江大学出版社

内容简介

本书系统介绍了现代教育技术相关的教育理论、教学设计、评价原则与方法，以及现代教育技术的教学环境。并以多媒体课件制作为切入点，结合多个具有代表性的实例，对多媒体课件素材的获得与加工方法、基于多种平台的多媒体课件集成过程作了较为全面和详实地介绍，具有较强的实用性。

此外，本书配有光盘作为电子教材。本书适合师范专业全日制本科学生使用，也可作为中小学教师的培训用书。

图书在版编目（CIP）数据

现代教育技术／祝宇红，方华基主编．—杭州：浙江大学出版社，2011.6(2022.7 重印)

ISBN 978-7-308-08769-8

Ⅰ.①现… Ⅱ.①祝… ②方… Ⅲ.①教育技术学—高等师范院校—教材 Ⅳ.①G40－057

中国版本图书馆 CIP 数据核字（2011）第 108770 号

现代教育技术

祝宇红　方华基 主编

策划编辑　阮海潮

责任编辑　阮海潮(ruanhc@zju.edu.cn)

封面设计　俞亚彤

出版发行　浙江大学出版社

（杭州市天目山路 148 号　邮政编码 310007）

（网址：http://www.zjupress.com）

排　　版　杭州青翊图文设计有限公司

印　　刷　杭州良诸印刷有限公司

开　　本　787mm×1092mm　1/16

印　　张　20.5

字　　数　525 千

版 印 次　2011 年 6 月第 1 版　2022 年 7 月第 5 次印刷

书　　号　ISBN 978-7-308-08769-8

定　　价　58.00 元(含光盘)

《现代教育技术》编写组

主　编　祝宇红　方华基

副主编　张　京　曹世华

编著者　（按姓氏笔画排名）

方华基　关　伟　吕征宇　李志忠

张　京　祝宇红　曹世华

《现代教育技术》编写分工

第一章　关　伟

第二章　方华基

第三章　方华基　曹世华

第四章　祝宇红

第五章　曹世华

第六章　张　京　祝宇红　李志忠

配套光盘　吕征宇　祝宇红

前　言

当前，社会正朝着信息化的方向快速发展，信息技术特别是网络技术和多媒体技术已渗透到人们工作、学习和生活的各个方面，使社会发展和人民生活产生了巨大的变革。如电子商务改变了人们的购物理念和方式、远程教育跨越了教学的时空限制、数字媒体改变了人们获得信息的渠道和习惯。

信息技术的高速发展大大加快了教育信息化的进程，如计算机辅助教学、远程教育平台都已经得到了广泛的应用。同时，教育信息化的快速发展对身处信息时代的教育工作者提出了更高要求：在精通专业学科知识的同时，必须掌握相应的信息技术，并且能够有意识、有目的地应用到教育工作中去。2010 年，我国中长期教育发展纲要中提出了“提高教育现代化水平”的教育改革和发展目标，要实现这一目标的关键举措是加快教育信息化进程和强化信息技术应用。现代教育技术以其先进的理念与丰富的技术手段，必将在未来的教育改革和发展进程中发挥重要的作用。

本书系统地介绍了现代教育技术的理论和技术，全书由六个章节组成。第一章阐述了现代教育技术的基本概念，梳理了教育技术的产生和发展，并介绍了教育技术相关的理论。第二章介绍了教学设计的原则、步骤及教学评价的方法与指标，并结合实例，对多媒体课件的制作、使用与评价进行了系统阐述。第三章对当前的现代教育技术教学应用环境作了较为详细的介绍。第四章介绍了目前主流的多媒体素材种类及基本格式，并通过多个具有代表性的实例对多媒体素材的获得与加工技术作了详细的介绍。第五章介绍了网络教学的模式和发展趋势，并讲解了网络教学平台的设计、教学网站建设的一般方法与过程。第六章通过具体的实例，介绍了基于演示文稿、Flash 和网页三个平台的多媒体课件的集成与制作方法。本书还配有光盘作为本书的配套电子教材，该光盘提供了多媒体素材编辑与多媒体课件制作的范例。

本书在编写过程中得到了杭州师范大学有关领导和同行的支持，并在编写过程中参考了大量的文献和著作，汲取了精华，在此表示诚挚谢意。

本书凝结了编写组成员多年的教学经验，并听取了多方面的建议和意见，但限于水平，书中难免有不足之处，真诚希望同行与读者批评指正！

编　者

2011 年 5 月

目录

第1章　现代教育技术概述……1
1.1　现代教育技术的概念……1
1.1.1　教育技术的概念……1
1.1.2　现代教育技术的概念与特点……3
1.1.3　现代教育技术研究的内容……4
1.2　现代教育技术的产生与发展……5
1.2.1　国外教育技术产生与发展……5
1.2.2　我国教育技术产生与发展……7
1.2.3　现代教育技术的发展趋势……10
1.3　教育技术的基本理论……12
1.3.1　学习理论……12
1.3.2　传播理论……20
1.4　现代教育技术与教育现代化……22
1.4.1　现代教育的基本特征……22
1.4.2　现代教育技术对教育的促进作用……23
1.4.3　我国中小学现行教师教育技术能力标准……29
附:中小学教师教育技术能力标准(试行)……31

第2章　教学设计与评价……37
2.1　教学设计的基本概念……37
2.1.1　教学设计的定义……37
2.1.2　教学设计的基本原则……39
2.1.3　教学设计的基本步骤……40
2.1.4　教学设计的基本模式……40
2.2　教学评价……46
2.2.1　教学评价的功能……47
2.2.2　教学评价的种类……47

2.2.3 教学评价的方法 …… 49
2.2.4 教学设计的评价 …… 49
2.3 多媒体课件制作、使用及其评价 …… 51
2.3.1 多媒体课件的基本类型 …… 51
2.3.2 多媒体课件脚本的编写 …… 52
2.3.3 多媒体课件制作的一般流程 …… 56
2.3.4 多媒体课件的制作实例 …… 57
2.3.5 多媒体课件的使用 …… 59
2.3.6 多媒体课件的评价 …… 59

第 3 章 现代教育技术的教学应用环境 …… 71
3.1 教育媒体 …… 71
3.1.1 传统教育媒体 …… 72
3.1.2 现代教育媒体 …… 72
3.1.3 教育媒体使用选择 …… 73
3.2 现代教育媒体的基本使用 …… 75
3.2.1 常用视觉媒体的基本使用 …… 75
3.2.2 常用听觉媒体的基本使用 …… 79
3.2.3 常用视听觉媒体的基本使用 …… 84
3.3 综合媒体教学应用环境的基本使用 …… 88
3.3.1 微格教室 …… 88
3.3.2 教学视频录制系统 …… 92
3.3.3 多媒体教室 …… 94
3.3.4 网络教室 …… 96

第 4 章 数字化媒体素材 …… 99
4.1 数字化媒体素材的分类及常见格式 …… 99
4.1.1 文字素材的常见格式 …… 99
4.1.2 数字图像素材 …… 100
4.1.3 数字音频素材 …… 106
4.1.4 数字视频素材 …… 110
4.1.5 数字动画素材 …… 113
4.2 数字化素材的获得与加工 …… 114
4.2.1 文字素材 …… 114
4.2.2 数字图像素材的获得与加工 …… 118
4.2.3 数字音频素材的获得与加工 …… 128
4.2.4 数字视频素材的获得与加工 …… 140
4.2.5 数字动画素材的获得与加工 …… 162

第 5 章 网络教学 …… 194
5.1 网络教学概述 …… 194
5.1.1 网络教学的发展 …… 194
5.1.2 网络教学的优势 …… 196
5.1.3 网络教学的基本模式 …… 197
5.2 网络教学资源 …… 203
5.2.1 网络教学资源的现状 …… 203
5.2.2 网络教学资源的分类 …… 204
5.2.3 网络教学资源的应用 …… 206
5.3 网络教学平台 …… 215
5.3.1 网络教学平台及其发展现状 …… 215
5.3.2 网络教学平台的设计 …… 215
5.3.3 FrontPage 2003 建设教学资源网站实例 …… 224
5.3.4 网络辅助教学系统的评价 …… 236
5.4 网络教学趋势 …… 237

第 6 章 多媒体课件制作实例 …… 239
6.1 演示型多媒体课件制作实例 …… 239
6.1.1 PowerPoint 的基本操作 …… 239
6.1.2 课件屏幕风格设计 …… 244
6.1.3 课件结构的设计 …… 250
6.1.4 课件内容的编写 …… 256
6.1.5 动画的设计与制作 …… 263
6.1.6 放映设置 …… 274
6.1.7 控件工具应用 …… 276
6.2 Flash 课件制作实例 …… 282
6.2.1 使用 Flash 制作课件的优点 …… 282
6.2.2 基于 Flash 课件制作的一般过程 …… 283
6.2.3 基于 Flash 的多媒体素材使用技术 …… 284
6.2.4 基于 Flash 的课件制作实例——《摩擦力》 …… 287
6.3 基于网页的多媒体课件制作实例 …… 298
6.3.1 网页课件制作基础 …… 298
6.3.2 多媒体网页课件概述 …… 302
6.3.3 多媒体网页课件制作实例——《雷雨》 …… 306

参考文献 …… 317

第1章

现代教育技术概述

现代教育技术是以现代教育理论为指导，以信息技术为核心的教育技术。因此，要学好现代教育技术，我们应从理论研究和技术实践两个方面去认识和把握。

本章首先深层次地阐述了教育技术、现代教育技术的基本概念，然后扼要地梳理了教育技术的产生和发展历史，接下来简单介绍了教育技术的主要理论基础——学习理论和传播理论，最后着重讨论了现代教育技术与教育现代化的关系。

本章学习要求：

- 掌握和理解教育技术及现代教育技术的概念
- 了解教育技术的产生和发展过程
- 了解主要的学习理论
- 了解主要的传播理论
- 掌握现代教育技术的基本特征
- 理解现代教育技术与教育现代化的关系
- 了解我国中小学教师教育技术能力标准

§1.1 现代教育技术的概念

1.1.1 教育技术的概念

技术在不同的历史时期有不同的理解。最初，技术是指与人的手工操作有关的工艺和技巧。随着社会的发展，“技术”一词的内涵也在逐渐扩大：“技术是泛指根据生产实践经验和自然科学而成的各种工艺操作方法与技能；除操作技能外，广义的还包括相应的生产工具和其他物资设备，以及生产的工艺过程或作业程序、方法。”随着科学技术的进步，人们发现解决具体问题时，不仅要涉及与物质相关的手段，同时还要涉及与人智力有关的手段，因此对“技术”有了进一步的解释：“技术是为社会生产和人类物质文化生活需要服务的，供人类利用和改造自然的物质手段、智能手段和信息手段的总和。”

教育是一种有目的地对人传授知识、技能和培养良好道德品质的社会实践活动。进行教育活动需要教育技术,没有一定的教育技术,教育的目的就无法实现。从教育行为出现的第一天起,就伴随着教育技术的发展。在人类社会早期发展阶段出现的原始教育技术,即为口述、手势、口耳相传等手段。但是在漫长的教育发展过程中,人们并没有系统地研究它、认识它。直到 20 世纪 60 年代,随着信息媒体技术的不断发展,在现代系统科学方法的影响下,教育技术才逐渐形成独立的学科体系——教育技术学。

"教育技术(Educational Technology)"一词源于美国,随后引入到许多国家,并逐渐发展成为一门学科。对我国教育技术影响比较大的是美国教育传播与技术协会(Association for Education and Technology,AECT)1994 年和 2004 年发布的教育技术定义。

1.1.1.1　AECT 1994 定义

"教育技术是为了促进学习,对有关的过程和资源进行设计、开发、利用、管理和评价的理论与实践。"(Instructional technology is the theory and practice of design, development, utilization, management and evaluation of processes and resources for learning.)

这一定义表明教育技术的研究性质是理论和实践;教育技术的研究对象是学习过程和学习资源;教育技术的研究目的是为了促进学习;教育技术的研究范畴是设计、开发、利用、管理和评价。

(1)设计:学习过程和学习资源的设计是指详细规划学习者的学习过程,强调要在充分分析学习者特征的基础上确定具体的教学目标,进行教学内容、教学策略等系统的设计,以期使每一个学习者在有效的学习环境中得到适于自己学习的学习资源,使每个学习者的学习获得成功。

(2)开发:是指基于印刷技术、音像技术、计算机技术、综合技术等科学技术在教育、教学过程中的开发应用研究。如教学信息资源的开发、广播电视教学系统的开发、基于信息技术的网络教学系统工程的开发等都属于开发范畴。

(3)利用:是强调对于各种技术、相关学科的最新研究成果和各种信息资源的利用和推广,并要加强利用和推广的制度化、法规化建设,以保证教育技术手段的不断革新。

(4)管理:是指通过有计划地组织、协调、监督和控制各种学习资源,它包括教学开发项目管理、资源管理、教学传输系统管理、信息管理。管理是确保教育技术有效实施的保证。

(5)评价:就是运用科学技术手段,对教学结果进行规范化的测定、衡量,并给予价值判断的过程,评价是确定教学和学习是否达到目标的主要监控措施。

1.1.1.2　AECT 2004 定义

2004 年 AECT 又对教育技术定义重新进行了界定:"教育技术是指通过创设、使用和管理适当的技术过程和资源来促进学习和提升绩效的研究和符合伦理道德规范实践。"(Educational technology is the study and ethical practice of facilitating learning and improving performance by creating, using, and managing appropriate technological processes and resources.)

2004 定义对 1994 定义的提法作了一些更正:"教学技术"改为"教育技术";将教育技术的五个领域合并为三个领域。新定义强调的几个主要的关键词,带给我们诸多启示:

"创设"指的是在各种不同的、正式或非正式的环境中,创建学习情境所涉及的研究、理论和实践。创设可以包括一系列活动,具体根据使用的设计方法而定。设计方法可以由不同的习惯衍化而来:包括审美的、科学的、工程的、心理的、程序的、系统的。每一种都可以用来为有效的学习创设必要的材料和条件。

"使用",这一要素是指将学习者带入学习环境,接触学习资源所涉及的理论和实践。正因为如此,这是一个中心活动。活动从选择合适的过程和资源(或称之为方法和材料)开始,无论这选择来自于学习者还是教师。明智的选择必须基于对材料的评价,即判断现有的资源是否适合对象和目的。通常在一个教师的指导下,经过一些步骤,学习者在某个环境中接触学习材料。这样的设计和操作过程可以称之为"利用"(Utilization)。如果资源中涉及不熟悉的媒体类型或方法,需要事先对其可用性进行测试。

该定义不再把"评价"作为一个专门的领域,因为定义提到的教育技术概念中的三个主要功能——创设、使用和管理,可以被视为三种独立的活动,由不同的人士在不同的时间中各自进行。它们也可被视为一个大的教学开发过程中的不同阶段。从系统方法论来看,每个阶段都伴随着评价的过程,实现对每个阶段的过程进行监督,并采取纠正性措施,这正是系统方法的重要特征。

新定义更加强调过程和资源的技术性与合适性,认为教育技术的技术性是教育技术区别于教育领域中其他过程或资源的根本所在。

新的定义特别强调了"提高绩效"与"符合伦理道德"。"绩效",指的是学习者的能力及其在新环境中的迁移能力。从历史上看,教育技术始终特别注重结果,如程序教学以用户在教学后完成"最终目标"的程度进行评价。"提高绩效"强化了学习的新的含义:不仅是静态的知识,还是应用的能力。

"伦理道德"不仅仅是指知识产权、版权意识等,而是更重视社会责任感。从批判性的视角而言,教育技术的专业人士必须质问自己的实践活动,对自身在恰当的、符合伦理道德应用方面加以关注。

1.1.2　现代教育技术的概念与特点

1.1.2.1　现代教育技术定义

"现代教育技术"是近几年来随着信息技术在教育领域的应用而产生的新名词,是我国特有的叫法,其定义众说纷纭,没有定论。归纳起来有以下三种不同的认识:

(1)手段、方法说。该说法认为:"现代教育技术是把现代教育理论应用于教育、教学实践的现代教育手段和方法的体系。包括以下几个方面:教育、教学应用的现代技术手段,即现代教育媒体;应用现代教育媒体进行教育、教学活动的方法,即媒传教学法;优化教育、教学的系统方法,即教学设计。"有学者则认为:"现代教育技术是指以计算机为核心的信息技术在教育、教学领域的运用。"

(2)认为我国的现代教育技术相当于美国的教育技术。"现代教育技术"是相对"传统教育技术"的一个术语,任何时代任何形式的"教育"都有其"教育技术",只是"技术"的含量和水平有高有低而已。教育技术不仅包含物化的媒体技术,也包括非物化的教育规划与开发技术、教学设计与组合技术、教学策略与方法技术、教学信息传播与交互技术、教学测量与评价技术、教学管理与控制技术。随着现代教育思想、理论的发展,以及信息技术,尤其是计算机技术、通讯技术的发展与在教育中的应用,教育技术也进入了一个新的阶段。为了强调教育技术理论和实践在现阶段要融合和运用更多的现代媒体、现代学与教的基本理论、现代方法论去解决教育教学问题，就冠以“现代教育技术”之称，而定义仍沿用美国 AECT 教育技术 1994 定义。

(3)以美国 AECT 教育技术 1994 定义为基础，结合我国实际，提出现代教育技术的定义，“现代教育技术就是运用现代教育理论和现代信息技术，通过对教与学过程和教与学资源的设计、开发、利用、评价和管理，以实现教学优化的理论与实践”。

与教育技术定义比较，现代教育技术定义强调必须运用现代教育理论和现代信息技术；不但研究学习过程，还要研究教学过程；强调现代教育技术追求的目标是实现教学优化。可以从以下四个方面来理解该定义的基本思想：

(1)现代教育技术应用必须要以现代教育理论为指导。现代教育技术的应用是教育思想的体现。应用现代教育技术，首先必须考虑能充分体现教师的指导作用，充分发挥学习者作为认知主体地位的新教育思想。

(2)现代教育技术要充分运用各种信息技术。在当前，应用于教育中的现代信息技术主要包括模拟与数字音像技术、卫星广播电视技术、计算机多媒体技术、人工智能技术、互联网络通讯技术和虚拟现实仿真技术等等。对现代信息技术的使用，应根据教学实际的需要加以选择，同时不能一味地追求高档设备而抛弃常规的音像技术，要避免出现高级设备低级使用的现象。

(3)现代教育技术是以优化教与学过程和教与学资源为任务，这就要求不仅要研究教与学资源，还必须重视研究教与学的过程，即对教学模式的研究。

(4)现代教育技术的应用包括设计(设计教学过程、教学软件、教学环境和教学模式)、开发(开发教学软件、硬件、课程和教学模式)、应用(应用于实际教学过程中)、评价和管理五个基本环节。而且，随着现代信息技术的发展，教育技术的应用方式也在不断地发展。

1.1.2.2 现代教育技术的特点

(1)网络化：教育技术网络化的最明显标志是互联网应用的急剧发展。这会对未来的教育产生深远的影响，这种影响不仅表现在教学手段、教学方法的改变上，而且将引起教学模式和教育体制的根本变革。

(2)多媒体化：近年来，多媒体教育应用正在迅速成为教育技术中的主流技术，换句话说，目前国际上的教育技术正在迅速走向多媒化，如多媒体教学系统和多媒体电子出版物等。

(3)愈来愈重视教育技术理论基础的研究：没有理论的实践是盲目的实践，没有理论指导的应用只能停留在一个较低的水平上，不会有突破性的进展，因此近年来，国际教育技术界在大力推广应用教育技术的同时都日益重视并加强对教育技术理论基础的研究。

(4)愈来愈强调教育技术应用模式的多样化：即使是像美国以及北大西洋公约组织所属的这类发达国家，对教育技术的应用也不是同一模式、同一要求，而是根据社会需求和具体条件的不同划分不同的应用层次，采用不同的应用模式。

1.1.3 现代教育技术研究的内容

(1)学科基础理论的研究，如学科的性质、任务、概念、研究方法与相关学科的关系等。

(2)视听教育的理论与技术，包括各种常规视听媒体的教育功能和组合应用技术研究，各种常规视听教材的设计、制作、评价、使用技术研究，以及运用视听教育各种模式优化教学过程、提高教学质量和教学效果的理论与实践研究。

(3)计算机辅助教育的理论与技术，包括计算机辅助教学和计算机管理教学，多媒体计算机教学软件的开发和教学系统的设计,计算机教育网络的建立和应用等。

(4)教学设计与教学评价的理论与技术,包括对各种学习理论、传播理论、系统方法论的应用研究,对采用现代媒体技术和信息技术进行教学的方法、原则、规律、心理现象的研究,各种现代科学测量评价技术的应用研究等。

(5)远程教学的理论与技术,包括其网络建设、教学目标、形式、特点、组织管理等。

(6)教育技术管理的理论与技术,包括硬件设备和软件资料的管理方法以及学科有关的方针、政策、组织机构、专业设置等的研究。

(7)新媒体、新技术、新方法和新观念在教育教学中的应用研究。

§1.2　现代教育技术的产生与发展

在考查教育技术的历史之前,我们首先来看一下教育技术在教育发展历程中的地位。教育史家把教育发展史划分为四个阶段,即所谓的教育的"四次革命"。

第一次革命(约在公元前30世纪,原始社会末期),以专业教师的出现为标志。它使学习者从跟随家族的劳动和日常生活中学习,转变为跟随专职教师学习,从而引起了教育方式的大变革。

第二次革命(约在公元前11世纪,奴隶社会的商代以后),以文字体系的出现作为标志。象形字的出现,改变了过去单一的口耳相传的教育方式,使书写训练成为与口语同样重要的教育方法,引起了教育方式的又一次变革。

第三次革命(公元11世纪,我国北宋时期),以印刷术的出现为标志。印刷术的应用,出现了教科书。人们不仅可以向教师学习,也可向书本学习,从而扩大了知识传播的速度和广度,并能长期记载人类的知识和经验。班级授课制相继产生,引起了教育方式的再一次变革。

第四次革命(19世纪以来),以现代教育技术媒体的出现为标志。随着科技的发展,大量的教育技术媒体引入教育,使教育方式又产生了一次新的变化。人们不仅可以向教师和书本学习,还可以通过教育技术媒体进行学习,它不仅可以进行集体教学,也可以进行个别化教学,不仅可以进行课堂教学,还可以通过网络进行远距离教学。使教育朝着高效、优质的方向发展。

1.2.1　国外教育技术产生与发展

国外现代教育技术的产生与发展,大致经历了以下六个阶段:

(1)萌芽阶段(19世纪末),又称为直观教学阶段。以幻灯教育的出现为标志。

17世纪,著名的捷克教育家夸美纽斯发表了《大教学论》,他主张"让一切学校布满图像"、"让一切教学用书充满图像",被西方国家誉为"直观教学之父"。进入19世纪以后,出现了许多机械的、光学的和电气传播信息的媒体,如最早问世的幻灯机,进一步推动了直观教学的发展。

(2)起步阶段(20世纪20年代),又称为视觉教育阶段。以无声电影教学为标志。

最早使用视觉教育术语的是美国宾夕法尼亚州的一家出版公司,1906年,它出版了一本介绍如何拍摄照片、如何制作和利用幻灯片的书,书名就是《视觉教育》。1923年,美国教育协会建立了视觉教育分会。许多教学人员进行了一些实验，对视觉教育的有效性和适应性的研究取得了一定的成果，在此基础上，出现了第一本有关视觉教育的教科书《公立学校中的视觉教学》。

(3)初期发展阶段(20 世纪 30—40 年代)，又称为视听教育阶段。以有声电影、录音教学的出现为标志。

30 年代后半叶，无线电广播、有声电影、录音机先后在教育中获得运用，人们感到视觉教育名称已经概括不了已有的实践，并开始在文章中使用视听教育的术语。1947 年，美国教育协会的视觉教育分会改名为视听教学分会。在诸多关于视听教育的研究中，堪称代表的是戴尔(E. Dale)于 1946 年所著的《教学中的视听方法》。该书提出的"戴尔经验之塔"理论成了当时以及后来的视听教育的主要理论根据。"对于视听教学来说，它就如莎士比亚对文学专业一样，是非常著名的"。

经验之塔是一种形象化的比拟，也是视觉教育层级分类模型的发展。它将人们获得知识、技能的各种经验依照抽象程序，分为三大类十个层次，用来说明学习经验从直接参与到用模象替代，再到用抽象符号表示的逐步发展的过程。依据心理学的划分，塔的底部——"做的经验"，可称为实物直观；塔的尖端——"抽象的经验"，可称为语言直观；塔的中部——"观察的经验"，可称为模象直观。由于实物直观不易突出客观事物的本质特征，容易把学习者的注意力引向事物的非本质方面，而且经常受到时间和空间的限制；由于语言直观所领先的表象乃是神经系统暂时联系痕迹恢复的结果，它们反映的事物无论在完整性、稳定性、鲜明性和可靠性方面都不如知觉；所以，舍两者之短的模象直观就有了特殊意义。正因为如此，"经验之塔"理论特别强调视听经验的重要性，认为在将现实的感觉事物一般化的时候，起到有力媒介作用的就是半具体化、半抽象化的视听教材，由视听方法所开展的学习经验既容易转向抽象概念化，也容易转向具体实际化。

(4)迅速发展阶段(20 世纪 50—60 年代)，又称为视听传播阶段。以电视、程序教学机及 CAI 的出现为标志。

进入 20 世纪 50 年代后期，西方学校中的视听设备和视听资料剧增，教育电视由试验阶段进入实用阶段，程序教学和教学机器风靡一时，开始了计算机辅助教学的实验研究。如，1952 年美国联邦传播委员会决定设立 242 个教学电视频道，大批教育电视台如雨后春笋般迅猛发展。1955 年，美国拥有 17 家这样的电视台，到 1960 年，数量超过了 50 家；在 20 世纪 50 年代到 60 年代，福特基金及其代理商在教育电视上的花费超过 1.7 亿美元。

20 世纪 50－60 年代，美国学者创立的传播学在世界范围产生影响，有人开始将教学过程作为信息传播的过程加以研究。1963 年 2 月，美国的视听教育协会组成的特别委员会提出报告，建议将视听教育的名称改为视听传播，并对此作了详细的说明。另外，许多研讨视听教育的文章和著作，也都趋向于采用传播学作为视听教育的理论基础。

(5)系统发展阶段(20 世纪 70—80 年代)，又称为教育技术阶段。以卫星电视教学系统、CAI 系统的出现为标志。

1974 年 5 月，美国发射了"实用技术卫星 6 号"直接用来传送教学节目，进行扫盲、普通教育、职业训练和成人教育。1975 年也用这一卫星播放农村教育节目。20 世纪 70 年代计算机辅助教学系统的开发也取得了不小的成果，如 PLATO 和 TICCIT。80 年代初，微机普及后的几年中，人们对于应用计算机进行教学的兴趣逐渐增加，到 1983 年 1 月，美国至少有 40%的小学和75%的中学将计算机应用于教学。

20世纪70年代，随着系统论对教学设计影响的不断深入，教学设计的理论和方法逐渐成熟。美国军队开始采用这种系统方法开发内部培训资料，很多企业看到教学设计能改善培训质量，也开始采用这种方法。韩国、利比里亚和印尼等国也创建了不同的组织来支持教学设计的运用。在80年代，认知心理学的发展对教学设计也产生了一定的推动作用，但对教学设计实践的影响并不大。

80年代，微机在教学领域的广泛应用为教学设计的实践提供了很大帮助。教学设计领域的许多专家转而关注计算机辅助教学，共同促进了计算机辅助教学系统的发展，媒体技术与科学理论更趋结合。

由于媒体技术的发展和理论观念的拓新，国际教育界深感原有视听教育的名称不能代表该领域的实践和研究范畴，1970年6月25日，美国视听教育协会改名为教育传播和技术协会。1972年，该协会将其实践和研究的领域正式定名为教育技术。

(6)网络发展阶段(20世纪90年代以来)。20世纪90年代以来，计算机和其他数字技术及互联网迅速发展。在美国学校，技术的运用量明显增加，如1995年每9个学习者拥有一台电脑，到1998年，每6个学习者就拥有一台电脑。而且，可接入互联网的学校从1995年的50%增长到1998年的90%。高等教育也纷纷将互联网应用于教学中，如在1994—1995和1997—1998学年度，美国高等教育机构中远程学习的注册生差不多翻了一番，提供这种远程学习课程的机构比例从33%上升到44%，78%的公共四年制学院也提供此类课程。

90年代以来，建构主义学习理论对教学设计的发展也产生了巨大影响。随着互联网越来越多地应用于远程教育，许多教育技术工作者便开发出更多基于建构主义学习理论的学习资源，整合到网络课程中，以满足人们对远程学习项目的需求。

综上所述，国外现代教育技术的产生与发展阶段可归纳为表1-1所示的几个阶段：

表1-1　现代教育技术发展阶段

阶　段	时　间	新媒体的介入	新理论的引入
萌芽阶段	19世纪末	幻灯	夸美纽斯的《大教学论》
起步阶段	20世纪20年代	无声电影	《公立学校中的视觉教学》
初期发展阶段	30—40年代	有声电影、录音	戴尔的《经验之塔》
迅速发展阶段	50—60年代	电视、程序教学机、电子计算机	斯金纳的操作性条件反射说、传播理论
系统发展阶段	70—80年代	卫星电视教学系统、CAI系统	系统论、认知理论
网络发展阶段	90年代后	多媒体计算机系统、计算机网络	建构主义学习理论

1.2.2　我国教育技术产生与发展

我国现代教育技术(早期称为电化教育)起步于20世纪20年代。在当时外国视听教育发展的影响下，我国一些有识之士开始运用幻灯、广播、电影进行教育实践活动。

1920年，上海商务印书馆创办了一个电影公司——国光影片公司。拍摄了一些无声电影，其中的教育片有《盲童教育》、《养真幼儿园》、《女子体育》、《陆军教练》、《养蚕》等。这是我国最早的教育片。

1922年,南京金陵大学农学院从美国农业部购买了幻灯片、电影片到各地宣传科学种植棉花知识。

1928年,教育家俞庆棠领导江苏省立教育学院的教育实验部,试制了教育幻灯片和16mm的教育影片,配合在教育实验区开展民众教育。同时中央广播电台成立,开始播放教育节目,这是我国电化教育的正式开始。

1930年起,金陵大学理学院经常在部分学科教学中使用无声教学影片,并与上海柯达公司合作,翻译了60多部教学影片。金陵大学是我国最早推行电化教育的高等院校。

1932年,在南京成立了"中国教育电影协会"。这是我国最早的群众性电化教育学术团体。

1935年,江苏镇江民众教育馆将该馆的大会堂改名为"电化教育讲映场"。这是我国最早使用"电化教育"这个名称。

1935年,上海大厦大学社会教育系开设"教育电影"课程,这是我国最早在大学开设的电化教育课。

1936年,南京教育部成立了电影教育委员会和播音教育委员会。这是我国最早的政府电化教育机构。同年无锡市江苏省立教育学院开办电影广播专修科。

1936年,教育部委托金陵大学举办了"电化教育人员培训班",这是我国第一次正式使用"电化教育"这个名称。此后,电化教育这个名称被普遍采用。同年,上海教育界创办了我国最早的电化教育刊物——《电化教育》周刊。

1937年,上海商务印书馆出版了陈友松的著作《有声电影教育》。这是我国出版的第一部电化教育专著。

1942年,在重庆北碚成立了"中华教育电影制片厂"。这是我国最早的教育电影制片厂。

1945年,苏州国立社会教育学院建立电化教育系。这是我国开办最早的电化教育专业。

1949年,新中国成立以后,我国积极开展电化教育事业,中央人民政府文化部科普局下设了电化教育处,负责电化教育的推广应用工作。一批学成归国的电化教育青年学者加入到新中国的电化教育事业的发展队伍中。

1950年,东北人民政府卫生部成立电化教育所,在该所存在的3年中,拍摄了18部卫生教育宣传片。

1951年,中央教育部召开了高师课程讨论会,决定将"电化教育"列为教育系选修课程。

1952年,北京师范大学开始在物理系开设"电化教育技术课"。

1955年,北京、天津分别创办了广播函授学校,打破了在围墙内办学的教学模式。

1958年,北京市电教馆成立,这是我国新中国成立后第一个省级电教馆,成为推动中小学电化教育的基地。

1960年,北京、上海分别成立电视大学。

1966年,爆发了"文化大革命"。十年动乱使新中国刚刚起步的电化教育事业遭到了严重摧残,我国电化教育发展处于瘫痪状态。

1976年,十年动乱结束,我国电化教育重新起步,并在以后30多年的时间里得到了迅速发展,我国电化教育事业取得了令人瞩目的成绩:

1.2.2.1　教育技术学科专业建立了具有中国特色的人才培养体系

经过长期的电化教育积淀，通过不断吸收系统科学理论、传播学理论、教育学理论、心理学理论和电子技术、媒体技术、信息技术等研究成果，在实践的基础上逐步形成一门新兴交叉学科"电化教育"学科。1983年，经教育部批准，电化教育专业在华南师范大学开设，学制4年。至2008年，全国有44个教育技术学专科专业点，224个教育技术学本科专业点（是中国教育学科群中发展最多最快的本科专业点），83个教育技术学硕士学位授予点，8个教育技术学博士学位授予点，6个教育技术学博士后科研流动站。

1.2.2.2　初步形成了多元化的教育技术学理论体系

这些理论体系框架按其建立的依据大致可分为两类，当前这两类理论体系框架正在交融互补，向重构一个有中国特色的教育技术理论体系的方向发展。第一类主要是在不断总结本国理论研究和实践经验基础上建立的理论体系框架，积极吸收了美国教育技术的核心理论——教学设计，作为自己的组成要素。第二类主要是以美国AECT教育技术1994定义为依据建立的理论体系框架，也结合我国的国情在三方面作了一些扩展：①强调现代教育理论的指导和信息技术的支持；②把研究对象由学习过程和学习资源扩展为教与学的过程和教与学的资源；③强调教育技术的目的是"优化教学"。

1.2.2.3　现代教育技术实验研究向整体、综合、广泛、纵深发展

改革开放以来，开展了大规模的现代教育技术实验研究，并且向整体、综合、广泛、纵深发展。在理论联系实际的研究活动中，涌现出一批有影响的大规模的学校现代教育技术实验。如：

(1)"电化教育促进中小学教育优化"实验研究，全国30多个省市80多所学校参加了该实验研究。

(2)"四结合教学改革"试验研究，全国20多个省市600多所学校参加了该试验研究。

(3)"电化教育促进中小学由'应试教育'转向素质教育"实验研究，全国20多个省市200多所学校参加了该实验研究。

(4)"全国中小学现代教育技术实验学校"教改项目，全国约有1000所学校参加了该教改项目。

(5)"基于现代信息技术环境的学与教的理论与实践研究"，全国20多个省市700多所学校参加了该实验研究。

1.2.2.4　制定《中小学教师教育技术能力标准(试行)》，促进教师专业能力发展

2004年，教育部制定了《中小学教师教育技术能力标准(试行)》。这是我国中小学教师的第一个专业能力标准，标志着教育技术能力是作为信息时代教师必须具备的能力之一。

2005年，教育部实施全国中小学教师教育技术能力建设计划，中央电化教育馆组织了培训骨干教师的国家级培训，23个省、自治区、直辖市先后启动了一线教师的培训工作，已有100多万名教师参加了教育技术应用能力培训。到2008年年底，教育部考试中心组织了三次全国教育技术能力水平考试，参加考试的教师共计27.3万人，考试合格的教师23.4万人，合格率约为86%，这提高了广大中小学教师教育技术能力和水平，促进了教师专业能力的发展。

1.2.2.5　基本完成农村中小学现代远程教育工程，提高了农村的教育质量和效益

到2008年，中央和地方共投入110亿元资金。工程共配备教学光盘播放设备40.2万套，卫星教学收视系统27.9万套，计算机和多媒体设备4.5万套，形成了基本适应农村中小学教

学需要的资源体系。

教学多媒体资源覆盖了初中9个学科和小学8个学科，共4129个学时；视频资源覆盖了初中11个学科和小学7个学科以及专题教育等，共2099小时；教学素材资源已有7692条。这些资源惠及了1亿多农村中小学生。

1.2.2.6 积极开展中小学教师远程培训，推动教师教育创新

2003年，教育部启动实施了“全国教师教育网络联盟计划”，推动教师教育创新。全国教师教育网络联盟8所师范大学开发学历教育网络课程3000多门，非学历培训网络课程1万多门，实现了联合招生及相关课程资源共享。“中小学教师继续教育网”积极开展教师非学历远程培训，建设了830门网上课程，在全国31个省（自治区、直辖市）建立了440个教师学习中心，帮助建设了40多家地方网站，注册学习教师达50多万。

1.2.2.7 初步形成了具有中国特色的高校网络教育办学体系

自1998年以来，教育部批准67所普通高校和中央广播电视大学开展现代远程教育试点工作。至2007年底，学历教育累计注册学习者67万，其中，中央广播电视大学开放教育学习者45万，在职人员占86.5%；开设网络教育专业29种、1560个；建设网络教育课程资源2万门；普通高校及公共服务体系设立校外学习中心535个，中央广播电视大学设立开放教育教学点3292个。初步形成了有中国特色的高校网络教育办学体系，已成为我国高等教育和终身教育体系建设的重要组成部分。

1.2.3 现代教育技术的发展趋势

1.2.3.1 国外现代教育技术发展趋势

在国际范围内，当前的现代教育技术领域呈现出纷繁复杂的多元研究图景。从美国教育研究协会2009年会（世界教育领域最具规模和影响力的会议之一）中的教育技术专题报告，可窥见国外教育技术领域发展的全貌与趋势。

本次年会中，涉及教育技术的研究专题主要有“学习科学”、“非正式学习环境”、“教育游戏”、“移动学习”、“计算机与网络在教育中的应用”、“在线学习环境”、“教师专业发展”、“教学设计”、“技术·教学·认知·学习”、“促进学习的先进技术”、“教学技术”、“技术作为教与学的变革代理”、“基于问题的教育”、“复杂任务表现的评价”等。可将其概括、归纳为理论研究、技术发展、研究方法三个方面。

(1)理论研究呈现具体化、务实、包容的趋势。经历了20世纪90年代前后的理论大发展，研究者们现已成功地将建构主义、情境认知与学习、分布式认知等重要思想和理论整合到教育技术领域的设计、开发和研究中。目前的研究主要是将之具体运用于特定的学科、领域或设计中。

另外，值得关注的是，认知负荷理论得到了教学设计研究者的普遍重视，成为认知加工和教学设计研究的重要理论框架。可以说，认知负荷理论在20多年中得到不断承认、重视和持续发展，很重要的一个原因是它在解决现实问题上的针对性和有效性。

研究者们还在不断挖掘将其他研究领域的理论和研究应用于教育技术研究的可能与潜力。

(2)技术发展呈现微观研究与宏观预测并行的趋势。真实世界中瞬息万变的技术进步给教育技术领域的开发和研究带来了源源不竭的推动力。研究者们一方面从微观上对各种常用

技术进行研究，而另一方面又试图从宏观上把握技术发展的未来趋势。

与会的专家指出，从以肢体语言和口语传达的面对面交互，到图画、数字、字母等表征符号出现后藉由科学、数学、文本、艺术等学科传达的符号中介的交互，到无线电波、微波、电视、电话等现代通讯技术发明后传播中介的交互，到由无线网络、数据库、因特网等支持的联网电脑、网络印刷、推荐引擎、全球搜索形成的网络中介的交互，再到当前以云计算、群体智慧、即时联络、传感器网络构筑的赛博基础设施中介的交互，整个人类交互的中介的复杂性不断增强，呈现出一条“文化中介→符号中介→传播中介→网络中介→赛博基础设施中介”的发展路线。以“赛博基础设施”为中介这种思路反映了当前技术发展的集成性特征，即更强调推进信息技术基础设施的建设，以此鼓励研究者和学习者利用成熟的、高支持的先进技术平台，进行针对个体需求的适应性设计，而非事事另起炉灶，重复去开发各种平台。

另外，从支持学习(从技术中心到学习者中心)的视角来看待和研究技术已经成为研究者们对技术的普遍态度。

(3)研究方法要求趋高，并呈现多元、混合的趋势。在研究方法上，一是趋向于从外领域借用方法；二是趋向于采用混合的研究方法。比如，脑科学在近几十年中发展迅速，其研究成果或是从生理层面验证了教育研究发现，或是为未来的研究提供了新的思路。在研究方法上，教育的复杂性也决定了不能采用单一的研究范式，除了心理学、社会学的研究方法外，不少研究者纷纷向人类学、生态学等领域寻求帮助。设计研究、社会网络分析等研究方法频频出现在交流报告中，复杂性理论、设计与技术、组织理论也是非常值得关注的相关领域。

有理由相信，随着技术的不断发展，随着来自脑科学、认知科学、心理学、学习科学、计算机科学、测量与统计、各学科研究等众多领域的研究成果的不断涌现，今后教育技术领域的研究一定会展现出与人类学习发展及社会生活联系更紧密、更富活力的美好图景。

1.2.3.2　新时期我国教育技术工作者的主要任务

(1)教育技术工作者要进一步加强教育技术学理论本土化的研究。我国教育技术发展要走“借鉴与创新”之路，要注意处理好借鉴与创新的关系，要积极吸收西方教育技术中适合中国国情的理论与经验，还要特别注意“超越与创新”；要“以人为本”，克服传统的电化教育只重视媒体、不重视学习过程，只见“物”、不见“人”，只强调媒体单一因素的研究和运用，忽视系统方法的运用等弊端。积极推进教育技术学理论本土化，努力探索教育信息化的理论、体制和机制的创新，建构具有中国特色的教育技术学派与理论体系，从而加快教育技术学科建设。

(2)多媒体计算机与网络教育的兴起，极大地扩展了教育教学的空间，为学习者建构了第二个学习空间——虚拟学习空间，从而打破了传统教育方式一统天下的局面，促进了自主、合作、探究学习方式的发展。在新的历史时期，我国教育技术工作者不仅要重视信息技术环境下学习方式的研究，还要关注真实情境与虚拟学习空间的学习内容与学习互动结合的研究，加深学习者感受、理解知识产生和发展的过程。教育技术工作者要大力开展信息技术环境下的各种教学模式和教学方法的研究和探索，进行信息技术与学科教学有效整合的各类实验，把教育信息技术应用的潜能和效益充分发挥出来，不断提高教育教学质量。

(3)随着我国教育信息化建设的推进，具有中国特色的教育技术学本科专业规模不断扩大，为了提高本科教学质量，加强本科专业的建设，需要研制教育技术学专业指导性专业规范，通过规范知识领域、知识模块、知识单元来构建知识体系；规范基础课程、主干课程、高级课程来构建课程体系，覆盖知识体系中的全部知识单元，使课程之间的教学内容不会重复，从而提高教学效率。该规范采用集“职业定位、能力体系、知识体系、实践体系、创新训练体系、课程体系”于一体的技术路线开展研究，使研制的教育技术学专业指导性专业规范能够促进教育技术学专业创新人才的培养。

(4)教育技术工作者要努力运用教育技术促进教育均衡发展，扩大教育规模，为更多的人提供受教育的机会；促进数字化教学资源开发与共享，促进城乡间、区域间与区域内优质教育资源共享，促进农村与边远贫穷落后地区中小学的教育信息化建设；促进基础教育、高等教育、远程教育、职业教育、非正式教育的创新与行业、企业培训的创新；促进终身学习体系和学习型社会的构建。

§1.3 教育技术的基本理论

教育技术学是一门综合性应用性教育学科，是在综合多门学科理论的基础上发展起来的。从教育技术的发展历史来看，对其影响比较大的理论是学习理论和传播理论，这些理论为该学科自身的理论形成、实践的发展提供了重要的依据。

1.3.1 学习理论

学习是人类最有意义的基本活动，是生活中使用非常广泛的词。特别是随着社会的发展，终生学习理念的提出，“学习”运用的频率更高。教育技术作为一门应用学科，其最终目的是要有效地促进学习者的学习，因此要准确理解和把握学习理论的相关知识。在教育技术发展过程中，影响较大的有行为、认知、建构主义学习理论。

1.3.1.1 行为学习理论

行为主义者认为，学习是刺激与反应之间的联结。他们的基本假设是：行为是学习者对环境刺激所做出的反应。他们把环境看成是刺激，把伴而随之的有机体行为看作是反应，认为所有行为都是习得的。行为主义学习理论应用在学校教育实践上，就是要求教师掌握塑造和矫正学习者行为的方法，为学习者创设一种环境，尽可能在最大程度上强化学习者的合适行为，消除不合适行为。该派理论的代表人物主要有桑代克、华生、斯金纳等。他们在研究方法上强调动物与人的行为类比的客观研究，着重于客观的观察和实验。

1.联结学习

桑代克是学习理论的奠基人之一，他通过对动物的研究，提出了学习的联结学说。在他设计的用猫解决疑难笼问题的著名实验中，笼外放有鱼和肉，放入笼中的猫开始东抓西抓，乱撞乱闯，在这种冲动的过程中，猫会偶然拉动门闩逃出笼外，取得食物。然后再将猫放回笼中，猫仍需经过乱抓乱跳，最后打开笼门吃到食物，不过所花的时间减少了。如此连续实验多次，所需时间逐渐减少，无效的动作逐渐摒除，最后，猫一入笼内，就能打开门闩取得食物。

因此，桑代克认为，学习是一种渐进的尝试与错误的过程。随着错误反应逐渐减少、正确反应逐渐增加，终于形成稳固的刺激—反应的联结，即S-R之间的联结。

通过一系列动物和人的学习实验，桑代克提出了三条基本学习定律和五项学习原则，形成了一整套比较系统的学习理论。

(1)桑代克的三条基本学习定律

1)准备律。联结的加强和削弱取决于学习者的心理准备和心理调节。当任何传导单位准备传导时,给予传导就引起满意;当任何传导单位不准备传导时,勉强要它传导就引起烦恼。

2)练习律。一个已形成的可以改变的联结,若加以应用,就会使这个联结增强。一个已形成的可以改变的联结,如不应用,就会使这个联结减弱。

3)效果律。在情境与反应间建立可以改变的联结,并发或伴随着满意的情况时,联结力量就增强;并发或伴随着烦恼的情况时,联结力量就削弱。

(2)桑代克的五项学习

1)多重反应的原则。对同一情境先后可能发生多种反应,当一种反应不能适应外在情境时,学习者就会触发、产生另外一种新的反应,直到某一反应最终导致满意为止。

2)心向和态度的原则。心向或从事活动的意向对于反应的始发是重要的,学习者的态度在决定他的行动和成功等方面具有一定意义。

3)反应的选择性原则。学习者对情境中的某些因素的反应具有选择性的倾向,这种反应的选择与学习的分辨能力有关。

4)同化或类比的原则。学习者对于各种类似的情境有发生同一反应的倾向,即学习者能从已有经验中抽出或辨别出它与新情境的相同因素,做出类似的反应。

5)联想交替的原则。如果有甲、乙两个刺激经常共同或先后出现,并且受到了学习者的注意,那么,以后刺激甲出现,也可引起看来只能由刺激乙所激起的那一种反应。

2.刺激—反应学说

华生在巴甫洛夫条件反射实验的影响下,提出了刺激—反应学说。华生的理论认为,有机体的行为完全是以刺激与反应的术语进行解释的。他不考虑有机体的内部状态,认为这一部分是“黑箱”。因此,该学说的公式也是S-R。华生认为学习的实质是形成习惯,而习惯是通过学习将由于遗传对刺激做出的散乱、无组织、无条件的反应,变成有组织、确定的条件反应。习惯的形成遵循频因律和近因律。根据频因律,在其他条件相等的情况下,某种行为练习越多,习惯形成得就越迅速。根据近因律,当反应频繁发生时,最新近的反应比较早的反应更容易得到强化。

3.操作性条件反射学说

斯金纳进一步发展了行为主义的学习理论。他认为,由于人的行动多半是各种各样的操作,因此操作行为更能代表实际生活中人的学习情境。他把重点放在结果控制下的操作学习上。

斯金纳十分重视强化的作用。他对强化的解释与巴甫洛夫有所不同,他把凡能增强反应概率的刺激,均称作强化物。他指出,行为之所以发生变化,是由于强化的作用。他认为,强化所增加的不是刺激—反应的联结,而是使反应发生的一般倾向性,即发生的概率。对有机物偶然出现的某一动作,若能立即给予强化,则该动作复现的概率就会大于其他动作,若强化多次,这个动作就能得以保持。他认为,练习本身并不提高速率。它只是为进一步的强化提供机会。所以,强化是塑造行为和保持行为强度的关键。他把学习定义为反应概率上的变化。

斯金纳认为,直接控制强化物就是控制行为,因此必须严格控制强化的程序,采取连续接近的方法去塑造行为,即把动作分成许多小步子,当有机体每往所需的动作接近一步,就给该步骤以强化,直到最后达到所需要的所有动作。他认为,倘若采取这样的方法,无论操作性行为离所设想的目标多么遥远，或者所设想的行为多么复杂，只要一直稳步前进，就有可能达到预期的目的。斯金纳把他的理论运用到程序教学和教学机器中去，在教学上影响较大。

4.新行为主义的学说

以赫尔、斯彭斯、莫勒、米勒等人为代表的新行为主义对经典的S-R公式做出了修正，他们认为，刺激与人表现出的外显反应之间有中介体。他们把中介体设想为人们的语言和思维的等价物。赫尔以环境的各种因素为自变量，以反应的各个方面为因变量，在中介体中设置动因、诱因、习惯强度、反应势能等中介变量，用行为的数理理论展开了较严密的理论推理，列出了借助中介变量而形成的自变量与因变量间的函数关系。

1.3.1.2 认知学习理论

认知学习理论非常关心人的学习，重视人在学习或记忆新信息、新技能时不能观察到的心理过程，注重理论在教学过程设计和教学习者学会学习方面的实际应用。认知学习理论的早期代表人物有格式塔和托尔曼。其后认识学习理论朝两个方向发展，一个是新结构主义及个人(认知)建构主义，另一个是认知主义。

从认知学习理论兴起的社会背景来看，它是现代社会发展需要的产物。第二次世界大战之前，几乎所有的心理学的研究都局限于实验室，行为主义的研究范式霸占了学习领域。当时对于学习的研究，仅仅涉及动物和人的外部行为，很少涉及人的内部心理历程。然而，第二次世界大战中涌现的大量实际问题对之提出了挑战，战争对人的认知与决策提出了越来越高的要求。第二次世界大战之后，信息时代以及今天的知识经济时代的来临，更强调了对于人们的信息选择、接受以及信息编码、存贮、提取与使用过程的研究。这些实际的社会需要，直接刺激了认知学习理论的产生与兴起。

认知派学习理论者认为学习在于内部认知的变化，学习是一个比S-R联结要复杂得多的过程。他们注重解释学习行为的中间过程，即目的、意义等，认为这些过程才是控制学习的可变因素。他们认为，学习就是面对当前的问题情境，在内心经过积极的组织，从而形成和发展认知结构的过程，强调刺激反应之间的联系是以意识为中介的，强调认知过程的重要性。因此，认知主义学习论在学习理论的研究中开始占据主导地位。

1.早期的认知学习理论

(1)苛勒的顿悟说。根据格式塔心理学的基本观点，苛勒以大猩猩解决问题的实验为基础提出了顿悟说。苛勒设计了一个著名的实验，即将黑猩猩关到笼子里，笼子里有两根能够接起来的竹竿，在笼子外面放着香蕉，黑猩猩用一根竹竿无法得到香蕉。黑猩猩偶然用两根竹竿接起来获得了香蕉，因此黑猩猩就不断重复这一获得香蕉的动作。苛勒用此实验证明自己的观点。根据这个实验，苛勒认为：黑猩猩在未解决这个难题之前，它对面前的情境的知觉是模糊的、混乱的。当它看出两根竹竿接起来与远处香蕉的关系时，它便产生了顿悟，解决了这个问题。因此，学习是由顿悟而实现的。顿悟即是完形的组织构造过程。学习就是知觉的重新组织。这种知觉经验变化的过程不是渐进的尝试与修正错误的过程，而是突然领悟的。

顿悟说重视的是刺激和反应之间的组织作用，认为这种组织表现为知觉经验中旧的组织结构(格式塔)的豁然改组或新结构的顿悟。

(2)托尔曼的认知—目的论。托尔曼对S-R联结说的解释不满，他认为学习的结果不是S与R的直接联结，主张把S-R公式改为S-O-R公式。在后一公式中，O代表有机体的内部变化。

托尔曼的学习理论有两大特点：一切学习都是有目的的活动；为达到学习目的，必须对学习条件进行认知。

托尔曼用“符号”来代表有机体对环境的认知，并且认为，学习者在达到目的的过程中，学习是能达到目的的符号及其符号所代表的意义，是形成一定的“认知地图”，这才是学习的实质。

托尔曼把试误论与目的认知论相结合，认为在刺激和反应之间有目的与认知等中介变量，不但研究行为的外部表现，还要探讨内部大脑活动。从内容上看，他是强调认知理论的，从形式上看仍采用 S-R 说，故有人说“托尔曼是混血儿，是兼而取之”。

关于学习出现的原因，托尔曼与联结主义的观点相反，他认为外在的强化并不是学习产生的必要因素，不强化也会出现学习。托尔曼的“认知—目的”的学习理论，对现代的认知学习理论的发展有一定的贡献。

2. 认知结构理论

认知结构理论的代表人物是瑞士心理学家 J. 皮亚杰、美国的心理学家 J. S. 布鲁纳。他们认为认知结构就是学习者头脑里的知识结构，它是学习者全部观念或某一知识领域内观念的内容和组织。他们认为，学习使新材料或新经验和旧的材料或经验结为一体，这样形成一个内部的知识结构，即认知结构。皮亚杰指出，这个结构是以图式、同化、顺应和平衡的形式表现出来的。布鲁纳认为，学习不在于被动地形成反应，而在于主动地形成认知结构。学习由一系列过程组成，要重视研究学习者的学习行为，教学应注意学习各门学科的基本结构。他们重视教材的知识结构。这个学派还系统地阐述了认知结构及其与课堂教学的关系。近些年来的教学实践和实验研究表明：采用一定手段有意控制学习者的认知结构，提高认知结构的可利用性、稳定性、清晰性和可辨别程度等，对于有效地学习和解决问题是有作用的。

3. 认知同化说

奥苏贝尔提出了独具特色的“有意义学习”理论，即“认知同化说（又称认知—接受）”。新知识的学习必须以已有的认知结构为基础。学习新知识的过程，就是学习者积极主动地从自己已有的认知结构中，提取与新知识最有联系的旧知识，并且加以“固定”或者“归属”的一种动态的过程。过程的结果导致原有的认知结构不断地分化和整合，从而使得学习者能够获得新知识或者清晰稳定的意识经验，原有的知识也在这个同化过程中发生了意义的变化。

根据新旧观念的概括水平及其联系方式的不同，他提出了三种同化方式：下位学习、上位学习和组合学习。①将概括程度或包容范围较低的新概念或命题，归属到认知结构中原有的概括程度或包容范围较高的适当概念和命题之下，从而获得新概念或新命题的意义，这时的学习就是下位学习或类属学习。②新概念、新命题具有较广的包容面或较高的概括水平，这时，新知识通过把一些已有的观念包含于其下而获得意义，这时的学习就是上位学习或总括学习。③当学习者新概念或新命题与认知结构中已有的观念既不产生下位关系，也不产生上位关系时，它们之间可能存在组合关系。这种只能凭借组合关系来理解意义的学习就是组合学习。

4. 学习的信息加工论

1974 年，加涅根据现代信息加工理论提出了学习过程的基本模式，这一模式展示了学习过程中的信息流程。

来自学习者的环境中的刺激作用于他的感受器，并通过感觉登记器进入神经系统。信息最初在感觉登记器中进行编码，最初的刺激以映像的形式保存在感觉登记器中，保持 0.25～2

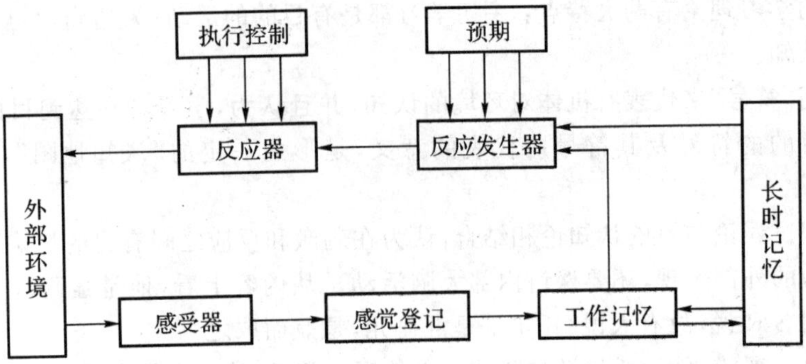

图 1-1 学习的信息加工模式

秒。当信息进入短时记忆以后它再次被编码，这里信息以语义的形式储存下来，在短时记忆中保持的时间也是很短的，一般只保持 2.5～3 秒。但是如果学习者做了内部的复述，信息在短时记忆里就可以保持长一点时间，但也不超过一分钟。经过复述、精细加工和组织等编码，信息被转移到长时记忆中进行储存，以备日后的回忆。大部分理论家认为长时记忆是长久的，而后来回忆不起来是因为"提取"这些信息的困难。

加涅认为，外部事件可以使用激化、维持、促进或者增强学习的内在过程的种种方式加以计划和执行。这个过程就是教学过程。加涅把与上述学习过程有关的教学过程划分为 8 个阶段。

(1)动机阶段：一定的学习情境成为学习行为的诱因，激发个体的学习活动，在这个阶段要引发学习者对达到学习目标的心理预期；

(2)了解阶段：在这个阶段中，教学的措施要引起学习者的注意，提供刺激，引导注意，使刺激情境的具体特点能被学习者有选择地知觉到；

(3)获得阶段：这个阶段起着编码的作用，即对选择的信息进行加工，将短时的记忆转化为长时记忆的持久状态；

(4)保持阶段：获得的信息经过复述、强化之后，以一定的形式（表象或概念）在长时记忆中永久地保存下去；

(5)回忆阶段：这一阶段为检索过程，也就是寻找储存的知识，使其复活的过程；

(6)概括阶段：把已经获得的知识和技能应用于新的情境之中，这一阶段涉及学习的迁移问题；

(7)作业阶段：在此阶段，教学的大部分是提供应用知识的时机，使学习者显示出学习的效果，并且同时为下阶段的反馈做好准备；

(8)反馈阶段：学习者因完成了新的作业并意识到自己已达到了预期目标，从而使学习动机得到强化。加涅认为："值得注意的是动机的强化主宰着人类的学习，因为学习动机阶段所建立的预期，此刻在反馈阶段得到了证实。"

信息加工学习理论对实际教学很有启示。首先，吸引学生的注意力是教学中一个很重要的问题。在呈现重要的教学内容之前，教师应该让学生停止手头上的活动，把注意力转移过来。另外，最好能让学生带着问题去学习。其次，教师应该突出教学重点，在重要的地方做强调，以便于学生对信息的选择编码。再次，教师应引导学生复述这些内容，并用原有的知识来理解和解释这些内容。

1.3.1.3　建构主义学习理论

建构主义是20世纪90年代后出现的一种哲学思潮，从学习理论角度讲，建构主义是认知主义的进一步发展，它的出现被人们誉为当代教育心理学的一场革命。该理论认为，个体的认知发展与学习过程密切相关，因此利用建构主义可以比较好地说明人类学习过程的认知规律。即能较好地说明：学习如何发生、意义如何建构、概念如何形成以及理想的学习环境应该包括哪些主要因素等等。

建构主义也译作结构主义，其最早提出者可追溯到皮亚杰。他的儿童认知发展理论认为，儿童是在与周围环境相互作用的过程中，逐步构建起关于外部世界的知识，从而使自身认知结构得到发展。在皮亚杰的理论基础上，布鲁纳、奥苏伯尔及维特罗克等人在认知结构与认知加工的过程及发展条件等方面作了进一步的研究，并对认知过程中如何发挥个体的主动性做了认真的探索。与此同时，维果斯基强调认知过程中学习者所处社会文化历史背景的作用以及“活动”和“社会交往”在人的心理发展中的重要作用。这些研究使建构主义理论得到进一步的丰富、完善和发展，并为该理论在实际教学过程中的应用创造了条件。

1. 几种主要的建构主义倾向

(1)激进建构主义。激进建构主义是在皮亚杰思想基础上发展起来的，提出了两条主要原则：①知识不是通过感觉或交流被个体被动地接受的，而是由认知主体主动地建构起来的，建构是通过新旧经验的相互作用实现的。②认知的机能是适应自己的经验世界，帮助组织自己的经验世界，而不是去发现本体论意义上的现实。所有的知识都是在这种个体与经验世界的对话中建构起来的，而这要以个体的认知过程为基础。

激进建构主义以这些思想为基础，深入研究了概念的形成、组织和转变，其研究之深入是各家建构主义中独一无二的。激进建构主义主要关注个体与其物理环境的相互作用，虽然也认为社会环境是发展的一个重要因素，但不把社会互动看作是个体思维发展的主要机制。

(2)社会性建构主义。社会性建构主义主要以维果斯基的理论为基础的。认为知识是在人类社会范围内建构起来的，又在不断地被改造，以尽可能与世界的本来面目相一致。另外，他也把学习看成是个体建构自己的知识和理解的过程，但他更重视社会互动和文化因素在学习中的作用。这些研究者主张知识不仅是在个体与物理环境的相互作用中建构的，社会性的相互作用更加重要。在人类的社会实践活动中则形成了公共文化知识，在个体的学习中，这种知识首先以语言符号的形式出现，由概括向具体经验领域发展，所以可以称为“自上而下的知识”。儿童在与成人或比他稍成熟的社会成员的交往活动(特别是教学活动)中，在他们的帮助下，解决自己还不能独立解决的问题，理解体现在成人身上的“自上而下的知识”，并以自己已有的知识为基础，使之获得意义，从而把“最近发展区”变成现实的发展，这是儿童知识经验发展的基本途径。当然，这种观点也在吸收当代建构主义的研究成果，开始注重感知—动作发展的作用，并深入解释概念的发展过程。强调个体发展中自然的与社会的两条线索的相互作用，基本属于这种观点。

(3)信息加工的建构主义。信息加工的建构主义比信息加工论又前进了一步，它仍然坚持信息加工的基本范式，但完全接受了知识是由个体建构而成的，这不仅是对外部信息的加工，而且意味着外来信息与已有知识之间存在双向的、反复的相互作用，从而超越所给的信息，而原有经验又会在此过程中被调整或改造。他们看到了学习中的双向建构，即新知识的获得以及原有知识的提取应用都是一个建构过程，针对“结构不良领域”，他们提出了“高级知识获得”

及“随机通达教学”等概念。

(4)控制论的观点。这种观点以循环控制思想为基础，它不仅关注人与外界的相互作用与反馈，而且强调自我反省。认为认识主体不是站在世界之外的静止的观察者，而是一个积极主动的观察者，观察者同时又是参与者，所有的观察者都是一种反省性的参与，而且观察者处于一定的社会之中，在不同的观察者之间也存在复杂的相互作用。这种观点重视交互式教学和协作学习，对学习的更多解释尚未见到。

另外，还有社会文化认知的观点和社会性建构论。总之，建构主义理论目前还处于凌乱纷争的状态，并没有一个完全统一的理论观点和稳定的、清晰的体系。以上几种观点并不是建构主义理论的全部，但从目前情况看，他们基本上反映了建构主义的主体情况。

2.建构主义基本理论观点

(1)建构主义的知识观

传统的客观主义知识观认为，知识是客观世界的本质反映，是对客观事物的准确表征，知识只有在正确反映外部世界的情况下才被认为是正确的，客观知识就是真理。大多数建构主义对知识的客观性和确定性提出了质疑，认为知识不是对现实的准确表征，它只是一种解释、一种假设，并无最终答案。相反，随着人们认识的发展会不断出现新的假设，所以知识并不能精确地概括世界的法则，而是需要针对具体情境进行再创造。另外，建构主义认为，知识不可能以实体的形式存在于具体个体之外，尽管人们通过语言符号赋予知识一定的外在形式，甚至这些命题还得到了较为普遍的认可，但这并不意味着学习者会对这些命题有同样的理解，因为这些理解只能由基于个人的经验背景而建构起来，它取决于特定情境下的学习历程。在具体的问题解决中，学习者需要针对具体问题的情境对原有知识进行再加工和再创造。

(2)建构主义的学习观

1)学习是认知结构的改变过程。建构主义认为个体的学习是双向建构的过程。学习者不仅需要从头脑中提取与新知识一致的旧有经验作为同化新知识的固着点，而且也要关注到与当前知识不一致的已有经验，看到新旧知识之间的冲突，并设法通过调整来解决这些冲突，有时需要改变原有的错误观念。学习者原有的知识经验，会由于新知识经验的进入而发生调整和改变。因此，学习不仅是理解和记忆新知识，而且要分析其合理性、有效性，从而形成学习者本人对事物的观点和思想；另一方面，学习不仅是新的知识经验的获得，还意味着对已有知识经验的改造。

2)学习是个体主动建构自己知识的过程。就大多数建构主义者而言，学习是一个积极的建构过程，不是由教师把知识简单地传递给学习者，而应该是由学习者自己建构知识的过程。由于学习者是学习的主体，是知识意义的主动建构者，学习就不应该由外部来决定，它是个体对现实世界做出创造性的理解的过程，每个学习者都必须根据自己的知识经验对建构的对象做出解释。

3)情境、协作、会话、意义建构是学习环境设计的四大要素。建构主义认为，知识不是通过教师传授得到，而是学习者在一定的情境即社会文化背景下，借助学习获取知识的过程及其他人(包括教师和学习伙伴)的帮助，利用必要的学习资料，通过意义建构的方式而获得。

由于学习是在一定的情境即社会文化背景下，借助其他人的帮助即通过人际间的协作活动而实现的意义建构过程。因此建构主义学习理论认为“情境”、“协作”、“会话”和“意义建构”是学习环境中的四大要素。

“情境”:学习环境中的情境必须有利于学习者对所学内容的意义建构。这就对教学设计提出了新的要求,也就是说,在建构主义学习环境下,教学设计不仅要考虑教学目标分析,还要考虑有利于学习者建构意义的情境的创设问题,并把情境创设看作是教学设计的最重要内容之一。

“协作”:协作发生在学习过程的始终。协作对学习资料的搜集与分析、假设的提出与验证、学习成果的评价直至意义的最终建构均有重要作用。

“会话”:会话是协作过程中的不可缺少环节。学习小组成员之间必须通过会话商讨如何完成规定的学习任务的计划;此外,协作学习过程也是会话过程,在此过程中,每个学习者的思维成果(智慧)为整个学习群体所共享,因此会话是达到意义建构的重要手段之一。

“意义建构”:这是整个学习过程的最终目标。所要建构的意义是指:事物的性质、规律以及事物之间的内在联系。在学习过程中帮助学习者建构意义就是要帮助学习者对当前学习内容所反映的事物的性质、规律以及该事物与其他事物之间的内在联系达到较深刻的理解。这种理解在大脑中的长期存储形式就是“图式”,也就是关于当前所学内容的认知结构。获得知识的多少取决于学习者根据自身经验去建构有关知识的意义能力,而不取决于学习者记忆和背诵教师讲授内容的能力。

3.建构主义学习观的共同点

(1)强调复杂学习环境和真实的任务。建构主义理论认为,教学不应只教给学习者基本技能和提供过分简单化的问题。相反,应鼓励学习者面对复杂的学习环境,其中包含“含糊的”和结构不良的问题。因为学校之外的世界很少有只需要基本技能和按常规就能解决的问题,所以学校应确保每一个学习者经历解决复杂问题的过程。这些复杂问题应包含在学习者将其所学的运用到现实世界的真实任务与活动以及多种情境之中。学习者在面对这些复杂任务时,可能需要支持,帮助找到资源,保持前进的方向,将大的问题分解成小的问题等等。建构主义者的这些观点与情境性学习观相同,都强调学用一致的学习情境。

(2)强调社会协商和相互作用。许多建构主义者赞同维果斯基的观点,认为高级心理过程的发展需要经过社会协商和相互作用,所以学习中的合作非常重要。教学的主要目的是发展学习者形成并捍卫自己观点的能力,同时又能尊重其他人的观点并与他人共同协商与合作,共同建构意义。要实现这种转变,学习者必须彼此交谈和倾听。有些国家的文化强调个人奋斗和相互竞争,对这些国家的儿童来说,通过合作和协商建构意义是一种挑战,在合作和协商中需要找到共同的基础并改变个人的理解。

(3)用多种方式表征教学内容。如果学习者对复杂的教学内容只能获得一种模型、一种类比或一种理解方式,那么当他们把这种单一的表征方式运用于不同的情境时,他们常常是简单化的。为此,需要运用不同的例子、比喻、类比来解释教学内容,使学习者获得多种表征形式。

(4)理解知识建构过程。这与现代认知心理学中的反省认知观相一致,都强调学习者对自己的认知过程的意识和调控,即重视元认知的作用。按建构主义学习观,教师不仅要帮助学习者理解自己的反省认知过程,而且要使他们意识到他们在建构知识中的作用。我们提出的假设、我们自己的信念和经验打造我们每一个人关于世界的知识,不同的假设和不同的经验导致不同知识。建构主义者之所以如此强调理解知识建构过程的重要性,是因为他们相信,这样学习者将能意识到其自身对自己的思维的影响。因此,学习者将能够做到:在尊重他人主张的同时,以自我批判的方式选择、发展和维护自己的主张。

(5)教学要以学习者为中心。以学习者为中心的教学,指教学应充分考虑学习者带到教学情境中的已有知识、技能、态度和信念。尽管建构主义理论意味着什么都有多种不同理解，但大多数人都同意，这涉及教学重点会有显著变化，把学习者自己努力求得理解置于教学工作的中心地位。但是，以学习者为中心的教学并不意味着教师放弃教学责任，教师在其中要扮演促进者、帮助者的角色。

1.3.2 传播理论

传播是由传播者运用适当的媒体，采用一定的形式向受者进行信息传递和交流的一种社会活动。用传播理论的观点和方法揭示教育现象，探索媒体在教学中的作用机制，是教育技术学的一个传统研究领域，并由此诞生了教育传播学。教育传播是教育者按照一定的目的要求，选择合适的信息内容，通过有效的媒体通道，把知识、技能、思想观念等传送给特定对象的一种活动。

教育传播的典型模式主要有：

1.3.2.1 拉斯韦尔—布雷多克的传播模式

美国政治学家哈罗德·拉斯韦尔1948年在《社会传播的构造与功能》一文中提出了一般传播过程中的五个基本元素(5W)的直线式传播模式。布雷多克1958年在此基础上提出了"7W"模式(见表1-2)。其中每个"W"都类同于教学过程中的一个相应要素，这些要素自然也成为研究教学过程、教学资源的教育技术学所关心、考虑的重要因素。

表1-2 拉斯韦尔—布雷多克传播模式

Who	谁	教师或其他信息源
Says what	说什么	教学内容
In which channel	通过什么渠道	教学媒体
To whom	对谁	教学对象即学习者
With what effect	产生什么效果	教学效果
Why	为什么	教学目的
Where	在什么情况下	教学环境

1.3.2.2 申农—韦夫传播模式

1949年，申农和韦夫两人合写的 *The Mathematical Theory of Communication* 不仅是信息论的基石之作，而且也是传播学的经典之作。他们在书中提出了申农—韦夫模式(图1-2)，起初是用于研究电报通信过程的，后来，他们在原来的基础之上，加入了反馈因素，并引申其含义，用来解释人类的传播过程。

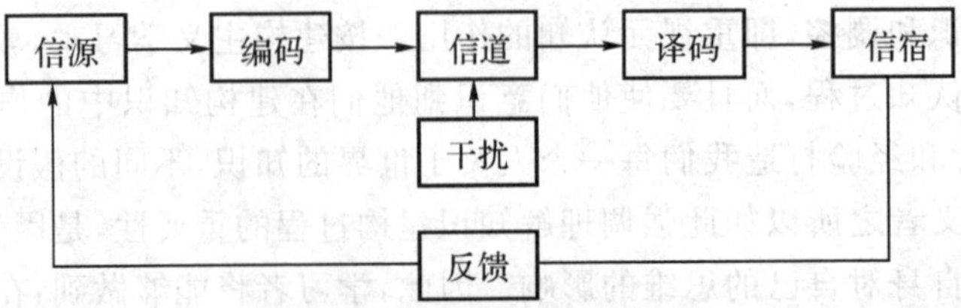

图1-2 申农—韦夫模式

(1)信源:即传播者,可以是个人或社会组织。传播者起到把关的作用,按某种目的选择有确定意义的信息(即信息或消息);

(2)编码:把具有确定意义的消息转换成不同类型的符号和信号;

(3)信道:把这些符号或信号,依附、存贮在物质性的载体上,这种载体就是媒体;

(4)译码:把信号还原为符号并解析其意义;

(5)信宿:接受消息的受播者;

(6)反馈:受播者在接受信息后产生心理上、生理上和行为上的反应。这些反应反过来影响到传播者,使传播者加以调控。

(7)干扰:来自系统之外的,影响到传播的各个环节。

当然,该模式毕竟不是完整无缺的,德福勒对其又作了进一步的补充完善,形成了很著名的德福勒模式,如图1-3所示。

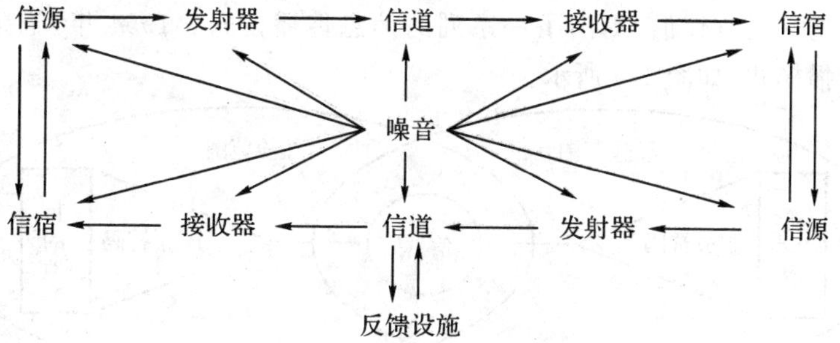

图1-3　德福勒传播模式

现代教育技术采用申农—韦夫的传播模式,主要在于选择、制作适合表达和传播教育信息的现代教育媒体,及时分析来自各种渠道的反馈信息,以取得教育的最优化。

1.3.2.3　贝尔洛的SMCR传播模式

1960年贝尔洛在5W模式的基础上,提出了SMCR(Source-Message-Channel-Receiver)模型,如图1-4所示。

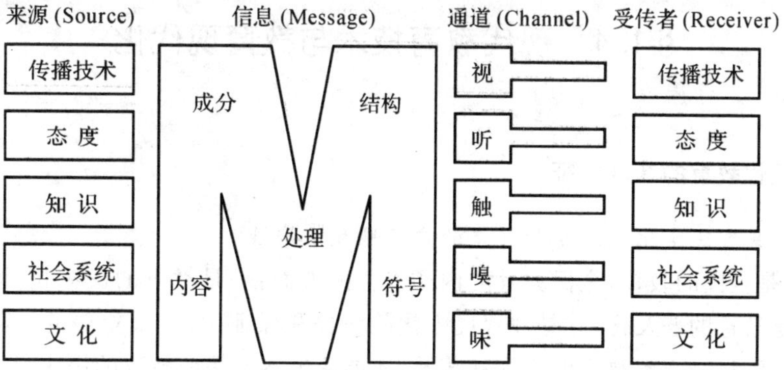

图1-4　贝尔洛的SMCR传播模式

SMCR模式,更为明确形象地说明传播的最终效果不是由传播过程中某一部分决定的,而是由组成传播过程的信息源、信息、通道和受传者四部分,以及客观存在于它们彼此之间的关系共同决定。在传播过程中会受到多个因素的制约,从信息源和信息接受者来说,至少有四个因素影响信息传递的效果：

(1)传播技能：传播者的表达、写作技能，受传者的听、读技能均会影响传播效果。

(2)态度：包括传播者和受传者对自我的态度，对所传信息内容的态度，彼此间的态度。

(3)知识水平：传播者对所传递内容是否完全掌握，对传播的方法、效果是否熟知；受传者的原有知识水平，是否能接受所传递的知识等都将影响最终的效果。

(4)社会及文化背景：不同的社会阶层及文化背景也影响传播方法的选择和对传播内容的认识和理解。

再从信息这个要素来看，它也受信息内容、信息要素以及信息处理、结构安排和编码方式等各种因素的制约而影响最终的传播效果。最后，从信息的通道看，不同传播媒体的选择以及传播的途径也会引起对人们感官的不同刺激，从而影响传播效果。

1.3.2.4 施拉姆模式

威廉·施拉姆又名宣伟伯，提出了一系列的信息传播模式。1954 年，施拉姆设计了关于"经验范围"的传播模式，如图 1-5 所示。

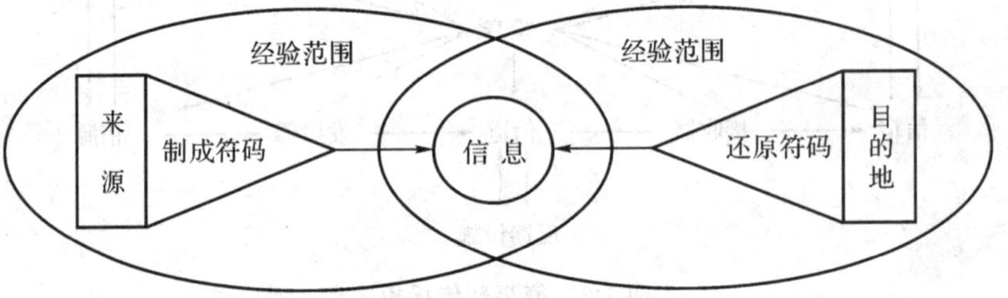

图 1-5 施拉姆传播模式

这一模式强调传授双方只有在其共同的经验范围之内才能达到真正的交流。根据这一模式，教学过程中教师应充分考虑学习者的知识基础、年龄、动机、兴趣、经验等，尽可能在师生双方的经验范围相同的部分内构成有效的教学传播，并以此为基础逐步扩大学习者的经验范围。

§1.4 现代教育技术与教育现代化

1.4.1 现代教育的基本特征

1.4.1.1 教育民主化——受教育者的广泛性和平等性

现代教育是全民的教育，全民教育的内涵包含两方面：一是教育的民主化，即实现教育的机会均等；二是教育的普及化，它是教育民主化的前提和保证，其中最重要的一项工作就是建立义务教育制度，只有义务教育的实施和普及，才能从根本上保证教育的民主化。

1.4.1.2 教育终生化——终生教育的思想与制度的建立

现代教育强调终生教育，它为各个年龄阶段的人服务，为人的终生服务。终生教育包括终生教育思想的确定和终生教育制度的建立。

1.4.1.3 教育多样化——提供多样化的学习机会

在教育现代化的进程中，计算机多媒体技术、网络技术得到了广泛的应用，使自动化程度日益提高。现代教育技术经由多媒体优化组合的通道进行教学，并且向多元化方向发展。现代教育技术为满足人们对不同层次、不同形式及不同规格的教育的需要提供了技术支撑，使人们实现教育和学习的多样化成为可能。

1.4.1.4 教育个性化——教育的目的是培养创造性人才

个性教育是指充分尊重学习者的主体地位，挖掘学习者的个体潜能，强调以人为本，重视培养和形成学习者在人生观、价值观等个性心理方面的优秀品质，促进学习者的个性发展的教育。个性教育已成为当今教育改革的一个重要趋势。

1.4.1.5 教育国际化——教育的国际交流与合作，培养国际化的人才

现代信息技术，特别是多媒体网络技术、卫星通讯技术等高科技的综合利用，使教育淡化了国界，在世界范围内实现了人类信息资源的优化配置和共享。

1.4.2 现代教育技术对教育的促进作用

1.4.2.1 教育改革的基本内容

1.更新思想观念，建立全民教育观

教育不应只局限于学校内部。一个人的学习应成为一生的事，也就是说，学习要按照个人的需要和可能，贯穿于人的一生，并使每个人都有尽可能多的选择机会。所有的教育机构和教育手段都将为终生学习提供条件和帮助。

2.课程结构和教学内容的改革

由于科学技术的发展促进了学科的不断分化和整合，使知识、新技术的更新速度明显加快，因此要求学校的课程体系与教学内容不能以不变应万变，应该不断更新。

随着学科和专业间的相互渗透并逐步深入，应该重新认识传统学科的划分和学科的系统性，使其调整到适应信息社会发展的需要。

3.寻求新的教育模式和传播手段

充分利用信息技术给教学带来的便利条件，促进学校教学向个别化学习模式和培养能力方面转化，使更多的人获得学习的机会。

建设以多媒体技术为核心的现代化教学环境，培养一支熟练掌握信息技术的教师队伍。加强教学信息资源中心的建设，大力发展网络技术，把信息技术广泛应用于教学过程之中。

1.4.2.2 教育现代化的内容

教育现代化是社会现代化的重要组成部分，教育现代化涉及教育思想、教育内容、教育方法、教育管理和教育手段的现代化，它们之间是互相联系、互相促进的。

教育思想的现代化——教育现代化的主导。

教育内容的现代化——教育现代化的主体。

教育方法的现代化——教育现代化的突破口。

教育管理和教育手段的现代化——教育现代化的保证。

1.4.2.3 现代教育技术对教育产生的影响

现代信息技术应用到教育和教学领域，使教育的观念、内容、手段和管理都发生了深刻的变化，引起了人类思维方式和学习方式的变革，对教育的各个方面都产生了深远的影响：使教与学的模式和教与学的方法发生了变化；使学校的教学环境和教学手段发生了变化；使教材的观念和教材的形式发生了变革；使教育超出了学校的范围，促进教育体制发生了变化；使教育

观念、教育思想和教育理论发生了变化。具体表现是：

1. 对教育体制的影响

中国的教育体制目前分为四大块，即普通教育、职业技术教育、高等教育和成人教育。随着现代教育技术的不断发展和应用的不断深入，各部分将逐渐趋于融合，实现四大教育一体化。

2. 对学校教育的影响

在现代教育技术中，计算机网络的应用使学校之间的联合变得非常容易，且不受地域的限制。一方面使具有优势互补条件的学校加强联合；另一方面进一步促进了学校之间的竞争，因此地域的影响已经不是主要的因素，更多地取决于它能提供给学习者的信息的质量和数量。

3. 对教师的影响

将现代教育技术应用到课堂教学之中，可以加速学习者对事物的感知过程，促进认识的变化，加深理解、增强记忆和提供应用能力，使学习者对学习的内容、时间、难度及进度的选择都具有更大的自由度。此时，教师不仅仅是知识的传授者，更是学习者学习的帮助者或指导者。教师的角色也从原来以教师为中心的“讲解者”转化为以学习者为中心的“指导者”和学习者活动的“导演者”。

4. 对学习者的影响

现代教育技术提供的个别化、多媒体化以及网络化的学习环境，可以使学习者根据自己的特点和水平选择合适的学习进度，在轻松的环境中学习，实现真正的“教育平等”。学习者也由原来单纯听讲、接受灌输的被动地位，转化为有机会主动参与、发现及探究的主体地位。

5. 对教学模式的影响

现代教育技术应用到教育与教学领域后，使得教育和教学方式也发生了重要的变化，提供了全新的教育模式。现代教育技术的应用使学习者的学习方式由单一的课堂学习方式向多方式和多途径方向发展。教材和教师不再是学习者获取知识的唯一途径，通过多媒体与网络技术，学习者不仅可以在课堂上通过教师讲授及多媒体计算机教学方式获取知识，也可以通过多媒体课件或信息网络进行个别化学习。借助信息网络学习者不仅可以在课堂、实验室及图书馆等场所学习，还可以在家中或其他场合学习。个别化学习将与集体学习有机地结合，以往单一的班级授课模式会被灵活多样的教学模式取代。

6. 对学习方式的影响

现代教育技术的发展，使人类的学习方式发生了根本性的变革。

(1)阅读方式的变革。从文本阅读到超文本阅读。电子出版物向人们展示了全新而高效的超文本阅读与检索方式。

(2)写作方式的变革。从手写走向键盘输入、扫描输入及语言输入等；从单纯的文字写作到图文并茂、声形并茂的多媒体方式。

(3)计算方式的变革。文字的数字化使计算机从语言上升为文化，并使读、写、算融为一体。图像、声音及影视的数字化使人类逐步进入了“虚拟现实”的计算机仿真世界。

7. 对教学媒体的影响

将现代信息技术应用到教育领域中，使教学媒体具有新的特点，日益智能化、多媒体化与网络化。

1.4.2.4 信息技术与课程整合对教育信息化的促进作用

1. 全球教育信息化面临的挑战与对策

国内外教育信息化的发展，迄今为止大体经历了两个阶段。从20世纪90年代初到21世纪初——这是教育信息化发展的第一阶段，也是起步阶段。这个阶段的主要特征是：强调教育信息化基础设施建设的速度与规模，并对教育信息化的应用做了有益的探索。一言以蔽之，就是强调教育信息化硬、软件基础设施在数量上的快速发展。

从21世纪初开始到现在——这是教育信息化发展的第二阶段，是逐步深入的阶段。这个阶段的主要特征是：强调教育信息化在教学过程中的应用，并要通过这种应用有效地提升学科教学质量与学习者的综合素质。简而言之，就是强调要通过教育信息化在教学过程中的应用实现教育质量的显著提升。

目前全球许多国家，包括美国和我们中国在内，在教育信息化方面花了几百甚至上千亿元的资金投入，却看不到明显的效果——搞了教育信息化和没搞教育信息化相比，学科教学质量与学习者综合素质几乎没有变化。其根本原因就在于缺少科学的信息技术与课程整合理论的正确指导，尤其是深层次整合理论的指导。

如何运用信息化教学环境（尤其是网络教学环境）来促进教育深化改革、大幅提升中小学各学科的教学质量与学习者的综合素质，不仅是中国教育信息化健康、深入发展的关键，也是当今世界各国教育信息化健康、深入发展的关键。各学科教学质量与学习者综合素质的提升主要通过课堂教学来实现，所以课堂教学是学校教育的主阵地。过去教育信息化往往在软硬件基础设施建设或教育信息管理方面下很大工夫；当然，这些工作也是必不可少的，但不能总是抓基础，总是打外围战；教育信息化必须面向课堂教学这个主阵地，要打攻坚战，才会有显著成效。

为此，联合国教科文组织认为，要迎接教育信息化所面临的挑战，需要广大教师掌握信息化教学环境下的必要素养与能力。2008年1月联合国教科文组织发布了《教师信息技术能力标准》(ICT Competency Standard for Teachers，简称ICT-CST)。该标准的制定是基于以下认识——为了使教师能将信息技术融入课堂，成功地实现信息技术与学科教学的整合，教师必须具备四个方面的素养与能力：构建学习环境的能力、信息技术素养、知识深化能力和知识创造能力。

信息技术素养的培训目标是：教师能够把信息技术作为基本工具融入学校的课程。培训途径是：先让教师学习文字处理能力；再了解、认识各种数字化教学资源的特征、用途及其使用方法；在此基础上，掌握将信息技术应用于优化教学方式、学习方式和教学评价、教学管理的各种手段与方法。

知识深化能力的培训目标是：要求教师进行教学方式的变革。知识深化能力的培训途径是：先让教师学会运用适合本学科教学内容需求的开放式技术工具及手段；认识到应采用“以学习者为中心”的教学与合作学习的方式；能够利用开放式教学资源支持课堂内外的基于问题或基于项目的合作学习；能利用信息技术来促进自身的专业能力发展。

知识创造能力的培训目标是：要求教师自觉更新教学观念。知识创造能力的培训途径是：能通过与校内同事以及校外专家的合作，开展教改试验，从事实践探索，进行教育创新；能建构信息化学习环境；能设计并开发各种信息化学习资源；能运用信息技术去发展学习者的知识技能、创造能力和批判性思维能力；能引导学习者进行反思性学习；营造“课堂学习共同体”；能通过参与网上的专业学习社区进一步促进自身的专业能力发展。

构建学习环境的能力要在教与学的过程中才能体现出来，所以把它融合到第三和第四两种能力标准模块。

美国国家科学基金会于2003年秋建立了“运用技术加强理科学习(Technology Enhanced Learning in Science，简称TELS)”研究中心。该研究中心的任务是要通过理科课程设计、教师专业培训、评估和信息技术支持等四个环节的研究与实践，来促进信息技术与理科教学的有效整合，从而显著提高学习者的理科学习成绩，最终达到“运用技术加强理科学习”的目的。

2.我国教育信息化进程中的信息技术与课程整合

通过对国际上信息技术与课程整合理论与实践的分析和借鉴，并结合我国信息化教学试验研究的实践，我们终于找到了具有中国特色的、通过信息技术与课程整合来显著提升学科教学质量和学生能力素质的途径与方法，也是应对教育信息化发展的有效举措与做法。

(1)信息技术与课程整合的目标

信息技术与课程整合，不是把信息技术仅仅作为辅助教或辅助学的工具，而是强调要利用信息技术来营造一种信息化的教学环境，该环境应能支持情境创设、启发思考、信息获取、资源共享、多重交互、自主探究、协作学习等多方面要求的教学方式与学习方式，这样就可以把学生的主动性、积极性乃至创造性较充分地发挥出来，从而使创新人才培养目标落到实处。由此可见，信息技术与课程整合是改变传统教学结构、实施创新人才培养的一条有效途径。

具体目标可以概述为：

1)优化教学过程，提高教学质量和效益。信息技术与课程整合的本质是在先进的教育思想、教育理论的指导下，把以计算机及网络为核心的信息技术，作为教学环境的创设工具和促进学生学习的认知工具，应用到各学科教学过程中。将各种教学资源、各个教学要素和教学环节，经过组合、重构，相互融合，提高教学质量，促进传统教学方法的变革。

2)培养学生的信息素养。培养学生获取(包括信息发现、信息采集与信息优选)、分析(包括信息分类、信息综合、信息查错与信息评价)、加工(包括如何有效地利用信息来解决学习、工作和生活中的各种问题)和利用(包括信息的排序与检索、信息的组织与表达、信息的存储与变换以及信息的控制与传输等)信息的知识与能力，为学生打好全面、扎实的信息文化基础，同时具备对信息内容的批判与理解能力，并能在虚拟的环境中具有良好的伦理道德和法律意识。

3)培养学生掌握信息时代的学习方式。海量的网络信息，改变了人类的学习方式。学习方式从接受式学习转变为自主学习、探究学习、研究性学习和协作学习。新的学习方式要求学习者必须能够利用资源进行学习，学会在数字化情境中进行自主发现，学会利用网络通信工具进行协商交流、合作讨论式的学习，学会利用信息加工工具和创作平台，进行实践创造的学习。

4)培养学生终身学习的态度和能力。在信息时代，知识的更新率加快，各学科间相互渗透，出现了更多的新兴学科和交叉学科。在这种科学技术、社会结构发生剧变的大背景下，要求学习者能够具有主动汲取知识的愿望并能付诸于日常生活实践，要能够独立自主地学习，能够自我组织，并能控制整个学习过程，对学习进行自我评估。

(2)信息技术与课程整合的内涵

何克抗教授认为：信息技术与课程整合，就是通过将信息技术有效地融合于各学科的教学过程来营造一种信息化教学环境，实现一种既能发挥教师主导作用又能充分体现学习者主体地位的以“自主、探究、合作”为特征的教与学方式，从而把学习者的主动性、积极性、创造性较充分地发挥出来,使传统的以教师为中心的课堂教学结构发生根本性变革——由教师为中心的教学结构转变为"主导—主体相结合"的教学结构。整合的三个基本属性:①营造新型教学环境。②实现新的教与学方式。③变革传统教学结构。

我国教育技术界权威专家李克东教授认为:信息技术与课程整合是指在教学过程中把信息技术、信息资源、信息方法、人力资源和课程内容有机结合,共同完成课程教学任务的一种新型的教学方式。

整合的三个基本点是:①要在多媒体和网络为基础的信息化环境中实施课程教学活动。②对课程教学内容进行信息化处理后成为学习者的学习资源。③利用信息化加工工具让学生进行知识重构。

(3)实现信息技术与课程深层次整合的有效途径与方法

信息技术与课程整合,是将信息技术有机地融合在各学科教学过程中。但整合不等于混合,在利用信息技术之前,教师要清楚信息技术的优势和不足,并了解学科教学的需求。在整合过程中,教师要设法找出信息技术在哪些地方能提高学习的效果,从而使学生用信息技术来完成那些用其他方法做不到或效果不好的学习任务。

1)运用教育理论指导课程整合的实践。现代学习理论为信息技术与课程整合奠定了坚实的理论基础,在教与学的层面上,每一种理论都具有其正确性的一面。但是,在教学实践中,没有一种理论具有普适性,无论哪一个理论都不能替代其他理论而成为唯一的指导理论。

行为主义学习理论的作用突显在需要机械地记忆知识或具有操练和训练的教学方面。

认知主义学习理论的指导作用主要体现在激发学生的学习兴趣、控制和维持学生的学习动机。

建构主义学习理论提倡给学生提供建构理解所需要的环境和广阔的建构空间,让学生自主、发现式地学习。如利用信息技术进行适当的内容重复,帮助学生记忆知识。通过信息技术设置情景,让学生便于意义建构。

2)根据学科特点构建整合的教学模式。每个学科都有其固有的知识结构和学科特点,它们对学生的要求也是不同的。

语言教学是培养学生应用语言的能力,主要训练学生在不同的场合,正确、流利地表达自己的思想,较好地与别人交流的能力。

数学属于逻辑经验学科,主要由概念、公式、定理、法则以及应用问题组成,教学的重点应该放在开发学生的认知潜能上。

物理和化学,则是与人们的生产、生活密切相关的学科。在教学中,应注意学生的观察能力、解决问题的能力和做实验的能力的培养。

如果需要培养学生的操作能力,那么用计算机的模拟实验全部代替学生的亲手实验,将会违背学科的特点,背离教学目标中对学生动手能力的培养。

3)根据教学内容选择整合策略。信息技术与课程的整合应该根据不同的教学对象,实施多样性、多元化和多层次的整合策略。对于学习类型和思维类型不同的人来说,他们所处的学习环境和所选择的学习方法将直接影响他们的学习效果。如有的学生不能主动地对外来信息进行加工,喜欢有人际交流的学习环境,需要明确的指导和讲授。而有的学生在认知活动中,则更愿意独立学习、进行个人钻研,更能适应结构松散的教学方法或个别化的学习环境。

4)"学教并重"的教学设计理论来进行课程整合的教学设计。目前流行的教学设计理论主要有“以教为主”的教学设计和“以学为主”的教学设计两大类。理想的方法是将两者结合起来,取长补短,形成优势互补“学教并重”的教学设计理论。而且,这种理论也正好能适应“既要发挥教师主导作用,又要充分体现学生主体作用的新型教学结构”的要求。将信息技术作为促进学生自主学习的认知工具与情感激励工具。

5)个别化学习和协作学习的和谐统一。信息技术给我们提供了一个开放性的实践平台,对于同一任务,不同的学生也可以采用不同的方法和选择不同的工具来完成。这种个别化的教学策略,对于发挥学生的主动性,进行因人而异的学习是很有帮助的。既要为学生提供个别化的学习机会,又要组织学生开展协作学习。

(4)信息技术与课程整合的最基本特征

有先进的教育思想、教学理论的指导、学科交叉性和立足于能力的培养。具体表现在以下几个方面:

1)任务驱动式的教学过程:信息技术与课程整合以各种各样的主题任务进行驱动教学,有意识地开展信息技术与其他学科(甚至多学科)相联系的横向综合的教学。比如目前的网络游戏,刚进去玩时,系统一般都会提供一系列的新手任务,当你完成这些新手任务后,该游戏的基本操作你也就基本会了,可以说这也是教育技术在游戏中的体现。

2)信息技术作为教师、学生的基本认知工具:在信息技术与课程整合中,强调信息技术服务于学科的内在需求,服务于具体的任务。教师和学生都以一种自然的方式对待信息技术,把信息技术作为获取信息、探索问题、协作解决问题的认知工具,把各种技术手段完美、恰当地融到课程的教学与学习中去。

3)能力培养和知识学习相结合的教学目标:信息技术与课程整合要求学生学习的重心不再仅仅放在学会知识上,而是转到学会学习、掌握方法和培养能力上,包括培养学生的信息素养。强调能力的培养也是我国新课改的重中之重,现在的中小学课程改得很厉害,其实说白了就是要求教师在教会学生知识的同时注重学生能力的培养,所以看现在的新课改的教材和示范课你会觉得有些内容或程序总有点多此一举,但其实这都是学生能力培养所必需的,这也需要广大教育工作者的认真落实。当然,这样也就无形中加重了老师的负担,但百年大计、教育为本,作为教育工作者,牺牲一点也是应该的。

4)“教师为主导、学生为主体”的教学结构:在信息技术与课程整合的教学结构中,强调学生的主体性,要求充分发挥学生在学习过程中的主动性、积极性和创造性。

5)个别化学习和协作学习的和谐统一:信息技术能够为我们提供一个开放性的实践平台,是每一位学生在这个平台上可以采用不同的方法、工具来完成同一个任务。这种个别化教学策略对于发挥学生的主动性和进行因人而异的学习是很有帮助的。

(5)信息技术与课程整合的种类

目前,国内许多学者根据自己对这一概念的理解,提出信息技术与课程整合的内涵,由此使得信息技术与课程整合的概念扩大化。但归纳起来大致有以下几种:

1)信息技术与学科教学的整合,这一层面的整合结果包括:CAI、Web-based CAI、CMI、校内闭路电视、卫星传输教学节目、电影、幻灯等利用信息媒体展示教学信息而开展教学的模式。

2)信息技术与学习活动的整合,这一层面的整合结果包括:CAL、CSCL、利用计算机网络开展的讨论、在线会议、利用视频会议开展网上讨论学习、在线答疑等模式。与1)不同的是,这一层面的整合体现了信息技术不只是作为呈示教学信息和抽象知识的载体,它更多的是作为教与学的互动，学生之间的交流与沟通的工具。

3)学科教学与学生学习活动的整合，上述1)、2)两方面共同构成了目前大多数学者和中小学教师认为的"信息技术与课程整合"的概念。学科课程与活动课程，在国外20世纪50年代以来这两种课程形态由截然分开和彼此对立走向相互融合和趋向统一，熔于一炉，从而形成了以建构主义课程观为基础的学生本位课程。结合活动开展学科教学，在我国一些学校也有所实施。

4)教育的信息化——信息技术与学科以及实践活动的整合。"信息技术教育(ITE)与学科整合"显示，ITE学科与其他学科(如语文、数学)以及活动课程的整合，反映了整合后的综合课程的特征，又指明了在真实活动或学习共同体中体验性学习知识和技能的必要性，同时把信息技术作为工具支持这一学习的信息技术教育课程、学科课程、活动课程之间的整合。其结果是信息技术环境下基于真实活动的系统化知识技能的主体学习活动。可是，知识是无穷尽的，就目前情况来看，还没有一个理想方法使得学生通过实践活动建构结构化的知识。学科技能是有限的，可以通过分析学科专家的活动行为使之结构化。

信息技术与课程整合的结果即信息技术课程与学科课程以及综合实践活动的整合，也就是信息技术环境下的综合学习。比如，将信息技术与语文学科以及学生的实践活动进行整合，首先我们要考虑语文学科的目的和任务是什么。语文学科的主要目的是培养语言能力，任务是通过演练使学生学会利用语言进行表达、交流。而信息技术学科的主要目的是培养学生灵活运用信息的能力，任务是在信息技术环境下开展信息教育，如通过E-mail与远离自己的其他学校小朋友交换信息，获取解决问题的方法。如果将两者在综合实践活动中进行整合，其结果就变成，利用信息技术工具E-mail开展校际交流，获取所需的信息。这一过程中既需要用到信息工具，又需要熟练的语言文字的交流、表达的技能。

1.4.3　我国中小学现行教师教育技术能力标准

为了提高我国中小学教师教育技术能力水平，促进教师专业能力发展，2004年12月25日，国家教育部正式颁布了《中小学教师教育技术能力标准(试行)》(以下简称《标准》)。这是我国中小学教师的第一个专业能力标准，它的颁布与实施是我国教师教育领域一件里程碑性的大事，将对我国教师教育的改革与发展产生深远影响。

1.4.3.1　制定中小学教师教育技术标准的意义

1. 教师专业化发展的必要条件

众所周知，应用现代教育技术，促进各级各类教育的改革与发展(尤其是促进基础教育的改革与发展)，已经成为当今世界各国教育改革的主要趋势和国际教育界的基本共识。国际教育界之所以会有这样的共识，是因为现代教育技术的本质是利用技术手段(特别是信息技术手段)优化教育教学过程，从而达到提高教育教学效果、效益与效率的目标。

效果的体现是各学科教学质量的改进；效益的体现是用较少的资金投入获取更大的产出(即培养出更多的优秀人才)；效率的体现是用较少的时间来达到教学内容和课程标准的要求。

现代教育技术所追求的这三个方面的目标，也是各级教育部门领导和校长们时时刻刻都在关注的目标。而确保这些目标的实现，正是现代教育技术的优势所在。但是技术是要靠人来掌握的，要让现代教育技术的上述优势得以发挥，需要靠教师去实施。这样，就对教师教育提出了更高的要求——在教师的专业技能中，提高应用教育技术的能力已变得越来越重要。《中小学教师教育技术能力标准》的制定，就是要从制度上保证广大教师具有合格的应用教育技术的专业技能。

2.基础教育课程改革的迫切需求

基础教育新课程改革的核心是要培养学习者的创新精神，让青少年生动、活泼、主动地发展，这就要求教师改变在课堂上的教学方式与行为模式。而应用教育技术正是改变教师的教学方式与行为模式的最重要手段。此外，信息技术与各学科教学的整合还是新课改成功的必要条件，而有关信息技术与课程整合的理论、方法（即如何在各学科教学中进行有效的整合）则是现代教育技术研究的基本内容。所以，制定《中小学教师教育技术能力标准》引导教师尽快提高应用教育技术的能力是基础教育课程改革的迫切需求。

3.教师培训规范化的需要

中小学教师的教育技术能力培训是一个庞大的市场，由政府主持制定一套国家级教师教育技术能力标准，对于规范所有培训机构的培训要求与培训行为（不管这些培训机构是企业还是事业单位）以及建立准入制度和评价体系都具有重要的指导作用。

1.4.3.2　中小学教师教育技术能力建设计划项目

为了提高中小学教师教育技术能力水平，启动实施全国中小学教师教育技术能力建设计划。该计划的宗旨是：以《中小学教师教育技术能力标准（试行）》为依据，以全面提高教师教育技术应用能力，促进技术在教学中的有效运用为目的，建立教师教育技术培训和考试认证体系，组织开展以信息技术与学科教学有效整合为主要内容的教育技术培训，全面提高广大教师实施素质教育的能力水平。

该计划按照“总体规划、分步实施、学用结合、注重实效”的原则组织实施。从2005年开始，组织部分省（自治区、直辖市）先行试点。在取得经验的基础上，从2006年开始在全国范围内推开。到2007年底，各省（自治区、直辖市）通过采取多种途径和方式，使绝大多数中小学教师普遍接受不低于50学时的教育技术应用能力培训，并参加国家统一组织的教育技术能力水平考试认证。

中小学教师教育技术能力培训是“国家级、强制性并设计成千上万中小学教师的一轮全员培训”。其基本内容是有关信息技术与课程整合的理论、模式与方法，其目的是培养中小学教师利用合适技术与支持教学过程与教学资源设计、开发、利用、管理与评价的能力，提高在信息技术环境下进行教学设计并且有效组织与实施教学活动的能力，是教师专业发展的重要组成部分。

在培训中采用了立体化教材的模式，即包括印刷教材、配套光盘和网络平台，三者相互结合，成为有机的整体。培训过程始终以形成完整的教学设计方案为主线，以如何在教学设计中运用过程性评价和总结性评价为目标，对信息技术与学科整合教学设计给出了全面的解释，通过任务驱动、活动设计、案例支持，让学员全面系统地掌握了教学方案设计和学生评价环节。

目前的培训方式在总体上可以分为纵向和横向两部分。所谓纵向即为先选派学校的骨干教师到省级培训机构参加“省级骨干教师培训”，然后“以点带面”，由省级骨干教师负责对全体教师进行全员培训。简言之是先“核心培训”再“全员培训”。

纵向则是具体的课程培训方式，培训的方式已经从开始的单一变得多样化，不仅包括传统的以语言为主的教学，也融入了以实践为主的教学方式，同时还有效地将语言和实践结合起来，充分调动受训者的积极性，也活跃了培训课堂的气氛。

以讲授为主的方式主要采用集中授课，对课程设置、教材选择、培训者的配备要求很高。相反，对受训者的要求就有所降低；以实践为主的培训主要有两种形式，分别是角色扮演和师徒跟随。其中角色扮演是为提供一种模拟学校教学的自然情况，让受训者扮演教学情景中的老师。师徒跟随是先为受训者选好导师，然后受训者就形影不离地跟随着导师，学习他相关教学的各个方面；然后进行调位，导师跟踪受训者，发现其不足并及时指出，提出改进的措施和今后努力的方向。讲授与实践相结合的方式主要包括课题中心式和专题研讨式，总体的过程是先对课题或专题进行讨论，然后查阅相关的书籍和资料、调查访谈，在研究中获得理论知识，掌握研究的过程和方法。

该项目2005—2006年在9个省级单位试点，2007年开始在全国逐步展开，并且每年的培训规模都在进一步扩大，现在已经由2004年的14个省增加到25个省（自治区、直辖市），开展省份超过80%。其中西藏、青海、新疆等地克服了重重困难，取得了积极进展。截止2008年暑假，启动“计划”工作共完成近2.4万名省级骨干、162万余名中小学教师的培训任务，其中初级水平为155万余名，中级水平为7万余名。2000年以来，英特尔未来教育项目核心课程共完成了105万名学科教师培训。其中，2006年以前通过教育技术能力初级培训的教师有62万，2006年以后可直接参加中级考试的教师有43万。从而可以得出，截止2008年10月，全国总计通过教育技术能力培训的中小学教师为267万名，超过全国教师总数的20%。随着培训的继续，这个比例也在逐渐增加。

1.4.3.3　中小学教师教育技术能力标准（试行）

为提高中小学教师教育技术能力水平，促进教师专业能力发展，根据《中华人民共和国教师法》和《中小学教师继续教育规定》有关精神，国家教育部制定了《中小学教师教育技术能力标准（试行）》。

本标准适用于中小学教学人员、中小学管理人员、中小学技术支持人员教育技术能力的培训与考核。

附：中小学教师教育技术能力标准（试行）

第一部分　教学人员教育技术能力标准

一、意识与态度

（一）重要性的认识

1. 能够认识到教育技术的有效应用对于推进教育信息化、促进教育改革和实施国家课程标准的重要作用。

2. 能够认识到教育技术能力是教师专业素质的必要组成部分。

3. 能够认识到教育技术的有效应用对于优化教学过程、培养创新型人才的重要作用。

（二）应用意识

1. 具有在教学中应用教育技术的意识。

2. 具有在教学中开展信息技术与课程整合、进行教学改革研究的意识。

3. 具有运用教育技术不断丰富学习资源的意识。

4. 具有关注新技术发展并尝试将新技术应用于教学的意识。

（三）评价与反思

1. 具有对教学资源的利用进行评价与反思的意识。

2. 具有对教学过程进行评价与反思的意识。

3. 具有对教学效果与效率进行评价与反思的意识。

(四)终身学习

1. 具有不断学习新知识和新技术以完善自身素质结构的意识与态度。

2. 具有利用教育技术进行终身学习以实现专业发展与个人发展的意识与态度。

二、知识与技能

(一)基本知识

1. 了解教育技术基本概念。

2. 理解教育技术的主要理论基础。

3. 掌握教育技术理论的基本内容。

4. 了解基本的教育技术研究方法。

(二)基本技能

1. 掌握信息检索、加工与利用的方法。

2. 掌握常见教学媒体选择与开发的方法。

3. 掌握教学系统设计的一般方法。

4. 掌握教学资源管理、教学过程管理和项目管理的方法。

5. 掌握教学媒体、教学资源、教学过程与教学效果的评价方法。

三、应用与创新

(一)教学设计与实施

1. 能够正确地描述教学目标、分析教学内容、并能根据学习者特点和教学条件设计有效的教学活动。

2. 积极开展信息技术与课程的整合,探索信息技术与课程整合的有效途径。

3. 能为学习者提供各种运用技术进行实践的机会,并进行有针对性的指导。

4. 能应用技术开展对学习者的评价和对教学过程的评价。

(二)教学支持与管理

1. 能够收集、甄别、整合、应用与学科相关的教学资源以优化教学环境。

2. 能在教学中对教学资源进行有效管理。

3. 能在教学中对学习活动进行有效管理。

4. 能在教学中对教学过程进行有效管理。

(三)科研与发展

1. 能结合学科教学进行教育技术应用的研究。

2. 能针对学科教学中教育技术应用的效果进行研究。

3. 能充分利用信息技术学习业务知识,发展自身的业务能力。

(四)合作与交流

1. 能利用技术与学习者就学习进行交流。

2. 能利用技术与家长就学习者情况进行交流。

3. 能利用技术与同事在教学和科研方面广泛开展合作与交流。

4. 能利用技术与教育管理人员就教育管理工作进行沟通。

5. 能利用技术与技术人员在教学资源的设计、选择与开发等方面进行合作与交流。

6. 能利用技术与学科专家、教育技术专家就教育技术的应用进行交流与合作。

四、社会责任

(一)公平利用

努力使不同性别、不同经济状况的学习者在学习资源的利用上享有均等的机会。

(二)有效应用

努力使不同背景、不同性格和能力的学习者均能利用学习资源得到良好发展。

(三)健康使用

促进学习者正确地使用学习资源,以营造良好的学习环境。

(四)规范行为

能向学习者示范并传授与技术利用有关的法律法规知识和伦理道德观念。

第二部分　管理人员教育技术能力标准

一、意识与态度

(一) 重要性的认识

1.能够认识到教育技术的有效应用对于推进教育信息化、促进教育改革和实施国家课程标准的重要作用。

2.能够认识到教育技术能力是教师专业素质的必要组成部分。

3.能够认识到教育技术的有效应用对于优化教学过程、培养创新型人才的重要作用。

(二) 应用意识

1.具有推动在管理中应用教育技术的意识。

2.具有推动在教学中开展信息技术与课程整合、促进教育教学改革研究的意识。

3.具有支持教师运用教育技术不断丰富学习资源的意识。

4.具有密切关注新技术的价值并不断挖掘其教育应用潜力的意识。

(三) 评价与反思

1.具有促进对教学资源的利用进行评价与反思的意识。

2.具有促进对教学过程进行评价与反思的意识。

3.具有促进对教学效果与效率进行评价与反思的意识。

4.具有对教学管理的效果进行评价与反思的意识。

(四)终身学习

1.具有不断学习新知识和新技术以提高自身管理水平的意识与态度。

2.具有利用教育技术进行终身学习以实现管理能力与个人素质不断提高的意识与态度。

3.具有利用教育技术为教师创造终身学习环境的意识与态度。

二、知识与技能

(一)基本知识

1.了解教育思想、观念和教育技术的发展趋势。

2.了解教育技术的基本概念和应用范畴。

3.了解教育技术的基本理论。

4.掌握绩效技术、知识管理和课程开发的基本知识。

(二)基本技能

1. 掌握信息检索、加工与利用的方法。

2. 掌握资源管理、过程管理和项目管理的方法。

3. 掌握教学媒体、教学资源、教学过程与教学效果的评价方法。

4. 掌握课程规划、设计、开发、实施与评价的方法。

三、应用与创新

(一)决策与规划

1. 制定并实施教育技术应用计划以及应用技术来促进教育教学改革的条例与法规。

2. 能够根据地区特点和实际教育状况，宏观调配学习资源，规划和设计教育系统。

3. 能够有效应用信息技术和统计数据辅助决策过程。

(二)组织与运用

1. 能组织与协调各种资源，保证教育技术应用计划的贯彻和执行。

2. 能组织与协调各种资源，促进信息化学习环境的创建。

3. 能组织与协调各种资源，支持信息化的教学活动。

4. 能运用技术辅助教学组织和教学实施。

(三)评估与发展

1. 能使用多种方法对教师和管理人员的教育技术应用效果进行评价。

2. 能运用技术辅助对管理体制和运行机制进行评价。

3. 能采取多种措施推动技术体系的不断改进，支持技术的周期性更新。

4. 能充分利用技术手段为教师、学习者和管理者的发展提供更多机会。

5. 能充分运用技术改善教育教学条件，并为教师提供教育技术培训的机会。

(四)合作与交流

1. 能利用技术与教学人员就教学工作进行交流。

2. 能利用技术与技术人员就学习支持与服务进行交流。

3. 能利用技术与家长及学习者就学习者发展与成长进行交流。

4. 能利用技术与同事就管理工作进行合作与交流。

四、社会责任

(一)公平利用

能够在管理制度上保障所有的教师和学习者均能利用学习资源得到良好发展。

(二)有效应用

1. 能够促进学习资源的应用潜能得到最大化的发挥。

2. 能够促进技术应用达到预期效果

(三)安全使用

1. 能确保技术环境的安全性。

2. 能提高技术应用的安全性。

(四)规范行为

1. 努力加强信息道德的宣传与教育。

2. 努力规范技术应用的行为与言论。

3. 具有技术环境下知识产权保护的意识，并能够以实际行动维护这种知识产权。

第三部分 技术人员教育技术能力标准

一、意识与态度

（一）重要性的认识

1. 能够认识到教育技术的有效应用对于推进教育信息化、促进教育改革和实施国家课程标准的重要作用。

2. 能够认识到教育技术应用能力是教师专业素质的重要组成部分。

3. 能够认识到教育技术的有效应用对于优化教学过程、培养创新型人才的重要作用。

（二）应用意识

1. 具有研究与推进信息技术与课程整合的意识。

2. 具有利用技术不断优化学习资源和学习环境的意识。

3. 具有积极辅助与支持教学人员和管理人员应用教育技术的意识。

4. 具有不断尝试应用新技术并探索其应用潜力的意识。

（三）评价与反思

1. 具有对技术及应用方案进行选择和评价的意识。

2. 具有对技术开发进行评价与反思的意识。

3. 具有对技术支持进行评价与反思的意识。

4. 具有对教学资源管理进行评价与反思的意识。

（四）终身学习

1. 具有积极学习新知识与新技术以提高业务水平的意识。

2. 具有利用教育技术进行终身学习以不断提高个人素质的意识。

二、知识与技能

（一）基本知识

1. 了解教育思想、观念和技术的发展趋势。

2. 了解教育技术的基本概念和应用范畴。

3. 掌握现代教学媒体特别是计算机与网络通信的原理与应用。

（二）基本技能

1. 掌握信息检索、加工与利用的方法。

2. 了解教学系统设计与开发的方法。

3. 掌握教学媒体的设计与开发的技术。

4. 掌握教学媒体的维护与管理的方法。

5. 掌握学习资源维护与管理的方法。

6. 掌握对教学媒体、学习资源的评价方法。

三、应用与创新

（一）设计与开发

1. 参与本单位教育信息化建设方案的整体规划与设计。

2. 能够设计与开发本单位的信息化学习环境。

3. 能够收集、整理已有学习资源并设计与开发符合教学需要的学习资源。

(二)应用与管理

1.能够为教学人员的教学和科研工作提供技术支持与服务。

2.能够为管理人员的管理和评估工作提供技术支持与服务。

3.能够对学习资源与学习环境的使用进行有效的管理与维护。

(三)评估与发展

1.能够对学习资源和学习环境的开发与应用效果进行评估,并提出发展建议。

2.能够对自身的技术服务和管理工作进行评估,并反省自身的技术服务和业务水平。

3.能够参与本校教师教育技术应用效果的评估工作,并提出发展建议。

4.能够参与制定本校教师教育技术培训方案并实施。

(四)合作与交流

1.能利用技术与教师就教育技术在教学中的应用效果进行交流。

2.能利用技术与管理人员进行交流。

3.能利用技术与学习者及家长进行交流。

4.能利用技术与同行及技术专家进行交流。

四、社会责任

(一)公平利用

能够通过有效的统筹安排保障所有的教师和学习者均能利用学习资源得到良好发展。

(二)有效应用

1.能不断加强信息资源的管理。

2.能不断提高教育技术应用的有效性。

(三)安全使用

1.努力提高技术应用环境的信息安全。

2.能为教师和学习者提供安全、可靠的技术服务。

(四)规范行为

1.努力加强技术环境下信息资源的规范管理。

2.努力规范技术应用的行为方式。

习 题

1.结合网上冲浪和电脑网络游戏的体验,谈谈如何应用现代教育技术实现愉快学习?

2.网络搜索信息技术与课程整合的案例,分析该案例的优点与缺点。

3.你认为什么样的培训可以有效提高教师的教育技术能力?

第2章 教学设计与评价

教学设计是现代教学的一个重要环节。本章主要介绍教学设计的基本原则、设计步骤,以及设计的基本模式与评价。多媒体课件的制作、使用是教学设计的组成部分,也是实现教育技术与学科整合的有效途径。最后,本章介绍了课件评价方法。

本章学习要求:

- 理解教学设计的定义
- 掌握教学设计的基本步骤与模式
- 能对教学设计进行评价
- 掌握多媒体课件制作的一般流程
- 会对多媒体课件进行评价

§2.1 教学设计的基本概念

教学设计(Instructional Design)是20世纪60年代以来逐渐形成和发展起来一门新的实践性很强的应用学科,是教育技术学领域中的一个重要分支。教学设计涉及现代学习理论、教学理论、系统科学理论和传播与信息等理论,并要求教学设计者站在学习者的角度上提出问题、分析问题,使学习内容能够清晰地呈现给学生,形成一个卓有成效的教学过程。教学设计目的是使教学成为吸引人的活动,从而实现优化教学过程,达到最佳效果。

2.1.1 教学设计的定义

教学设计是指教师以获得优化的教学效果为目的,以学习理论、教学理论及传播理论等为理论基础,根据学生认知结构与教学内容,运用系统方法设计教学过程、教学组织形式、使用教学手段的策略,并对试行结果进行评价的一个计划过程。教学设计是对教学活动系统规划、决策的过程。现代教学设计具有层次性。它既可以是课堂教学设计,也可以是课外活动设计;它既适用于整个教学体系的设计,也适用于一门课程、一个教学单元、一堂课的设计,即传统所谓的课时教案。但是无论哪种教学设计,设计者都需要遵循基本设计原理和程序。

2.1.1.1 教学设计需要设置明确的对象与目标

教学设计是把课程设置、课程大纲、单元教学计划、课堂教学过程、教学资源等视为不同层次的教学系统。它把教学系统作为研究对象。教学设计是解决教学问题的科学方法。教学设计与传统的备课具有不同的着重点。传统的备课往往是以教师为中心，主要从教学任务角度出发。而教学设计是以学生为中心，突出学生在学习过程中的主体地位，是以学生的“学”作为教学设计的出发点。教学设计包括如何编写目标、如何进行任务分析、如何选择教学策略与教学媒体、如何编制标准参照测试等。教学设计是研究优化学生学习方法与策略的过程。所以，教学设计的目的就是优化教学效果，提高教学效率和教学质量，使学生在单位时间内能够学到更多的知识，更大幅度地提高学生的各种技能，从而使学生获得良好的发展。

2.1.1.2 教学设计需要运用系统方法

教学设计从教学系统的整体功能出发，综合考虑各个要素及其相互之间的关系。教学设计涉及教师、学生、教材、媒体、评价等要素。教学设计就是要从整体上设计各个要素之间的关系，使之构成一个完整的有机整体，产生结构上的整体效应。同时，教学设计要处理好整个系统与各子系统之间的关系。在子系统中，如教学目标的分析，教学是“为什么教”，即学习需求；教学内容，“教什么”，即具体的教学内容和目标；教学方法，“如何教”，即教学策略、教学媒体；教学评价，“效果如何”等；各个子系统相互联系、相互作用形成完整的系统过程。

2.1.1.3 教学设计需要以学习者的学习目标为出发点

教学设计要确定学习者的需求和教学中需要解决的问题为出发点，并提出满足学习者需求和解决问题的方法和步骤。新课程标准中强调教学要以学生为中心，面向全体学生使学生全面发展。教师的教学设计要分析学生的认知能力与知识结构，并以其作为教学的出发点。同时教学设计时刻体现教学的知识与技能、过程与方法、情感态度与价值观的三维教学目标。教学目标是否得以实现，要在学生通过对自己的认识和发展的学习活动中体现出来。以学生为中心的教学组织形式是通过改组或重建学生的认知结构来进行学习。因此，教师要重视对学生的分析，以学生的学习作为教学设计的根本出发点是取得教学设计成功的关键。

2.1.1.4 教学设计需要以教学理论和学习理论为其科学决策的理论基础

教学设计要依据相关的教学理论和学习理论，以保证整个教学系统的完整性、程序性及可操作性。然而，这个教学系统是否符合教学实际，能否获得最佳的教学效果，教学目标是否正确地反映了学生的学习需求等等问题，单凭系统方法是无法解决的。任何教学设计工作要保证其科学性，就必须以一定的科学理论为指导，并根据设计对象的内在规律进行设计。教学设计的主要工作任务是将教师“教”的行为与学生“学”的行为有机结合。因此，必须以研究教和学基本规律的教学理论和学习理论作为教学设计的理论基础和决策的科学依据。

2.1.1.5 教学设计需要强调解决教学问题的方法与过程

教学设计是有效解决“教”与“学”这对矛盾的过程。教学设计旨在促进教学活动程序化，精确化和合理化的策略制定过程。这种解决策略的技术性表现在两个方面：一是设计思想，即所谓的软技术，如方法、技巧与策略；二是现代教育的媒体技术，即所谓的硬技术，如通信技术、计算机技术、网络技术等实物性质技术的应用方法。教学设计是以促进学习者的学习为目的的，所以，它是以学习者所面临的学习问题或任务驱动为出发点，进而确定问题的性质，分析研究解决问题的办法，最终达到解决教学问题的目的。所以，教学设计不是以方法设计问题，而是以问题设计方法。这就增强了教学的针对性，提高了教学有效性与教学效率，使教学活动形成优化运行机制。

2.1.1.6 教学设计需要重视教学实践与教学效果的评价

教学设计是一个动态的过程，作为教学对象的学生情况不同，或者是其他教学环境的变化都有可能影响教学效果。教学设计的合理与否需要教学实践的检验。通过教学实施过程中的各个环节，教师不断地收集反馈信息，并对教学设计整个过程和结果进行科学的评价，得出科学的结论，为不断改进教学、提高教学效果提供依据。因此，教师需要对教学设计进行评价、反思、改进，从而进一步提高教学设计的有效性和针对性。

2.1.2 教学设计的基本原则

有效的教学设计需要有相应的指导原则。面向基础教学改革的教学设计主要原则有如下几点：

2.1.2.1 系统性与要素分析相结合原则

教学设计是一项系统工程，它是由教学目标和教学对象的分析、教学内容和方法的选择以及教学评估等子系统以及系统内各要素所组成。各子系统既相对独立，又相互依存、相互制约，组成一个有机的整体。在诸子系统中，各子系统的功能并不等价，其中教学目标起指导其他子系统的作用。同时，教学设计应立足于整体，每个子系统应协调于整个教学系统中，做到整体与部分辨证的统一。既要突出教学重点与难点，又要强调知识的整体结构完整性。系统的分析与系统的综合有机地结合，最终达到教学系统的整体优化。

2.1.2.2 主体作用和主导作用相统一原则

教学过程的实质是在教师组织、引导下学生的学习过程。在这个过程中，学生应始终处于主体地位，他们是学习的主人。因此，在教学过程中，教师必须想方设法，确保学生的主体地位及其作用。教师是教学过程与教学资源的组织者、指导者，意义建构的帮助者、促进者。过于强调教师的主导作用就可能导致传统的“满堂灌”或“填鸭式”的教学，而忽视学生技能的培养与认知过程的重要性。相反，过于弱化教师的主导作用，让学生完全自主学习就可能形成“放羊式”的教学，学生学习效率低下，知识残缺不完整。教学设计中就是要将教师的施教与学生的学习过程有机地、和谐地统一在一起，从而真正体现“以学生为主体、以教师为主导”的教学指导思想。

2.1.2.3 探究知识和发展能力相统一原则

指导学生探究、掌握知识和培养、发展学生学习能力是辩证统一的，前者为后者的必要基础和前提，而后者是前者的重要条件与升华。在教学设计中，只有正确地处理好这两者之间的辩证关系，才能使学生在掌握知识及其方法的探索过程中，较好、较快地发展他们的认知能力。基础教育改革中十分强调学生的认知技能的培养，而探究式的学习活动能有效地培养学生的各种分析问题与解决问题的能力。而且，学习能力的发展是终身学习所必要的。

2.1.2.4 创设情境和培养情感相结合原则

情境创设既是任务驱动的形式，也是培养情感动力与激励机制的方式。认知和情感之间的关系是辩证统一。情境创设一方面增加学生的感性认识，有利于学生形成抽象的知识。另一方面，生动具体的情境能激发学生的兴趣，从而培养学生“乐学”，甚至是“好学”的最佳境界。现代教育技术的运用为情境创设成为可能。

2.1.2.5 创新性和规范性相结合原则

当前我国的基础教育改革目标是全面推进创新教育为核心的素质教育。教学设计应该在先进的教育科学理论和教学思想的指导下，在充分研究与实践的基础上，力求体现创新性的时代感受，以适应创新教育、素质教育的要求。同时，我们的教学设计也要关注规范性。因为教学的规范性反映了教学过程的革新与发展，是有其自身客观规律的。规范性既是创新的起点，也是创新的目标。创新是建立新的规范性，是继承中的发展。只有做到了规范性才能具有创新性。

2.1.2.6 *程序性和开放性相结合原则*

教学设计是一项系统工程，诸子系统的排列组合具有程序性特点，即诸子系统有序地成等级结构排列，且前一子系统制约、影响着后一子系统，而后一子系统依存并制约着前一子系统。如果教学目标不明确，就难以把握教学设计的合理性与完整性。根据教学设计的程序性特点，教学设计中应体现出其程序的规定性及联系性，确保教学设计的科学性。同时教学设计，特别是实施过程中要能体现灵活性与开放性。教学过程由教学初始状态、目标状态及两者的中间联系过程构成。教学设计从已有的初态到要实现的目标状态，即末态的过程中，不能按部就班地实施教学设计，要能根据教学的具体情况适时地变化或调整教学设计，以有利于教学目标的实现。这就需要对教学设计进行评价、反思与修改，以确保教学目标的实现。

2.1.3 教学设计的基本步骤

教学设计作为一个有计划的教学活动过程，要通过系统方法来研究、探索教学系统中各个要素间的本质联系，并通过一套具体的操作程序来协调、配置，使各个要素有机结合，共同完成教学活动的过程。教学是由若干要素组成的一个有机系统。这个系统包括教学目标、学习者、教学内容、教学媒体、教学方法与策略、教学评价等要素。在教学设计中，不能只是孤立地研究教学中的各要素，应该将各要素放到整个教学系统中去考察，来研究各要素之间的相互关系，从而使系统功能达到最优化。教学设计的基本步骤，如图 2-1 所示，具体教学设计参见后面的各种教学设计模式。

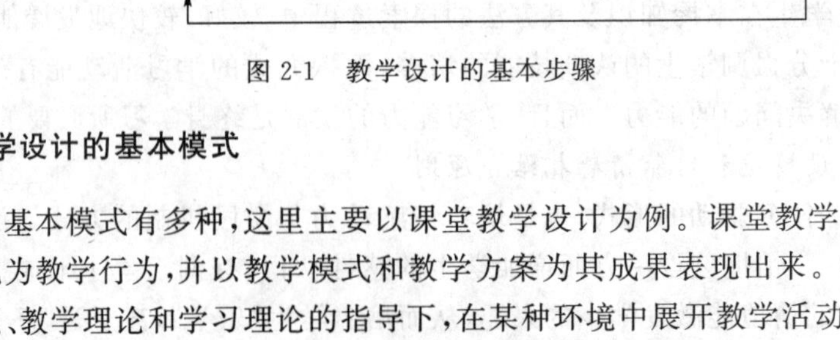

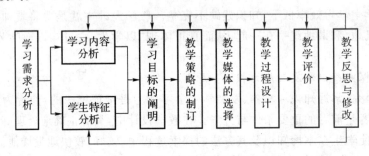

图 2-1 教学设计的基本步骤

2.1.4 教学设计的基本模式

教学设计的基本模式有多种，这里主要以课堂教学设计为例。课堂教学设计的任务就是把教育理论转化为教学行为，并以教学模式和教学方案为其成果表现出来。教学模式是指在一定的教育思想、教学理论和学习理论的指导下，在某种环境中展开教学活动进程的稳定结构程序。教学设计必须最终落实到教学模式的设计上。教学模式具有层次性，并有总模式和子模式之分。根据我国何克抗等学者的教学设计思想，目前应用较多的教学模式有三种：①传统的以教为中心的教学模式，或称为以教师为中心的教学模式；②基于建构主义的以学为中心的教学模式，或称学生中心模式；③既发挥教师的主导作用又能充分体现学生认知主体作用的教学模式，或称双主模式。双主模式可以根据学习内容和学习目标的不同要求，在基本保留课堂教学环境的同时，创造多元化的软、硬件环境，充分利用以计算机为核心的现代教育技术，通过人机交互以及师生教学行为的互动，去主动发现、探索、思考，培养学生的创新能力和认知能力，激发他们对学科学习的浓厚兴趣。而“学生中心模式”以建构主义的学习理论为基础，强调“情境、协作、会话”对意义建构的作用。

2.1.4.1　以教师为中心的教学设计模式

接受式学习或是启发式的教学设计模式具有多种理论基础，如行为主义的理论以及传播理论等在教学过程中的应用。教师把教学系统中的各个要素与传播过程对应起来，基于传播5W，即：谁(Who)，说了什么(Says what)，通过什么渠道(In which channel)，对谁(To whom)，取得了什么效果(With what effect)。这种模式较注重知识传播的单向性，缺乏教学的互动性。这是体现教师意志的教学设计模式。但是，人非生而知之，这种接受式教学模式仍是一种基本的教学模式。而且，这种教学模式具有知识传递效率高、成本低的特点，对于不具备探究式教学要求的教学内容仍具有优势。随着基础教育改革的实施，教师为中心的教学模式需要加强技能教育与互动形式。教师为中心的教学模式一般可以把教学设计流程分为 8 个环节，见图 2-2 所示。

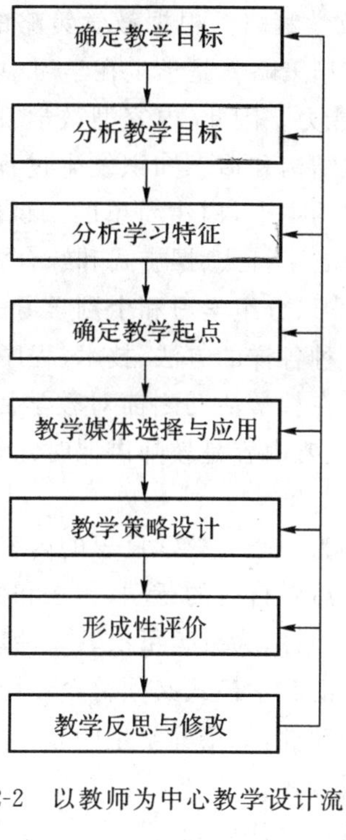

图 2-2　以教师为中心教学设计流程

(1)确定教学目标。在接受式教学模式中，教师把教学活动视为一个传播过程。教师是这个传播过程之中的信息源，处于传播过程的始发端。教学设计中，教师要明确教学目标。接受式教学设计是以传播的知识为核心。知识目标明确，教学设计方向性强。由于接受式教学更注重知识传播的整体性与严密性，学生的技能培养相对较弱。

(2)分析教学目标。对应于传播活动，教学目标的实现与否取决于教学活动的成败。对应教学目标，将教学内容进行分解。教师要分析所教知识是陈述性知识，还是程序性知识；新旧知识之间是上位与下位关系，还是并列关系；将认知领域的学习目标从低级到高级进行细化，确定重点与难点，以及突破重点与难点的方法与策略。这是解决"教什么"的问题。

(3)分析学习者特征。教学活动中的学习者即学生，是教学传播过程中的信息接受者。在以教师为中心的教学模式中，教师对学生的分析往往局限于对其知识水平、技能的分析，而较少对其态度、心理活动、情感等方面的关注。在新课程标准教学改革下，教学设计对学生的分析已经非常关注其知识技能以外的非智力因素，即情感态度价值观。分析学习者特征主要包括：教学内容和学生的整体情况，考虑课程、单元及课时的教学内容的选择和安排；考察学生在进行学习之前，具有什么知识和技能准备或基础；了解学生的整体情况和对所学内容的兴趣和态度。从学生学习的需求分析开始，了解教学中存在的问题，学生的实际情况与期望水平之间的差距。教学内容与学习者特征的分析是为确定教学起点做准备。

(4)教学媒体的选择与应用。教学媒体的选择是为了更好地实现教学服务。可以根据教学目标、教学内容、教学对象和教学条件来选择教学媒体。媒体的应用主要为更好地辅助教师的讲授与演示。对教学媒体选择"只有最恰当的媒体，而没有最好的媒体"，所以媒体的选择贵在得当。

(5)教学策略设计。教师为中心的教学模式中，教学策略的设计主要是以促进学生知识掌握为中心，形成一种相对完整的教学策略。根据教学策略的构成因素，可以把它分为三种类型：内容型、形式型、方法型。内容型策略就是学生在学习中不仅要掌握有关的学科知识结构，而且还要发展探究和解决问题的能力。因此，内容型教学策略又分为结构化策略和问题化策略两类，它们分别侧重于强调知识结构和追求知识发生过程。结构化策略强调教学过程要提供合适的知识结构，主张抓住知识的主干，构建简单的知识体系。按照教材排列方面的区别，结构化策略还可细分为直线式、分支平行式、螺旋式和综合式等。形式型策略是以教学组织形式为着眼点的教学策略，有同步学习、分组学习和个别学习三种类型。方法型策略是以教学方法和技术为着眼点的策略，包含各种各样的方法、技术、程序和模式，如归纳法和演绎法。

(6)形成性评价。教学设计是在教学活动之前对教学活动中的各个要素的分析设计。以教师为中心的教学模式其评价的主要内容是教师讲课时知识完整性、方法的适当性，以及学生的学习目标达成度等。

(7)教学反思与修改。以教师为中心的教学反思的内容主要包括：一是对教学活动整个过程的反思，这是教师在教学过程之后对自己的行动、想法和做法的反思；二是以反思为基础，总结经验，并进一步修改教师的教学设计，为改善下次教学活动做好准备。

在当前情况下，以教师为中心的教学模式必须符合新课程改革的要求，需要进一步改善了教学方法，逐步增强学生的主观能动性，如培养学生的教学参与活动，将知识与技能并举，既注重知识的结果，也注重知识的形成过程。

2.1.4.2 以学生为中心的教学设计模式

发现式教学设计模式或是自主探究学习模式是基于建构主义理论基础的。建构主义是由认知主义发展而来的哲学理念，在此基础之上的学习理论与以往的行为主义的理论模式有很大的差别，它采用非客观主义的哲学立场。建构主义认为，世界是客观存在的，但是对于世界的理解和赋予的意义都是每个人自己决定的。学生是以自己的经验为基础来构建现实，或者是解释现实。建构主义更关心如何以原有的经验、心理结构和信念为基础来构建知识。建构主义认为，学习是建构内在心理表征的过程。学习者并不是把知识从外界搬到记忆中，而是以已有的经验为基础通过与外界的相互作用来获取、建构新知识的过程。学生要主动建构客观事物及其关系的表征，但这种建构不是外界刺激的直接反应，而是通过已有的认知结构，包括原有知识经验和认知策略对新信息进行主动加工而建构成的。这种学习更加强调学习的主动性、社会性、情景性、协作性。不难看出建构主义对教师与学生的作用有了重新的定位：学习者不是知识的被动接受者，而是知识的主动建构者，外界施加的信息只有通过学习者的主动建构才能变成自身的知识。它要求学生：在学习过程中用探究法、发现法去建构知识意义；在意义建构过程中要求学生去搜集并分析有关的大量信息和资料；需要将新、旧知识联系起来，并对这种联系加以认真思考。

教师从以教授知识为主变为以指导、辅导学生的学习为主，由主角变成导演，成为学生建构意义的帮助者、指导者。这种帮助、指导作用体现在：激发学生兴趣，帮助学生形成持久的学习动机；通过创设符合教学内容要求的情景和提示新旧知识之间联系的线索，帮助学生建构当前所学知识的意义；为了使意义建构更有效，教师应在可能的条件下组织协作学习，并对协作学习过程进行引导。

建构主义教学设计是以问题为核心驱动学习，问题可以是项目、案例或实际生活中的矛盾，强调以学生为中心，各种教学因素，包括教师只是作为一种广义的学习环境支持学习者的自主学习，诱发学习者的问题并利用它们刺激学习活动。他们共同服务于由教学目标、学习者、学习内容而决定的学习任务。其教学设计的主要环节见图 2-3。

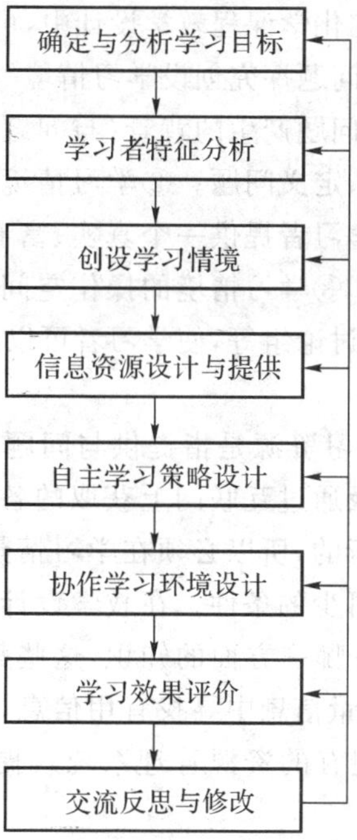

图 2-3　以学生为中心教学设计流程

（1）确定与分析学习目标。教学是促进学习者朝着目标所规定的方向产生变化的过程，它贯穿于教学活动的始终。分析学习目标是为了确定学生学习的主题，即与基本概念、基本原理、基本方法或基本过程有关的知识内容。学习目标的编写一般采用认知目标分类的层次来标识(理解……掌握……)。另外,还要区分学习目标与教学目标,支持学习者在学习中追求自己的目标。教学目标是所有学习者都应该达到的学习目的。学习目标则是学生自己确定的,它们往往并不一致,学习目标往往是多重的,不同学习者由于知识背景和兴趣爱好的不同,其学习目标也不完全相同。构建学习任务时,应充分考虑在教学目标分析的基础之上提出一系列的问题。这些问题可分为主问题和子问题。子问题的解决是主问题解决的充分条件。而且设计学习任务要符合学习者的特征,不能超越学习者知识能力太多。

(2)学习者特征分析。建构主义教学设计中学生是学习的主体,是意义的主动建构者。教师实施同一教学,但不同学生的学习结果却存在较大差异。为了取得较好的教学效果,就必须充分了解学习者的特征,并进行有针对性的设计。学习者特征分析涉及智力因素和非智力因素两个方面。与智力因素有关的特征主要包括知识基础、认知能力和认知结构变量;非智力因素有关的特征则包括兴趣、动机、情感、意志和性格。对于学习者的分析,主要目的是设计适合学生能力与知识水平的学习问题,提供适合的帮助和指导,设计适合学生个性的情景问题与学习资源。

(3)创设学习情境。学习情境是一种特殊的环境,是教学具体情境的认知逻辑、情感、行为、社会和发展历程等方面背景的综合体,具有文化属性。学习情境也是知识在其中得以存在和应用的环境背景或活动背景,它能够引起学生某种积极的情感反应。学习情境指为学生提供一个完整、真实的问题背景,使学生产生学习的需要;同时作为情境的支撑物、图片等素材表征又促进了学习共同体中成员间的互动、交流,即合作学习,驱动学习者进行自主学习,从而达到主动建构知识意义的目的。如在化学课程教学设计中,可以利用化学实验创设学习情境;利用问题和认知矛盾创设情境;利用问题探究创设学习情境等方法。建构学习情境有三个要素:①学习情境的上下文或背景:描述问题产生的背景(与问题有关的各种因素如自然、社会文化及背景的组织管理等)有利于控制、定义问题。②学习情境的表述及模拟:具有吸引力的表征(虚拟现实、高质量视频);它要为学习者提供一个真实、富有挑战的学习环境。学习者在学习过程中自然会得到各种锻炼机会。③学习情境的操作空间:为学习者感知真实问题提供所需要的工具、符号等,如虚拟实验室、讨论组等,使学习者可以对情境问题进行不同的操作以及互相之间进行交流。

(4)信息资源设计与提供。学习资源是指提供与问题解决有关的各种信息资源(包括文本、图形、声音、视频和动画等)以及通过互联网上获取的各种有关资源。学生自主学习、意义建构是在大量信息的基础之上进行的,所以必须在学习情景中嵌入大量的信息。丰富的学习资源是建构主义学习的一个必不可少的条件。在教学设计时,必须详细考虑学生要解决这个问题需要查阅哪些信息、需要了解哪一方面的知识,这些都可以以学习资源的方式提供给学生。另外,还要注意怎样才能从大量信息中寻找有用信息,避免信息污染,因此教学设计中要建立系统的信息资源库(或使用现有的资源管理系统),提供引导学生正确使用搜索引擎的方法。

(5)自主学习策略设计。自主学习策略是指为了支持和促进学生有效学习而设计学习环境中各个要素结构模式和方法。其核心是要发挥学生学习的主动性、积极性,充分体现学生的认知主体作用。从整体上来讲,学习策略分为四类:主动性策略、社会性策略、协作式策略和情景性策略,常见的主动性学习策略有:教练策略、建模策略、反思策略、支架策略、启发式策略、自我反馈策略、探索式策略、讨论策略、角色扮演策略、竞争策略、协同策略、伙伴策略、抛锚策略、学徒策略、随机进入策略等。在设计自主学习策略时，主要考虑主、客观两方面因素。客观是指知识内容的特征，它决定学习策略的选择。譬如对于复杂的事物和具有多面性的问题，由于从不同的角度考虑可以得出不同的理解，为克服这方面的弊病，在教学中就要注意对同一教学内容，要在不同的时间、不同的情景下、为达到不同的教学目的、用不同的方式加以呈现。这样学习者可以随意通过不同途径、不同方式进入同样教学内容的学习，从而获得对同一事物或同一问题的多方面的认识与理解，因此，对于此类问题我们采用随机进入学习策略。主观方面则指作为认知主体的学生所具有的认知能力、认知结构和学生的学习风格。学生是认知的主体，学习者的智力因素和非智力因素，尤其是与智力因素有关的特征对学习策略的选择至关重要。

(6)协作学习环境设计。设计协作学习环境的目的是为了在个人自主学习的基础上，通过小组讨论、协商，以进一步完善和深化对主题的意义建构。整个协作学习过程均由教师组织引导。协作学习环境需要一些认知工具。在现代学习环境中，认知工具主要是指与通信网络相结合的广义上的计算机工具，用于帮助和促进认知过程。学习者可以利用它来进行信息与资源的获取、处理、编辑、制作等，并可用其来表征自己的思想，替代部分思维，与他人通信协作等。认知工具可帮助学习者更好地表述问题(如视频工具)，更好地表述学习者所知道的知识以及正在学习的客体(如图表工具)，或者通过认知工具自动实现一些低层任务或代替做一些任务来减轻某些认知活动(如计算工具)。最终，认知工具帮助学习者搜集并处理解决问题所必需的重要信息。常用的认知工具有六类:问题/任务表征工具、静态/动态知识建模工具、绩效支持工具、信息搜集工具、协同工作工具、管理与评价工具。

(7)学习效果评价。评价意味着根据某些标准对一个人或他的业绩所进行的一种鉴定或价值判断。对于一些基本的教学要求，评价要依据教学目标，但这不能是评价的全部，更多的应该包括学习任务的整体性评价、学生参与度的评价等。评价通常包括形成性评价和总结性评价，它们在教学过程中起着不同的作用。

(8)交流反思。建构主义学习中，学习者是学习的主体，但并没有无视教师的指导作用，任何情况下，教师都有控制、管理、帮助和指导的职责。教师需要在学习环境中确定学习任务，组织学习活动，提供帮助和指导，引导学生正确使用认知工具。教师适时地进行教学总结可有效地帮助学生将自学的、零散的知识系统化。但总结时不能太细，应为知识体系串讲，简明扼要，否则会重蹈传统教育的覆辙，限制学生的思维。教师总结之后，应为学生设计出一套可供选择并有一定针对性的补充学习材料和强化练习，检测、巩固、拓展所学知识。这类材料和练习应经过精心的挑选，既要反映基本概念、基本原理，又要能适应不同学生的要求，以便通过强化练习纠正原有的错误理解或片面认识，最终达到符合要求的意义建构。

2.1.4.3　双主模式的教学设计模式

双主模式是既发挥教师的主导作用又能充分体现学生认知主体作用的教学模式。当前基础教育改革的教学目标不仅注重知识的传递，还要了解知识获得的过程。此外，教师还要加强学生技能的培养以及培养学生对科学学习的情感，从而形成良好的科学观。所以，单纯的以教师为中心的教学模式不能适应教学改革的需要。同样，简单的以学生为中心的教学模式也不能实现教学目标。建构主义尽管为自主学习、探究学习提供了依据，学生通过自身学习活动对学习的技能有所提高，但是，正因为是建构的知识，带有非客观性与片面性的内容。所以，需要将两种模式进行结合，形成双主模式，以克服各自的不足。双主模式的教学设计模式流程如图

2-4 所示。

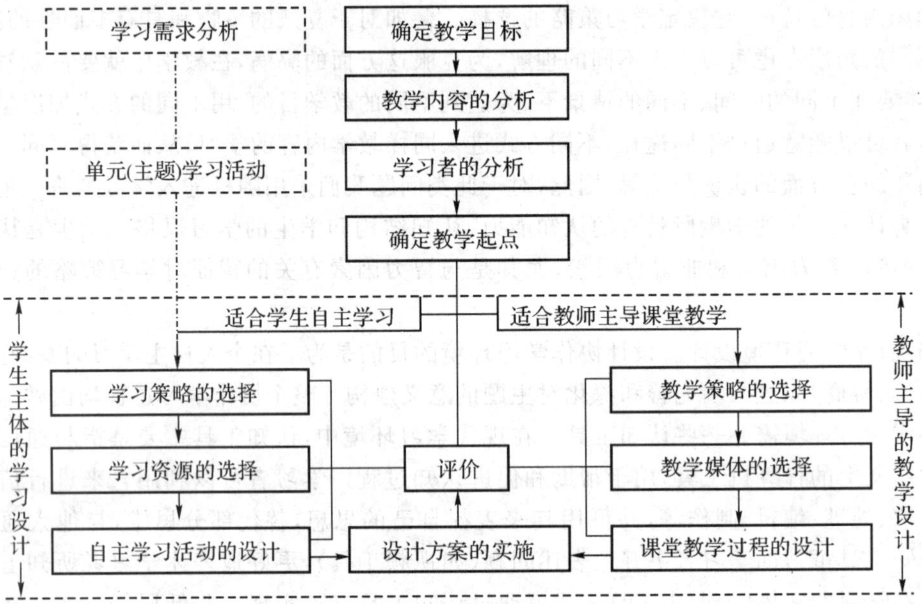

图 2-4 双主模式的教学设计模式流程

(1)教学目标与学情分析。学习需求分析及单元(主题)学习活动，包括课程教学目标、教学内容的分析、学习者的分析与目标体系的确定是教学起点。教师依据知识结构、认知进程或学习任务确定学习目标。分析学习者特征，这一环节一般包含对学习者的知识基础、认知能力和认知结构变量等三方面的分析。

(2)适合教师主导课堂教学。这部分以教师为主导，主要涉及教学策略的选择、教学媒体的选择、课堂教学过程的设计。

(3)适合学生自主学习。这部分以学生学习活动为主，主要涉及学生学习策略的选择、学习资源的选择、自主学习活动的设计。

双主模式并不是左右两个相互独立并行的教学过程，而是教师的"教"学行为与学生"学"的行为交互的过程。这种教学模式对教师提出了更高的要求，特别是课堂教学组织驾驭能力以及课堂的应急情况的处理。同样，学生更多参与学习活动，学生的动手、动脑、动口机会增加，而且最终促进学生动情，即培养了学生的学习兴趣、情感态度和价值观。

§2.2 教学评价

教学评价是根据教学目的，运用评价技术手段对教师的教学工作和学生的学习质量进行客观衡量和价值判断的过程。正确的教学价值取向，使学生主体通过教学活动获得知识与自身发展的动力和能力。教学评价是一个系统的工程，它既是过程的评价，也是一个结果的评价；它既包括对教师教学的评价，也包括对学生学业的评价；它既是对教学设计的评价，也包括对教学设计实施的评价。因此，教学评价是教学过程的重要环节，通过它所提供的教学活动的反馈信息，教师可以对教学进行诊断指导，及时调整教学、改进教学，以保证教学目标的顺利实现。

2.2.1　教学评价的功能

教学评价对于提高教与学的效果具有明显的促进作用，主要表现在以下几个方面：

2.2.1.1　诊断功能

在某课程或某单元开始之前的诊断性测验，可以使教师了解学生对于完成本阶段教学任务，即在知识、技能和智力等方面的情况，包括已达到的水平和存在的问题，以便分析原因，制订相应的教学计划。

2.2.1.2　改进功能

评价不但能发现、诊断问题，而且有助于教师掌握学生的学习情况，及时发现教和学中的问题，并调整教学计划，改进教学方法，从而促进学生的学习。例如，在教学进行期间的各类测验的结果，可以使教师及时获得教学过程各方面实施情况的信息，发现需要解决的问题，对教学工作进行调整或改进。

2.2.1.3　鉴定功能

评价还可以鉴定学生达到教学目标的程度。例如，在某一课程或教程结束后的测验可以确定哪些学生已经熟练地掌握了教学内容，并区分学生成绩的优良等级。对学生学习结果的评价，不仅可以鉴定学生的学习水平，并在一定程度上也可以鉴定教师的教学水平，还可用作鉴定某项教学改革计划是否有效、可靠和可行的主要依据之一。

2.2.1.4　导向功能

评价所依据的标准影响到测验的内容，学生往往根据评价标准和测验内容来分配学习时间和学习力量。如果评价的标准和测验的内容能有效地反映教学要求，并体现特定学科有代表性的内容，那么将有利于引导学生的学习。

2.2.1.5　激励功能

许多研究表明，在一定限度内，经常记录测验成绩对学生的学习动机有很大的激励作用，可以有效地推动学生的学习。肯定的评价对学生学习有很大的促进作用。而在肯定成绩和优点的同时，诚恳地、富有建设性地指出学习中存在的问题和缺点，也会激励学生更努力地学习。

教学评价具有的上述功能决定了它在教学过程中的重要地位。但评价是一把双刃剑，它既能发挥积极的作用，也会带来一些消极的影响，特别是当评价标准有缺陷时，更是如此。因此，在进行教学评价时，应该注意评价可能产生的消极效应，尽量地预防、减轻或消除这些消极的影响。

2.2.2　教学评价的种类

教学评价根据不同的标准，可以有多种分类方法。下面介绍其中的两种：按价值标准分类和按评价功能分类。

2.2.2.1　按价值标准分类

按价值标准，教学评价可以分为相对评价、绝对评价和个人内差评价。

(1)相对评价。相对评价也称常模参照评价，是把学生个体的成绩与同一团体的平均成绩或常模相比较，以确定个体成绩的适当等级的一种教学评价。相对评价体现的是个体在团体中的相对位置和名次，并不必然表示其实际水平。相对评价的优点是甄选性强，可作为分类排队、编班和选材的依据。缺点是对于个人的努力状况及进步的程度重视不够，尤其对于后进者的努力缺少适当评价，因而缺乏激励作用。

(2)绝对评价。绝对评价也称目标参照评价。绝对评价是根据教学目标，在测量之前确定一个客观的或具体的标准，用这个固定的标准去评价每个学生的一种教学评价。绝对评价将个体的现状与既定的教学目标作比较，体现的是个体是否达标和达标的程度如何。绝对评价的标准比较客观，它特别适用于以鉴定资格和水平为宗旨的教学活动，优点是可以及时了解学生掌握知识的具体情况，而调整与改进教学，从而达到教学指导和评价的一体化。这种评价缺点是编制的测题难以充分、正确地体现教学目标。因此，确保评价标准的稳定性、客观性和准确性，是提高绝对评价科学化的关键。

(3)个人内差评价。个人内差评价和相对评价、绝对评价不同，个人内差评价是依据个人的标准，对学生个体在同一学科内或不同学科间的成绩或能力差异进行的评价。它可以是对个体的同一学科内的不同方面，或不同学科间的成绩与能力差异进行的横向比较和评价，也可以是对个体两个或多个时刻内的成绩表现进行的前后纵向比较和评价。个人内差评价照顾到了学生的个体差异，不会给评价对象造成竞争压力，还可以综合地、动态地考察学生的发展变化，但由于不存在客观标准，很难确定评价对象的真实水平，提供给学生的有效反馈也很有限。

2.2.2.2 按评价功能分类

按评价功能，教学评价可分为诊断性评价、形成性评价和总结性评价。

(1)诊断性评价。诊断性评价是为了使教学适合于学生的需要和背景，而在某课程或某单元开始之前进行的评价。可以在教学开始前进行，也可以在教学进程中进行。在教学开始前进行的诊断性评价是为了了解学生的准备情况，并对学生进行安置，在教学进程中的诊断性评价是为了查明学习障碍的性质和原因，以促进学习。诊断性评价的作用主要有以下几点：①确定学生的入学准备程度。主要是确定学生在前一阶段教育所掌握的知识和技能的质与量、心理发展水平与特点、语言发展水平、认知风格、对学校学习生活的态度以及身体状况等。②决定对学生进行适当安置。通过了解学生在知识储备、能力和能力倾向、学习风格、性格等方面的个别差异，对学生划分层次，把学生安置在水平大致相当的学生群体中，为以后针对学生的多样性开展多样化的教学活动提供准备。③判断造成学生学习困难的原因。如果学生在学习开始时已得到了适当安置，学习效果仍然很差，就有必要用包括诊断性测验在内的各种手段找出其学习困难的原因，如果是教学上的原因，则改进教学；如果是非教育方面的原因，则有针对性地予以解决。

(2)形成性评价。形成性评价是在教学进程中，为了进行某项教学活动前或使教学更完善而对学生学习结果的评价。形成性评价的作用主要有以下几点：①有助于改进学生学习。形成性评价能够揭示学生在学习过程中的缺陷和困难，学生通过对照正确答案，可以进行自我检查和改正。②为进一步学习确定步调。通过对教材每一单元的掌握情况的形成性评价，教师可以了解学生对后续学习的准备情况，据其确定学生下一单元学习的任务和速度。③强化学生学习。对于已经掌握或基本掌握了某一单元学习任务的学生，他们从形成性评价中获得了成功的体验，强化了学习结果和动力；对于没有很好地掌握单元学习任务的学生而言，形成性评价有助于他们及时发现问题。使用形成性测试时，切忌简单打分，如果学生已掌握或基本掌握，应明确指出；如果学生尚未掌握，教师应注意予以鼓励和肯定，并提出改进建议。④为教师提供反馈信息。教师通过形成性评价，可以发现在目标确定、教学方法、程序组织、手段使用等方面的长处和不足，从而有针对性地对教学工作进行调整和改进。

(3)总结性评价。总结性评价是在学完某门课程或某部分内容之后进行的，旨在评价学生是否已达到教学目标要求，以评定学生成绩。总结性评价的作用有以下几点：①评定学生的成绩。可以确定学生在某门课程上的进步以及达到教学目标的程度，从而对学生的学业成就作出整体判断。②预言学生在后续学习中成功的可能性，并确定学生在后续学习中的起点。③为学生的后续学习提供必要的反馈。

2.2.3　教学评价的方法

2.2.3.1　学生学习质量评价的方法

(1)学业成就测验。学业成就测验即考试，是最常用的评价学生学习质量的方法，可分为标准化成绩测验和教师自编测验。标准化成绩测验一般由专门的机构或组织(如考试中心、教育行政部门等)设计、组织和实施，是严格依据科学原理并按照科学方法与程序来组织进行的。一般质量较高，科学性较强，控制较严，但费用也较大，主要适用于大规模的教学评价。教师自编测验是教师根据具体的教学目标和内容，自行设计和编制的测验。制作简易，使用灵活，但测验的质量常受教师自身水平的制约。

学业成就测验包括三个环节：编制试卷、施测与评分。编制的试题有主观题和客观题两类，前者有论文题、作文题、应用题、操作题等，后者有填空题、选择题、是非题、匹配题和简答题等。两类试题各有优缺点，编制试卷时可以根据需要进行合理组合。

(2)日常考查。日常考查是在日常教学中进行的经常性的检查，可以及时地获得学生学习的动态信息。形式主要有：口头提问或让学生板演、批改作业和小测验。它们都可以让教师及时了解学生对知识、技能的掌握和运用情况，发现教与学的不足，及时加以改进。

(3)调查法。调查法一般通过问卷或座谈的形式进行。问卷的问题应是预先精心设计的，简单、明了，尽量避免倾向性和暗示，要求学生实事求是地回答。座谈也应该精心准备，谈话时把握话题，并记录要点。

2.2.3.2　教师授课质量评价的方法

(1)综合量表评价法。这是一种定量化的评价方法，基本程序为：编制专门的教师授课评价表、听课、评定、数据处理、得到总评分或等级。它的优点是评价指标比较具体，量化处理的评价结果比较准确，受主观因素干扰比较少；缺点是确定项目和权重的依据很难保证充分合理，评价操作明确易行，但也比较呆板机械。

(2)分析法。这是一种定性分析的评价方法，评价结果以定性描述为主。既可用于他评，也可用于自评。它的优点是简便易行，能突出主要的问题或特征；缺点是标准不够明确，受主观因素影响比较大，规范性较差。

(3)调查法。兼有综合量表评价法与分析法的有关要素，主要有问卷与座谈两种方式，适合于专门了解某位教师较长时间内的教学情况，多用于管理性的教师授课质量评价。

2.2.4　教学设计的评价

教学设计的评价主要由两部分组成，一是教学设计的内容评价；二是教学设计的实施评价。教学设计的内容评价主要由教学目标设计、教学内容分析、学情分析、教学方法、教学过程与环节设计、课时分配设计、课后延伸设计等组成。

教学设计的评价可以参考“2009年，浙江省普通高等学校第三届师范生教学技能竞赛教学设计评价参考标准”。①教学设计内容：根据指定一课时(45分钟)的教学内容(提供教材)设计教案一例，时间不超过120分钟。②教学设计要求及评价标准见表2-1。

表2-1 教学设计要求及评价标准

项目	内容	评价标准	等级				得分
			A	B	C	D	
教学目标设计 4分	目标的表述	教学目标清楚、具体，易于理解，便于实施，行为动词使用正确					
	目标的要求	符合课程标准要求，符合学科的特点，符合学生的实际状况					
	目标的宗旨	体现对学生知识、能力、思想与创造性思维等方面的发展要求					
教学内容分析 3分	教学内容	教学内容前后知识点关系、地位、作用描述准确，重点、难点分析清楚					
学情分析 2分	学生情况	学生学习水平表述，学习习惯和能力分析					
教学方法 教学过程 与环节设计 16分	教学思路	教学主线描述清晰，教学内容符合课程标准要求，具有较强的系统性和逻辑性					
	教学重点	重点得到突出，点面结合，深浅适度					
	教学难点	难点描述清楚，把握准确，能够化难为易，以简代繁，处理恰当					
	教学方法	教学方法描述清晰，选用适当。符合教学对象的要求，有利于教学内容的完成，有利于教学难点的解决，有利于教学重点的突出					
	教学手段	教学辅助手段准备与使用说明清晰，教具及现代化教学手段运用恰当					
	教学环节	内容充实精要，适合学生的理解水平；层次与结构合理，过度自然，步骤清晰，便于操作；能够理论联系实际，注重教学互动，启发学生思考，培养学生分析问题、解决问题的能力					
	教学评价	注重形成性评价，注重生成性问题的解决和利用					
课时分配与 课后延伸设计 3分	课时分配	课时分配科学、合理，符合教学目标的要求					
	章节总结	有完整的章、节课堂教学小结					
	作业与答疑	辅导与答疑设置合理，符合学生学习状况；练习、作业、讨论安排符合教学目标，能够强化学生反思能力，加深学生对课业的理解，提高学生分析问题、解决问题的能力					

续 表

项目	内　容	评 价 标 准	等级				得分
			A	B	C	D	
文档规范 2分	排版	文档结构完整，布局合理，格式美观整齐					
	内容	文字、符号、单位和公式符合国家标准规范；语言清晰、简洁、明了，字体运用适当，图表运用恰当					

§2.3　多媒体课件制作、使用及其评价

教育部在《基础教育课程改革纲要（试行）》中明确提出："大力推进信息技术在教学过程的普遍应用，促进信息技术与学科课程整合，逐步实现教学内容呈现方式、学生的学习方式、教师的教学方式和师生互动的变革，充分发挥信息技术的优势，为学生的学习和发展提供丰富的教育环境和有利的学习工具。"多媒体课件的制作与使用是一种有效的教学方式与手段。

多媒体课件是指教师或多媒体制作人员，根据脚本设计的内容，制作出一套适合教与学的，包含有大量多媒体信息的辅助教学系统。通过多媒体课件，我们可以将一些平时难以表述清楚的教学内容，如实验演示、情境创设、交互练习等，生动形象地展示给学生。通过视觉、听觉等多种感官的刺激使学生更好地理解和掌握教学内容，激发学习的兴趣，活跃课堂气氛，同时也扩大了学生信息获取的渠道。

2.3.1　多媒体课件的基本类型

多媒体课件根据其内容与教学应用方式的不同，可以分为以下几类：

2.3.1.1　课堂演示型

教学演示型课件是应用计算机多媒体以视频、图像、声音、动画等多种媒体形式，形象、生动地呈现教学内容。演示型课件多用于解决教学中的重点与难点问题，化抽象为具体，化难为易，帮助学生理解知识；也可运用提纲式的文本替代板书提供知识要点，帮助学生掌握知识的框架结构以及扩大信息量。

2.3.1.2　教学模拟型

教学模拟型课件是利用计算机模拟真实过程来表现某些系统的结构和动态行为，从而为学生提供感性的现象或实验。这类模型建模时一般突出所研究问题的基本要素，并将与问题无关的因素进行简化。常见的类型如模拟实验、模拟训练等。如用计算机软件模拟实验，以加强或替代实验手段，也可用于课堂演示实验；系统模拟，帮助学生获得大量和系统相关的信息以达到对整个系统的深刻认识与理解；适合于此类课件的内容通常是真实实验无法实现或表现不清楚的教学内容。此外，一些受实验条件和客观因素制约较难做成的实验，如所用设备、材料费用过于昂贵的实验或练习；包含一定危险因素的实验或练习；观察体验或实验周期太长而有限教学时间内不能完成的教学内容。

2.3.1.3　个别化系统交互学习型

个别化系统交互学习型课件在一定程度上通过计算机来实现教师的指导教学行为，对学

生实施个别化教学。基本的教学过程为“知识显示，设问—应答、判断、反馈、控制”，课件设计根据教学目标将知识内容分解为具体的教学单元、知识片、知识点，引导学生按照设计的教学过程进行学习，但其教学过程是分支式的，根据学生的应答响应进入最佳过程，同时学生也有一定的自主性。

2.3.1.4 操练与练习型

操练与练习型课件其基本教学过程由呈现题目、学生应答、计算机判断、显示反馈信息几部分构成。由计算机提供根据一定教学目标设计的大量练习，通过让学生与计算机交互，进行操练来巩固已学会的知识。它是以问题的形式来训练、强化学生某方面知识和能力，加深对学习的重点和难点的理解，提高学生完成任务的速度和准确性。从而较好地掌握所学的知识，此类课件通常与教材配套。

2.3.1.5 辅助测试型

辅助测试是利用计算机根据一定测试目标构成测试及进行测试管理。其测试形式有生成试卷或联机测试。由试题库、测试管理模块构成。计算机根据设定的难度指标、题目类型等要素随机地智能组卷，并对测试评定成绩。

2.3.1.6 发现学习型

发现学习型课件通过计算机创设学习环境并提供探索分析的工具，给予学生一定的学习研究任务，置身于此环境，进行探究性的学习。通过知识学习信息的获取、与学习伙伴、学习指导者——教师的交互活动合作对知识同化加工，进行意义的建构。

2.3.1.7 教学游戏型

以游戏的形式呈现教学内容，让学生参与一个有目的的活动，通过熟练使用游戏规则达到某一特定的目标。把知识性、趣味性和教育性融合为一体，将知识的传授和技能的培养融于各种愉快的情境中。

2.3.1.8 资料、工具型

资料、工具型包括各种电子工具书、电子字典以及各类图形库、动画库、声音库等。它可供学生在课外进行资料查阅使用，也可根据教学需要事先选定有关片断，配合教师讲解，在课堂上进行辅助教学。

2.3.2 多媒体课件脚本的编写

脚本是多媒体课件设计思想的具体体现，是沟通课件设计构思与软件制作之间的桥梁，它为课件制作提供直接的依据。编写脚本是由学科教师按照教学的思路和要求对课件的教学内容进行描述的一种形式，也是软件制作者开发课件的直接依据。特别是对于不能独立制作课件的教师，编写脚本更是不可缺少的环节。脚本是制作课件的依据和出发点。脚本的质量将决定课件的质量。没有科学准确、构思严谨的脚本，就很难制作出高水平、高教学效益的课件。编写脚本工作就是具体地规定每个单元中计算机向学生传送什么信息；学生得到信息后又如何判断和反馈；最后在脚本的基础上根据计算机媒体的特征与计算机的特点编排程序。课件脚本设计一般是先根据需求来确定系统的目的，定义系统的功能与界面，然后以屏为单位确定系统的逻辑结构，选择媒体形式和确定每种媒体的信息量，形成详细而完整的制作脚本。设计脚本的过程如图 2-5 所示。

以小学语文古诗学习课件的脚本设计为例（见图 2-6）。

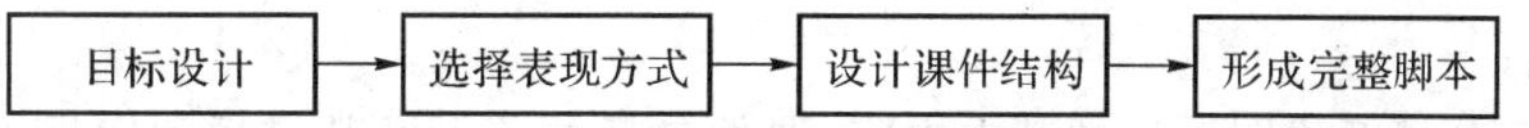

图 2-5　设计脚本的过程

脚本设计包括以下几方面：

(1)课件封面、屏幕风格的设计。屏幕是教学信息的呈现区域，学习信息交互的界面，其风格的设计也是多媒体课件设计的重要环节。总体要求是布局合理，具有艺术性、生动形象，主体突出，可视性强。主要包括版面布局设计、色彩搭配、字体及多媒体素材设计及画面组接设计等。

(2)单元及各知识点间的结构的设计。多媒体课件的结构设计中既要注意教师的教学过程，也要重视学生的认知结构，实现超文本结构，启发学生的联想思维，超文本结构可以实现教学信息的灵活地获取，以及教学过程与结构的重新组织。

(3)友好交互的设计。人机交互是多媒体课件引导学生思维，提高学生主体参与学习活动的一个重要环节。要重视问题与回答方式的设计，高水平的问题能引发学生有效的思考，理解事物之间的关系与规律。多媒体课件中能进行人机交互作用的有菜单、图标、按钮、窗口、热键、热区、热物等，交互界面的设计要求方便操作，应具有一致性、容错性。

(4)导航策略的设计。多媒体课件的导航方法很多，如检索、帮助、线索、浏览、书签等。导航策略的设计为学生提供丰富的多媒体信息资源，创设有意义的学习情境，通过对学生自主学习的引导，协商学习中提供的帮助，促进学生的知识意义的建构。尤其是网络信息的线索导航，更是为学习者提供了浩瀚的信息资源，但同时也应注意避免迷航。

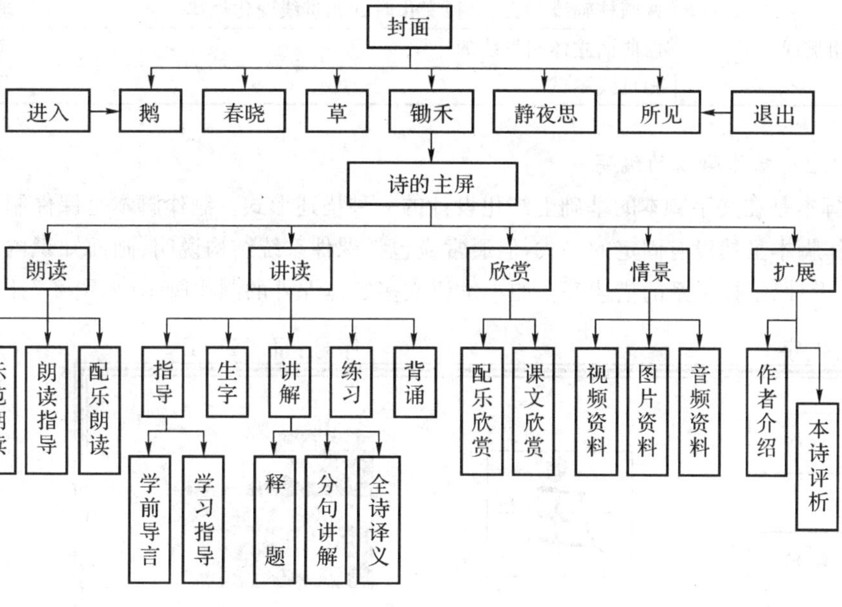

图 2-6　小学语文古诗学习课件结构

脚本分文字脚本与制作脚本，以下通过实例具体讲解两种脚本的编辑。

2.3.2.1　文字脚本的编写

文字脚本是按照教学过程中的先后顺序，用于描述每一环节的教学内容及其呈现方式的一种形式。

(1)文字脚本的基本组成包括：开关部分的课件名称、课件使用对象、设计者，脚本卡的编号和编写日期；

(2)中间部分概括说明课件的基本内容，课件包括的单元及其目标和知识点，教学策略设计和结构设计；

(3)注释部分，如表 2-2。

表 2-2 文字脚本实例

课件名称	工程制图形象思维学习系统		
脚本作者	黄水生 张小华		
制作单位	五邑大学		
适用对象	理、工科大中专院校的学生、自学对象		
使用方式	1. 资料√	2. 课堂演示√	3. 操练复习√
	4. 个别化系统学习√	5. 系统仿真	6. 其他
系统教学知识点划分			
知识单元			教学目标
三视图	三视图画法		应用
	三视图测试		分析
平面立体	已知两视图，补画第三视图		应用
	平面立体测试		分析
截交线	截交线读图，补画第三视图		应用
	截交线测试		分析
相贯线	两圆柱轴线正交、直径变化时的相贯线变化规律		理解
	两曲面立体相贯线的作图		应用
	相贯线测试		分析

2.3.2.2 制作脚本的编写

制作脚本是在文字脚本的基础上细化设计的一种描述形式。制作脚本是课件制作的技术施工图。制作脚本虽然没有固定的格式，但通常应包括课件系统结构说明、画面知识内容及呈现形式、屏幕的设计、链接关系的描述等。如小学语文多媒体课件的制作脚本(见图 2-7，图 2-8)：

画面：生字 序号：Ⅲ－1－1

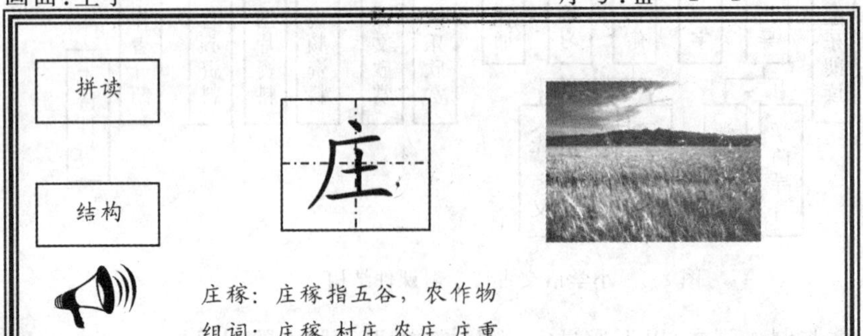

图 2-7 生字画面

进入方式：

由“生字和科学知识”的学习画面，通过“庄”字进入。

键出方式：

(1)通过“拼读”按钮，进入“庄”字的朗读。

(2)通过“结构”按钮，进入“庄”字的结构画面，包括偏旁、结构、笔画数、书写顺序。

(3)通过“喇叭”按钮，进入字义、组词的朗读。

(4)通过“最前页”按钮返回“课文”画面。

(5)按“最前页”热键，返回生字“害”的学习。

(6)按“上一页”热键，返回生字“灭”的学习。

(7)按“最后页”热键，进入生字“稼”的学习。

画面：词语　　　　　　　　　　　　序号：Ⅱ－1

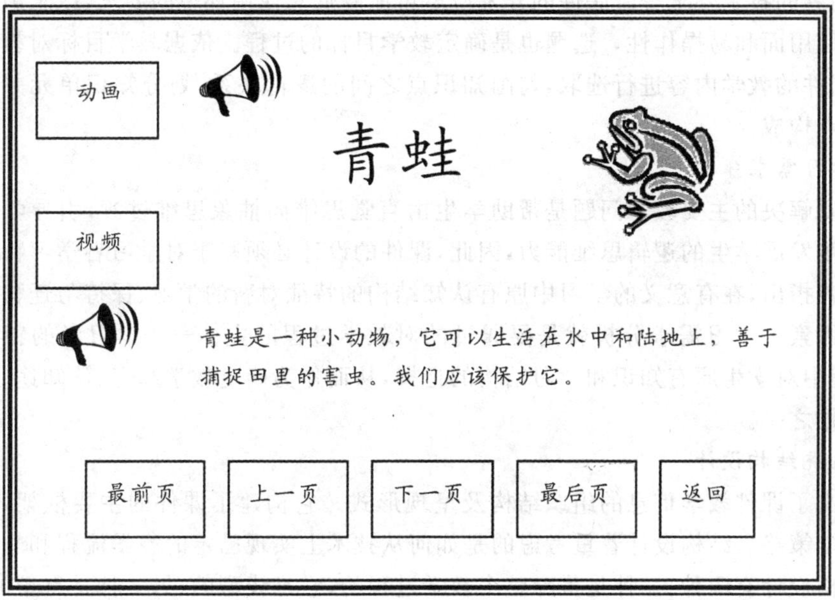

图 2-8　词语画面

进入方式：

由“生字和科学知识”的学习画面，通过“青蛙”进入。

键出方式：

(1)通过“动画”按钮，进入“青蛙吃害虫”的动画画面，按任意键动画消失。

(2)通过“视频”按钮，进入“青蛙捕害虫”的视频画面，双击鼠标视频消失。

(3)通过“喇叭”(上)热键，出现青蛙叫声。

(4)通过“喇叭”(下)热键，进入“青蛙”字义的朗读。

(5)通过“返回”按钮返回“课文”画面。

(6)按“下一页”热键，进入“猫头鹰”的学习。

(7)按“最后页”热键，进入 “螟虫”的学习。

2.3.3 多媒体课件制作的一般流程

作为教师除了能编写脚本之外，应能结合教学设计进行课件制作。教师自身具有学科教学的背景知识，通过信息技术的利用，可以更好地实现信息技术与学科知识的整合。而课件制作是实现信息技术与学科知识整合的重要途径。

多媒体课件的设计包括选题、学习需求分析、教学目标的确定与描述、教学内容的分析、媒体与素材的选择、课件的制作与调试等方面。

2.3.3.1 教学内容分析

课件设计从选题开始，选择课题要考虑到MCAI的特点和MCAI课件设计的要求，要充分发挥多媒体的教学优势，课件选题必须具有明确的教学目标与教学设计相结合，分析教学内容。选题时还需对课件使用进行环境分析，包括硬件环境支持与软件环境支持。课件适宜的教学模式，对使用者的技术要求等。课件的开发应尽可能降低对使用环境的要求，以求最大限度地提高课件的使用面和易操作性。选题也是确定教学目标的过程。依据教学目标对教学内容进行分析，对课件的教学内容进行选取，勾画知识点之间的逻辑联系，划分知识单元并确定每个单元的知识点构成。

2.3.3.2 学习需求分析

多媒体课件要解决的主要教学问题是帮助学生由直觉思维向抽象思维过渡，引导学生学习抽象概念并逐步发展学生的逻辑思维能力，因此，课件的设计必须基于对学习者学习特征的分析。奥苏贝尔曾指出，在有意义的学习中原有认知结构的特征对新的学习、保持与迁移的影响超过其他认知因素。学习需求分析就是要通过的对教学过程的主体——学习者的特征分析，即在教学过程中对学生原有知识和学习结构的把握，从而作为确定教学起点、认知途径、教学策略的基本依据之一。

2.3.3.3 系统结构设计

系统结构定义了课件教学信息的组织结构及呈现形式。它构建了课件的主要框架，体现了教学功能和教学策略。结构设计着重考虑的是如何从技术上实现已定的教学流程和教学模式。一般课件结构设计有两种：一种是贯穿整个教学过程的，它是线型的；另一种是点型的，主要表达教师选定的几个重点或难点的内容。

2.3.3.4 媒体与素材的选择

多媒体有文本、图形、图像、声音、数字视频以及动画等素材，应根据媒体所具有的传递教学特性及教学内容选用最合适的媒体与素材形式。媒体的选择是为所要表达的学习内容服务的，要克服媒体素材设计与学习内容相脱离的毛病，避免“为媒体表现而设计媒体”的现象，努力做到“为内容表现而设计媒体”，因此，在选择使用图像、声音、动画、活动视频等各种素材时，要表达学习内容、突出学习主题，不能不顾主题思想的表达，只顾追求时髦、好看。

2.3.3.5 设计制作与调试

多媒体课件制作工具很多，如简单的有PowerPoint，常用的有Authorware、Toolbook、方正奥思、Flash等。网络版有FrontPage、Dreamweaver等。设计制作是多媒体课件开发中的核心。设计制作是根据课件的脚本，使用多媒体开发软件将各种科学素材有机地组织在一起，最终形成一个完整的课件。在具体制作过程中，应该把课件的不同内容制作成几个分支结构，并且尽量把具有一个整体功能的部分制作成一个板块。例如“课程导入”、“新课讲解”、“实验演示”、“巩固练习”等，而且要突出教学内容的重点或难点的演示与情境的设计。为了保证课件能够正常的运行，需要对制作好的课件进行调试。首先，课件的制作者应该对课件的不同部分进行测试。其主要目的是检测课件中的文字、图片显示是否正确，动画是否流畅，链接是否快捷、准确等。此外，还应该对课件在不同的软件、硬件环境下进行运行、调试，以确保正常运行。

2.3.3.6 发布和应用

课件制作完成后，用户可以用以下几种方式来发布自己的作品：磁盘、光盘和网络。多媒体课件经过多次修改完善后，就可以投入使用，除自己在教学中使用外，同时还可以进行交流、推广或发行。教师在实际教学中使用课件后，可能会发现这样或那样的不足，因此，课件投入使用后并不是万事大吉了，还需要不断地收集课件在教学应用中的反馈信息，不断地对课件进行修改、完善与升级，使之更加适合教学的要求，达到实用好用之目的。

2.3.4 多媒体课件的制作实例

2.3.4.1 演示型多媒体课件的制作

在设计制作一个多媒体课件之前，教师应当先撰写教学设计。根据教学要求来设计课件。不同课件的结构，其功能不同；不同的课程类型，课件设计要求也不同。通常演示型多媒体课件由课件封面、问题情境或课程导入、现象分析或假设、归纳或演绎形成结论、检验与实证、课程小结与练习等几部分组成。以 PowerPoint 为例，主要包括以下几个部分：

(1)课件封面制作。作为封面的第一张幻灯片，一般应标明章节、课程名称、作者姓名(或执教者)等内容。在封面中适当地运用图片、动画等以引起学生的学习兴趣，尤其是对于低年级学生。如果是同一系列的内容，则每一个课题封面的格式要一致。

(2)课程导入或问题情境。根据教学目标与教学内容确定接下来的幻灯片内容。若是教师为中心的讲授式教学，则以课程导入形式，如复习导入、情境导入为主；若以探究式的学生为中心课程设计，则以问题导入或者任务驱动形成导入为主。因此，相应的幻灯片的内容一般是由文字、图像，以及视频等素材所构成的问题情境。教师设置问题情境，提供有助于形成概括结论的实例，让学生对现象进行观察分析，逐渐缩小观察范围，将注意力集中在某些要点上，以有利于讲授或学生思考。如表 2-3 所示的学习情境设计创设。

表 2-3 学习情境设计创设

案例名称	创设的学习情境	学习情境设计的目的
《共点力作用下物体的平衡》	两个人提水、斜拉桥等在生活中遇到的力学现象问题及其应用	提出有启发性的引申问题，激发学生的学习兴趣，使其积极地参与到实验验证、实验猜想、探究规律的学习当中

(3)现象分析或假设。针对课件中所列举的现象进行具体分析，如物理课程的“摩擦力”一节中，需要对物体的受力情况进行分析，特别是摩擦力的方向学生难以把握。为此，这些都需要在幻灯片设计利用图形、图像呈现摩擦现象进行具体分析。

(4)归纳或演绎形成结论。探究式教学中，以归纳方法用得较多。在“摩擦力”的教学中，教师或学生都需要运用多组实验以及多种不同的材料，才能得到滑动摩擦力的大小与压力成正比的结论。否则会过于轻率地得到结论,不利于科学精神的培养。

(5)检验与实证。课件的设计要与教学设计相一致。对滑动摩擦力大小因素的验证一般要求用不同的方法或不同的材料进行多次试验,这样所得到的结论就具有可信性。如通过传感器实验验证,或者可以通过实物实验验证或模拟实验来验证。

(6)课程小结题与练习。幻灯片可以呈现课程小结以及练习题,从而实现显示方式的信息化。而且练习通过幻灯片显示,可以让学生独立审题,避免教师读题对学生理解提供暗示。

2.3.4.2 教学模拟型多媒体课件的制作

教学模拟型多媒体课件是借助计算机仿真技术,模拟某种真实的情景。有的模拟型课件提供可更改参数的指标项,当学生输入不同的参数时能及时给出相应的实验或探究活动分析结果。教学模拟型多媒体课件也可以做成积件型课件。积件型是一种课件的结构模式,实际上是一个子系统。它是以模块化课件为基础,将教材中的某个课件知识点或某一个教学环节制作成一个相对独立的小型课件,然后通过积件系统对这些小课件调用,如同搭积木,来编制适合自己教学内容的课件。积件课件最大的优势在于它的模块化、开放性和可重复使用。

教学模拟型多媒体课件与演示型课件具有不同的特点。演示型课件所设计多是一课时的内容,而且涉及完整的内容体系。模拟型多媒体主要是对一个瞬间物理现象、一个复杂化学过程进行模拟。现以 Flash 软件制作简谐振动模拟型课件为例说明制作构思(图 2-9)。

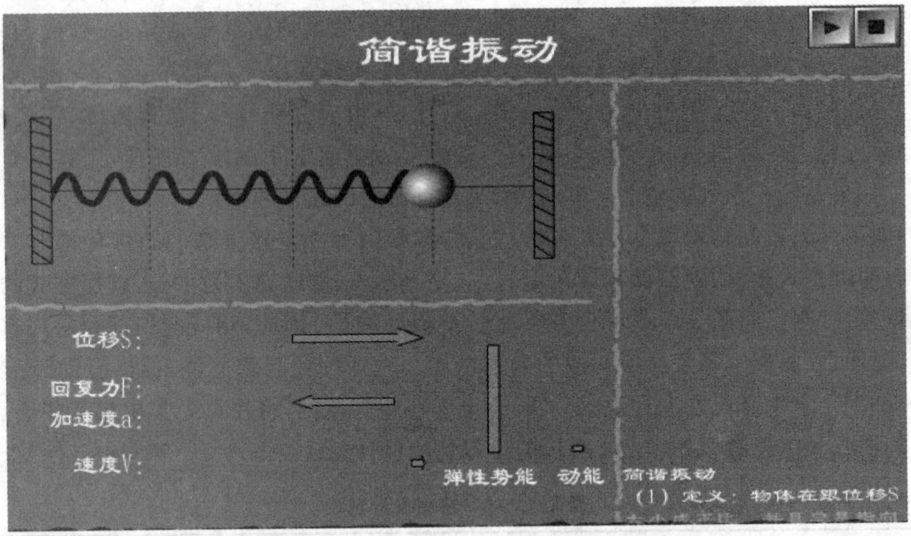

图 2-9 简谐振动课件界面

(1)需求分析。关于弹簧的简谐振动,如果没有看到其实际操作,理解其内在原因有一定的难度,特别是简谐振动过程中,受力及受力方向、运动方向、加速度方向等理解具有抽象性。因而一些学生往往只记忆公式,无法灵活运用。本课件正是为使学生完整理解简谐振动的知识要点而设计的。

(2)课件设计思想。本课件是一个片断型,即一个物理现象过程展示的课件。这是为了突破教学重点与难点而设计的课件,演示弹簧振子的加速度、位移、速度和能量之间的关系。本课件涉及 4 个知识点:①弹簧振子的受力特征:回复力 $F=-kx$。②加速度的特征:$\alpha=-kx/m$,方向与位移方向相反,且总指向平衡位置。③速度的特征:在平衡位置时,速度最大，加速度为零；在最大位移处，速度为零，加速度最大。④振动能量：振动动能和势能相互转化，动能随着振幅增大而减小，势能则相反。这些物理量的大小与方向通过各自的箭头形象地表现出来，使学生一目了然。

(3)静态与动态的结合，简谐振动的过程中，不仅要展示整个运动过程，还要具有某一时刻或某一地点的暂态显示。因此，需要交互设计，主要是通过停止与运行两个按钮来控制。

(4)课件的制作。Flash主场景的要素文本：课件的主题“简谐振动”，位移 s、回复力 F、加速度 a、速度 v 以及弹性势能与动能等；元件主要有弹簧振子“小球”、“弹簧”以及两端固定板和箭头等。

2.3.5　多媒体课件的使用

课件的使用就是在课堂上利用课件进行教学。课件的使用应该注意以下几点事项。

(1)了解课件运行环境。确定课件所需要的运行环境，包括计算机的硬件环境、软件环境和课件播放环境。如有的课件运行时，需要相应的播放软件。因此，在运行之前，教师要了解所在计算机上是否安装了所需的软件，版本是否符合要求等。

(2)了解课件的组成部分。教师要了解课件的大体结构、主要模块以及各个主要模块之间的相互联系。直线型课件结构简单，演示方便，操作课件流程如同一条直线往下运行；而分支型课件，需根据教学内容的变化、学生的差异程度对课件流程有选择地控制执行。在教学中我们也发现有的教师所使用的课件不能与学生学情、教学内容相吻合。有的教师直接使用课程资源提供的课件或网上下载的课件，结果出现课件内容重复、或是课件内容难度与学生认知能力不相符合等情况。所以教师需要课前对课件进行整理与修改，从而最大限度地发挥课件的功能。

(3)注意演示播放速度。演示是为了辅助教学、配合教师的讲授，而不是让课件来代替教师上课，要留出足够的时间和空间给学生理解、思考、交流。对于模拟型课件，在演示之前，教师提示学生观察事项，唤起有意注意，并适当解释课件设计思想与制作软件，以免学生认为这是教师对实验现象与结果的预设，不具有可信度。这会使学生处于被动接受知识的状态，学习主动性被抑制；课件成为“电灌”取代“口灌”的工具，“白板”取代“黑板”的手段。

(4)不能受制于课件。不能以课件束缚教师与学生的教学行为，要将传统媒体与现代媒体有机结合。我们要打破将“键盘＋鼠标”代替讲课和板书，将“显示器”、“大屏幕”取代纸张和黑板等使用现代教学媒体，而不用或少用传统教学媒体的课堂就是新课程教学的错误观点。传统教学媒体并不等于传统教学。有些学科的教学内容，现代教学媒体的作为并不大，甚至不适应。有的教师对课件具有依赖性。其表现为：一方面，一旦离开课件，教师上课就没有思路，由此他就离不开鼠标。而且，教师在课堂的活动区域因课件使用而离不开三尺讲台，致使师生的互动减少。另一方面，以模拟型课件取代常规的实物演示实验，以课件演示教学活动取代实物操作活动，从而难以实现教学目标。在教学过程中，教师应该将实物演示操作与课件演示相结合。可以先做实物演示实验，再用课件演示补充；或先进行课件演示，再进行实物实验论证。教师的表情、姿态、板书、演示等言传身教的教学行为在教学过程中还是不可缺少的。

2.3.6　多媒体课件的评价

多媒体课件是用于实施教学活动的教学软件，它是在一定的学习理论和教学理论的指导下遵循人的认知规律，根据学习目标或教学目标设计的反映某种教学策略和教学内容的计算机软件。它以其形象、直观、生动、快捷、高效以及独具的参与交互功能，为优化课堂教学，推进素质教育，产生了重要作用。当制作完成一个多媒体课件作品之后，就需要综合运用相关理论，从课件制作的科学性、教育性、技术性、艺术性和交互性等方面进行评价。

2.3.6.1 科学性

(1)课件的取材适宜，内容科学、正确、规范。要使课件实用科学，选题一定要准确，一般选择重点、难点突出并具有一定的针对性且适合多媒体手段表现的内容。

(2)课件演示符合现代教育理念，要适应当前基础教育改革的要求，充分体现以学生为主体的教育理念。作业、例题典型，善于引导，练习量适当，内容正确，逻辑严谨，层次清楚，模拟仿真准确、形象，举例恰当。场景设置、素材选取、名词术语、操作示范等符合科学要求。

2.3.6.2 教育性

(1)课件的设计新颖，动静结合，有利于培养学生兴趣；知识结构清晰，符合教学内容，具有教学设计思想的体现。

(2)选材恰当，适应学习者的需要，有利于发挥学习者的学习主体作用。

(3)启发注意，促进思维，有利于创新能力和动手能力的提高。

(4)突出重点，突破难点，深入浅出，易于接受，有利于实现教学目标。

2.3.6.3 技术性

(1)课件的制作和使用上能实现运用了多媒体效果。优美的画面可以让人赏心悦目，能激发学生的新鲜感和兴趣。

(2)操作简便、快捷。课件要有一定交互性功能、适用于教学。课件智能性好，交互功能强大，能优化使用各种媒体(体积小)，课件运行稳定，画面清晰，动画连续，色彩逼真，文字醒目，声音使用和搭配合理，配音标准，音量适当，快慢适度。对于网络课件使用性、兼容性好，文档齐备，升级方便。

2.3.6.4 艺术性

画面设计具有较高艺术性，整体风格相对统一。媒体多样，选用适当，设置合理，构思巧妙，创意新颖，节奏合理，画面悦目，声音悦耳，结构简洁，可观赏性强，主题突出，界面友好，操作简单。

(1)图像布局得当。图像的合理分布，体现对称性，如图 2-10“一字形”、如图 2-11“田字形”以及品字形等都是常用的方法。

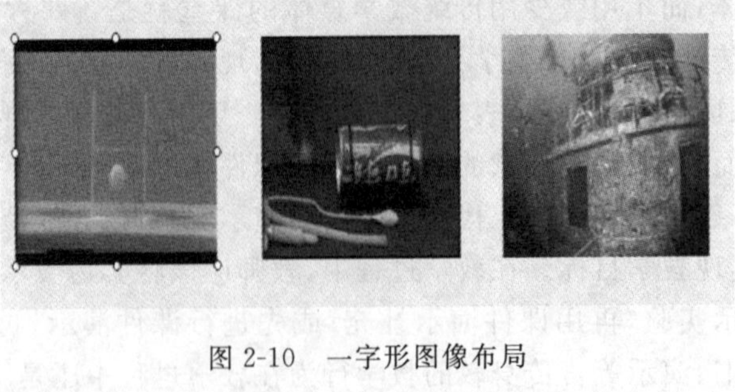

图 2-10 一字形图像布局

(2)色彩运用要合理。在制作多媒体课件时，根据所要表达的教学内容正确运用色彩，会给人以赏心悦目之感。在这方面常见的问题是字体颜色与背景颜色搭配不当。例如，有的教师制作的幻灯片的背景颜色是浅黄色，所呈现的文字的颜色与黄色相近。由于字体颜色与背

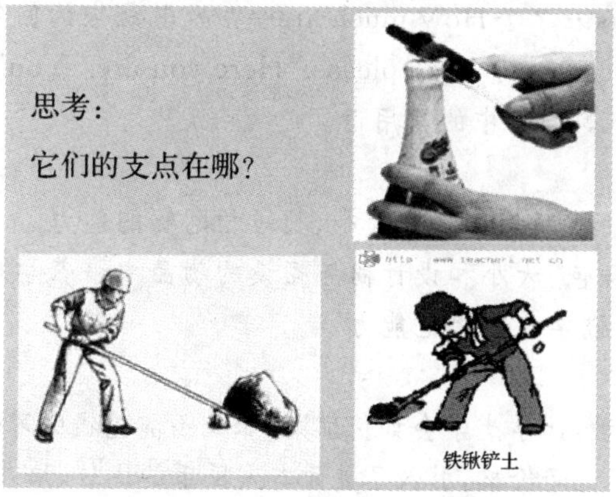

图 2-11 田字形图像布局

景颜色对比度太小，学生无法辨认屏幕文字，而且极易引起视觉疲劳。一般来说，背景颜色与字体颜色的对比度应当略大一些，才能使学生在观看时感到舒适、悦目。例如，白底黑字、白底蓝字、蓝底白字等均可达到满意的表达效果。

(3)动画的运用不可喧宾夺主。在多媒体课件中，动画使用要与对象心理相符合。在小学低年级教学中，为了提高学生的学习兴趣而适当使用动画。同时，动画的运用也要与课程内容相协调。在初中《科学》课程或理科教学中，运用动画可以较为逼真地模拟自然现象的物理、化学过程。此外，教师在多媒体课件中运用动画时还必须考虑动画的运用效果。有时发现，部分教师喜欢在讲课或说课的课件中添加一些会动的卡通人物或会动的小鸟、小花、小动物等。在上课过程中，这些“东西”在屏幕上不停地闪烁变动，会干扰或分散学生的注意力，不利于教学活动的顺利进行。

附教学设计

附件 1 Unit 7 How much are these pants?

【教学内容】

七年级上 Unit 7 How much are these pants? 第二课时。

【教材分析】

[人教版英语(新目标)Go for it!]本单元的主题是讨论物品的价格。这是学生日常生活中十分熟悉的一个话题。其中包括一些衣物名词及其复数、表示价格的数字。前面1～6单元学习了0～9的数字、复数的概念，为本单元的学习奠定了基础。故学生在学习 shoes，pants，socks 和价格时很容易接受。但是本单元词汇较多，故要在第二课时加强巩固。在第二课时，除了要巩固这些单词和 How much is it? /How much are …? 之外，重在谈论物品的颜色、价格、大小、长短；在购物时如何询问物品的颜色、价格以及如何有礼貌地对话，以培养学生的语言表达能力。

【教学目标】

1. 知识目标

(1)记忆 pants，shoes，socks，T-shirt，sweater，bag，hat，skirt 等单词。

(2)掌握 How much is …? / How much are…? 及其相应的回答:It's/They're….

(3)学会运用 Can I help you? Yes, please. Here you are. You're welcome. I'll take it. What color do you want? 等购物中的常用语。

2. 能力目标

(1)能用英语谈论物品的颜色、价格、大小、长短和购物的能力。

(2)通过讨论物品的颜色、大小和设计商店摆设的物品中培养学生的审美能力。

(3)通过游戏活动,促进学生的记忆能力。

3. 情感目标

通过购物这一教学活动,让学生学会如何理财,养成不乱花钱的习惯。学生学习有关服装的一些词汇,并运用这些词汇询问价格,引入了美元与人民币的比较,培养学生的跨国文化意识。

【教学重点】

学习运用重点句型和语法点:How much is this T-shirt? It's seven dollars. How much are these socks? They are two dollars.

【教学难点】

how much is/are 与具体的物品连用时灵活应用。

【教学程序】

1. Warming—up

(1) Sing a song.

(2)Play a game. Give the students the first letter, and let the students guess what word it is.(主要是一些衣服的名词,如 sweater, shorts, sock, shoe, skirt 等。以巩固第一课时学过的单词。)

2. Presentation

Show the students parts of the things, Guide the students to ask: What color is it /are they? How much is it /are they? What is it/are they? Then show the students the whole thing.(一方面把衣服与单词结合,便于学生记忆,巩固第一课时的单词,另一方面引导学生用这些图片问这些衣服的颜色、价格等。)

3. Ask and answer

(1) Show some pictures, let students ask and answer in pairs about the things' colors and price.

(2)Use their own things (such as rulers, pens, erasers…) to ask and answer.

4. Discussion

Teacher introduces a thing such as: This is my jacket, It is blue . It's 50 dollars, It is not long. I like it. Then let students introduce their own things like this. First in a group of four, Then choose the best one to speak in front of the class.

5. Game

The teacher says some sentences such as the blue sweater is 4 dollars. The shoes are 10 dollars…Let students write down as quickly as possible or remember these things, colors and price. Then let them tell the whole class.(训练学生的记忆力和对数字、颜色的反应。)

6. Conversations about shopping

(1)P43 3a Fill in the blank,and complete the table.

subjection	color	price

(2)Read the dialogue and make a similar dialogue in pairs. Then act out the new dialogue.

7. DIY

Do you want to own a big shop? Let's suppose you are a boss of a shop. Draw a picture of your thing, color it, and write a tag beside it. Then write down the introduction to promote.

8. Exercise:(易错题)

(1)—______ are these shoes? —They are twenty Yuan.

A. How much B. How many C. What D. What about

(2)—____________? —I want a pair of shoes.

A. Can you help me B. Can I help you C. What is this D. What are these

(3)—What about this pair of pants?

—Hum, very nice! I'll take ________.

A. it B. them C. mine D. him

9. Home work

(1)Copy the new words and prepare for a dictation.

(2)Write down your own dialogue between you and the shop assistant.

(3)Preview the next part of the text.

【教学反思】

本课重在巩固 Section A 第一课时学过的表示衣物的单词和价格的询问方法,并加以延伸。不仅谈论物品的价格,还讨论物品的颜色、大小,是否喜欢等。

为了巩固旧知识,我设计了一个猜字游戏和展示物品一角,让学生询问 Is this a…? What color is it? How much is it? 通过游戏和猜谜的游戏,既复习旧知,又激发了学生的学习兴趣。

商店购物是本节课的又一重点,通过补全对话,朗读对话,生生操练,自编对话,培养学生的听说能力。我也增加了根据对话完成表格的任务型阅读,培养学生的阅读能力。

本课的最后是一个DIY,让学生当一回老板,设计自己货架上的物品,并加以介绍,推销自己的物品。把整堂课推向高潮。

本节课的教学设计中,多媒体使用方面主要以创设教学情境为主,如展示衣服图像让学生说出颜色;建构商店摆设的物品的情境,为学生对话提供材料。此外一些练习文字的显示等以方便学生审题等。

(本附件由杭州市行知中学宣汝萍提供)

附件2 《摩擦力》教学设计

【设计理念】

新课标以建构主义学习理论为基础，要求学生学习科学探究方法，发展自主学习能力。同时结合现代教育理念要求，教学应以学生为主体，教师为主导，培养学生积极探究的学习习惯，并通过交流与合作，经历知识的获取过程。在本节课的学习过程中，让学生联系生活实际和自身经验，对生活中的摩擦力进行探讨和学习，进而对静摩擦力和滑动摩擦力进行分析以达到对物理知识的了解与掌握，理解物理知识的内在价值。

【教材分析】

《摩擦力》选自人民教育出版社新课标《物理》必修1第三章第三节。本节内容是继《重力基本相互作用》以及《弹力》之后的第三大性质力。由于摩擦力的大小与方向在不同情境下都会发展变化。所以，正确认识摩擦力对后面《力的合成》和《力的分解》等知识的学习有着至关重要的作用。教师要将初中学过的相关概念与本节的内容有机地融合在一起。教学中进一步引导学生分析摩擦力产生的条件、影响摩擦力大小的因素，及其计算方法。通过结合传感器实验探究，并归纳总结摩擦力的性质。

【学情分析】

高一学生具备一定的逻辑思维和科学探究能力，所以教师要激发他们的参与意识，培养他们的合作精神和探究热情。在生活中的摩擦力随处可见，教师要通过实验和列举实例引导学生思考，纠正生活中一些错误或片面的前概念或观点，从而形成正确的静摩擦力与滑动摩擦力概念与规律，真正体现从生活到物理、从物理到社会的课程理念，培养学生爱物理、学物理、用物理的习惯。

【教学目标】

1. 知识与技能

(1)知道静摩擦力的产生条件，会判断静摩擦力的方向；

(2)知道滑动摩擦力的产生条件，会判断滑动摩擦力的方向；

(3)能用二力平衡条件判断静摩擦力和滑动摩擦力的大小与方向；

(4)知道滑动摩擦因素无单位，了解滑动摩擦因素与哪些因素有关；

(5)会运用 $F=\mu N$ 计算滑动摩擦力的大小。

2. 过程与方法

(1)通过传感器实验探究静摩擦力的大小与方向；

(2)通过传感器实验探究影响滑动摩擦力大小的因素；

(3)通过传感器实验所得数据进行分析与归纳得到滑动摩擦力 $F=\mu N$ 的计算式。

3. 情感、态度与价值观

(1)利用实验和生活中的静摩擦力、滑动摩擦力实例激发学生学习兴趣，培养学生对物理学的求知欲。

(2)体会增大与减小静摩擦力、滑动摩擦力在生产与生活中的利弊与应用，培养科学精神。

【教学重点、难点】

1. 教学重点

(1)静摩擦力有无的判断以及静摩擦力方向的判断，正确理解最大静摩擦力的概念。(2)滑动摩擦力大小 $F=\mu N$ 计算式推导以及其应用。

2. 教学难点

静摩擦力有无的判断和静摩擦力方向的判断。滑动摩擦力计算公式的推导。

【教学方法】

1. 教法：

讲授法、讨论法、情境教学法、实验探究法。

2. 学法：

观察法、讨论法、分析归纳法、实验探究法、类比法。

【课时安排】

2 课时。

【实验器材准备】

平面静动摩擦力探究实验装置、铝板大小各 1 块、铁板、硅橡胶板 2 块、10 克砝码 8 个、计算机、有机玻璃小车一台、毛刷。

【课型】

概念型新授课。

【教学过程】

如下表所示。

教师活动	学生活动	教学媒体	达到目标
一、提出回顾引入 1. 教师用力推动一张课桌，但没有推动，请学生思考，课桌受到哪些力的作用？(边演示边讲解) 2. 提问导入新课。 回顾初中我们学习的摩擦力的有关知识。 ①什么是摩擦力？ ②摩擦力的种类？(静、滑动和滚动摩擦力)	聆听、观察、思考。 回忆知识、回答提问。	板书 第 3 节　摩擦力 1. 静摩擦力 PPT 展示静摩擦力的概念	创设生活中的摩擦力情境。 激发学生学习的欲望和好奇心。
二、认识摩擦力 1. 静摩擦力的方向如何？ 演示毛刷在讲台静态运动趋势时毛发生的形变。 2. 产生静摩擦力的条件？ 回顾初中的知识以及所观察到的现象得到 (1)物体与物体之间有相对运动的趋势； (2)物体与物体之间接触并且相互挤压(有形变)； (3)两个接触面不光滑，应有粗糙程度。	思考、观察。 回答：与毛刷运动趋势相反。	演示毛刷发生形变 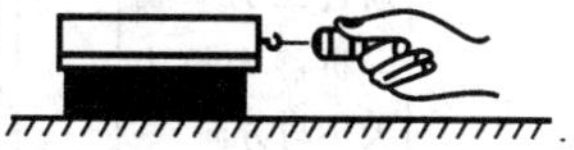 板书 (1)静摩擦力的概念 (2)静摩擦力产生的条件	培养学生的观察能力与分析能力。

续 表

<table>
<tr><th>教师活动</th><th>学生活动</th><th>教学媒体</th><th>达到目标</th></tr>
<tr><td>三、探究静摩擦力
1. 提问:能否根据实际情况,测量物体是否受到静摩擦力?
2. 演示实验:体验静摩擦力的大小
两本书交叉一页一页地对插,然后把书分开,看看受力的大小。</td><td></td><td></td><td></td></tr>
<tr><td>提问:那么静摩擦力的大小到底有多大呢?
3. 实验探究:探究静摩擦力的大小
“平面静动摩擦力探究实验装置”实验仪器的展示与介绍。

用两组不同材料,并都在低速挡时测量静摩擦力;再增加砝码个数做第二组。
(1)铝板为垫板与木板测量之间的静摩擦力;
(2)硅橡胶板与铁板测量之间的静摩擦力;
<table>
<tr><td>接触物体</td><td colspan="2">铝板与木板</td><td colspan="2">硅橡胶板与铁板</td></tr>
<tr><td>砝码(个)</td><td>2</td><td>4</td><td>2</td><td>4</td></tr>
<tr><td>静摩擦力大小</td><td></td><td></td><td></td><td></td></tr>
</table></td><td>学生分组实验,体会两本书交叉一页一页地对插,然后用力把书分开。
实验、分组探究:测量静摩擦力变化情况。</td><td>PPT 展示“平面静、动摩擦力探究实验装置”原理图
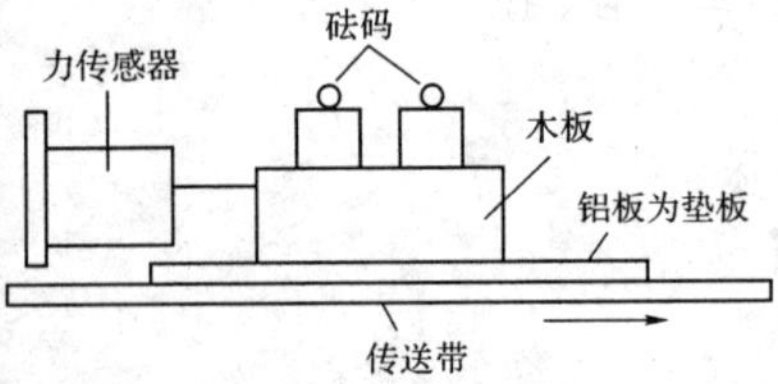

展示原理图与实物实验仪
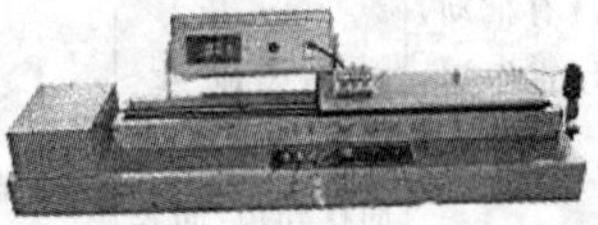</td><td>在做中学,也克服学生对静摩擦先入为主的思想。

会用简单的实验感受到静摩擦力的大小。

控制变量法的应用。</td></tr>
<tr><td>存在一个静摩擦力的最大值 F_{max},叫做最大静摩擦力(有运动趋势时摩擦力)。
可见:两个物体间的静摩擦力可以是一个变力,它的大小可以在 0 与 F_{max} 之间,即 $0<F\leqslant F_{max}$。
4. 静摩擦力的二力平衡分析
引导学生进行二力平衡分析静摩擦力的大小与方向。

5. 曲面接触物体静摩擦力的方向
静摩擦力的方向总是沿着接触面。(曲面则与接触面相切的方向)
静摩擦力的方向跟物体相对运动趋势的方向相反。此处相对运动趋势是指该物体相对于与它接触的物体(另一物体)而言的。</td><td>实验探究,得出结论。
发现:(1)存在最大静摩擦力;(2)最大静摩擦力与材料以及所加砝码有关。
通过二力平衡分析静摩擦力大小与方向。
学生通过具体问题的分析、求解,重在体验相对静止、相对运动、相对运动趋势的不同。理解“静”的深层含义。</td><td>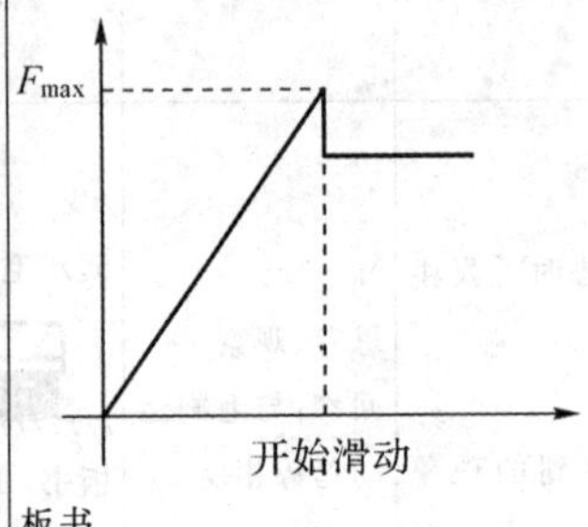

板书
(3)静摩擦力大小:$0<F\leqslant F_{max}$</td><td>培养学生对科学的求知欲,使学生乐于探索日常生活中的物理学道理,勇于探究日常生活中的物理学原理。</td></tr>
</table>

续　表

<table>
<tr><th>教师活动</th><th>学生活动</th><th>教学媒体</th><th>达到目标</th></tr>
<tr><td>四、静摩擦力的应用
阅读书本 P58［说一说］，了解静摩擦力的应用。

物体相对于传送带处于静止状态，判断下列传送带上物体有无静摩擦力以及其方向。</td><td>分析回答。

分析回答。</td><td>PPT 展示
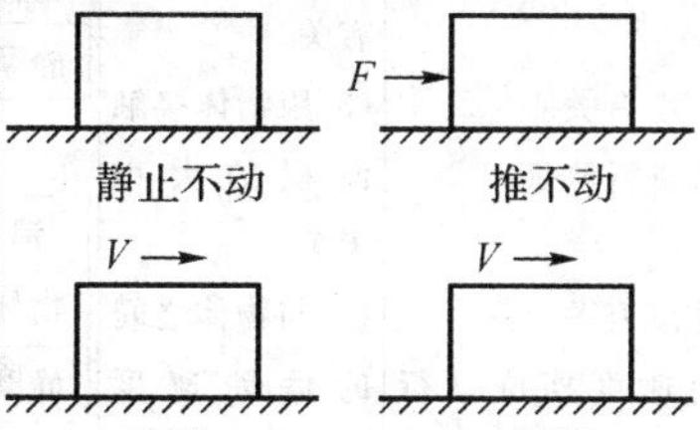

PPT 展示

</td><td></td></tr>
<tr><td>五、探究滑动摩擦力
引导：当力 $F>F_{max}$ 时，我们会发现木块在木板上开始滑动，拉力却明显减小，表明摩擦力明显减小，此时所受到的摩擦力为滑动摩擦力。
1. 滑动摩擦力的概念
当一个物体在另一个物体表面滑动时，会受到另一物体阻碍它相对滑动的力，这种力叫做滑动摩擦力。
方向：滑动摩擦力的方向总跟接触面相切，跟物体的相对运动的方向相反。
2. 滑动摩擦力大小与哪些因素有关呢？
根据以上几条猜测，设计实验去进行验证探索。

利用控制变量法来进行探究
演示实验
(1)与接触面的粗糙程度有关
选用不同铝板与木板表面糙程度进行测量</td><td>聆听、回顾。

思考、讨论、猜测：
接触面粗糙程度、物体间压力、物体接触面积大小、与物体之间运动速度等有关。
学生参与实验验证。
探究实验发现：
(1)与接触面的粗糙程度有关。</td><td>板书
2. 滑动摩擦力

PPT
(1)滑动摩擦力的定义
(2)方向

显示各类所测量数据
<table><tr><td>铝板与木板</td><td colspan="3">改变表面糙程度</td></tr><tr><td>物体运动状态</td><td>低</td><td>中</td><td>高</td></tr><tr><td>静摩擦力大小</td><td></td><td></td><td></td></tr></table></td><td>学习拟定简单的科学研究的计划和实验方案。完成对知识的初步探究和理解过程。</td></tr>
</table>

续 表

<table>
<tr><th>教师活动</th><th>学生活动</th><th>教学媒体</th><th>达到目标</th></tr>
<tr><td>(2)跟物体间的压力(正压力)有关
增加砝码的个数进行测量。</td><td>(2)跟物体间的压力(正压力)有关。</td><td><table><tr><td>铝板与木板</td><td colspan="3">增加砝码</td></tr><tr><td>物体运动状态</td><td>低</td><td>中</td><td>高</td></tr><tr><td>静摩擦力大小</td><td></td><td></td><td></td></tr></table></td><td>控制变量化的运用。</td></tr>
<tr><td>(3)跟物体接触面积的大小有关
选用不同面积的铝板进行测量。

(4)与物体之间的运动速度有关
选择低、中、高不同速度档位进行测量。</td><td>(3)跟物体接触面积的大小无关。

(4)与物体之间的运动速度无关。</td><td><table><tr><td>铝板与木板</td><td colspan="3">改变接触面</td></tr><tr><td>物体运动状态</td><td>低</td><td>中</td><td>高</td></tr><tr><td>静摩擦力大小</td><td></td><td></td><td></td></tr></table></td><td>引导学生如何对所测得实验数据进行解读。</td></tr>
<tr><td>陈述所得到结论并用图像来表示。

3. 选择铝板与木板之间所受压力(正压力)与摩擦力的定量关系</td><td></td><td>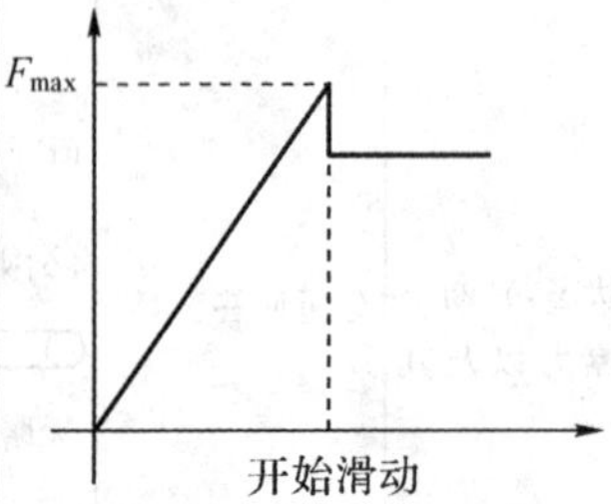</td><td>实验数据进行定量处理。

对实验进行反思与提升。</td></tr>
<tr><td>测量有机玻璃小车的质量，所加砝码数，以及所测得的滑动摩擦力。</td><td>分析数据处理
思考、填写表格</td><td><table><tr><td>压力 F_N</td><td></td><td></td><td></td><td></td><td></td></tr><tr><td>摩擦力 F</td><td></td><td></td><td></td><td></td><td></td></tr></table></td><td>分类与比较方法的运用。</td></tr>
<tr><td>做出 F_N-F 图像，寻找其中规律。
对实验过程和结论进行评估和交流。
结论：
(1)滑动摩擦力大小与接触面积无关。
(2)滑动摩擦力的大小与正压力成正比，其比例系数由接触面的材料决定，称之为动摩擦因数(μ)即：$F=\mu F_N$。
“μ”与相互接触的两个物体的材料有关，还跟接触面的粗糙程度有关，没有单位。
[阅读 P59 表 1 了解几种材料间的动摩擦因数]</td><td>思考回答。</td><td>板书 $F=\mu F_N$</td><td>学以致用，巩固所学。</td></tr>
<tr><td>4. 静摩擦力与动摩擦力的比较</td><td></td><td><table><tr><td></td><td>静摩擦力</td><td>动摩擦力</td></tr><tr><td>产生条件</td><td></td><td></td></tr><tr><td>方向</td><td></td><td></td></tr><tr><td>大小</td><td></td><td></td></tr></table>PPT 显示例题</td><td></td></tr>
</table>

续　表

教师活动	学生活动	教学媒体	达到目标
六、滑动摩擦力的应用 例 1，如右图所示的是一手拿物体的装置示意图，中间为两块表面情况完全相同的正方体物块，若每块物体重均为 G，试求图中物块 1 的左、右两侧面受到的摩擦力的大小？ 例 2，如右图所示，物体 A、B 在力 F 的作用下，一起以相同速度沿 F 的方向匀速运动，则物体 A 所受摩擦力的方向为(　　) A. 甲、乙两图中物体 A 均受摩擦力作用，方向均与 F 相同 B. 甲、乙两图中物体 A 均受摩擦力作用，方向均与 F 相反 C. 甲、乙两图中物体 A 均不受摩擦力作用 D. 甲图中物体 A 不受摩擦力作用，乙图中物体 A 受摩擦力作用，方向和 F 相同 再次强调摩擦力产生的条件，理解摩擦力的作用效果。	深入理解摩擦力产生的条件。思考与练习。 思考与练习。	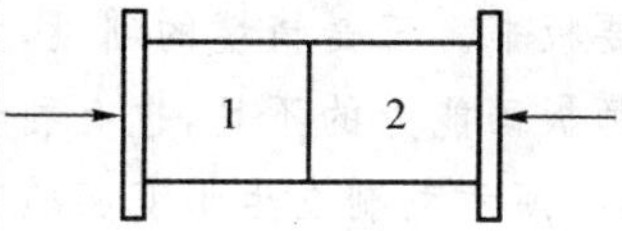 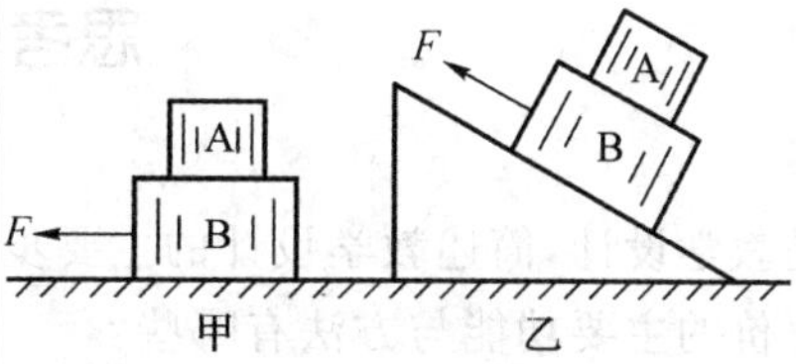	
七、课程小结与思考 1. 请学生谈谈本节课的收获。 2. 如何判别静摩擦力和滑动摩擦力？ 3. 完成问题与练习。补充一些与摩擦力有关的知识。	课程回顾， 自我总结。		及时复习巩固，让知识系统化。

【教学反思】

1. 教学设计评价

本节课教师采用了任务驱动策略，创设物理情景，为学生的活动明确目标，引导学生积极思考。在教学过程中也充分体现了以学生为主体、教师为主导的现代教育理念。在整个教学中，由于本节学习的一些物理量较为抽象，应联系日常生活中的现象，用情景教学法以激发学生学习积极性，把抽象的物理量具体形象化，充分调动学生学习的主动性和积极性，用合作探究与交流讨论的学习方式引导学生，在学习物理的过程中，联系生活实际和自身经验，引导学生对物理知识进行了解与掌握，理解物理知识的内在价值。

2. 媒体应用评价

本教学设计中多媒体应用主要体现在以下几个方面。一是平面静、动摩擦力探究实验装置中传感器对数据采集的应用。通过传感器可以将最大静摩擦力的峰值实时反映出来，从而实现将不可视化为可视，将定性到定量的转化。二是用 PPT 课件展示复杂板书，如板画以及例题题目的呈现。当然在课件替代板书时一定要注意与教师现场板书相结合，特别是一些重要的概念与公式一定要板书。三是情境的创设，如有关传送带运物的图像或视频演示。这样多媒体既可以弥补教师板画能力的不足，也有利于学生学会分析生活中的具体情况。此外，若教室中有视频展示台，则演示毛刷发生形变实验就可以在视频展台上做，通过投影后，学生就可以看得清楚。

思考题

1. 什么是教学设计，简述教学设计的主要步骤。
2. 教学评价的主要功能与方法有哪些？
3. 简述课件制作的一般流程。
4. 根据所在专业选择一节课程内容进行教学设计与多媒体课件设计进行构思。

第3章

现代教育技术的教学应用环境

为实现教学的最优化需要运用多种教育媒体,共同刺激学习者的多种感官。本章主要介绍教育媒体概念、分类以及媒体使用选择原则,同时对视听觉媒体进行了较详细的介绍。最后对现代教育技术的教学应用环境进行了介绍。它主要包括微格教室、多媒体教室、网络教室、校园网络教学平台等设施与使用。

本章学习要求:

- 了解教育媒体概念及其分类
- 理解教育媒体的使用选择原则
- 掌握视、听,以及视听觉等各种现代教育媒体特点与使用
- 了解微格教室、多媒体教室、网络教室、校园网络教学平台的设施与使用

§3.1 教育媒体

基于现代教育技术下的教学环境中,媒体是教学中不可缺少的信息载体与手段。随着科学技术与教育理论的发展,媒体也有了很大的发展,而且形成了集成化与网络化。教育媒体是在教育过程中携带和传递教育信息的物质载体和工具。教学媒体可以从不同角度进行分类。国际电话电报咨询委员会(Consultative Committee on International Telephone and Telegraph, CCITT,国际电信联盟ITU的一个分会)把媒体分成以下5类。

(1)感觉媒体(Perception Medium),是指直接作用于人的感觉器官,使人产生直接感觉的媒体。如引起听觉反应的声音,引起视觉的反应的图像等。

(2)表示媒体(Representation Medium),是指传输感觉媒体的中介媒体,即用于数据交换的编码。如图像编码(JPEG、MPEG等)、文本编码(ASCII码、GB2312等)和声音编码等。

(3)表现媒体(Presentation Medium),是指进行信息输入和输出的媒体。如键盘、鼠标、扫描仪、话筒、摄像机等为输入媒体;显示器、打印机、音箱等为输出媒体。

(4)存储媒体(Storage Medium),是指用于存储表示媒体的物理介质。如硬盘、软盘、磁盘、光盘、ROM及RAM等。

(5)传输媒体(Transmission Medium),是指传输表示媒体的物理介质。如电缆、光缆等。

人们通常所说的"媒体(Media)"包括两个含义:一是指信息的物理载体(即存储和传递信息的实体),如手册、磁盘、光盘、磁带以及相关的播放设备等;二是指承载信息的载体,即信息的表现形式(或者说传播形式),如文字、声音、图像、动画、视频等。

3.1.1 传统教育媒体

教育媒体是指可直接介入教育活动,用于传递教育信息的物质工具。根据媒体的发展,教育媒体又分为传统教育媒体和现代教育媒体两大类。

3.1.1.1 传统教育媒体

传统教育媒体包括:

(1)书本教材:教科书、讲义、学习指导书、教学指导书、习题集、实验(实习)指南等文本形式。

(2)辅助教学媒体:黑板(粉笔)、实物、标本、模型等。

3.1.1.2 传统教育媒体的特点

传统教育媒体教科书、粉笔与黑板是迄今为止最早也是最重要的教学工具与手段。传统教育媒体具有其自身的特点,即使是今天也是最常用的教育媒体。其特点主要有:

(1)便捷性。传统教育媒体中教科书、黑板与粉笔等使用方便,对教学环境没有严格的要求。

(2)经济性。它们方便耐用、价格低廉,因此普及率高且具有强大的生命力。

(3)易学性。传统教育媒体易学、易操作,不需要较复杂的技术。

3.1.2 现代教育媒体

3.1.2.1 现代教育媒体

现代教育媒体包括:

(1)硬件媒体。硬件是指各种教学机器,如幻灯机、投影器、录音机、电影机、录像机、电视机、计算机以及微格教学系统、语言实验室、计算机辅助教学系统、多媒体组合教学系统、多媒体计算机技术系统等。

(2)软件媒体。软件是指已录制的载有教育信息的幻灯片、投影片、录音带、电影片、录像带、计算机课件以及其他的教学软件等。

除了硬件媒体与软件媒体分类之外,根据教学媒体作用的感觉通道,将教学媒体分为三类:①视觉表现媒体,如幻灯机、投影器以及视频展示仪等。其对应的视觉表示媒体,如位图图像、矢量图形、图表、符号、视频、动画等。②听觉表现媒体,主要包括录音带与录音机、唱片与唱机、CD碟片与CD碟片机以及广播、收音机和扩音设备等。其对应的听觉表示媒体,如语音、音乐等。③视听表现媒体,它是将视、听功能结合形成的一种新媒体,如电影、电视、视听型语言实验室等。其对应的视听表示媒体,如视频编码 AVI、MPEG 等。不同的教学媒体有不同的特点。幻灯机、投影器以静态的方式表现事物,让学生详细地观察放大的清晰图像或事物的细节;电影、电视则以动态的画面、鲜艳的色彩、动听的旋律呈现出事物变化的过程;计算机辅助教学软件能模拟逼真的现场、事物发生的进程,且动静结合,表现力强。

3.1.2.2　现代教育媒体的特点

与传统教育媒体相比，现代教育媒体主要具有综合性、再现性、高效性与交互性等特点。

(1)综合性。综合性是指媒体具有视听等多种感觉刺激的形声相结合，静态与动态相结合、平面与立体相结合等的特点。在教学中充分利用现代教育媒体的综合性特点，可使人在身临其境的情境中进行学习。这即增加信息的输入量，又有利于加强知识的理解与掌握。

(2)再现性。运用现代教育媒体，能根据教学需要，将教学内容中涉及的事物、现象、过程绘声绘色地在课堂或在学习过程中再现。这种再现性它能根据教学需要，将所要表现的对象化大为小、化小为大、化远为近，从而突破空间限制，又可以改变事物再现时的节奏，使所反映过程由快变慢，或由慢变快，从而突破时间的限制，还可将事物的本质要素突出地展现在学生面前，引导人们由局部到整体或由整体到局部地观察，有助于突出重点化解难点。

(3)高效性。高效性是指在单位教学时间内传递更多的教学信息，学生掌握更多的知识与技能。教学的对象是人，信息传输的接收终端是学生，要取得好的教学效果，关键是要提高信息输出速率以及终端对信息的接受速率。现代教育媒体在这方面与传统教育媒体相比，有着明显的优势。运用现代教育媒体传输教育信息可以在同样的教学时间内扩大信息的传输量，以及提高信息接受者对所接受的信息记忆、理解与知识的构建效果，因而有效地提高了教学信息的传输效率以及扩大了信息传输的范围。

(4)交互性。交互性是多媒体有别于传统信息传播媒体的主要特点之一。它可以根据需要，人为地改变信息的表现结构，实现人对信息的主动选择和控制并得到及时反馈，为学生自主学习创造了条件。

3.1.3　教育媒体使用选择原则

3.1.3.1　教育媒体选择的原则

(1)发展性原则。选择教育媒体时应考虑它能在多大程度上发挥教育作用，促进学生身心发展。教育媒体一方面是教师应用于教学的手段，另一方面也是学生将来进一步学习的工具。所以媒体的选择与使用对学生具有示范性。教师应根据教育媒体的特点合理运用教育媒体。应正确使用教育媒体，避免因使用不当而影响学生的身心健康发展。例如，如果学生沉迷于计算机网络上的不良信息和游戏频道，将影响正常学习，妨碍身心发展。

(2)实用性原则。一方面，要按照学科课程标准所规定的教学目标、教学范围、教学内容的广度和深度选择教育媒体；另一方面，要从教学对象出发，考虑学生的需要、年龄特征和接受水平。传媒符码越是与学生思考时所用的符码一致或接近，学生就越能有效接收，引起共鸣。这样才能有助于提高学生学习的主动性和积极性，激发学习兴趣，实现教学目标，体现媒体的使用价值。

(3)最小代价原则。选择教育媒体，应力求以最小的代价得到最大的效能。效能主要是媒体在内容上能否满足教和学的需要，能否有助于提高教和学的效率。代价主要指设计和制作媒体需要花费的人力、物力、财力，媒体使用是否方便。选择教育媒体应力求代价小、效能大。可以从以下几方面考虑：①效能不变，降低代价；②代价不变，提高效能；③降低代价，提高效能；④代价略有提高，更大提高效能；⑤效能略有下降，代价大幅度下降。

(4)综合性原则。选用教育媒体时，尽量避免单一，应综合使用，互为补充。一方面，教育媒体的使用追求多方面的期望。教师期望能在知识与技能、过程与方法、情感态度价值观等方面给学生施加积极的影响,使学生积极主动地学习,并营造轻松愉悦的教学气氛等等。综合运用教育媒体有助于实现多方面的教学追求。另一方面,各种教育媒体都有各自的优点和缺点,任何一种教育媒体都无法解决所有的教学问题,综合选用教育媒体可以取长补短,充分发挥教育媒体的整体功能。

3.1.3.2 教育媒体的选择流程

流程图是辅助教育媒体选择的很好工具。它可以为教师选择教育媒体提供指导。这种方法是把选择过程分解成一系列有序排列的步骤,每一步骤就是一个问题。教师用"是"或"否"回答一个又一个问题之后,被引导到不同的选择分支,最终完成对媒体的选择。在实际工作中,教师可以使用他人的选择流程图,或根据需要自行设计。根据英国著名教育技术专家罗密斯佐斯基提出的"视觉媒体"选择流程图,结合多媒体辅助教学环境的实际情况,制定视觉媒体选择流程,如图 3-1 所示:

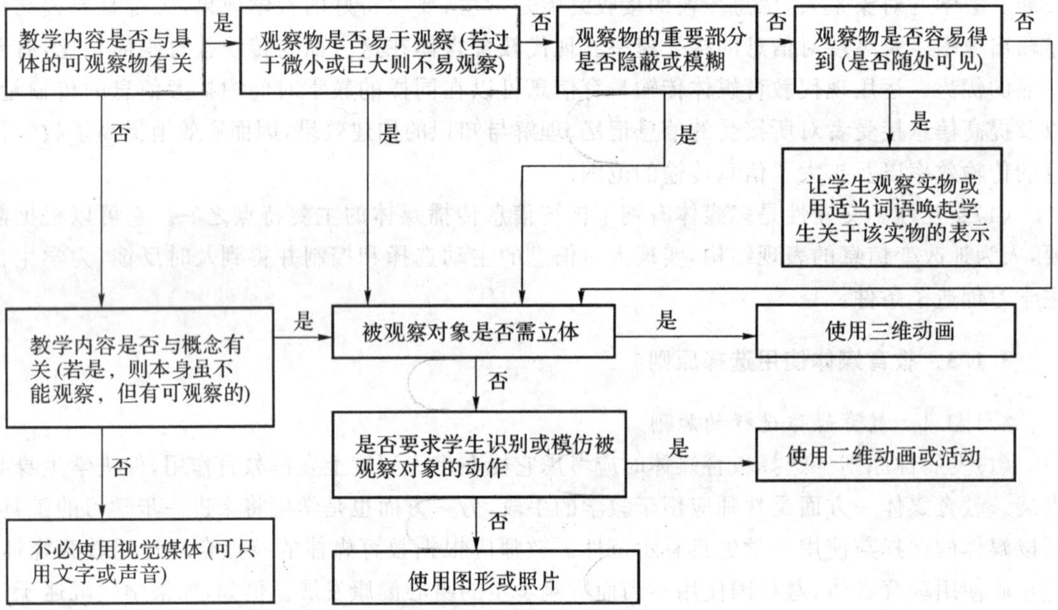

图 3-1 视觉媒体选择流程

类似地,多媒体教学的听觉媒体选择流程如图 3-2 所示:

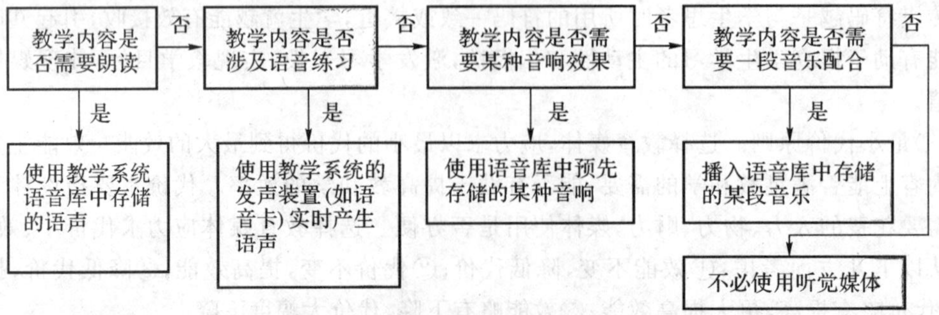

图 3-2 听觉媒体选择流程

§3.2　现代教育媒体的基本使用

现代教育技术的应用，可以推动教学模式、教学方法、教学内容和教学手段的改革，有利于培养创新型人才，因此教师要掌握教育媒体的基本使用。

3.2.1　常用视觉媒体的基本使用

3.2.1.1　视频展示台及投影机概述及其使用

自 1994 年第一台视频展示台(Visual Presenter)问世以来，视频展示台与投影机成为当前十分常见的一种视觉媒体设备。

1. 视频展示台概述

视频展示台可将文字、图片、透明投影胶片、幻灯片、彩色图片及实物等转换成视频信号，通过投影电视播放，能做到实时再现显示。它除了具有常规光学幻灯机、投影仪的功能外，还具有立体实物摄取的摄像机功能。部分视频展示仪的外观如图 3-3 所示。视频展示仪主要由一个可变焦的摄像头(CCD)、视频信号处理电路、展示台、支架和光源等组成。CCD 是电荷耦合器件(Charge Couple Device)的简称，它能够将摄入光线转变为电信号并将其储存、转移，完成光电转移功能。摄像头采用单片 1/3 英寸的 CCD，图像分辨率可达 44 万像素以上。摄像头具有先进的自动对焦技术，在更换展示台上的实物、图片、幻灯片等展示物后不需再次调焦，能做到实时显示清晰、明快的实物和图片的图像。它还具有较大的放大变焦能力，在最大调焦，依旧能做到实时显示清晰、明快的实物和图片的图像。在最大调距状态下，能把展示台(面积：30cm×23cm)的图片和实物放大到 12 倍。展示台上的摄像头具有全方位的自由旋转摄像功能，因此，可以摄取展示台面以外的景物。

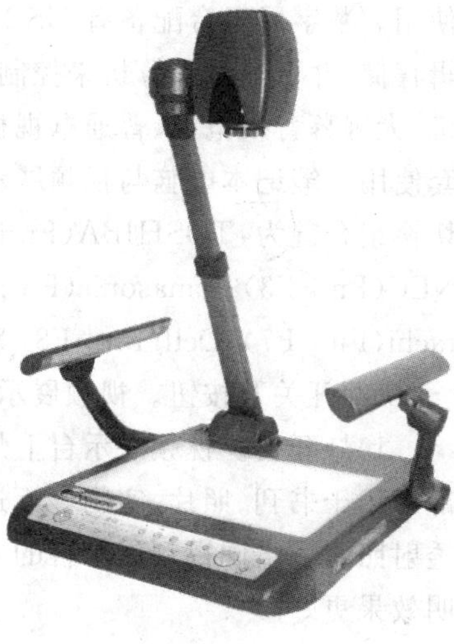

图 3-3　视频展示台

视频展示台既是光电转换设备，又可作为多种设备与投影机、电视机连接的纽带，成为图文信息的中转设备，因为它上面设置有多种接口，可接入视频设备、音频设备输入的信号，然后将各信号切换给电视机、投影机再现。

视频展示台功能很多，使用简单，只要了解它上面各接口、开关、按钮的作用，并根据需要正确连接、调节、切换即可。

2. 视频展示台插口、开关、按钮的功用

(1)插口。视频展示台上的插口主要有以下几类：

1)视频输出输入插口。视频输出(Video OUT)插口是视频展示台上使用频率最高的接口，用于将摄像头转换得到的视频信号和各种视频播放设备输入的视频信号送给电视机、投影机等设备呈现。视频展示台上除有 Video OUT 插口之外，还有超级视频插口(S-Video)。与有 S-Video 插口的电视机、投影机相连工作，应优先用 S-Video 插口，以求呈现的画面清晰度更高。视频展示台上的视频输入插口(Video IN)用于与视频播放设备、影像采集设备(如录像机、VCD、DVD、摄像机、数字照相机)的视频输出插口相连,以将这些设备播放的视频信号"中转"给电视机、投影机。一般视频展示台上都具有多个视频输入插口,可同时与多个视频播放或影像采集设备相连。

2)音频插口。视频展示台上音频插口有 MIC、Audio OUT、Audio IN 插口之分,作用都是"中转"音频电信号。

3)数字接口。在不同视频展示台上数字接口的作用是不一样的,部分视频展示台数字接口的作用是与计算机上相应数字接口相连,将摄像头所摄取转换得到的视频电信号,在经模/数转换器件转换为数字信号后,传送给计算机,使视频展示台也可作为计算机的影像采集设备使用。数字展示台配备有 USB 接口,可以直接与计算机相连,将文字、图形等传送给计算机编辑存储,并可通过计算机来控制实现展示台的所有功能切换。视频展示台一般与多媒体投影机、大屏幕背投电视、普通电视机、液晶监视器、录像机、VCD、DVD、话筒等输出、输入设备配套使用。笔记本电脑与视频展示台外接显示设备时需要功能键进行切换,常见的笔记本电脑切换组合键为:TOSHIBA(Fn+F5);IBM(Fn+F7);Compaq(Fn+F4);Gateway(Fn+F3);NEC(Fn+F3);Panasonic(Fn+F3);Fujitsu(Fn+F10);DEC(Fn+F4);Sharp(Fn+F5);Hitachi(Fn+F7);Dell(Fn+F8)等。

(2)开关及按钮。视频展示台上开关及按钮主要有以下几种:

1)灯开关。视频展示台上灯的开关往往为三档式,分别为上部灯亮,底部灯亮和关闭。上部灯用于书刊、照片、实物等不透明物体的照明;底部灯用于底片、幻灯片、投影片等透明件的透射照明。不同视频展示台的上部灯有单盏顶灯和双盏侧灯之分,相比较而言,双盏侧灯式照明效果更好。

2)输入输出选择开关。该开关的作用是选择将视频展示台摄像头摄取的信号输出,还是将哪一路视频输入插口输入的信号输出。

3)正负像转换开关。借助于正负像(Positive/Negative)转换开关,可将底片影像转化为正像效果呈现,也可将影像负像化。

4)黑白/彩色转换开关。黑白/彩色(BW/Color)转换开关用于调节彩色原件最终呈现是彩色,还是黑白的。

3. 视频展示台使用调节

视频展示台的使用,一般遵循连接、置件、开机、开灯、调节等操作过程。连接是视频展示台正常工作的前提,调节是关键,如果不与电视机或投影机相连,视频展示台中的一切调节将无所适从。

(1)变焦。视频展示台摄像头中的镜头都为变焦镜头,而且是变焦比非常大的电动变焦镜头,通过按视频展示台上在 ZOOM 字样旁有 TEIE 和 WIDE 的两个按钮,就可以使摄像头的焦距改变,从而使成像的范围发生变化。

(2)聚焦。聚焦是使摄像头获取清晰影像的操作。视频展示台上的聚焦分为手动聚焦(Manual Focus, MF)和自动聚焦(Auto Focus, AF)两种形式,绝大多数情况下采用自动聚集,只是在展示实物需要选择性聚焦时,才采用手动聚焦。

(3)白平衡调整。白平衡调整的作用是使获取的影像色彩不失真,视频展示台上的白平衡调整分为自动调整和手动调整两种方式,手动调整通常是借助于红(Red)和蓝(Blue)的两个旋钮进行。

(4)光圈调整。视频展示台获取的影像电信号的强弱,决定了最终呈现影像的亮度和细节,获取的影像电信号太强,高光部位将失去细节;获取影像的电信号太弱,低光部位会失去层次。获取电信号的强弱,可通过调整亮度旋钮或光圈(Iris)改变摄像头中光强的大小。

除上述调节外,许多视频展示台的摄像头还可扳转,从而改变拍摄取影位置和方向。

4. 视频展示台的使用及注意事项

(1)不要把视频展示台放置在不稳定的推车、台面或桌子上。

(2)为安全起见,请使用具有妥善接地的三芯电源插座。

(3)请不要自行拆卸视频展示台。

(4)严禁任何液体进入展示台。

(5)远离热源。

(6)设备移动时,请先将后面板的电源开关放到"0"位,拔掉电源线,放下支臂后再移动视频展示台。

(7)严禁将摄像头对准强光源,如日光。

(8)避免将展示台从温度过低的场合(如冬季北方户外)移入温度较高的场合后立即开箱使用。

(9)避免在展示台上摆放过重的物体,否则会引起变形,影响设备的演示效果。

(10)在清洁视频展示台之前要切断电源,使用潮湿软布擦拭展示台,避免使用酸性或碱性物质。

(11)严禁用手或尖锐物体触碰摄像镜头。

(12)在使用视频、音频电缆与设备连接时,确保插座插紧、插牢,以保证良好的电气使用。

(13)雷雨天气或长时间不用时请拔下电源插头,设备长时间不用时应收起放好,避免灰尘进入。

(14)避免频繁开关电源,以免缩短摄像头寿命。

(15)每次使用毕后,请先关闭视频展示台前面板电源开关,再关闭后面板的电源总开关。

5. 投影机概述

投影机是一种输出设备。投影机可以直接与计算机或视频展示台接连,将电能转化为光能,将电信号转换成光信号。

投影机自问世以来发展至今已形成三大系列:CRT(Cathode Ray Tube)阴极射线管投影机、LCD(Liquid Crystal Display)液晶投影机和 DLP(Digital Lighting Process)数字光处理器投影机。

CRT 投影机采用技术与 CRT 显示器类似,是最早的投影技术。它的优点是寿命长,显示的图像色彩丰富,还原性好,具有丰富的几何失真调整能力。由于技术的制约,无法在提高分辨率的同时提高流明[流明,光通量的单位。发光强度为 1 坎德拉(cd)的点光源,在单位立体角(1 球面度)内发出的光通量为"1 流明",英文缩写(lm)。],直接影响 CRT 投影机的亮度值,到目前为止,其亮度值始终徘徊在 300 流明以下,加上体

图 3-4　投影机

积较大和操作复杂,已经被淘汰。

LCD投影机的技术是目前最为成熟的透射式投影技术,如图3-4投影机。投影画面色彩还原真实鲜艳,色彩饱和度高,光利用效率很高,LCD投影机比用相同瓦数光源灯的DLP投影机有更高的ANSI流明光输出。目前市场高流明的投影机主要以LCD投影机为主。它的缺点是黑色层次表现不是很好。LCD投影机的生产厂家主要为日韩厂商。主要有Sony、Epson、NEC、三洋和三菱等。LCD投影机体积小,重量轻,携带起来也非常方便,是投影机市场上的主流产品。

DLP投影机的技术是反射式投影技术,也是现在高速发展的投影技术。它的采用,使投影图像灰度等级、图像信号噪声比大幅度提高,画面质量细腻稳定,尤其在播放动态视频时,图像流畅,没有像素结构感,形象自然,数字图像还原真实精确。出于成本和机身体积的考虑,目前DLP投影机多半采用单片DMD芯片设计,所以在图像颜色的还原上比LCD投影机稍逊一筹,色彩不够鲜艳生动。

与投影机相配套的投影屏幕主要有三种:①固定的投影屏幕(画框幕);②三脚架型投影屏幕;③可伸缩安装的屏幕。这些类型的屏幕可以是壁挂式或天花板安装式。可伸缩屏幕可以是手动卷(手动幕)或电动马达自动控制升降(电动幕)。

6.投影机使用注意事项

(1)所使用的电源必须是带有可靠接地的三相电源;在插拔电源插头时,要使投影机电源处于关闭状态。投影机使用时最好用原装的连接线,信号线的长度一般不超过15米,过长就会造成信号的衰减,必要时需要安装信号放大器。

(2)关机时,一定要先关机呈等待状态,等风扇停转后再关掉电源开关,这一点对保护投影机特别重要。

(3)尽量减少开关次数,因为开机的冲击电流会影响灯泡的寿命;另外,关机后应等待5分钟以上才能再次开机操作。

(4)投影机在使用数小时后,机内温度很高,所以在使用过程中不要随意搬动。

(5)小心调整投影机位置。首先要选好屏幕的位置,再根据画面大小确定投影机与屏幕的距离,通过调整投影机的高度、水平角度、垂直倾斜度、幕布的高低及幕布与投影机的角度等,来获得不失真的图像。

(6)使用中要注意让投影机有良好的通风散热条件。第一,要保证投影机的通风口畅通,通风口分进风口和出风口,进风口在它的底部,出风口在它的后面,所以不要使其底部和支撑面贴得太近,也不要在通风孔处放置任何东西,以免通风不畅,影响散热。第二,要经常清理空气过滤网。过滤网的网丝很细,很容易损坏,所以拆卸时动作要轻,清洁时切忌用螺丝刀等硬物,最好用吸尘器吸干净网上灰尘杂物,然后重新装好。第三,在天气炎热并且室内通风不好时,可用风扇帮助散热,这样可以保护投影机,延长其使用寿命,并且避免了投影机因过热而自动保护停机,影响正常教学。

(7)使用过程中,"TEMP"指示灯变红,表示投影机过热;"LAMP"指示灯变红可能是灯泡过热,以上两种情况下都应停机,待风扇停转后,关掉电源,使其冷却,并检查通风散热情况。如果通风散热良好,等投影机充分冷却后(约20分钟),再开机使用。如果重新开机后,"LAMP"指示灯很快又亮,可能是灯泡老化,应进一步检查灯泡。

(8)投影机上亮度调节已经调到最大,投影图像仍很暗,或是使用中"LAMP"指示灯变亮,可能是灯泡使用时间过长,需要更换新灯泡。可用遥控器上的"TIMER"键来检查灯泡已使用的时间,检查方法是:在投影机开机情况下,连续按住"TIMER"键2秒钟,在投影机下方会显示出灯泡已经使用的小时数。正常情况下,灯泡可使用2000小时,此后,投影图像将无法满足亮度要求,应考虑更换灯泡。更换灯泡时,首先要按投影机要求型号选择灯泡;其次,因机内有高压,要在拔掉电源情况下进行更换,以免受电击;第三,因投影机在使用时会产生大量的热量,更换灯泡要在关掉电源1小时后进行,以免被灼伤。

(9)使用过程中,投影机会出现自我保护状态。这时投影机电源无论是开还是关,投影机都将处于关机状态,所有键都不起作用。这时投影机并没有坏,而是因自身过热,为避免损坏而产生的一种自我保护状态,过一段时间后(约30分钟)再开机工作,一切将恢复正常。

3.2.1.2　*视觉媒体特点与教学应用*

多媒体在教学中运用要根据其教学特性和功能,选用应扬长避短。下面我们先介绍视频展示台的特点和教学功能,然后介绍它的使用方法。

1.特点与教学功能

视频展示台的特点能直观、形象地再现客观事物或现象的静止、放大的图像。教师在课堂上灵活操作和讲解,为学生理解抽象概念提供感性材料,易于创设教学情境提供条件。

2.视频展示台教学应用方法

(1)演示讲解法。这是投影教学中最基本、最简便的一种方法。将教学内容有计划、有重点、有条理地直接进行投影,同时边演示边讲解,引导学生在已有经验、知识的基础上,回答教师提出的问题或接受性学习,从而获得新的知识。也可以在投影片上现场边画边写(即设计成基图片),使学生有效地理解和掌握要学习的内容。

(2)实物投影法。通过展示台将实物、投影教具或某些化学、物理实验演示器件,展示放大到银幕上,提高演示物的可见度,使全体学生在同一时间里,对演示物的构造、性能和现象的变化等产生直观、清晰的可见过程。

(3)投影练习法。教师可根据教学的需要,设计出各种基图式作业投影片,在课堂或课后让学生进行作业练习。此外,在课堂上,教师可以利用视频展示台直接展示学生作业,而不必在黑板上抄写学生的书面作业,从而直接进行批改或讲解,即提高教学效率,又使全班同学受益。

3.2.2　常用听觉媒体的基本使用

听觉媒体主要有扩音系统、录音机、CD、MD等设备。在教育信息传播过程中,教学语言占有极其重要的地位。特别是广播和录音技术产生之后,人们利用这些技术对教育信息进行记录、贮存。这些使教育信息的传播突破了时空的局限,在教育、教学,尤其是语言学习中发挥着巨大的作用。

3.2.2.1　*扩音系统概述与使用*

扩音系统包括传声器、扬声器和功放三部分组成。

1.传声器

(1)传声器及种类。传声器即话筒又称"麦克风",是把声音信号转换成电信号的换能器。传声器的种类很多,按原理可分成动圈式、电容式、电磁式、压电式等;根据使用方式,传声器还可以分为有线式和无线式两种。

1)动圈式传声器。动圈式传声器的构造如图3-5所示。由磁铁和软铁组成磁路,磁场集中于芯柱和外圈软铁所形成的缝隙中,在软铁前面装有振动膜,它上面带有线圈,正好套在芯柱上,位于强磁场中。工作原理是当振动膜受声波压力前后振动时,线圈便切割磁力线,产生感应电动势,即把声波转换成了感应电压。

2)电容式传声器。电容式传声器由一块表面经过金属化处理很薄的膜与另一金属板构成一只以空气为介质的电容器。它的特点是灵敏度高、失真小,多用在要求高音质的扩音、录音工作中。电容话筒具有灵敏度高,指向性高的特点。因此,它一般用在各种专业的音乐、影视录音上,在录音棚里很常见。图3-6为电容式传声器原理示意图。

当有声波传到金属膜上时,它便随之振动,改变了它与另一极板之间的距离,从而使电容量发生变化。从而电阻R两端便得到交变的电压降,即把声波转换成了电能。由于两极板之间的间隙很小,虽然振动膜面积不大,但仍可获得一定的电容量。当有声波传到振动膜上时整个音频范围内具有很好的频率响应特性。

3)有线传声器。有线话筒的输出信号是通过一根电缆线送往扩音设备的。话筒输出的电动势很低,通常都在话筒的输出端配有一只升压变压器,以便与音响设备配接。

4)无线传声器。无线传声器通常称为无线话筒,由动圈式或电容式传声器加上发射电路、发射天线和电池仓等组成的话筒与对应的调频接收机两部分构成,如图3-7所示。有手持式和领夹式。常见的领夹式将发射电路和电池仓置于一个盒中,使用时常别在腰后。近几年来出现的"无线音箱"把调频接收机与音箱组装在一起,使用更为方便。

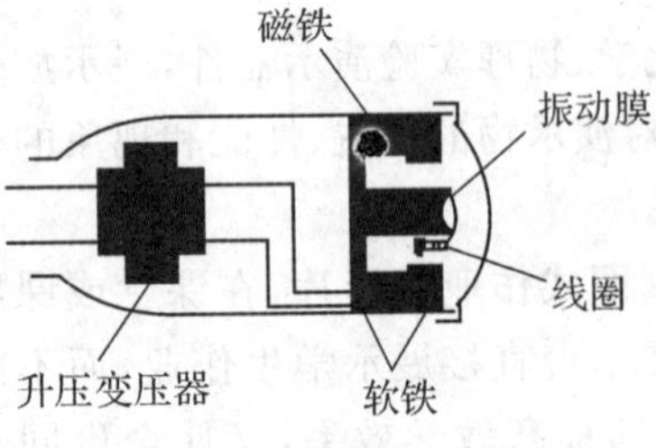

图3-5 动圈式传声器

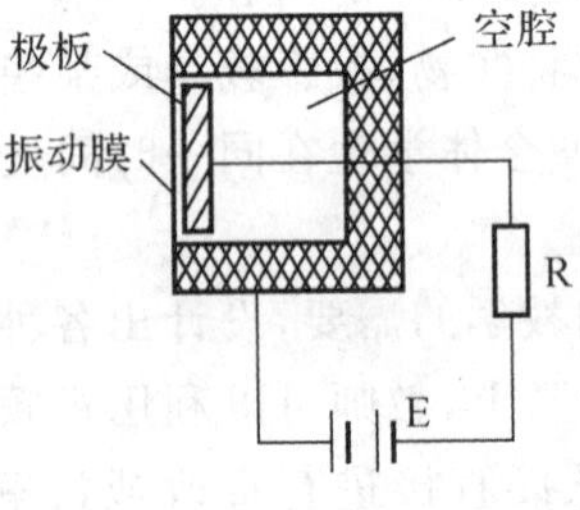

图3-6 电容式传声器

图3-7 无线传声器

(2)传声器的使用。传声器的使用应注意以下几个方面:

1)话筒与扩音机连接应阻抗匹配。当连线超过10米宜选用低阻话筒;当连线短于10米宜选用高阻话筒。

2)话筒应避免强烈振动。试音时切忌敲击话筒或用力对着话筒吹气,以免损坏话筒。

3)话筒距离声源位置应适当。过远会信号太弱;过近则会声音失真。

4)话筒与扬声器不能正对放置,应错开一定角度或背向扬声器,以免产生啸叫。

2.扬声器

(1)扬声器及种类。扬声器俗称为喇叭,它是一种把电能转换成声音的物理器件,是收音机、录音机、音响设备中的重要器件。按转换能量方式分,常见的扬声器有动圈式、舌簧式、压电式等几种,但最常用的是动圈式扬声器(又称电动式);根据辐射器的不同又可分为号筒式和纸盆式两种。

1)电动号筒式扬声器。电动号筒式扬声器又称为高音喇叭,其构造如图3-8所示。主要由磁路系统、振动系统和助音筒三部分组成。磁路系统和振动系统装在一起,称为发音头。发音头和助音筒可以分开,各成一体。磁路系统由永久磁铁和软铁组成,磁场集中在磁隙处。振动系统由带着音圈的振动膜构成,音圈位于磁隙正中。音频电流通过音圈时,受磁场力的作用,音圈便带动振动膜前后运动,使空气发生振动。由于发音头前面装有助音筒,可使空气共鸣,从而发出洪亮的声音。

2)电动纸盆式扬声器。电动纸盆式扬声器其构造如图 3-9 所示。主要由磁路系统和振动系统两部分组成。磁路系统由环形永久磁铁和软铁组成,磁场集中在缝隙处。振动系统由带着音圈的纸盆构成,弹性片把音圈固定在磁隙的正中。有音频电流通过时,音圈在磁场力的作用下,带着纸盆前后运动,从而发出声音。

3)组合式扬声器。为了提高放音质量,扩展有效频率范围,通常将几只不同频率响应范围的扬声器组合在一起,装入同一助音箱内,构成组合音箱。它可以使得在整个音频范围内的频率响应曲线得到显著改善。

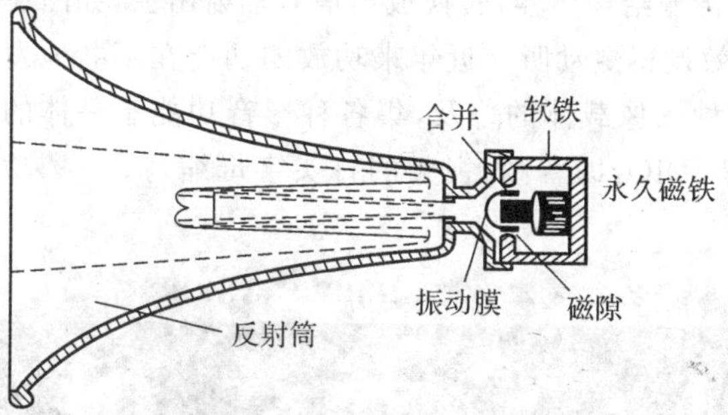

图 3-8　电动号筒式扬声器

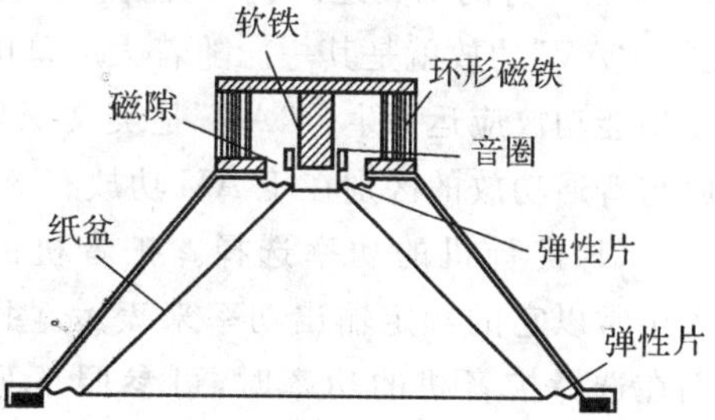

图 3-9　电动纸盆式扬声器

(2)扬声器的使用

1)正确选择扬声器的类型。在室外使用时,应选用电动号筒式扬声器;在室内使用,应选用电动纸盆式扬声器,并选好助音箱;要求还原高保真度声音时,应选用优质的组合音箱。

2)扬声器在电路中得到的功率不要超过它的额定功率,否则会烧毁音圈,或将音圈振散。

3)注意扬声器的阻抗应和扩音机输出阻抗匹配,避免损坏扬声器或扩音机。

4)使用电动号筒式扬声器时,必须把发音头套在助音筒上后再通电,否则很易损坏发音头。

5)两个以上扬声器放在一起使用时,必须注意相位问题。如果反相,声音将显著削弱。设置立体声音箱时,更要注意相位问题,不要接错。

6)在使用立体声放音系统时,应将两个音箱分开适当的距离。按照经验,两个音箱之间的距离应等于音箱到听众中间位置的长度。

(3)扬声器的参数。扬声器的主要参数为标称功率、标称阻抗、失真、方向特性、频率响应。

1)标称功率。它是指在长期连续工作条件下允许输入的最大功率,为了避免产生失真和防止扬声器损坏,一般都工作在标称功率之下,并留有一定的过载余量。标称功率的测试频率是 400Hz 或 1000Hz。

2)标称阻抗。扬声器的音圈有一定的电阻和电感。它的阻抗随频率而变化,一般在 400Hz 时阻抗值最小,以此称为扬声器的标称阻抗。

3)失真。扬声器将音频电流转换成声波的过程中，音圈的振动会受到纸盆和空气的阻力，对各种不同频率，阻力大小是不一样的，因此，就产生了失真。对市场出售扬声器在失真参数上的考核指标主要是谐波失真(以百分数来表示)，一般说，在 400Hz、1000Hz 时失真最小，频率越低，失真越大，在谐振点的失真最大。

4)方向特性。扬声器方向特性是指扬声器产生的声波在不同方向以相同声强传播时的特性。一般地说，号筒式扬声器的传播范围狭，指向特性明显；纸盆式扬声器口径大，传播范围宽，方向不像号筒式明显。

5)频率响应。从音响的保真角度来说，希望从 20Hz～20kHz 的整个频段内扬声器与放大器的频响特性相一致，能够放出所有音调的声音。这种要求很难用一个扬声器来实现。所以中高档音响设备几乎都采用高、中、低音的扬声器搭配重放出不同音频段的声音，使扬声器系统的频率特性符合音响设备指标要求。

3.功放。功放俗称"扩音机"，是把声音放大的一种功率放大器，它的作用是把传声器、录音机、CD 机、DVD 机等的微弱信号加以放大后传输给扬声器，转换成声信号辐射出去，如图 3-10 功放。有的功放还内置"均衡器"，就是把声效调得更动听。近年来功放的功能在不断地发展。"AV"功放就是其一。随着大屏幕电视、多种图像载体的普及，集各种影音功能于一体的多功能功放应运而生。"AV"是英文 AUDIO、VIDIO，即音频、视频的打头字母缩写。AV 功放与普通功放的区别在于 AV 功放有 AV 选择。

(1)扩音机的功率选择。扩音机的大小常以它的额定输出功率来表示。我们在选择扩音机的功率时，可参照下列经验公式：$P=10+0.02N$，式中 P 是扩音机的额定输出功率，单位是瓦(W)；N 是学生(听众)人数。

(2)扩音机与扬声器的配接。

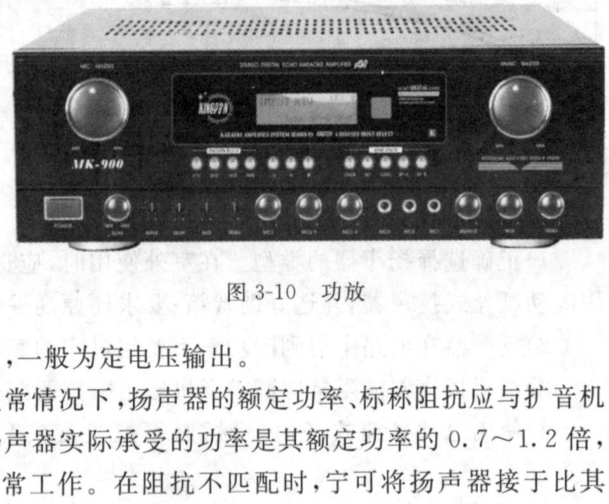

图 3-10 功放

扩音机的输出端有定阻抗输出和定电压输出两种。输出功率在 150W 以上的，一般为定电压输出。

1)定阻式扩音机与扬声器的连接。正常情况下，扬声器的额定功率、标称阻抗应与扩音机的额定功率、输出阻抗一致。实践证明：扬声器实际承受的功率是其额定功率的 0.7～1.2 倍，两者阻抗相差不超过 10%时，一般都能正常工作。在阻抗不匹配时，宁可将扬声器接于比其阻抗稍低的扩音机端子上。

配接时，可根据下式来计算：

$$\frac{\text{扬声器实得功率}}{\text{扩音器额定功率}}=\frac{\text{扩音器输出阻抗}}{\text{扬声器标称阻抗}}$$

2)定压式扩音机与扬声器的连接。定压式扩音机的输出电压都比较高，所以要接输送变压器，降低电压后再与扬声器连接。配接时，扬声器的额定电压 U 可以根据其额定功率 P 和标称阻抗 Z 算得，即 $U=\sqrt{PZ}$。

定压式扩音机在配接时，对负载阻抗和功率的匹配要求不是很严，但扬声器的额定电压必须等于或稍大于输送变压器次级的电压。

(3)扩音机的使用与维护

1)扩音系统的连接。在打开扩音机的电源前应先接好扬声器,以防空载时烧坏扩音机。扩音机的音量旋钮平时应该置于最低位置,使用时再逐渐扩大,以防音量突然很大。使用时应让扩音机有良好的通风,存放时应防潮防尘。

2)声反馈的抑制。扩音时,传声器接受到来自三方面的声音:一是声源的直达声;二是扬声器辐射出来的重发声;三是从墙壁等障碍物传来的反射声。后两种声音是构成声反馈的重要原因。一旦出现声反馈,扩音机的音量就"开不大"。否则就从扬声器中发出"啸叫"声。而产生声反馈的条件有两个:一是从扬声器发出的声音中某一频率的相位与直达声中某一频率的相位相同;二是声反馈的音量足够大。扩音时,声反馈现象总是存在的,采取的抑制措施有:选用单指向性转声器,以抑制从传声器背面转来的声音;扬声器不能离转声器太近,更不能安置在转声器的背面;低音较易产生声反馈,若出现啸叫现象,可将低音适当衰减。

4.其他听觉媒体

(1)CD唱机。CD机通常称为激光唱机。CD是英文Compact Disc－Digital Audio的缩写,原意为"数字化精密型唱片及放唱系统",该系统由激光唱片和激光唱机组成。它集中了激光技术、数字信号处理技术、自动控制与精密伺服等新技术,是目前最好的音源设备。

(2)数码录音笔。数码录音笔的主体是存储器,而由于使用了闪存,再加上超大规模的集成电路的内核系统,因此整个产品的重量、体积又轻又小。最初的一批产品在外形上非常像一支笔,因此而得名。

(3)mp3随身听(便携式mp3播放机)。mp3是MPEG Layer 3的简称,是一种采用了高比率的数字压缩技术编码的数字音频格式(压缩比率可达到12∶1)。经过mp3编码软件进行编码后,在音质几乎与高保真的CD没有什么差别的情况下,使容量为640MB的普通CD能存储十几个小时的声音文件。播放高品质的mp3数字音频,需要一定配置的个人电脑,还必须配备mp3播放软件对文件进行实时的解压缩(解码),再通过声卡把还原后的声音信号输出到扬声器上。

3.2.2.2　听觉类媒体特点与教学应用

1.听觉媒体的教学特性

听觉媒体在信息传播时可不受时间、地域、空间的限制。听觉媒体既适宜大范围的集体教学,也适宜个别学习;以专用的设备辅助还可以重新学习;它特别适合视觉限制以及没有或很少具有已有知识与经验的人学习;由于听觉媒体提供的语言是比印刷材料更富有情感(语调、音色、响度)的口语信息,可以制作成丰富多彩的听觉材料。

2.听觉媒体教学

听觉媒体教学有广播教学、录音教学以及语言教学系统等教学形式。在学校中广为应用的是借助录音媒体的录音教学。

(1)录音媒体的教学功能。利用录音媒体可在教学中提供声音的真实经验和典型示范,创设教学情景,提供文学及音乐作品的鉴赏,提供声音练习的反馈等功能。

录音可提供声音的真实经验,为学生提供各种声音的直观感受。加深学生对事物的感知。

在语言、音乐等教学、训练中,录音媒体可用于提供示范,如语言教学中语言、语调的示范,会话、朗读示范,音乐教学中演唱、演奏示范,发声的比较和练习等。

录音媒体可将朗读、朗诵配以音乐、音响播放,从而为教学创造情境;能播送各种文学、音乐作品,从而陶冶学生情操,提高其鉴赏能力。录音媒体还可提供教与学评估的依据,在学生个别化学习方面发挥重要作用。

(2)录音教学的方法。通常情况下的录音教学是利用录音媒体起辅助教学的作用,而不是代替教师授课,运用这种辅助式的录音教学,在组织和实施时要注意课前准备和课堂播放两个环节。

课堂播放是录音教学的中心环节,必须认真做好组织教学的工作,实际教学中要做好以下几个方面的工作:

1)介绍内容要点,播放录音教材前,教师应简要介绍内容要点,提出听音要求,明确应当注意的问题,让学生带着问题去听、去想,以防止其他次要的因素分散学生的注意力。

2)指导学生听。在放音过程中,教师要全神贯注,以仔细领会、思索或欣赏的态度,引导学生专心听,必要时应以简洁的提示或警语,促进学生思考,以加深印象。

3)配合适当示范。尽管录音教材中发音或演唱很标准,很清晰,学生也听得很清楚,但是如要学生模仿,则常常不得要领,在这种情况下,教师必须给予适当的示范,使学生能从教师的口形或表情中领悟到要领,掌握到真谛。

4)引导学生参与,听完录音后,应引导学生积极参与教学活动,例如让学生复述听到的内容,作模仿练习,回答问题等,必要时可将学生的问答发言录下来,然后重放,进行评析。

5)结合录音,布置作业。

在录音教学中,还要注意将听觉媒体与其他媒体恰当结合。

3.2.3 常用视听觉媒体的基本使用

视听媒体主要有电影放映机、电视机、录像机、LD、VCD、DVD 和摄像机等设备以及相应的片、带、盘,除了电影很少在课堂教学中应用外,其他视听媒体在各类学校、学科教学中,有着广泛的运用。

3.2.3.1 电视机与视听光盘概述与使用

1.电视机概述

电视机的多种分类。按色彩可分为彩色电视机、黑白电视机。按屏幕可分为球面彩电、平面直角彩电、超平彩电、纯平彩电。按显像管可分为普通电子管彩电、液晶显示彩电、等离子彩电。还有一种是新兴网络电视(Internet Protocol Television, IPTV)。这是一种系统的总称,在这一系统中,电视和视频信号使用因特网协议上的宽带连接分配给用户。电视有多种制式,世界上主要使用的电视广播制式有 PAL、NTSC、SECAM 三种,中国大部分地区使用 PAL 制式,日本、韩国及东南亚地区与美国等欧美国家使用 NTSC 制式,俄罗斯则使用 SECAM 制式。

2.视听光盘设备

视听光盘设备是指能读取光盘上视音频信息的设备,分为光盘机以及光盘驱动器两大类。视听光盘机比录像机操作更方便、寻找节目更快捷,此外,光盘比录像带制作成本低、信息存储密度高、信息记录质量高、使用寿命长等优势。随着图像质量、信息存储密度的不断提高,使用寿命的不断延长以及制作成本的不断降低,特别是激光技术等的应用,使数字化技术普及成为可能。

可与电视机相连播放信息的光盘机,主要有 LD、VCD、SVCD、DVD 等。后来开发的更高档的光盘设备对早期标准开发的产品具有兼容性，如 VCD 机可播放 VCD、CD，SVCD 机可播放 SVCD、VCD 和 CD，DVD 机可播放 DVD、VCD、CD 等。但是 SVCD 标准是在 DVD 标准之后建立，SVCD 的档次不及 DVD，所以 SVCD 不能兼容 DVD，早期的 DVD 也不兼容 SVCD。

(1)LD 机是 Laser Disc 的缩写，LD 机通常称为激光视盘机、影碟机，所用光盘的直径为 30cm，所播放图像的水平清晰度为 425 线，是 20 世纪 80 年代至 90 年代初期最高档次的视听光盘设备，但由于 LD 机和 LD 光盘的价格很高以及 LD 光盘的直径大而播放时间短等缺点，在教育中未得到广泛应用。

(2)VCD 是 Video CD 的缩写，俗称视频小型光盘，是 1993 年研制成的利用 CD 格式表现全动态影像和高质量声音的系统，采用 MPEG-1 标准压缩视频音频信息。与 LD 盘相比，VCD 盘存储的数字化的视频、音频信息，并将信息压缩存储于光盘上，直径 12cm 的 VCD 盘可比直径 30cm 的 LD 盘存储更长时间的视音频节目，但 VCD 播放影像清晰度较低，水平清晰度最高为 250 线。

VCD 系统采用 MPEG-1 标准。其音频采样频率为 32kHz 或 44.1kHz、48kHz，编码器的输入和解码输出与 CD、DAT 等数字音频设备所用的 PCM(脉冲编码调制)标准兼容，在 25Hz 时使用视频编码分辨率为 352×288，在 30Hz 时使用的视频编码分辨率为 352×240。

(3)SVCD 俗称超级 VCD(Super VCD)，是与 VCD 相似，但主要性能优于 VCD 的光盘媒体。

SVCD 与 VCD 的不同，主要体现在三个方面：①将分辨率由 VCD 的 352×288、352×240 提高到 576×480、480×480，将播放画面的水平清晰度由 VCD 的 250 线提高到 350 线以上；②采用 MPEG-2 压缩编码标准，利用可变速率编码技术提高编码效率，即对于画面简单和运动速度慢的图像，采用较大的压缩比，而对于画面复杂或运动快的图像采用较小的压缩比，大大改善了快速运动画面的质量；③提供了 4 路单声道或 2 路立体声的音频功能，最多可提供 4 种语言的伴音。

(4)DVD 是 Digital Versatile Disc 或 Digital Video Disc 的缩写，是当前最常用的视音频光盘媒体。

DVD 与 VCD、SVCD 相比，具有以下特点：

1)更大的光盘信息存储能力。DVD 盘虽然与 VCD 盘、SVCD 盘一样都是直径 12cm 的光盘，但有着本质的区别：一是 DVD 盘可利用双面、双层存储信息，相应的 DVD 光盘有单面单层、单面双层、双面单层、双面双层等形式。二是采用波长更短的激光刻录及读出信息，DVD 盘上的信息坑更小，单位面积上记录的信息更多。

2)播放图像质量高。采用 MPEG-2 压缩编码标准的 DVD，播放图像质量非常高，其播放图像的分辨率最高为 1920×1080×30(NTSC 制)或 1920×1152×25(PAL 制)，理论上讲，播放图像的水平清晰度可高达 1000 线以上，相当于高清晰度电视的标准，而且画面色彩鲜艳自然。但是，由于初期 DVD 设备的激光束波长为 650nm 左右，未能达到 DVD 设计的理想波长值，因而初期 DVD 产品播放图像分辨率为 720×480×30(NTSC 制)或 720×576×25(PAL 制)，水平清晰度只达到 500 多线，尽管如此，它还是最好的视频信号的存储和播放媒体之一。由于 DVD 光盘的巨大容量，在以 4∶3 的画面宽高比播放时，也可改变为 16∶9 的宽高比来适应 16∶9 的宽屏电视机。

3)音频质量高。与其他光盘形式相比，DVD 在音频方面有三大特点：第一，可记录再现多通道环绕立体声。DVD采用AC－3杜比环绕立体声系统，可采用5.1声道(又称5＋1声道)还原声音，不仅增强了听音的临场感、包围感，还可以方便地得到惊心动魄、气势磅礴、逼真震撼的效果。5.1声道分别是前右、前中、前左、右环绕、左环绕和超低音声道。超低音声道频率上限仅为150Hz。第二，能再现丰富的音色细节。DVD与其他视听媒体相比，在音频记录方面采用了更高的取样频率和量化精度，所用取样频率为48～96kHz，量化精度为20～24bit。第三，播放故事片时，最多有8种语言声道及32种语言的文字字幕可供选择，可供观赏者根据语种需要，随意选择故事片中的语言对白和字幕。

4)功能多。DVD除了囊括了其他视音频播放设备的几乎所有功能外，还具有输出形式多、多种画面观赏切换和交互式自动选节播放等功能。

由DVD的性能与特点可见，DVD是理想的教学播放媒体。

3.电视机与视听光盘设备的使用

(1)电视机与视听光盘设备的连接

1)电视机与DVD的连接。从DVD视音频输出端口引出3根黄、白、红线，分别接到电视机的视音频输入黄、白、红插口。其中黄线是视频连接线，白、红线是音频连接线，如图3-11所示。

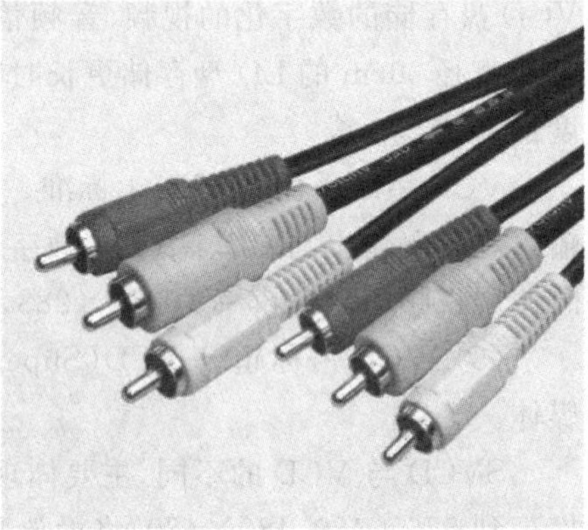

图3-11 黄、白、红三色线

2)功放、音箱、电视机与DVD的连接。DVD碟机音频输出(AUDIO OUT)，连接功放音频输入(AUDIO IN)，分L和R，L是左侧(白色插头) R是右侧(红色插头)；DVD(影碟机)的视频(VIDEO)端口输出(VIDEO OUT)用黄色线连接到电视机的视频输入端(VIDEO IN)；功放按L左侧和R右侧分别连接音箱，每个都分＋(正极)和－(负极)。

(2)电视机与视听光盘设备的使用

在播放功能上，视听光盘机比录像机有更多的播放功能和更便捷的操作。

1)直接播放功能。许多光盘设备，装入盘片后自动进入播放状态。

2)数字键直接选曲播放。通过光盘机面板上或遥控器上的数字键，可直接输入数字，选择开始播放的曲目。按任意的顺序播放本盘片或其他盘片(多盘片机)上的曲目或章节。

3)时间搜索功能。时间搜索功能又称选时功能、时间选段功能，是以盘片的最内圈节目为起点，迅速准确地进入用户所要越过时间的段落。

4)重复播放。VCD、SVCD、DVD机通常既可以重复播放盘片上的当前曲目和所有曲目，或在多盘片之间重复(对多盘片机而言)播放，还可以进行任一位置起与任意位置止之间的重复播放，后一种重复播放称为A－B重复。A－B重复尤其适合于播放教学节目及教唱歌曲。

5)编程播放。根据要求将盘片上的曲目重新编排次序播放。

6)静像和逐帧及快慢速播放。静止定像类似于录像机放像时暂停，但比录像机暂停时的画面质量更高。VCD、SVCD、DVD机通常可以比正常播放速度快几倍或以正常播放速度几分之一的速度播放。逐帧放像又称帧放像，与录像机上的帧放像类似。利用帧放像功能能像放幻灯一样，每按一次键前进一帧，以让人们仔细欣赏画面。在操作的技能培训方面，该功能以及慢速播放功能都非常有用。

7)最后画面记忆及中途续播。最后画面记忆是将停播前的最后一幅画面显示出来。中途续播是在非正常关机中断播放时，按 RESUME 键可接着之前播放的内容播放。

8)独立 CD 播放。VCD、SVCD、DVD 机播放时，音频电信号通常取自光盘设备的解压芯片的输出，若播放 CD 唱片上未经压缩的信号也经解压缩芯片输出，将会降低放音质量，而独立 CD 播放功能可让 CD 放唱的信号跳过解压缩芯片，从而能保持 CD 信号的原汁原味。

9)卡拉 OK 功能。视听光盘机上不仅具有卡拉 OK 功能，而且在卡拉 OK 功能方面具有多样的调节，如常见的控制与调节就有话筒音量调节、混响控制、变调控制、伴唱、话筒高低音调节、原歌声消除(或歌声抑制)、歌声变换等。除此之外还有自动暂停、自动评分、掌声效果等自动功能。

- 变调控制是可调整背景伴奏音乐的音调，以适应演唱者的嗓音条件。
- 伴唱是指当只有一人演唱时，表现出有二重唱或合唱的效果。
- 话筒高低音调节是调整话筒输入信号的音调，使演唱者的歌声更动听。
- 原歌声消除是将卡拉 OK 盘片中的原唱歌声减弱。
- 歌声变换即自动接唱，当借助于话筒演唱时，盘片中的原唱歌声被抑制，保留伴奏音乐，当停止演唱时，盘片中的歌声又复出。
- 自动暂停是每唱完一首歌就自动暂停播放。

3.2.3.2　视听觉媒体特点与教学应用

1.视听觉媒体的教学特点

电视在教学中具有及远性、及时性、图文并茂的特点，在现代教学中普遍得到利用。

电视通过利用现代通信理论和技术，通过电信号实时地将远处的活动影像与声音进行传输，把远隔重洋、相距万里的世界各地的自然风光、人物形象、科学成就、教学内容等信息及时地呈现在电视观众前面，使其有“耳闻目睹，身临其境”之感。

听觉光盘可以重复使用。不受时间与场地的限制。听觉光盘系统能同时传输活动图像和音响，能使视、听觉并用，它满足视、听觉在空间与时间上的相关性要求，具有真实性和生动鲜明的特点以及传送信息量大，速度快，效能高的优点。

视听觉媒体是现代社会的一种新型的教育形式。对于电视教育的理解，有广义和狭义之分。广义的理解是，电视的教育性寓于所有的电视宣传之中，渗透在各种类型的节目里面。狭义的理解是指通过电视系统传播教育性的电视节目，主要对象是大、中、小学生、学龄前儿童及接受专业或继续教育的成人。几十年来，这种教育方式已被世界上越来越多的国家广泛使用，受到世界各国的普遍重视。

2.视听觉媒体的基本教学形式

(1)系统教学。是指采用录像、电视、光盘等进行整门课程的教学。我国的广播电视大学主要采用此形式。各类普通教育、职业技术教育中有些课程因缺乏师资也采用此形式。其又有卫星广播电视、闭路(有线)电视和网络、录像教学点三种播放形式。

(2)辅助教学。是指教师在课堂教学中运用电视录像、光盘进行的辅助教学。其辅助作用主要表现在：提供平时难以直接观察到的学习材料；提供激发学生强烈求知欲和学习兴趣的情境材料；提供典型的范例材料；提供标准、规范的操作型训练材料；提供突破教学重点难点的教学材料；提供思想品质教育材料。视听觉媒体能发挥电视、光盘以及网络等教学手段的优势，极大地扩展了课堂的时间和空间概念，将大量形象生动的教学内容引入课堂。

(3)示范教学。指利用电视录像、光盘以及网络等为学生提供典型示范材料,指导学生进行教学实践。如:实验课中用录像、电视提供标准、规范的实验操作;体育训练中用录像电视展示动作要领及分解的动作;生产实习中用录像电视展示规范的生产过程和操作方法;师资培训或师范生实习中用录像电视展示优秀教师的教学精华。此种教学方式能提供最优秀的典型示范,能突出示范的重点与关键,同时可不受外界条件限制地按教学进度安排教学内容,比外出观摩学习节省时间和经费。

(4)学生自学。电视教材不仅有对教学内容的分析讲解,而且还有丰富的感知材料,学生利用其结合文字教材会比仅用文字教材更容易激发学习兴趣,提高学习成绩。

3.课堂电视录像、光盘以及网络等教学的基本要求

(1)明确教学目的,精心安排内容。教学是有目的的传播行为。采用电视录像、光盘以及网络等教学,应有明确的教学目的和要求,因此应该根据教学需要以及学生的实际情况精心选用录像电视教材。

(2)精心设计教学过程,充分发挥教师主导作用。课堂录像电视教学多为播放与教师的讲授紧密结合的形式,教师首先应有一个系统的、具体的教学设计。教师需要准备在哪个教学环节中播放,怎么引导学生视听,怎样启发思维,怎样将电视画面与讲解有机地结合等方面进行周密计划和安排。

(3)注意信息反馈和强化。播放前应引导学生明确观看的目的和重点,以防次要信息分散学生的注意力;对某些内容给以适当提示和补充说明,以突出事物或事件的本质特性。播放过程中应注意学生的表情、动作,以捕捉学生的心理活动,从而有效地调控教学过程;播放后应根据需要和可能及时地强化并启发思考,促使学生的认识由感性阶段上升到理性阶段,由形象思维向抽象思维转换。

(4)注意使用视听觉效果。要将电视机调节至最佳工作状态,所选用的录像教材质量要高,信噪比大;要使学生有媒体的教学合理的观看位置,防止过远、过近、过偏、过仰;保证播放室内光线强度适当,并适当控制播放时间,以免学生的视听觉感官产生疲劳。

§3.3 综合媒体教学应用环境的基本使用

3.3.1 微格教室

微格教学是建立在现代教学理论和现代教育技术基础上,依据反馈原理和教学评价理论,系统培训师范生和在职教师基本技能的教学方法。原名为"Micro Teaching",我国统一译为"微格教学"。具体地讲,"微"是指教学活动的"小步子",时间短、规模小;"格"可以理解为"规格"、"规范"、"定格",意指微格教学强调训练过程的科学性和规范性。微格教学区别于一般的教学技能训练。一方面,微格教学必须借助于现代教育设备(如计算机、监视、监听设备等)对整个训练过程进行监视、监听以及录像记录;另一方面,微格教学的规模比较小,是一种小型化的教学技能训练活动。

微格教学产生于20世纪60年代美国的教育改革运动,80年代传入我国。爱伦(W. Allen)博士是美国斯坦福大学微格教学的创始人之一,他对微格教学是这样定义的:"微格教学

是一个缩小了的、可控制的教学环境，它使准备成为教师或已是教师的人有可能集中掌握某一特定的教学技能和教学内容。”

3.3.1.1　微格教室的基本组成

微格教学系统是为微格教学的开展而设置的一种完全真实的教学环境。通常由多间微格教室、微格示范教室、观摩室、主控室组成，如图 3-12 所示。

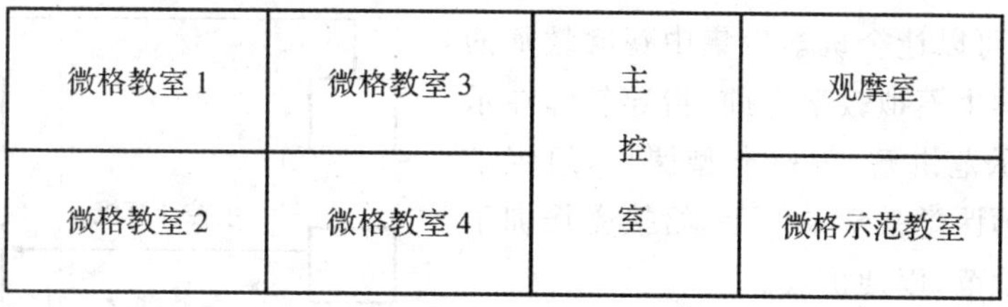

图 3-12　微格教学系统分布图

1. 微格教室

微格教室是学生进行角色扮演的场所，室内装有白板、讲台、学生桌椅等，面积一般为 $20m^2$ 左右，能容纳 10～15 名学生。此外，微格教室内还配备有计算机、录像机、电视机、摄像机、话筒等设备。为了便于操作，采用计算机对室内所有设备进行集中控制，在主控室的授权下，使用者可以通过专门的计算机控制软件控制本室甚至其他教室内每台设备的主要功能，如更换电视频道、控制摄像机的方位等。学生在微格教室内进行微格教学训练时，整个训练情况通过监视监听系统送至主控室供教师观看。

2. 微格示范教室、观摩室

微格示范教室是参与训练的师生开展示范教学以及进行课后重放录像、反馈评价的场所，面积与普通教室的大小相近。在微格示范教室内同样设有相应的微格教学设备，为方便示范教学活动的开展，一般还配有各种多媒体教学设备，如大屏幕投影机、视频展示台、音响设备等。在进行微格教学之前，教师可组织学生在微格示范教室观看教学示范录像或现场观摩示范课；在微格教学训练之后，则可在此重放实况录像，进行点评与反馈。

观摩室主要用于现场观摩。为了方便听课而又不影响微格示范教室内的教学活动，一般采用单反射玻璃将观摩室与微格示范教室隔开，在观摩室内配有电视机和扬声器，用于监视、监听微格示范教室内的教学。

3. 主控室

主控室内装有大量的微格教学设备，主控室、示范教室以及微格教室中的所有设备相互连通，构成一个完整的微格教学系统。它包括双向闭路监视监听系统、计算机网络系统、计算机控制系统等，整个系统的结构如图 3-13 所示。在主控室内配有一台主控计算机，通过主控计算机，教师可以控制、操作整个微格教学系统中的任何一台设备。教师还可以在主控室内通过电视屏幕对每个微格教室的训练情况进行实时监视监听及录像记录，并可随时对参与训练的学生进行现场指导。

3.3.1.2　微格教室的功能

1. 教学功能

(1)教学模拟。微格教室可以同时开展一组或多组微格教学活动，同时对一个或多个学生进行模拟教学或其他技能的训练。教师课堂教学基本技能包括导入教学技能、应变教学技能、讲解教学技能、板书板画教学技能、媒体演示操作教学技能、提问教学技能、反馈强化教学技能、归纳总结教学技能及课堂组织教学技能等。微格教室具备训练这些技能的功能。

(2)示范观摩。利用示范观摩室(也可兼作模拟教室使用)可以让全班学生集中观摩教师的教学示范。在学生模拟教学之前,指导教师在示范观摩室通过示范讲解,分析典型课例,组织学生观看优秀教师课堂教学录像等,给接受培训学生或教师提供示范,以便仿效。

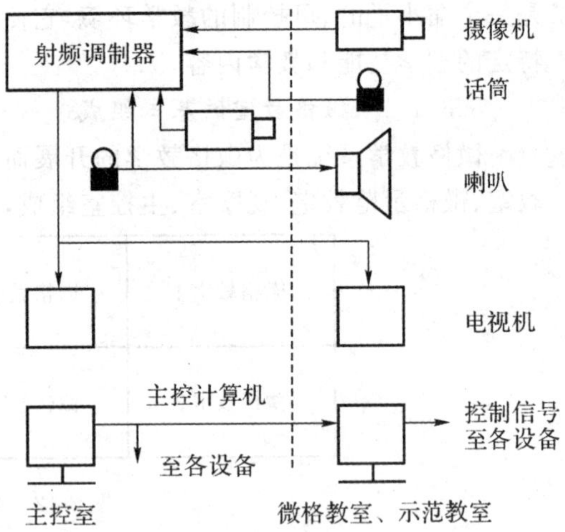

图 3-13 微格教室系统

2.管理功能

(1)实况录像与播放。微格教室具有实况录像与播放功能,在中心控制室可以对各个模拟教室进行教学实况录像,并重播录像节目供各模拟教室观看,各室可以播放同一节目内容,也可以根据需要,播放不同节目内容。

(2)教学传播。微格教室具有传播功能,在中心控制室可以转播任一模拟教学现场供其他模拟教室或示范观摩室的师生观看。

(3)监视。微格教室具有全方位的监视功能,在控制室的监视器中,可监视各模拟教室的教学活动实况。

(4)控制。在控制室中,利用云台控制器可以控制各模拟教室的摄像头上下、左右移动和摄像头的调焦、变焦及光圈大小;利用矩阵切换器和录像播放系统,可以实现各路视频、音频信号的切换、转播和录像等功能。所有的控制操作均可以在控制台上完成。

(5)对讲。在控制室,教师可以与任一模拟教室进行双向对讲,以便于学生遇到问题时,教师能提供及时的指导。

3.反馈评价功能

(1)反馈及时、准确。在微格教室中,教师借助摄像监控系统可以实时掌握每一组学生的训练状况;学生在模拟教学训练后,通过及时重播录像,也可了解自己训练的情况。

(2)评价客观、全面。在微格教学训练过程中,具有多种形成性评价方式:可以是"教师"角色扮演者通过重播自己训练的录像,肯定成绩,分析问题,进行自我纠正和评价;也可以是同组训练的"学生"角色扮演者通过听课、一起观看重播录像,对"教师"角色扮演者的模拟教学情况进行讨论、分析和评价;此外,指导教师也要对"教师"角色扮演者的模拟教学情况进行全面的分析、评价,并指出改进意见。通过这些评价方式,可以及时有效地帮助"教师"角色扮演者提高教学技能。

3.3.1.3 微格教学的开展

在正式进行微格教学训练之前,指导教师要向学生介绍微格教学的基本理论,微格教学的概念、特点、目的、作用以及微格教学设备的使用方法,各种课堂教学技能的特点及运用方法等,让学生心中有数、目的明确,然后再对学生进行相应的教学技能训练。

微格教学的开展一般要经历如图 3-14 所示的几个步骤。

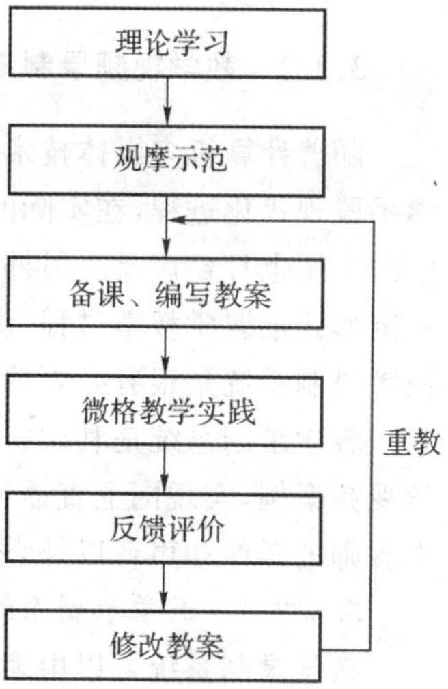

图3-14　微格教学步骤

1. 理论学习

在训练前，指导教师必须组织学生学习某一教学技能的理论知识，使学生对该项技能有一个全面的了解，包括该技能的特点、作用、分类、构成要素、具体运用方法等。然后教师可指定或由学生自己选定某一教学内容，布置针对该项技能的训练任务。

2. 观摩示范

教师针对该项技能选择不同角度、水平的教学示范录像带让学生观摩，或是组织教师或学生进行实地上课示范。示范可以是正面的，也可以是反面的；示范的内容可以是一堂课的全过程，也可以是课堂教学的某一片段。示范要突出重点，内容要多样化；所有的示范都要体现同一个教学技能。在观摩示范的同时，教师要做好评论与点评工作。

3. 备课、编写教案

学生结合指定教材或自选内容，针对该项教学技能的应用进行备课。所备的课一般为5～10分钟的一个教学片段。备课时应重点考虑教学技能的运用，因为教学内容主要是为教学技能的运用提供一个载体，因而不应成为学生关注的焦点。但如果对教材理解片面或错误，则必然会影响教学技能的运用。因此在开展微格教学训练时，应与教育学、教材教法课的教学结合起来，指导教师要帮助学生理解、分析教材，使学生熟练掌握教学内容，以有利于教学技能的运用。

4. 微格教学实践

参加训练的学生被分成几组，每组约5～10人，进入相应的微格教室组成一个微型课堂，分别扮演教师和学生角色（学生角色可同时兼任教学评价人员），指导教师则在主控室内操作微格教学设备，担任教学评价和指导工作。

微格教学的中心环节是角色扮演。在微型课堂上，扮演“教师”角色的学生根据课前的准备开展教学，一般为某一个教学片段或某一种技能的具体运用，时间为5～15分钟。为保证训练效果，参与训练的学生必须迅速地进入相应的角色。

在进行角色扮演时，可利用微格教室内的录像设备将“教师”角色和“学生”角色的行为准确地记录下来，以便反馈给学生。在录像记录的同时，兼任教学评价人员的学生以及指导教师也可以用文字的形式加以记录。

5. 反馈评价

角色扮演结束之后，教师、学生要一起观看录像，进行评价和反馈。观看录像可以在微格教室或微格示范教室内进行。录像观看之后，一般由扮演“教师”角色的学生先进行自我分析和自我评价，检查是否达到了自己事先设定的目标，存在哪些不足之处或问题，再由其他学生和指导教师进行评价。指导教师在评价时既要正面肯定，又要指出存在的不足之处，并提出解决办法或改进意见，督促学生及时改进。

6. 修改教案

根据反馈评价的结果，学生对教案进行相应的修改，并准备重新试教，进入下一个循环，直至达到训练目标。

3.3.2　教学视频录制系统

随着计算机多媒体技术、网络技术、信息高速公路等为代表的新技术不断更新，推动了教学手段现代化进程，在实际的教学中越来越多地采用计算机辅助教学，多媒体课件在教学过程中的应用也日益广泛。另外，示范课录制、教学观摩、远程教学和学生自主学习等，都希望采取一定形式把课堂教学过程、讲义、视频图像录制下来，作为一种教学资源。因此，组建一个教学视频录制系统是很有必要的。

教学录制系统是利用影音记录与传输技术完整记录课堂的教学活动的系统，自动生成教学视频案例，实现网上直播和课后点播。在现代教学过程中，课堂实录除了需要录制教学过程中教师的影像和声音以外，还需要同步录制多媒体课件的内容，并且方便快捷的生成课件。

3.3.2.1　教学录制系统组成

教学录制系统可以由多个子模块组成，一般包括多媒体教室模块（如讲台、中控、展台、笔记本、投影机等等）、教室场景摄像机采集模块、VGA采集模块、自动跟踪探测模块、拾音系统、扩音系统、网络实时直播模块、B/S架构点播模块、录播系统资源管理模块以及外部装修条件（灯光系统、吸音处理）等。

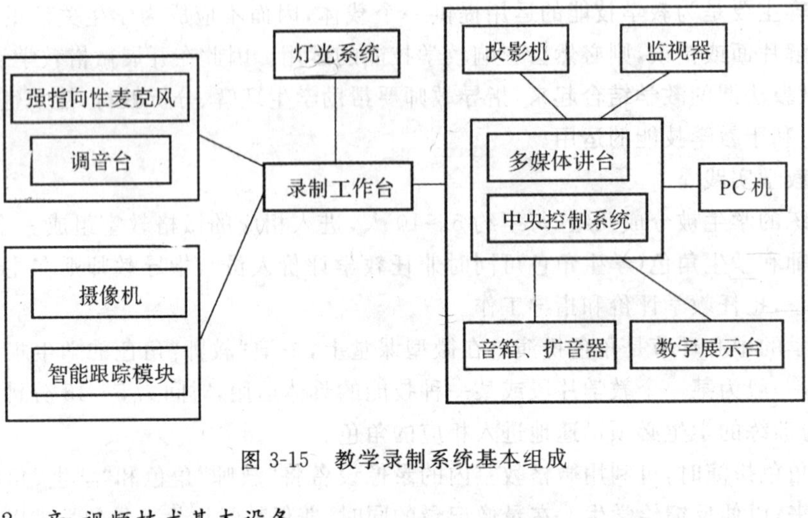

图 3-15　教学录制系统基本组成

3.3.2.2　音、视频技术基本设备

1. 摄像机

数字摄像机最少必须保证3台，有条件的单位或学校可以使用四台。每台摄像机配备三脚架。三脚架必须要有一定的支撑力，三脚架的云台必须灵活。

2. 音视频特技切换台（特技台）

特技切换台的作用是让多路音视频信号汇集于特技切换台后，由特技切换台根据节目要求将图像进行选择性输出（电子编辑），再由录像机将选择后的图像信号记录下来。

音视频特技切换台（特技台）最好有4路以上的输入输出端口，两路的总输出端口，以保证能够对各路图像信号的输入进行监视。

3. 话筒

话筒的作用是将教学现场的一切声音吸收下来，以声音信号（电信号）的方式进入调音台，由调音台对各路声音信号进行处理。

话筒的质量将决定教学节目声音信号的质量。教学现场使用的话筒应该考虑到教师讲课及各个方位学生发言的声音。①建议教师发言使用双发双收无线领夹麦克风；②对于学生的发言，为了实现常态化教学及保证录制效果，系统应采用分区域的专业定向话筒，在天花板上吊装6～8支专业强指向性枪式录音话筒。能自动识别主讲人，只拾取有效的声音信号加以放大，同时保证录制声音的清晰度。

4. 调音台

调音台的作用是将收集来的课堂内教师讲课的声音、学生发言的声音以及多媒体音频信号等整个教学现场的声音信号进行处理，再将处理后的声音信号供给录像机进行记录。教学现场的一切声音必须经过处理后才能够保证教学节目的声音质量。

5. 彩色监视器(彩色电视机)

彩色监视器的作用是监视各路输入输出的图像信号。在没有条件的情况下，声音信号和图像信号可利用14英寸彩色电视机作为声音与图像监视器。

6. 音视频连接线

教学现场使用的音频线必须具有屏蔽作用的音频线(话筒线)，音频线的长度以该支话筒固定的位置到编辑人员操作的音视频特技切换台的位置略长。

视频线的质量将决定于图像质量的保证。视频线必须使用"S"端子的"五芯线"。教学现场的一切图像信号都必须从各台摄像机的"S"输出端口拾取。视频线的长度以该台摄像机的固定位置到编辑人员操作的音视频特技切换台的位置略长。同时还必须多准备几套段的音视频连接线，以应付临时性的急需。

3.3.2.3 录播技术

1. 录制模式

录制采用Windows标准流媒体格式，录制结果形成一个视频文件。

(1)支持单屏全过程自动录制，只输出显示一个最符合用户要求的画面，同时系统可实现全景模式、电影模式、资源模式三种现场录播策略。

(2)支持多屏录制，按用户需求可选择至少3路视频(教师、学生、板书)和1路VGA信号进行全程录制，并能进行后期编辑。多屏叠加录制时对视频采样分辨率可调。

(3)系统支持至少6路视频信号输入。视频输入设备采样分辨率要求不低于720×576，其中电脑VGA信号能达到1024×768标准，录播帧率能以25帧/秒录制，码流可调。

(4)支持导播录制模式，需要专业人员参与。利用云台控制器对教师手动定位并应用专业切换台进行画面切换，并能在自动跟踪模式下随时切换到导播模式。要具有简单的现场同步编辑功能。

(5)系统在录制的同时能进行校园网络直播，支持公网直播。

(6)必须有一键上下课功能和暂停功能，恢复后从原停止位继续录播，不会另外生成文件。

2. 全自动多场景录制

系统能全过程自动录制，可实现教师、学生、黑板和多媒体设备等多个场景之间依据动作、声音或其他特征因素应用智能化策略进行自动切换，全过程自动录制和自动编辑，场景转换画面切换要平滑有过渡效果。支持师生互动和生生互动场景的录制，多学生互动场景录制应采用全场景录制。多场景全自动录播应避免场景切换中出现无效劣质画面，如镜头抖动引起的画面模糊等。

3. 拍摄自动跟踪定位模式

为满足教学互动的要求，教师和学生能实现常态下的教学互动自动录播跟踪模式均可。跟踪无盲区，无须摄像人员控制，教师能够在教室内自由走动，摄像机自动连续跟踪拍摄，其跟踪拍摄的活动范围不局限于讲台；自动定位需支持学生随机分组合作型授课模式，根据学生实际座位进行调整，确保拍摄主体在图像中央。

4. 手动录制模式

需要专业人员参与，利用云台控制器对教师手动定位并应用专业切换台进行画面切换，并能在自动跟踪模式下随时切换到手动模式。

5. 音频采集

教学视频制作需要采集教师讲课、学生答问、课件音频声音等多种音源，必须要对这些音源进行智能管理和调音，否则得不到应有的效果，反而会带来系统噪音增大、声音杂乱无章等严重问题。要可以实现多重音源的自动混音管理。还要利用先进的数字音频处理技术保证话筒的迅速开启和关闭，不会造成吃字现象。

6. 支持电子文档和电脑软件

系统必须能够支持常用格式电子文件和电脑软件，如 pdf、Office、各种图片、CAD、Flash 等，在教师讲课时根据需要同步编辑和录制。另外，要对主流视频格式和播放器提供支持。

7. 录制节目的播放

系统要求录制好的教学节目为主流流媒体格式，可以通过多种网络浏览器和通用的流媒体播放器播放。播出画面质量可达到 1024×768 分辨率或更高分辨率。如有多画面录制下来，节目可以使用提供播放器软件进行浏览，但同时生成的单流节目(含单流多画面)可以在任意计算机上通过浏览器播放录制的资源，无需专用播放器。

3.3.3 多媒体教室

多媒体教室是一种装备了包括多媒体计算机在内的各种现代化教学设备的专门教室。多媒体教室的出现，把教师从传统的“黑板＋粉笔”的教学模式中解放出来，避免了大量的黑板板书，避免了教室里的粉尘污染，减轻了教师上课的劳动强度，使教师能够从容、轻松地教学。同时，多媒体教室使教师能够方便地运用各种现代教学媒体展示不同的教学内容，灵活地开展多种形式的多媒体组合教学，使得教学过程更形象、直观，更符合学生的认识、理解和记忆规律，从而提高教学效果和效率。

3.3.3.1 多媒体教室的基本功能

多媒体教室一般具有以下基本功能：

(1)连接校园网络和 Internet，使教师能方便地调用丰富的网络资源，实现网络联机教学。

(2)连接闭路电视系统，充分发挥电视媒体在教学中的作用。

(3)运行各种教学软件，演示各类多媒体教学课件，开展计算机辅助教学。

(4)播放录像带、投影片、VCD、DVD 等视频教学资料。

(5)利用视频展示台可以方便地展示实物、模型、图片、文字等资料，进行现场实物讲解，也可以对图像进行局部的放大展示、反转等处理。

(6)能以高清晰、大屏幕投影仪显示计算机信息和各种视频信号。

(7)配有高保真音响系统，可以播放各种媒体播放设备产生的声音，同时利用话筒可以随时插入教师的讲解。

(8)具有集中控制功能，可利用计算机软件、红外线遥控器以及控制面板对系统中任一媒体的主要功能进行集中控制，操作方便。

(9)环境控制功能，如可以对灯光、银幕、窗帘等实行统一控制。

3.3.3.2　多媒体教室的基本组成

一般情况下，一个多媒体教室是由多媒体计算机、液晶投影机、中央控制系统、视频展示台、录像机、影碟机、话筒及扩音机等设备组成，其主要设备通过集成控制系统控制，由控制面板统一操控并可接入校园计算机网络。

1.中央控制系统

整个多媒体教室中的全部媒体设备都由中央控制系统集中管理控制。该系统采用单片机多机通信技术和系统集成技术，将被控设备的各种操作功能按照用户实际操作要求进行组合处理，然后将其具体对每一件设备的操作过程集成一体。

目前，中央控制系统管理下的多媒体教室设备大都采用"一键开/关"机，操作方便。上课时，教师只需将讲台门打开，系统就能自动将所有设备电源打开，教师可以直接进行上课；上课后，关上讲台即可离开，系统将自动遥控关闭投影仪、使电动屏幕升上、将功放电源关闭、延时设定时间后关闭设备电源以及延时几分钟后关闭投影机电源，最后关闭系统主机电源。

2.多媒体计算机

多媒体计算机是多功能教室的核心设备，它的使用频率高，运行的软件多，很容易发生故障。上课时，如果出现计算机响应速度慢、无故死机、无法正确识别外接设备(如U盘等)、计算机病毒入侵等问题，课堂秩序就会大受影响。多媒体计算机的良好整机性和稳定性是多媒体教学顺利开展的前提与保证，因此，在选购时就应该优先考虑稳定性和兼容性俱佳的品牌电脑。

3.液晶投影机

液晶投影机是目前市场上的主流产品，一般吊装于多媒体教室内，能将多媒体画面投射到大屏幕上。液晶投影机体积小、重量轻、亮度高，可以一机多用。当与计算机连接时，可以同步显示计算机显示器的内容；当与视频展示台连接时，可以显示视频展示台上的文字、图片等；当输入视频信号(AV)后，可以播放电视录像或视频光盘。

4.视频展示台

视频展示台主要用于展示手稿、书籍、实物、幻灯片、底片等，有时还可以连接显微镜。视频展示台主要由上方的摄像头和底部的平面展示台两部分组成，摄像头实时地采集平面展示台上的图像信息，并把信息传递给液晶投影机，由投影机投射到大屏幕上供学生观看。教师还可以放一张透明胶片或纸片在平面展示台上，在上面书写上课相关的内容，来代替黑板板书。

5.屏幕

屏幕是投影画面的载体，目前的多功能教室大都使用电动升降的玻璃珠屏幕，屏幕的大小要保证后排的学生能清晰地看到画面和文字，屏幕的位置可安装在黑板的一侧或遮住半边黑板，为教师讲课留下较大的板书空间，这样，教师在上课时既可使用黑板，又可以展示投影画面。

6.电子白板

电子白板产生于是20世纪90年代后期，它是建立在大小接近黑板的普通白色书写板上的电子设备，操作者能在其界面上像使用粉笔在黑板上板书一样使用鼠标笔或普通笔进行书写。电子白板与普通白板和黑板不同的是，电子白板通过该界面或附在界面上的感应器，将书写笔的位置与运动相关信息传送至计算机或独立的处理器中，将书写笔的轨迹转化成图形数据，把板书内容存储并打印出来，这就是电子白板的基本功能。电子白板还可以实现与计算机的交互操作，如将板书保存成特定格式的计算机文件，并可以联网用电子邮件发送等，此外，有的白板产品还配有摄像头和录音设备，能将教师讲课的情况录制下来。

3.3.3.4 多媒体教室的教学应用

多媒体教室具有强大的多种媒体演播功能、集成控制功能和网络接入功能，可以广泛应用于课堂演播教学、培训、远程网络教学、会议报告和各种演示等方面。

多媒体教室用于课堂教学，可通过文字、图形、图像、实物、电视、录像和动画等多媒体方式来展示事实、模拟过程、创设情境，开展多种模式的教学。

这类多媒体教室往往能容纳的人数较多(可达两三百人甚至更多)，投资相对较少，而收益广，并且与传统的课堂教学能很好地衔接，因此成为学校开展多媒体教学的重要设施。

3.3.4 网络教室

多媒体网络教室简称网络教室，它是在普通单机机房或计算机网络教室(一般拥有 20～50 台计算机)的基础上，增加音视频传输卡和控制网络，将学生机和教师机相连而共同构成的一种多媒体教学网络。通过这一网络，教师机和学生机可实现声音、图像的实时交互传输并同时具有多种教学管理的功能。

网络教室的组成比较简单，用多个集线器(Hub)或交换机(Switch)和网线把教室里的所有计算机连接在一起。可以选择一台配置较好的计算机做服务器，用来存放教学资源库，供各个客户机共享资源使用及进行用户管理等。服务器也可以兼做教师机使用。典型的多媒体网络教室组成如图 3-16 所示。

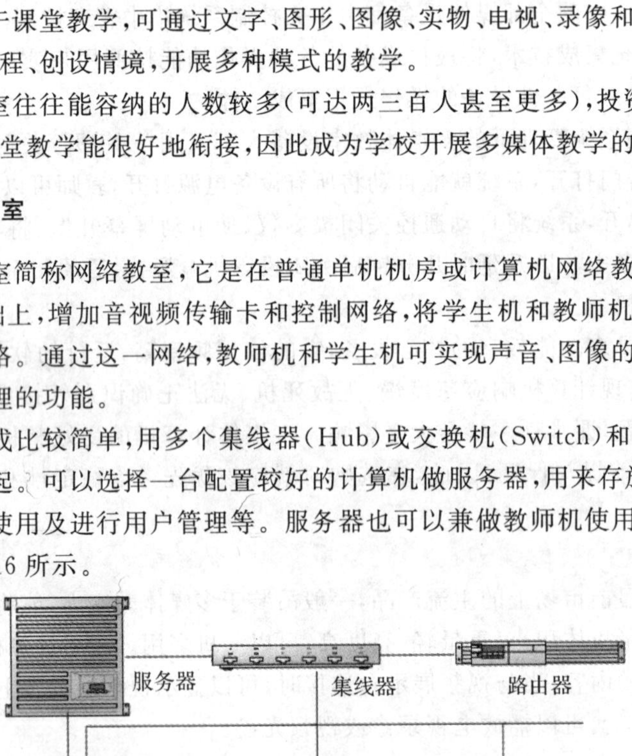

图 3-16 多媒体网络教室

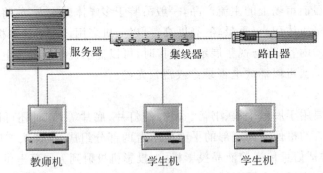

3.3.4.1 多媒体网络教室的功能

1. 广播功能

通过教师机可将各种媒体播放设备(如录像机、VCD 机、计算机等)的信号发送到指定的或全部的学生机上，进行个别化或全班性的教学演示。

2. 监视、监听功能

为随时了解学生的学习情况，教师可以监视、监听任何一台学生机的屏幕画面及声音，并可根据需要设定间隔时间，在教师机上轮流监视、监听多台甚至所有学生机的情况。

3. 控制功能

在教师机上可以实现对任何一台学生机的操作，控制该计算机的一切功能，以实现个别辅导与教学管理。

4. 电子举手

学生可以随时利用热键“举手”，等教师机响应后即可与教师进行对话，提出或回答问题。

5. 双向对讲功能

教师机可与任何时候一台学生机进行双向语音信息传输，进行交互对话。

6. 学生示范功能

在学生提出或回答问题时，教师可利用此功能将该学生的屏幕画面及声音信号切换到所有其他的学生机上。

7. 电子点名与警告

可在教师机上扫描学生机的开机及上网情况，必要时教师还可以对部分或个别学生使用黑屏等手段以示警告。

3.3.4.2　多媒体网络教室的教学应用

1. 多媒体课堂教学

在网络教室中，可以方便地将多媒体教学信息集成在一起，开展多媒体课堂教学。在教学过程中，通过文本、声音、动画、图像和视频等多媒体信息表达教学信息，可以激发学生的学习兴趣，提高教学效率和质量。甚至可以把其他学校的直播课堂或网上学习资源引入课堂，极大地丰富教学的资源，同时还有利于教师对学生进行个别辅导，开展因材施教。

2. 电子备课

教师开发电子课件经常遇到相关资料不足和文件较大不容易移动等问题，如果在网络教室备课这些问题就可以解决：网络教室中资源库可以为教师提供丰富的资源，教师还可以把做好的课件存入资源库供上课时调用，解决了磁盘装不下，不便于移动的问题。在网络教室备课还有一个好处就是可以实现资源的共享，例如学校购买的教学资源可以存入服务器或教师机，同时供多个教师使用。

3. 利用网络教室资源进行自学

学生可以利用网络教室服务器提供的学习资源进行自学，如知识库查询、视频点播、浏览图书馆服务器上的信息，这时的网络教室相当于电子阅览室。如果网络教室连入互联网或校园网，还可为学生自学提供一个更加开放的、资源共享的学习环境。

4. 网络练习和测试

多媒体网络教学系统的同步通讯功能，使得教学课件的网络化设计能够更好地实现即时反馈。教师可以通过网络教室为学生提供课堂练习或进行考试，既避免了打印、发放试卷的麻烦，又可以及时了解学生答题情况，甚至可以当场完成试卷评判，提高教学效率。

思考题

1. 简述教育媒体的分类与使用选择原则。
2. 简述视频展示台与投影机的特点与使用方法。
3. 简述听觉与视听觉媒体的特点与使用。
4. 简述综合媒体的类型及其使用。

第 4 章

数字化媒体素材

数字化媒体素材是组成多媒体教学辅助课件的基本元素。了解数字化媒体素材的基本知识，掌握这些素材的采集、编辑技术，并在此基础上能够自主创作媒体素材，是开发多媒体辅助教学课件的重要基础工作。

本章将较为全面地介绍目前用于课件开发的各种常用多媒体素材的基本知识，以及这些素材的采集、编辑及制作方法。

本章学习要求：

- 掌握各种多媒体素材的基本知识
- 掌握各种多媒体素材的基本采集方法
- 掌握各种多媒体素材的基本编辑和创作技术

§4.1 数字化媒体素材的分类及常见格式

目前，在各类多媒体辅助教学课件中使用的媒体素材包括：文字、图像、声音、视频以及动画五类。课件制作过程中，应根据课件的类型、课程的内容、应用的对象等具体因素的不同，在多媒体素材的选择上有所侧重和区别。

4.1.1 文字素材的常见格式

文字是人类用来记录语言的符号系统，是人类知识信息的一种重要的载体。人类通过文字这种高效的信息传播载体，大大提高了文化、思想、艺术、技术等人类文明的传播速度和效率。

目前常用的数字化文本格式有：txt、doc、docx、rtf、pdf 等。

4.1.1.1 txt 格式

txt 文件是微软在操作系统上附带的一种文本格式，主要储存纯文本信息。txt 格式具有体积小、存储简单方便、通用性好等优点；但 txt 格式不支持排版和打印控制符、不支持图文共存。

4.1.1.2 doc格式

作为文本的doc格式是微软Word的一种专属文件格式，在该格式文件中可容纳多种文字格式、脚本语言、排版及打印控制等信息，支持图文混排，可做“所见即所得”的文档编辑，但此格式兼容性较低，一般只在如Word、Wps等文档编辑软件中使用。

4.1.1.3 docx格式

docx是Office2007及以后的版本使用的文本文件格式。该格式是用新的基于XML的压缩文件格式取代了其早期专有的默认文件格式，并在传统的文件名扩展名后面添加了字母x，因此，docx文件比doc文件所占用空间更小。docx格式文件的主要内容是保存为XML格式的，但文件并非直接保存于磁盘，而是保存在一个ZIP文件中，因此该文件本质上是一个ZIP文件，然后取扩展名为docx。

4.1.1.4 rtf格式

rtf是Rich Text Format的缩写，意即多文本格式。这是一种类似doc格式(Word文档)的文件，有很好的兼容性，使用Windows“附件”中的“写字板”就能打开并进行编辑。使用“写字板”打开一个rtf格式文件时，将看到文件的内容；如果要查看rtf格式文件的源代码，只需使用“记事本”将其打开就行了。因此，也可以使用“记事本”来编辑rtf格式文件。

4.1.1.5 pdf格式

pdf(Portable Document Format)文件格式是Adobe公司开发的数字文本格式。这种文件格式与操作系统平台无关，即不依赖操作系统的语言和字体及显示设备，不管是在Windows、Unix，还是在Mac OS操作系统中都可以通用，这一特点使它成为在Internet上进行电子文档发行和数字化信息传播的理想文档格式。pdf文件格式可以在Adobe的Acrobat reader中编辑，该格式文件将文字、字形、格式、颜色及独立于设备和分辨率的图形图像等封装在一个文件中，还可以包含超文本链接、声音和动态影像等电子信息，支持特长文件，集成度和安全可靠性都较高。pdf文件包含一个或多个“页”，可以单独处理各页，适合多处理器系统的工作。

4.1.2 数字图像素材

“图”是物体反射的电磁波的分布，是客观存在的；“像”是人的视觉系统对可视的客观世界在人脑中的印象或反映。因此，图像是“图”和“像”的结合，是人对客观世界的一种感知形式。所谓“百闻不如一见”，图像可以直接反映出所要表示的物体的许多特征，是对客观存在的物体的一个生动的描述形式，这是其他许多媒体形式不能替代的。

数字图像，是对图像数字化以后，存储在如磁盘等存储介质上的数字文件。数字图像可以较为逼真地还原图像，并且可以进行复制、粘贴、剪切等一系列的编辑操作。

4.1.2.1 图像数字化

图像数字化是指将实物景象或者模拟图像转变为数字图像文件，其过程通常可分为两步：

采样：由于模拟图像是由无数个点组成的，这无数个点对应着无数个信息，计算机无法采用其所有的信息，而只能在模拟图像上按一定规律采用一定数量的点的数据，这个过程就称为采样(也有称为取样、抽样等)。量化：量化就是用一定的数据来表示每个采样点的颜色、亮度等信息。

经采样、量化后，一幅模拟图像就转换成一幅适合在数字计算机上处理的数字图像。自然，采样、量化这两步过程都有大量的信息没有被采用，即被忽略掉，因此在同一幅模拟图像和数字图像之间必然会有一定的误差，即数字图像没有模拟图像精确。但是由于人眼的空间分辨率和亮度分辨率都是有限的，因此，只要适当地选取采样间隔与量化级数，上述误差是可以忽略不计的，也就是说，人眼是分辨不出采样后的数字图像和模拟图像之间细微的区别。

4.1.2.2　数字图像的表示形式

数字图像都是由一些排成行和列的点（像素）所构成。根据描述的方式不同，数字图像通常由矢量图（vector graphics）和位图（bit-mapped picture）两种表示形式。

（1）矢量图。矢量图是用一组绘图指令来描述图形的内容，这些指令用来描述构成该图形的所有直线、圆、圆弧、矩形、曲线等图元的位置、维数和形状，这种方法实际是用数学表达式来描述一幅图。故计算机在存储矢量图形时，实际是存储这幅图形的绘图指令和有关绘图参数。微机上常用的矢量图形文件扩展名有 dxf 和 3ds、wmf、eps 等等。常见的矢量图处理软件有 Coreldraw、Autocad、Illustrator 和 Freehand 等。

（2）位图图像。像素是构成点阵图像的基本元素，由这些单个像素相结合就形成了图像。位图图像由描述构成图像的像素点的颜色、亮度等信息的数字阵列（矩阵）构成。计算机在存储位图图像时，实际是存储这幅图像的各个像素的亮度与颜色等数据。位图适合于表现含有大量细节（如明暗变化、场景复杂和多种颜色等）的画面，并可直接、快速地在屏幕上显示出来。用来编辑和制作位图图像的软件也很多，如 Windows 中的“画笔”软件和 Photoshop 等软件。

（3）矢量图和位图的比较，见表 4-1。

表 4-1　矢量图与位图的比较

	矢量图	位图
描述方式	计算机指令集合	带有颜色和强度信息的数字阵列
显示速度	较慢	较快
适用图像	有规律的线条构成的图形	具有丰富细节的图像
形变（缩放、旋转等）后对图形质量的影响	不影响图形质量	会损耗图像质量
获得方式	软件绘制	软件绘制，通过数码相机、扫描仪等数字化工具获得

4.1.2.3　数字图像参数

1. 图像分辨率

图像分辨率是指数字图像中单位长度内含有的像素数，常用的单位是 dpi（每英寸的像素数），图像分辨率越高则图像质量就越好。在 Photoshop 中默认的图像分辨率是 72dpi，它表示此图像每英寸含有 72 个像素，在课件中可使用该质量的图像。若要打印照片质量的图像，一般要求图像的分辨率在 200dpi 以上。

2. 图像深度

图像深度是指描述图像中每个像素的数据所占的二进制位数。图像中每个像素可用 1 bit 或多位字节的二进制数据来描述该像素点的颜色、亮度等信息，因此每个像素所占的数据位数越多，所对应的颜色信息也就丰富。目前图像深度有 1 bit、2 bit、4 bit、8 bit、16 bit、24 bit、32 bit 和 36 bit 等几种，其中若图像深度为 1 bit，则能表示 2 种颜色，即黑与白，或亮与暗，这通常称为单色图像；若图像深度为 2 bit，则只能表示 4 种颜色，则图像就是彩色图像了。自然界中的图像一般至少要 256 种颜色，则对应的图像深度为 8 bit 。而要达到彩色照片一级的效果，则需要图像深度达到 24 bit ，即所谓真彩色。

图像颜色数是指一幅图像中所具有的最多的颜色种类。

图像颜色数和图像深度的关系为：颜色数$=2^{图像深度}$

表 4-2 图像深度与颜色及显示模式关系

彩色位数	显示彩色数量	显示模式
1 位	$2(2^1)$种颜色	VGA 显示模式
2 位	$4(2^2)$种颜色	VGA 显示模式
4 位	$16(2^4)$种颜色	VGA 显示模式
8 位	$256(2^8)$种颜色	准 VGA 显示模式
16 位	$65536(2^{16})$种颜色	高彩色
24 位	1677 万(2^{24})种颜色	真彩色
32 位	1677 万(2^{32})种颜色和 256 级灰度值	真彩色
36 位	687 亿(2^{36})种颜色和 4096 级灰度值	真彩色

通常所称的标准 VGA 显示模式是 8 位显示模式，即在该模式下能显示 256 种颜色；而高彩色显示是 16 位显示模式，能显示 65536 种颜色，也称 64K 色；还有一种真彩色显示模式是 24 位显示模式，能显示 1677 万多种颜色，也称 16M 色，在该模式下看到的真彩色图像已和高清晰度照片几乎没什么差别了。

3. 图像大小

图像大小表示图像在磁盘上存储所需要的空间，它可以用以下公式来计算：

文件的字节数＝(位图高度×位图宽度×图像深度)/8

例如：一幅 640×480 的 RGB 颜色模式(24 bit)未压缩图像的数据量为：

(640 像素×480 像素×24 bit)/ 8 ＝921600 个字节

当然，实际使用的位图图像文件一般都是经过压缩处理，所以占用的磁盘空间数要小一些。

4. 其他参数

(1)亮度(Brightness)，是指图像彩色所引起的人眼睛对明暗程度的感觉。亮度为零时即为黑，最大亮度是色彩最鲜明的状态。

(2)饱和度(Saturation)。饱和度代表色彩的纯度，为零时即为灰色。白、黑和其他灰度色彩都没有饱和度。最大饱和度时是每一色相最纯的色光。对于同一色调的彩色光，其饱和度越高，说明它的颜色越深，如深红比浅红的饱和度要高。高饱和度的彩色光可以因为加入白光而被冲淡，变成低饱和度的彩色光，可见饱和度下降的程度反映了彩色光被白光冲淡的程度，因此，饱和度也是某种色光纯度的反映。100％饱和度的某色光，就代表没有混入白光的某种纯色光。

(3)色调(Hue)，是指光所呈现的颜色，如红、绿、黄……彩色图像的色调决定于在光照射下所反射的光的颜色。

(4)色度(Chroma),是指色调和饱和度,表示光颜色的类别与深浅程度。

(5)对比度(Contrast),指图像中的明暗变化,或指亮度大小的差别。

4.1.2.4　数字图像的颜色模式

数字图像的颜色模式是指数字化图形中记录图像颜色的方式。目前常见的颜色模式有:RGB 模式、CMYK 模式、HSB 模式、Lab 颜色模式、位图模式、灰度模式、索引颜色模等。

1. RGB 模式

在数字图像中,可以用红(Red)、绿(Green)、蓝(Blue)这三种颜色不同饱和度组合来模拟自然界中的颜色,这就是人们常说的三基色原理。每种颜色从 0 到 255 分成 256 个饱和度,因此,RGB 模式可以模拟出 $256^3=16777216$ 种颜色,在肉眼下基本分辨不出自然景观与数字图像之间的颜色差别。

2. CMYK 模式

该颜色模式由青(Cyan)、洋红(Magenta)、黄(Yellow)和黑(Black)四种颜色配比组成,其中黑色用 K 以区别 RGB 的蓝色(B)。此颜色模式主要用于彩色印刷,与 RGB 不同,这种颜色模式的创建基础不是靠增加光线,而是靠减去光线,这是因为打印纸不能像显示器那样创建光源或发射光线,只能吸收和反射光线。使用这种颜色模式,可以使数字图像在显示器与打印纸上的色彩保持一致。

3. HSB 模式

HSB 颜色模式便是基于人对颜色的心理感受所建立一种颜色模式,该模式包含了人感知颜色的三个要素:色泽(Hue)、饱和度(Saturation)和亮度(Brightness)(见图 4-1)。这种颜色模式比较符合人的视觉感受,让人觉得更加直观一些。该模式可由一个圆锥体立体模型来表示,其中轴向表示亮度,自上而下由白变黑;径向表示色饱和度,自内向外逐渐变高;而圆周方向,则表示色调的变化,形成色环。

4. Lab 模式

Lab 颜色是由 RGB 三基色转换而来的,它是由 RGB 模式转换为 HSB 模式和 CMYK 模式的桥梁(见图 4-2)。该颜色模式由一个发光率(Luminance)和两个颜色(a,b)轴组成。它由颜色轴所构成的平面上的环形线来表示颜色的变化,其中径向表示色饱和度的变化,自内向外饱和度逐渐增高;圆周方向表示色调的变化,每个圆周形成一个色环;而不同的发光率表示不同的亮

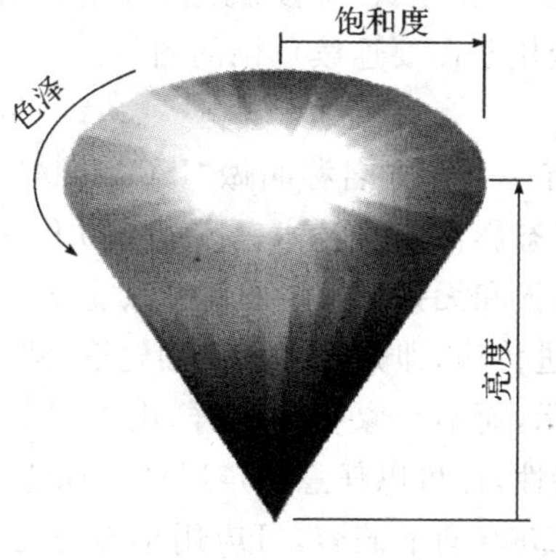

图 4-1　HSB 颜色模式模型图

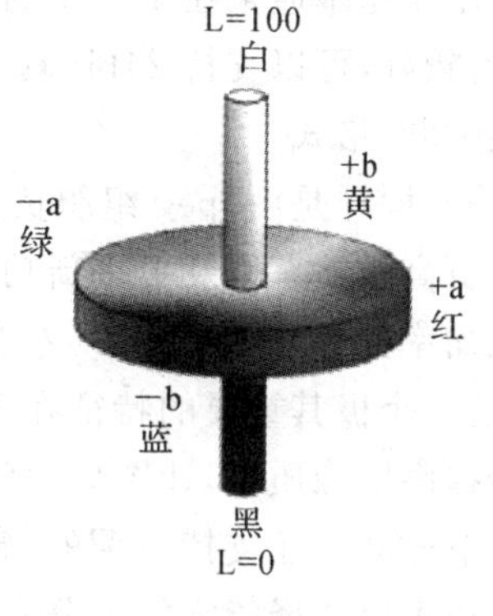

图 4-2　Lab 颜色模式模型

度并对应不同环形颜色变化线。它是一种具有“独立于设备”的颜色模式，即不论使用任何一种监视器或者打印机，Lab的颜色不变。

5. 位图模式

位图模式是用两种颜色（黑和白）来表示图像中的像素，因此位图模式的图像也叫作黑白图像。位图模式的图像深度为1，只用黑白两色来表示图像的像素。

6. 灰度模式

灰度模式使用256级灰度来表现图像，使图像的过渡显得平滑细腻。灰度图像的图像深度为8，每个像素用一个0（黑色）到255（白色）之间的亮度值来描述。

7. 索引颜色模式

索引颜色模式是网络和动画中常用的图像模式，当彩色图像转换为索引颜色的图像后包含近256种颜色。索引颜色图像包含一个颜色表。如果原图像中颜色不能用256色表现，则Photoshop会从可使用的颜色中选出最相近颜色来模拟这些颜色，这样可以减小图像文件的容量。颜色表用来存放图像中的颜色并为这些颜色建立颜色索引可在转换的过程中定义或在生成索引图像后修改。

4.1.2.5 数字图像格式

数字图像格式是指图像文件存储在磁盘上的方式。数字图像文件的格式有几十种之多，区别不同格式最直接的方法就是看该文件的扩展名。下面介绍几种最常见的图像格式。

1. bmp

bmp是英文Bitmap（位图）的简写，是Windows较早出品的标准图形格式之一，通用性较好，大多数图像编辑软件以及多媒体著作软件都支持这种图像格式。bmp格式一般不压缩，所以采取这种格式保存的图像文件占用的磁盘空间较其他格式要大得多。即便如此，它仍得到不少人的青睐，原因是它不会丢失图像的任何细节，适合在对图像质量要求严格的情况下使用。

2. jpg、jpeg

jpeg是Joint Photographic Experts Group（联合图像专家组）的缩写，文件后缀名为jpg或jpeg，是目前最常用的图像文件格式。jpeg是一种有损压缩格式，但是jpeg压缩技术十分先进，在获得极高压缩率的同时能得到较好的图像品质。由于文件存储容量小，特别适合应用于互联网，可减少图像的传输时间，目前各类浏览器均支持jpeg这种图像格式。jpeg是一种很灵活的格式，具有调节图像质量的功能，允许用不同的压缩比例对文件进行压缩，支持多种压缩级别，压缩比率通常在10∶1到40∶1之间，压缩比越大，品质就越低。jpeg格式对色彩的信息保留较好，可以支持24bit真彩色，也普遍应用于需要连续色调的图像。

3. jpeg2000格式

jpeg2000同样是由jpeg组织负责制定的，它有一个正式名称叫做“ISO15444”，与jpeg相比，它具备更高压缩率以及更多新功能的新一代静态影像压缩技术。jpeg2000作为jpeg的升级版，其压缩率比jpeg高约30%左右，同时支持有损和无损压缩，而jpeg只能支持有损压缩。jpeg2000的一个极其重要的特征在于它能实现渐进传输，即先传输图像的轮廓，然后逐步传输数据，不断提高图像质量，让图像由朦胧到清晰显示，而不是像jpeg一样，由上到下慢慢显示。

此外，jpeg2000还支持所谓的“感兴趣区域”特性，你可以任意指定影像上你感兴趣区域的压缩质量，还可以选择指定的部分先解压缩。jpeg2000向下兼容，可应用于传统的jpeg市场，更可应用于新兴领域，如网路传输、无线通讯等。

4. gif

gif(graphics interchange format)的原意是"图像互换格式",是 CompuServe 公司在 1987 年开发的图像文件格式。目前几乎所有相关软件都支持它,公共领域有大量的软件在使用 gif 图像文件。

gif 包括 3 种格式,均为 8 位位图,最大支持 256 种颜色,都会使真彩色的图像失真。静态的 gif 格式,不支持动画格式。另外两种 gif89a 格式和 gif87a 格式支持动画,一个 gif 文件中可以存多幅彩色图像,并逐幅读出显示到屏幕上,从而构成动画。gif 格式支持动画和透明效果、图像文件容量小且使用方便,在多媒体课件和 Internet 上特别受到欢迎。相对而言,静态 gif 格式则使用得越来越少。

5. png

png 又称可移植性网络图像(portable network graphics),是一种较新的位图格式,它是为了弥补静态 gif 格式的不足而设计的。png 格式支持透明设置,但不支持动画效果,最大可支持 48 位真彩色和 16 位的灰度图像。png 格式采用无损压缩算法,对 8 位及以下位图的压缩能力比 jpeg 格式的压缩算法要好。此外,png 格式图像具有传输校错能力,适合网络传输。

6. tif、tiff

tiff(tag image file format)图像文件是为桌上出版系统研制开发的一种较为通用的图像文件格式。tiff 是一种无损压缩格式(最高 2～3 倍的压缩比),文件可完全还原,能保持原有图颜色和层次,优点是图像质量好,但占用空间大。

7. psd

psd 是图像编辑软件 Photoshop 专用的位图格式。该图像格式中可以记录图层信息,每一个图层就是一幅大小相等的图像,图像中的物体相互叠加显示,但又独立存在于所在图层,便于编辑,并且每一个图层都具有高保真度,因此,该图像格式受到很多美工、图像编辑人员的推崇。由于 psd 格式同时记录了多图层信息,所占磁盘空间相对较大。

8. eps

eps 是 Encapsulated PostScript 的缩写,是跨平台的标准格式,扩展名在 PC 平台上是 eps,在 Macintosh 平台上是 epsf,主要用于矢量图像和光栅图像的存储。eps 格式采用 PostScript 语言进行描述,并且可以保存其他一些类型信息,例如多色调曲线、Alpha 通道、分色、剪辑路径、挂网信息和色调曲线等,因此 eps 格式常用于印刷或打印输出。Photoshop 中的多个 eps 格式选项可以实现印刷打印的综合控制,在某些情况下甚至优于 tiff 格式。

9. dxf

dxf 是 AutoCAD(Drawing Interchange Format 或者 Drawing Exchange Format) 绘图交换文件。dxf 是 Autodesk 公司开发的用于 AutoCAD 与其他软件之间进行 CAD 数据交换的 CAD 数据文件格式 ,是 Autodesk AutoCAD 程序使用的基于矢量的 ASCII 格式。dxf 一般情况下是文本文件,可以使用文本编辑器(如 Windows 记事本、写字板)来查看、编辑其内容。

10. wmf

wmf 是 Windows Metafile 的缩写,简称图元文件,它是微软公司定义的一种 Windows 平台下的一种矢量图形和光栅图格式,通常用于字处理剪贴画。图元文件是一个以二进制编码的。图元文件分为内存图元文件和磁盘图元文件:内存图元文件是仅在内存某一个区域进行操作并存放的,大多用于图像的绘制、拷贝或者进程间的剪切板图形共享;磁盘图元文件则主要用于将绘制图像保存到磁盘文件中,以便后用。

4.1.3 数字音频素材

数字声音作为一种重要的多媒体素材形式,在多媒体课件中被广泛使用。目前,数字音频主要包括语音、音效以及音乐三个部分。

4.1.3.1 数字声音

1.声音的基本特征

声音是由空气中分子的振动而产生的。由于自然界的声音是一个随时间而变化的连续信号,可近似地看成是一种周期性的函数,因此可以用模拟的连续波形描述声波的形状,单一频率的声波可用一条正弦波表示,如图 4-3 所示。声波的振幅表示声音信号的强弱程度,幅度越高,声音信号越强;声波的频率反映出声音的音调,频率高声音尖锐,频率低则声音低沉。

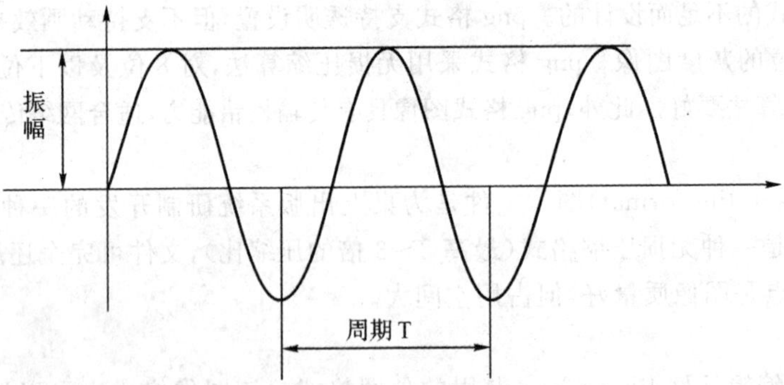

图 4-3 用周期性波表示声音

2.声音的数字化

声音的数字化要通过二次转换,先将声音转化为模拟的电平信号,再对模拟信号数字化,转换为一组相关的二进制数据,并以文件形式保存,这个文件称之为数字声音。

模拟声音在时间上是连续的,用计算机处理这些信号时,必须先对连续信号采样,即按一定的时间间隔 T 在模拟声波上截取一组振幅值(通常为反映某一瞬间声波幅度的电压值),得到一组离散信号。这个时间间隔 T 称为采样周期,1/T 称为采样频率。

为了把采样得到的一组离散序列信号存入计算机,必须将采样值量化成有限个幅度值的集合,采样值用二进制数字表示的过程称为量化编码。声音数字化过程见图 4-4。

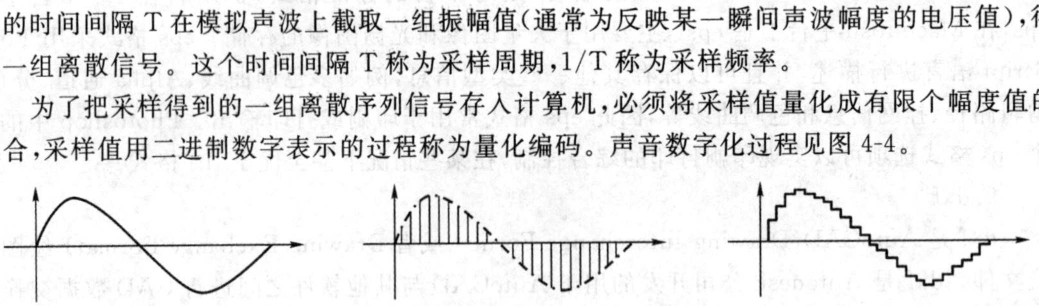

图 4-4 声音的数字化过程

4.1.3.2 数字音频分类及播放原理

目前,根据计算机声音产生方式不同分为波形音频、mid 音频和 CD 音频。在多媒体课件中使用较多的是波形音频和 mid 音频。

1. 波形音频

波形音频是计算机获得数字声音较为直接和简便的方法。波形音频一般以麦克风、CD 唱机或具有音频输出的录音机作为音源，通过声卡把从外部获取的模拟音频输入信号，进行数字化，将得到的数字音频文件存储到电脑中。当需要回放波形音频时，先将这些数字音频文件通过声卡进行数模转换，还原为模拟波形，待放大后送到扬声器发声，如图 4-5 所示。

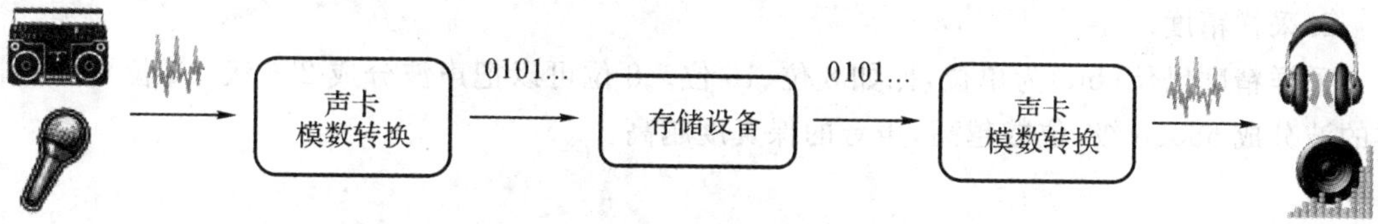

图 4-5　波形音频的播放原理图

2. mid 音频

mid 是“乐器数字接口”(Mmusical Iinstrument Ddigital Iinterface)的缩写。mid 文件与波形音频文件不同，它记录的不是音乐本身，而是将电子乐器键盘上的弹奏信息记录下来，是乐谱的一种数字式描述。当需要播放时，音序器从相应的 mid 文件中读出 mid 消息，通过合成器生成所需要的声音波形，经放大后由扬声器输出。如图 4-6 所示。

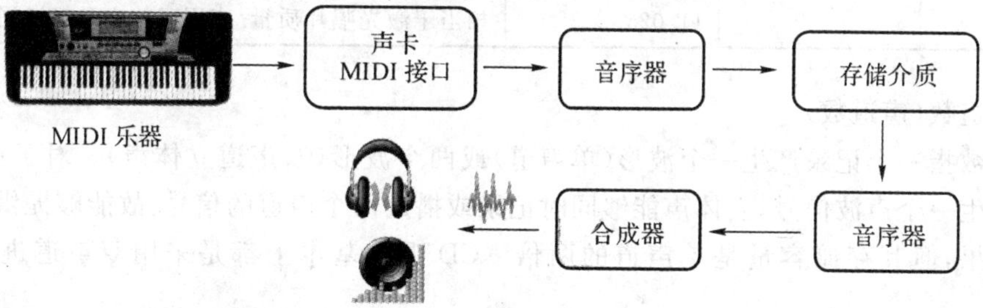

图 4-6　mid 音频播放原理图

3. CD 音频

CD 音频就是数字音频光盘(Compact Disk-Digital Audio)。是光盘的一种存储格式，专门用来记录和存储音乐。CD 唱盘也是利用数字技术(采样技术)制作的，只是 CD 唱盘上不存在数字声波文件的概念，而是利用激光将 0、1 数字位转换成微小的信息凹凸坑制作在光盘上，可通过 CD-ROM 驱动器中特殊芯片直接读出其内容，也可将读出的内容再经过数模转换，把它变成模拟信号输出播放，如图 4-7 所示。

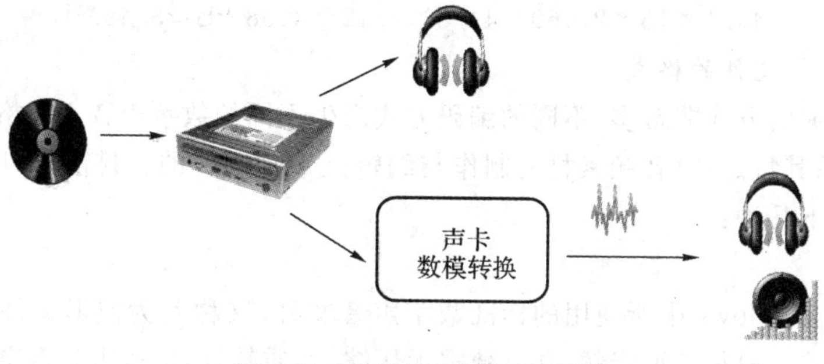

图 4-7　CD 音频的播放原理图

4.1.3.3 波形音频的参数

1. 采样频率

采样频率指每秒钟采集声音信号的次数，声卡一般采用 11.025kHz、22.05kHz 和 44.1kHz 的采样频率，44.1kHz 采样率就是指对 1 秒钟的声音波形采集 44100 个数据点。原则上采样率越高，声音的质量越好，频率越高，失真越小。

2. 采样精度

采样精度以位(bit)为单位，比如 8 位、16 位。8 位可以把声波分成 256 级，16 位可以把同样的波分成 65536 级；位数越高，声音的保真度越高。

表 4-3 声音文件参数中之间的关系

采样频率(kHz)	采样位数(位)	数据速率(kb/s)	质量与应用
44.1	16	88.2	相当于激光唱片质量，应用于最高质量要求的场合
	16	44.1	相当于调频广播质量，应用于伴音及各种声响效果
22.05	8	22.05	相当于调频广播质量，应用于伴音及各种声响效果
	16	22.05	相当于调幅广播质量，应用于伴音及解说词
11.025	8	11.025	相当于激光唱片质量.应用于伴音及解说词

3. 通道数(声道数)

通道数指一个记录产生一个波形(单声道)或两个波形(双声道立体声)。对于单声道，一次只能产生一个声波信号，立体声能够同时记录或播放两个声道的信号，故能够提供比单声道更好的效果，但其存储容量是单声道的两倍。CD 唱片基本上都是采用双声道进行声音录放的。

4. 压缩率

音乐文件的压缩率通常指音乐文件压缩前后大小的比值，比特率是另一种表示数字音乐压缩效率的参考性指标。

计算声音文件的数据量公式：

(采用频率×采样位数×声道数)/8×压缩比=字节数

例如：计算一个约 4 分钟的 mp3 数字音频文件的大小，若改音频的采样频率为 44.1kHz，采样位数为 16 位，双声道，压缩率为 1∶12，则文件大小为：

(44.1×16×2×60×4)/8×1/12=3258 kB≈3.45MB

4.1.3.4 声音文件的格式

数字声音的编码方式非常多，不同的编码方式产生不同的数字声音文件格式，认识数字声音文件格式，熟悉其特点，对音频素材的制作与编辑是十分必要的。目前，常用的数字音频文件格式主要有以下几种：

1. wav

wav 文件是 Windows 中所使用的标准数字声音文件，又称其为波形文件，其文件扩展名为 wav。它保存的一般是波形音频，并且数据无压缩，音质较好，但所占磁盘空间也很大，故在实际应用时，要对其进行压缩处理。波形文件可以很方便地进行编辑，例如调整播放速度、混音或剪辑等，使用 Windows 中所带的“录音机”程序就可以很方便地实现这些操作。

2. mid

mid 文件是 MIDI 标准中记录声音信息的文件，后缀名用 mid。mid 文件中记录的是电子乐器键盘上的弹奏信息，包括键名、力度、时值长短等，是乐谱的一种数字式描述。与波形文件相比，mid 文件要小得多，例如，半个小时的立体声音乐，mid 文件只有 200kB 左右，而波形文件则需要 300MB。

mid 文件可以用于音乐创作，如《作曲大师》等谱曲软件中可以生成该类文件，并可利用 mid 接口合成和回放音乐。

3. mp3

mp3 是一种音频压缩技术，由于这种压缩方式的全称叫 MPEG Audio Layer3，以该技术压缩的音频文件的后缀名使用 mp3，就是我们所说的 mp3 音乐。mp3 可以将音乐以 1∶10 甚至 1∶12 进行有损压缩率，但该压缩技术采用了一些较为先进的压缩算法，能够较好地保持原来的音质。正是因为 mp3 体积小、音质高的特点使得 mp3 受到了广大开发商和用户的支持，成为目前较为通用的音频格式。

4. voc

Creative 公司波形音频文件格式，也是声霸卡(Sound Blaster)使用的音频文件格式，每个 voc 文件由文件头块和音频数据块组成。文件头包含一个标识版本号和一个指向数据块起始的指针，数据块分成各种类型的子块。如声音数据静音标识 ASCII 码文件重复的结果重复以及终止标志、扩展块等。在许多游戏软件中有 voc 文件。voc 文件的播放需要专门的播放软件。

5. CD

CD 唱片上存放的是一种数字化声音，一般是以 16 bit 数字化、44.1kHz 采样率的立体声存储，可完全重现原始声音。每张 CD 唱碟可以存放 74 分钟高质量的音乐节目，保存的曲目一般有 12～14 首。但在资源管理器中显示的 CD 上如 *.cda 文件不是数字音频文件本身，而是指明对应的音频数据文件在 CD 中存储的位置、大小等信息。

6. rm(ra)

rm 格式是 Real Networks 公司所制定的音频视频压缩规范，是 RealMedia 的缩写，主要包含 RealAudio、RealVideo 和 RealFlash 三部分。其中 RealAudio 是网络上常见的 ra 格式音频文件，它的特点是文件小，适合用于在线播放。用户可以使用 RealPlayer 或 RealOne Player 等对符合 RealMedia 技术规范的播放软件对网络音视频资源进行实况转播，并且 RealMedia 可以根据不同的网络传输速率制定出不同的压缩比率，从而实现在低速率的网络上进行影像数据实时传送和播放。

7. wma

wma(Windows Media Audio) 格式是微软开发的一种音频格式文件，音质要强于 mp3 和 ra 格式。wma 采用了减少数据流量但保持音质的方法来达到高压缩率的目的，wma 的压缩率一般都可以达到 1∶18 左右。wma 的另一个优点是内容提供商可以通过 DRM(Digital Rights Management)方案加入防拷贝保护，这种内置了版权保护技术可以限制播放时间和播放次数甚至于播放的机器等等。另外 wma 还支持音频流(Stream)技术，适合网络在线播放。

4.1.4 数字视频素材

视频是由一系列单独的图像组成的(一幅单独的图像称为一帧),并以一定的速率在屏幕上连续播放,从而会让我们的视觉产生画面运动的感觉。对于人眼来说,若视频的摄录速度和播放速度都保持在每秒播放 24 帧到 30 帧(fps,即帧率为 24～30)就会产生平滑和连续的画面效果。

普通的视频,如大部分电视、录像带等都是模拟的,而计算机只能处理数字信号。为了能在计算机中播放和处理视频信息,需要将模拟视频数字化。经过采集、量化等数字化处理后的视频信息,转变成文件形式存储在计算机上,即为数字视频文件,简称数字视频。

4.1.4.1 视频基础知识

1. 电视视频制式

彩色视频信号的标准在世界各地不完全相同,目前在全世界范围内主要的视频制式有 NTSC、PAL、SECAM 三种,其主要技术指标见表 4-4。不同的制式视频之间相互不通用。

表 4-4 不同视频制式的比较

制式	解释	帧频(fps)	每帧行数	扫描方式	宽高比	主要使用地区
NTSC	National Television Standard Committee 国家电视制式委员会	30	525	隔行扫描	4∶3	美国、日本、韩国等
PAL	Phase Alternate Line 相位远行交换	25	625	隔行扫描	4∶3	中国、德国、英国等
SECAM	Sequential Color and Memory System 顺序传输色彩存储	25	625	隔行扫描	4∶3	俄罗斯、法国等

2. 视频信号格式

目前视频信号格式主要有以下几种:YUV 信号,也称为分量信号(Component)格式,其中 Y 为亮度信号,U、V 为色差信号,$Y=0.39R+0.5G+0.119$,$U=B-Y$,$V=R-Y$;U、V 两个色差信号合成一个色度信号 C,形成 Y/C 分离信号格式,又称为色彩降频方式;Y、C 信号进一步复合成一个信号称为复合信号(Composite)格式。视频质量高低依次为 YUV 格式、Y/C 格式、复合信号格式。

3. HDTV

HDTV 是高清晰度电视 High Distinct Television 的简称,是数字电视 DTV 标准中的一种。目前,高清数字电视的有效像素水平 1920 像素,垂直 1080 像素,采用隔行扫描方式,扫描频率为 50 场,宽高比是 16∶9。

4. 视频捕获

通常的视频信号都是模拟信号,计算机以数字方式处理信息,因此在计算机上使用之前必须对信号进行数字化采样,即把录像带等模拟视频信号转换成计算机可识别的数字视频信号,此过程为视频捕获。

5. 视频压缩

由于视频信号包括图像的色彩、亮度、大小等因素,当把模拟视频信号转换成数字视频信号时,对于计算机来说,数据的处理量是相当大的,这对计算机 CPU 的处理速度和硬盘的容量都是一个问题，因此就有必要对采样的数据进行一定的压缩，这就是视频压缩。视频压缩一般是有损压缩，视频压缩的算法代码有基于软件和基于硬件之分，硬件压缩比软件压缩速度快而且有效（通常视频压缩卡采用硬件压缩），软件压缩算法体系有 Video for Windows 软件压缩和 Quick Time 软件压缩。

6. 视频采集卡

具备视频捕获和视频压缩功能的计算机板卡，用于将视频信号转变为视频文件。

4.1.4.2　数字视频播放原理

模拟视频信号经过视频捕获及压缩处理之后得到的数字视频文件存储在计算机的存储器中。当要播放数字视频文件时，播放器或者视频卡读入数字视频文件，对文件进行解码还原成视频以及同步音频信号，分别从显示器（或监视器）和音响设备输出，见图 4-8 所示。

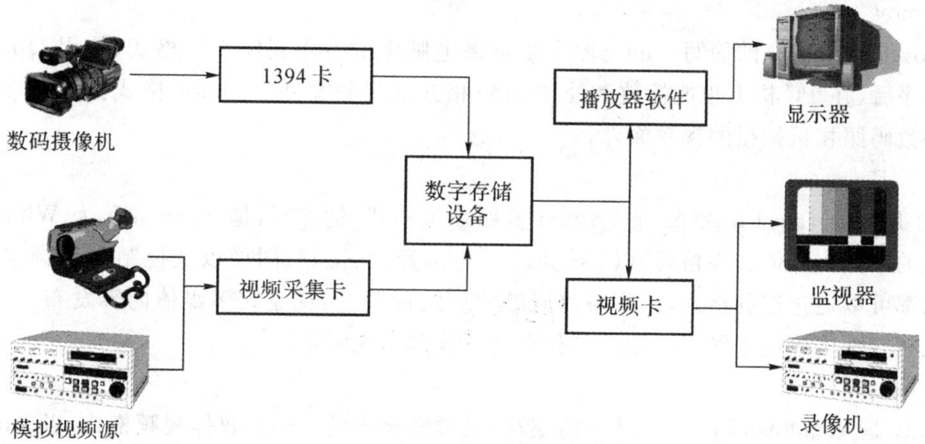

图 4-8　数字视频的产生和播放

4.1.4.3　视频文件格式

随着数字视频技术的发展，目前出现了很多数字视频的编码方式以及相应的视频文件格式，下面介绍几种目前常见的视频文件格式。

1. mpeg(mpg/dat)

mpeg 是活动图像专家组（Moving Picture Experts Group）的缩写。这类格式包括了 MPEG-1、MPEG-2 和 MPEG-4 在内的多种视频格式。mpeg 实质是数字视频文件的一种压缩格式，它具有较高的压缩率、较快的帧速率和较好的图像声音质量，而且易于编辑，很多视频编辑软件都支持这种格式，因而近年来得到了广泛的应用发展。

其中 MPEG-1、MPEG-2 目前分别被应用于 VCD 和 DVD 的制作，在 VCD 中的 dat 格式文件实质上就是 MPEG-1 压缩格式。MPEG-2 的图像和声音质量远高于 MPEG-1，但文件容量也相对较大。例如：一部 120 分钟长的电影使用 MPEG-1 的压缩算法可以压缩到 1.2 GB 左右，而使用 MPEG-2 的压缩算法则压缩到 5～8GB。MPEG-3 是 ISO/IEC 最初为 HDTV 开发的编码和压缩标准，但由于 MPEG-2 的高速发展，MPEG-3 的功能已被淘汰。

MPEG-4 在针对一定比特率下的视频、音频编码的同时，更加注重多媒体系统的交互性和灵活性。MPEG4 试图达到两个目标：一是低比特率下的多媒体通信；二是多工业的多媒体通信的综合。据此目标，MPEG-4 引入 AV 对象（Audio/Visaul Objects），使得更多的交互操作成为可能。MPEG-4 的技术特点使其在网络视频、无线通讯、可视电话、监控等领域得到了较好的应用。

2. avi

avi 是音频视频交错(Audio Video Interleaved)的英文缩写。avi 是由微软公司发表的视频格式,后缀名采用 avi。avi 格式视频调用方便,图像质量好,可编辑性强,但缺点就是文件体积过于庞大,压缩标准不统一。

n AVI 是 New AVI 的缩写,是一个名为 Shadow Realm 的组织发展起来的一种新视频格式,也以 avi 为后缀名。它是由 Microsoft ASF 压缩算法的修改而来的,并不是上面所述的 avi 格式文件。该视频格式为追求较高的压缩率和图像质量,改善了原始的 asf 格式的一些不足,让 n AVI 可以拥有更高的帧率。实质上,n AVI 是一种去掉视频流特性的改良型 asf 格式。

3. mov

mov 是 MOVIE 的简写。mov 原来是苹果电脑中的专用视频文件格式,使用 QuickTime 驱动程序后,在 PC 机上也能播放和处理 mov 格式的视频文件了。mov 格式文件经常被应用于一些数码照相机拍摄的视频文件。

4. asf

asf 是(Advanced Streaming Format 高级串流格式)的缩写,是 Microsoft 为 Windows 98 所开发的串流多媒体文件格式,以 asf 为后缀名。音频、视频、图像以及控制命令脚本等多媒体信息都可以通过这种格式,以网络数据包的形式传输,实现流式多媒体内容发布。因此,该格式视频文件多应用于网络视频点播和直播等领域。

5. wmv

wmv 是 Windows Media Video 的缩写,是微软推出的一种流媒体视频格式,以 wmv 为文件后缀名。它是由 asf 格式升级延伸所得,在同等视频质量下,WMV 格式的体积非常小,因此更适合在网上播放和传输。

6. rm/rmvb

rm 是 RealMedia 的缩写,是 RealNetworks 公司所制定的音频视频压缩规范。rm 格式一开始就定位在视频流应用方面,也可以说是视频流技术的始创者。它的诞生也使得流文件为更多人所知。使用 RealPlayer 或 RealOnePlayer 软件可以对符合 RealMedia 技术规范的网络音频和视频资源进行播放。rm 格式的图像质量较 MPEG2、DivX 等要差,和 asf 格式比较则各有千秋,通常 rm 视频更柔和一些,而 ASF 视频则相对清晰一些。

rmvb 格式,是在 rm 视频格式上升级延伸而来。VB 即 VBR,是 Variable Bit Rate(可改变之比特率)的英文缩写。由于视频中的静止画面和运动画面对压缩采样率的要求是不同的,如果始终保持固定的比特率,会对影片质量造成浪费。rmvb 则打破了原先 rm 格式那种平均压缩采样的方式,将较高的比特率用于复杂的动态画面(歌舞、飞车、战争等),而在静态画面中则灵活地转为较低的采样率,合理地利用了比特率资源,使 rmvb 在牺牲少部分察觉不到的影片质量情况下最大限度地压缩了影片的大小。

7. 3gp

3gp 是一种 3G 流媒体的视频编码格式,主要是为了配合 3G 网络的高传输速度而开发的,也是手机中的一种视频格式。3gp 是 mp4 格式的一种简化版本,减少了储存空间和较低的频宽需求,是新的移动设备标准格式,应用在手机、PSP 等移动设备上,优点是文件体积小,移动性强，适合移动设备使用，缺点是在PC机上兼容性差，支持软件少，且播放质量较差。

8. DivX

DivX严格地说不是一种视频格式，而是一种视频编码技术，以此技术编码的视频文件仍以avi为后缀名。DivX的视频部分采用的是微软的MPEG－4技术进行压缩，而音频部分则是采用mp3或wma进行压缩，然后把视频和音频部分进行完美组合成让我们耳目一新的avi文件，就是DivX影片了。采用DivX编码的数字视频具有图像显示质量清晰、存储容量小、压缩比高、音质好等优点。但采用DivX技术编码的视频文件只能通过电脑播放。如Windows Media Player在安装了DivX插件，就可以播放这种格式的avi文件了。

9. flv

flv是Flash Video的简称，是基于Flash Player平台的一种新兴流媒体视频格式。flv具有的文件体积小巧、CPU占有率低、视频质量良好等特点使其在网络视频领域得到了很好的发展，目前多家著名的视频共享网站均采用flv格式文件提供视频。

4.1.5　数字动画素材

动画素材地使用，可以增强多媒体课件的表现力，如把一些动态过程或微观现象制作成形象生动的动画作品，将有利于学生对相关知识的认知和理解。因此，动画素材在多媒体课件中占有重要的地位，动画素材制作也成为多媒体课件开发的一个重要环节。

所谓动画，通俗地说就是使静止的图像"活"起来的过程。这里我们所说的数字动画又称为计算机动画，是指采用图形与图像的处理技术，借助于程序语言或动画制作软件生成一系列的画面，并采用连续播放这些系列静止图像的方法产生物体运动的效果。

计算机动画根据其表现方式不同，分为二维动画和三维动画两类。常用的二维动画开发程序有Animator Studio、Flash等；三维动画制作常用的软件有3DMAX、Cool 3D等。

计算机动画有多种存储格式，目前常见的计算机动画文件格式主要有以下几种：

1. gif

gif文件它不仅用于保存单帧图像，还能保存连续多帧的图像，并支持循环播放，这种动画文件格式可以实现动画的背景透明，保存的文件较小，在网页上使用较多，一般课件制作平台都支持这种格式，但这种格式的动画最多只能含有256种颜色，不宜制作幅面较大、对颜色要求较高的动画。

2. flc/ fli

flc格式的文件是Autodesk公司在3D Studio MAX三维动画编辑软件中采用的动画文件格式；fli则是在该公司较早的3D Studio和二维动画编辑软件Animator、Animator Pro中使用的动画文件格式，后者的分辨率只有320 × 200，颜色数也只有256种。flc(fli)文件为无损压缩存储，画面清晰，但不能存储同步声音。Windows附件中的媒体播放器支持这种格式(6.0版本除外)。

3. swf

swf(Shock Wave Flash)是动画设计软件Flash的专用格式，以swf为后缀名，是支持矢量和点阵图形的动画文件，支持AS(Action Script)语言，被广泛应用于网页设计、动画制作、交互式多媒体产品开发等领域。

4. avi

avi格式的文件是Microsoft公司在Windows中使用的影像文件标准,这种格式的文件将视频和音频信号混合交错地存储在一起,压缩比较高,但画面质量没有flc格式的好。并且大多数动画制作软件都能输出avi格式的动画文件。

§4.2 数字化素材的获得与加工

4.2.1 文字素材

在多媒体课件中,文字素材一般有两种实现方式:直接键盘输入和创建图形化文字。在Windows系统中,利用键盘输入的文字采用True Type轮廓字形技术,实现了所见即所得的效果,即在显示器上看到的字体、字号和版式与打印机的输出效果一致。与轮廓字形相应的字体文件存放在C:\Windows\Fonts文件夹中,其后缀名为ttf。每一种文字字体对应一个字体文件。若没有安装字体文件,则不能显示该种字体。在课件制作中,常会选用一些美观大方的字体,用于标题文字的设计,但是这些文字有可能在其他计算机中不能完美地再现,原因可能就是播放课件的计算机中未安装课件所选用的字体文件。

4.2.1.1 图形化文字

图形化的文字是指利用图形工具或者图形软件所创建的文字。图形化文字虽然在创建过程中会用到字体文件,但创建完成后的文字不再依赖于字体文件,因此图形化文字不会因为显示文字的计算机所安装的字体文件不同而引起文字显示差异的情况。此外,图形化文字具有独特的外观效果,如利用Photoshop创建的具有各种质感的文字,在一些特定的场合会给多媒体课件带来意想不到的效果,这是普通文字无法实现的。

图形化文字根据其创建文字的方式不同,一般可以分为矢量文字和栅格化文字两种。矢量文字实质上是矢量图形,只是其内容主体是文字,如Office中的艺术字模块所创建的就是矢量文字。矢量文字保持了矢量图形的基本特点,如变形不改变文字精度,可以多色块叠加等;此外,矢量文字文本内容的修改比较方便,可以直接通过键盘输入来实现。栅格化文字可以理解成位图形式的文字,实质是以表现文字内容的位图,如用Photoshop创建的特效文字,因此它具有位图的一切特征。相对于矢量文字,栅格化文字可以表现出更多的特殊效果,如水晶字、火焰字等等。然而栅格化文字的内容修改相对复杂,一般需要用编辑图形的方法去实现。

4.2.1.2 动画文字

动画文字是图形化文字的动态表现,可以提高文字的表现力。动画文字在课件中起到点缀和强调的作用,一般使用在多媒体课件的封面和一些需要特别强调的场合,而在表述性文字中较少使用。

动画文字根据其外观特征可以分为二维动画文字和三维动画文字。二维动画文字可以使用Flash作为创建环境,三维文字动画可以使用Cool 3D、3DMAX等软件来制作。

4.2.1.3 文字素材制作实例

Cool 3D是有名的三维文字动画制作软件,也可以制作出效果极佳的图形文字,由于Cool 3D提供了许多可供选择的模板,所以操作起来比较简单,易学易用。下面用几种类型的图形文字字制作方法来介绍 Cool 3D 的使用。

实例一　火焰字

火焰字是应用 Cool 3D“百宝箱”工具栏的“整体特效”中的“火焰”模板产生的一种艺术字效果，效果如图 4-9 所示。

图 4-9　火焰字效果图

(1)启动 Cool 3D，如图 4-10 所示。

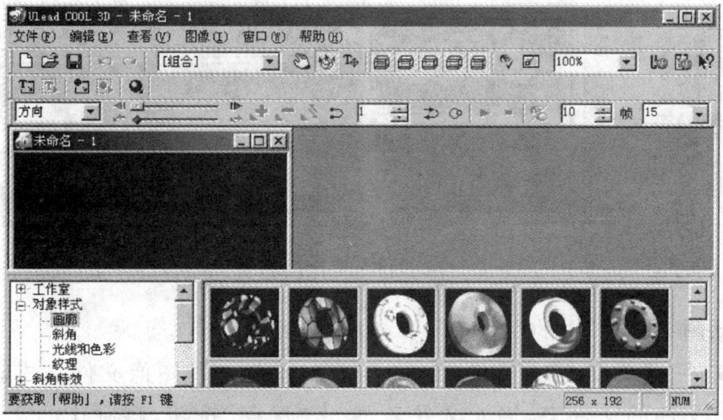

图 4-10　Cool 3D 界面

(2)选择“图像”菜单，单击“尺寸”命令，打开如图 4-11 所示的“尺寸”对话框，并按图中所示进行设置。

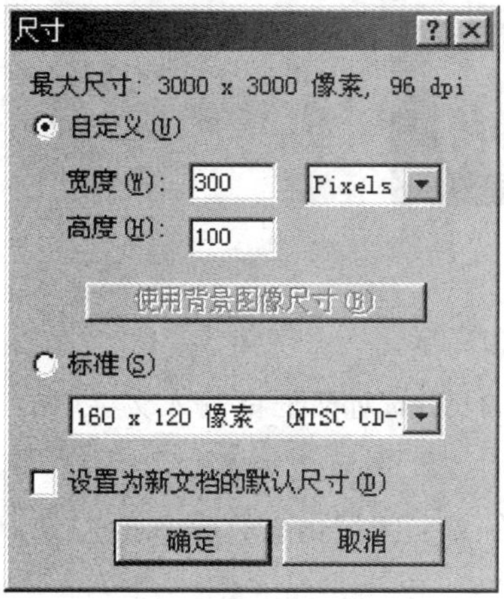

图 4-11　“尺寸”对话框

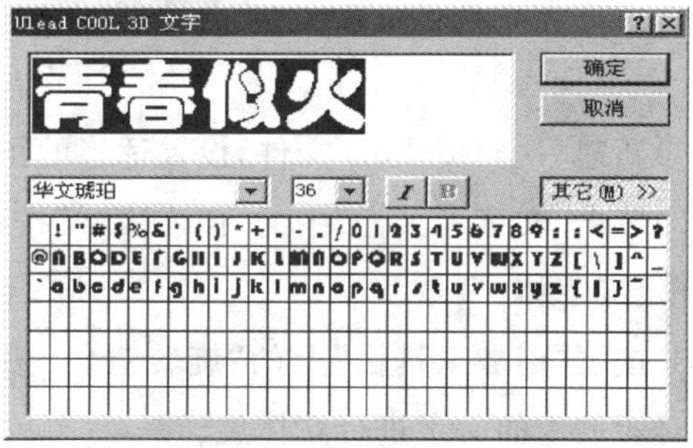

图 4-12　文字输入对话框

(3)单击“文字工具栏”中的“插入文字”按钮，在打开的文字对话框中输入文字(如:青春似火),并定义字体、字号,如图 4-12 所示。

(4)单击“确定”按钮,出现如图 4-13 所示的文字。

图 4-13 输入后的文字

(5)在“百宝箱”工具栏中选择“整体特效”中的“火焰”,并双击你所需的模板,如图 4-14 所示。

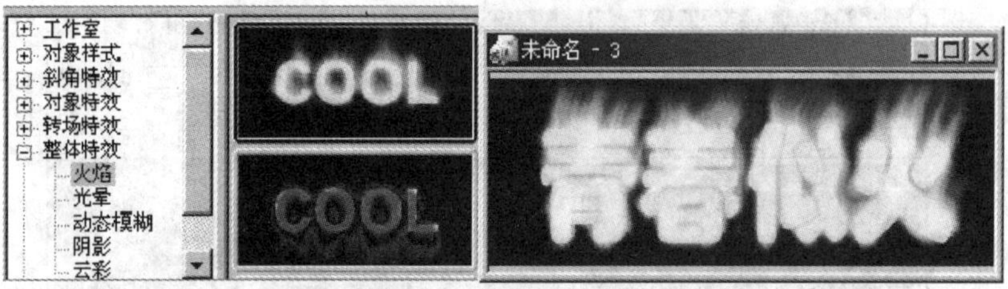

图 4-14 选用模板

(6)调整“动画工具栏”中的“播放滑块”,可改变火焰大小与形状。

(7)选择“文件”菜单中的“创建图像文件”命令,选择一种图像文件格式,在打开的对话框中选择保存图像文件的文件夹,输入文件名,单击“保存”按钮,将制作的文字作为图像文件保存。

实例二 斜角文字

应用 Cool 3D 的斜角文字功能产生的立体文字效果,效果如图 4-15 所示。

图 4-15 立体文字

(1)新建一个 Cool 3D 文件,设置适当的图像宽度和高度。

(2)单击“文字工具栏”中的“插入文字”按钮，在打开的对话框中输入文字(如:立体几何),并定义字体、字号。

(3)按下“标准工具栏”上的“旋转对象”按钮，在文字区域内按住鼠标的左键,移动鼠标,可对所输入的文字进行立体旋转。

(4)在“百宝箱”工具栏中选择“对象样式”中的“斜角”,并双击你所需的模板,如图 4-16 所示。

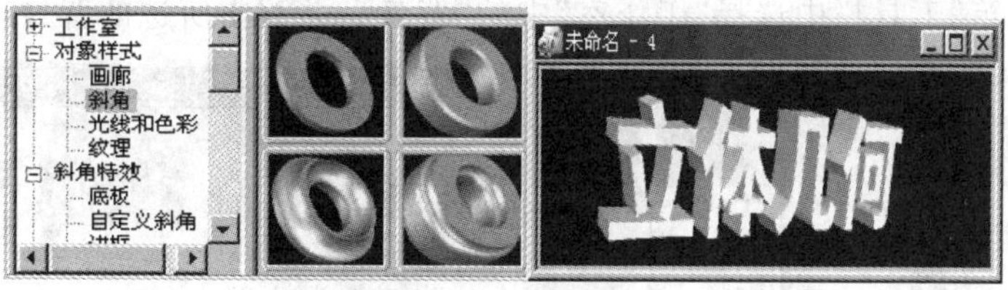

图 4-16　设置斜角效果

(5)按下“标准工具栏”上的“选择正面”按钮，并将其他按钮弹起。

(6)在“百宝箱”工具栏中选择“对象样式”中的“光线和色彩”、“纹理”，并双击你所需的模板，如图 4-17 所示。

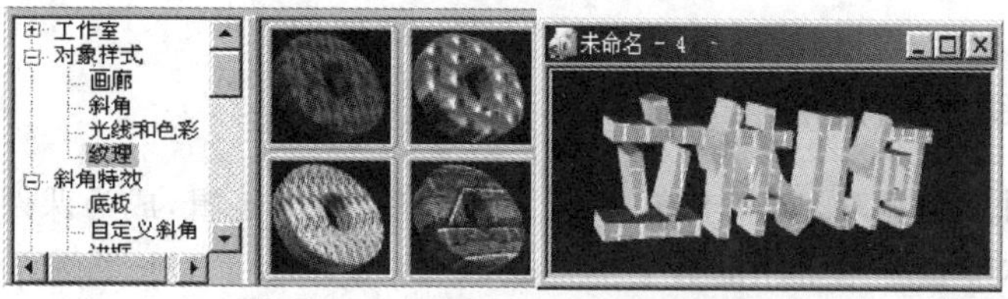

图 4-17　调整字体表面颜色及效果

(7)选择“文件”菜单中的“创建图像文件”命令，选择一种图像文件格式，在打开的对话框中选择保存图像文件的文件夹，输入文件名，单击“保存”按钮，将制作的文字作为图像文件保存。

实例三　金属字

应用 Cool 3D 的模板产生金属字效果，并将一幅图像作为艺术字的背景，其效果如图 4-18 所示。

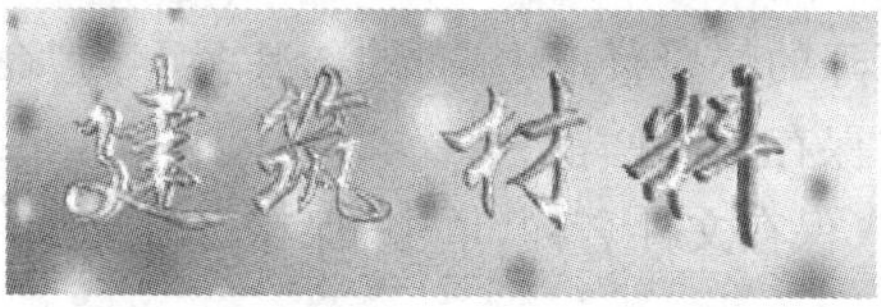

图 4-18　金属字效果图

(1)新建一个文件；设置适合的图像宽度和高度。

(2)单击“文字工具栏”中的“插入文字”按钮，在打开的“Uead Cool3D 文字”对话框中输入文字(如：建筑材料)，并定义字体、字号。

(3)在“百宝箱”工具栏中选择“对象样式”中的“画廊”，并双击所需模板，如图 4-19 所示。

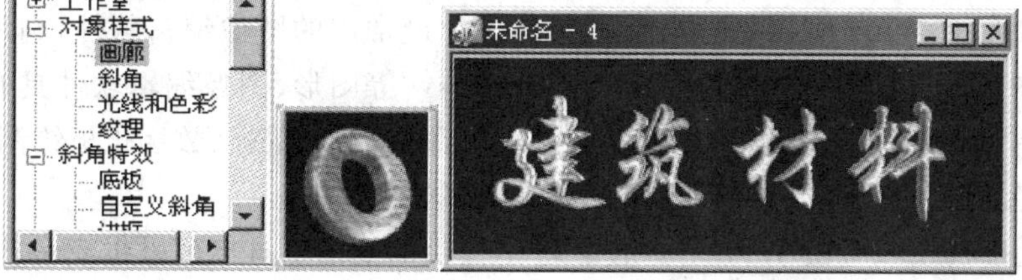

图 4-19　产生金属效果

(4)在“百宝箱”工具栏中选择“工作室”中的“背景”,并双击所选的背景,如图 4-20 所示。

图 4-20 加载背景效果图

(5)选择“文件”菜单中的“创建图像文件”命令,选择一种图像文件格式,在打开的对话框中选择保存图像文件的文件夹,输入文件名,单击“保存”按钮,将制作的文字作为图像文件保存。

4.2.2 数字图像素材的获得与加工

数字图像素材形象直观、来源丰富、获得方法简单、易于编辑,成为课件制作中使用频率很高的素材类型。本节将介绍常用的数字图像获取方法,并通过几个实例介绍图像素材的编辑和制作技巧。

4.2.2.1 数字图像素材的获得

图像素材可以用多种方法获取到,这里主要介绍图像素材获取的一般方法。

1. 从网络下载

随着因特网的日益普及以及网上资源的日益丰富,从网络上获取素材已经成为现在素材获得的一个重要的渠道。从网络上下载,可以通过搜索软件查找到相关主题的单幅图片或者在图库查找需要的图片,找到图片后先显示图片,然后下载所显示的图片,具体操作步骤如下:

(1)将光标放在网页中要保存的图片上。

(2)单击鼠标右键,在打开的快捷菜单中选择“图片另存为”命令,在打开的“保存图片”对话框中选择文件类型并确定保存文件位置。

(3)在“文件名”框中输入保存文件名称,单击“保存”按钮即可。

2. 使用扫描仪扫描输入

使用扫描仪可将照片、印刷图片、美术作品等实物图像扫描到计算机中,变成通用的数字图像,扫描仪可将其变成全彩色的位图图像。利用高分辨率的彩色扫描仪可以获得高质量的数字图像。

扫描仪的分辨率也是以 dpi 为单位,其含义是能够将每英寸的实物图像最多用多少个像素点来描述。其值越高,则得到的图像质量就越高。

3. 利用图形、图像编辑软件生成

我们所使用的 Windows 系统中,“画笔”是一个最常用的图像编辑软件,利用它可以生成很多常用的图形文件。其他如 Photoshop、Coreldraw 等图形、图像编辑软件具有更强大的功能。它们具有良好的图形界面,用户可以通过菜单选择,配合鼠标、数字化板绘制各种图形,还可以进行填色、剪贴、缩放、平移、调色板设置等众多处理。

此外,利用 Office、金山 WPS 等办公软件中提供的绘图工具也可以生成一些 CAI 制作中需要的小图形。

4. 对屏幕图像进行截取

目前很多软件或 VCD 都有很多效果不错的图像画面，用户可以利用一些软件，将屏幕上的画面截取下来，再以文件的形式保存下来，就可以为我所用。这种方法实际是一般用户最容易、最常见的获得图像的一种方法。

用于屏幕抓图的软件很多，不同抓图软件的品质、功能和用法各有不同，有的简单易用，有的功能全面，有的支持视频文件的采集，有的支持多种输出格式，有的能抓取文本信息而不是位图信息等等，下面介绍几种最常见的抓图方法和软件。

(1)利用 Windows 系统本身的屏幕抓图功能抓取图像：Windows 系统本身就有屏幕抓图的功能，只需按“ Print Screen ”键或“Alt＋Print Screen”键便可获取屏幕图像。这种直接按键取图的方法很简单，无需专门的软件支持。

按“Print Screen”键可将当前全屏幕(桌面)的图像复制到剪贴板上；按“Alt＋Print Screen”键可将当前活动窗口的图像复制到剪贴板上。然后再把剪贴板上的图像粘贴到应用程序的指定位置。剪贴板是 Windows 系统中信息交换最常用的空间，它只能保存当前取得的信息，新取得的内容会覆盖原有的内容。因此，使用剪贴板采集的图像只适合于即时处理，不能满足素材制作过程中的大批量、快速采集图像的要求。

若要将剪贴板中的图像保存为图像格式文件，可启动 Windows“附件”中的“画图”工具，打开“编辑”菜单，选择“粘贴”命令，或者按“Ctrl＋V”将所抓图像粘贴到“画图”的工作区中。

然后打开“文件”菜单，选择“另存为”，在对话框中选择好保存后的图像文件格式、图像保存路径以及文件名称，按“保存”按钮，即完成了一幅图像的截取和保存。

(2)用 SnagIt 截取屏幕图像：《SnagIt》是由 Techsmith 公司制作的一个老牌的截图工具，以功能强大、操作便捷著称，还有很多非常独特的功能，是目前最为流行的截图软件之一。下面以《SnagIt 10》为例，介绍使用该软件抓图的操作步骤：

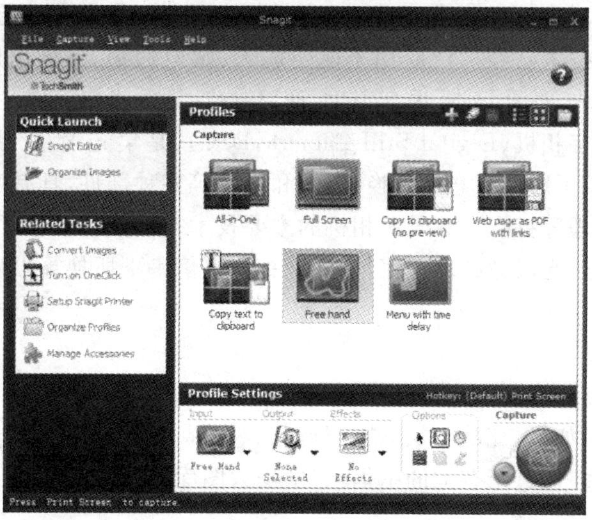

图 4-21　《SnagIt 10》程序界面

1)运行《SnagIt 10》，进入如图 4-21 所示的程序界面。选择一种截图的方式，然后单击界面右下角红色按钮旁边的蓝色下拉按钮，在菜单中可以选择抓取的模式(有图像、文本、视频以及网络四种模式）。

2)单击红色“抓取(capture)”按钮，进入当前屏幕，按住鼠标左键不放，用鼠标勾画出欲截取的画面，然后释放鼠标。此时，程序会将截取的图片显示在其编辑窗口中。如图 4-22 所示。

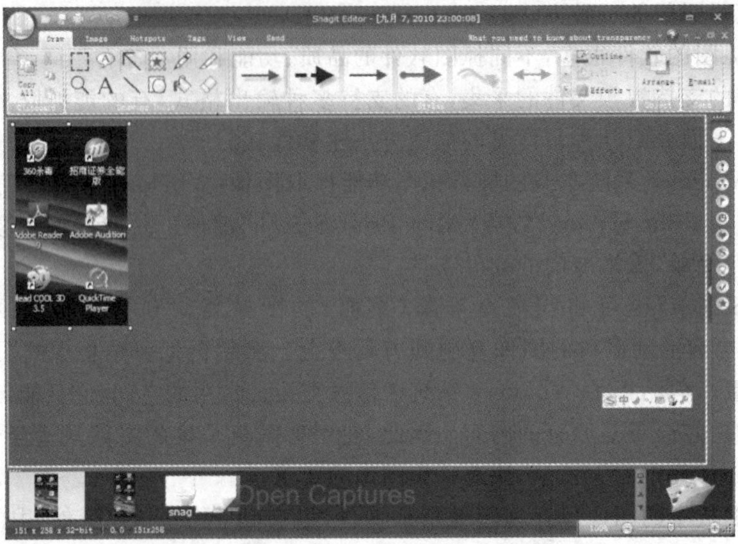

图 4-22 《SnagIt 10》的图形编辑界面

3)完成编辑后，可将图形保存成多种此软件支持的图形格式。

5.使用数码相机捕获图像

20 世纪 90 年代后期，随着数码摄影技术与计算机技术的飞速发展，数码相机已成为一种重要的计算机外部设备。数码相机是在数字化时代中传统的胶片摄影技术向现代数码摄影技术发展的结果，已不仅仅用于记录静止图像，还能够记录活动图像和声音，从而进入了多媒体视听领域。数码摄影技术已经广泛应用于航空航天、邮电通信、新闻出版、网页制作、人事管理、体育传播、影视广告、教育培训、医疗卫生、证照制作、婚纱摄影、日常生活等各个方面。

数码相机又称数字相机(Digital Still Camera，DSC)，是集光学、机械、电子于一体的现代高新技术产品，它集成了影像信息的转换、存储和传输等多种部件，具有实时拍摄，数字化存取模式和与电脑交互处理等特点。数码照相机的主要技术指标是有效像素数和变焦倍数。有效像素数是指真正参与感光成像的像素值，是在镜头变焦倍率下所换算出来的值，这个值一般小于最大像素数。

6.购置图像库

数字化的图形、图像库可以直接在市场选购到，它们一般存储在 CD－ROM 光盘上。目前此类光盘已比较多，如《坦克战车》、《航空母舰》、《世界美术》、《大熊猫》、《中国帝王陵》、《中国家庭美食》、《星座百科》、《邮票上的中国》、《中华大图库》等等。读者可以根据自己的爱好选择、收集。

7.利用电视、摄像机捕获图像

可以利用电视机的视频和摄像机的视频来捕获图像。电视机和摄像机一般是通过视频采集卡或电视转换卡与计算机相连，视频采集卡和电视转换卡的作用是将电视机或摄像机的模拟信号转换成计算机能接受的数字信号，计算机接收数据后，以一定的文件格式存储，供进一步处理。

4.2.2.2　数字图像素材的加工

在多媒体课件开发制作过程中，利用各种方法获取的图像素材往往需要进行加工处理后，才能达到更好的使用效果。与传统的模拟图像相比，数字化图像具有处理速度快，操作简单，便于修改、复制和保存等优点。

数字化图像编辑与处理的软件很多，简单的图像编辑可以使用 Windows 的画图工具。如图像的规则切割、添加简单文字、图像的简单变形等利用画图软件可以方便快捷地完成。但对于较为复杂的图像编辑，可以使用一些功能更为强大的专业图像编辑软件，如《我形我速》、Photoshop 等。Photoshop 以其强大的图像编辑和创作功能，受到广大专业图像编辑人员和业余爱好者的欢迎，成为是目前最流行的图像编辑软件之一。本书将以 Photoshop CS 版本为例，通过几个实例，介绍该软件的基本操作。

4.2.2.3　Photoshop 及制作实例

启动 Photoshop CS 后，使用"文件"—"打开"命令打开其自带的图片"鲜花.psd"后呈现如图 4-23 的软件界面。Photoshop CS 界面由标题栏、菜单栏、工具箱工具属性栏、图像编辑窗口和命令调板等几个部分组成。

其中菜单栏提供了选单式的操作形式，分为"文件、编辑、图像、图层、选择、滤镜、视图、窗口和帮助"9 个子类。Photoshop CS 版本的工具箱内为平面创作提供了 56 个图像编辑和制作工具，在工具属性栏内可以对所选取的工具进行进一步的属性设置，以满足精细加工的要求。Photoshop CS 版本的命令调板共提供了导航、色板、图层、历史记录等 19 种命令调板，用于图像处理。图像编辑窗口中直接显示图像文件及编辑结果。

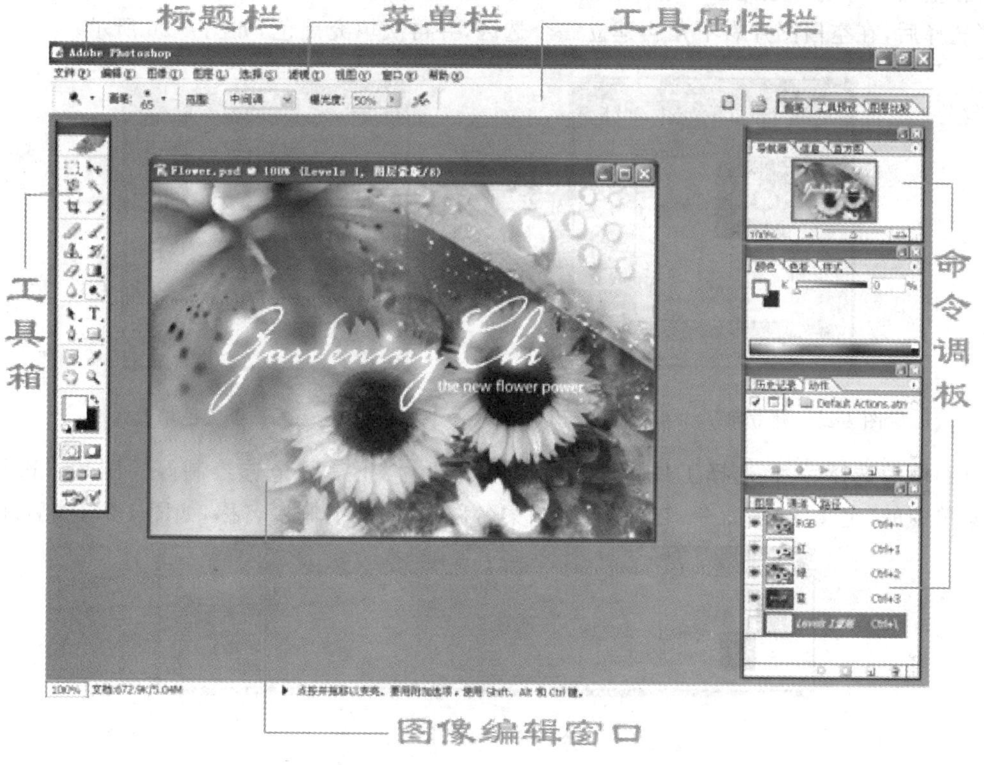

图 4-23　Photoshop CS 软件界面

实例四 恐龙世界(图 4-24)

图 4-24 恐龙世界成品图

本实例主要学习图像拼接过程中包括选择、路径、变换等一些基本操作以及简单文字的建立方法。

(1)利用图案填充的方法制作方格地板。新建一个 100×100 像素空白图片。然后选择矩形选框工具,在工具属性栏的“样式”中选择“固定大小”,并将宽度和高度都设为 50 个像素。然后在空白图片上建立选区,用油漆桶工具在选区上填充上前景色(黑色),如图 4-25 所示。取消选择后,在空白图片右下角再建立一个选区,并再次填充黑色,如图 4-26 所示。

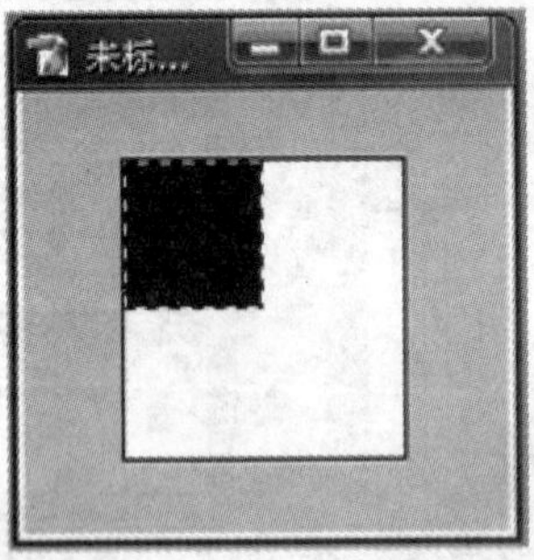

图 4-25 建立第一个黑色填充区域

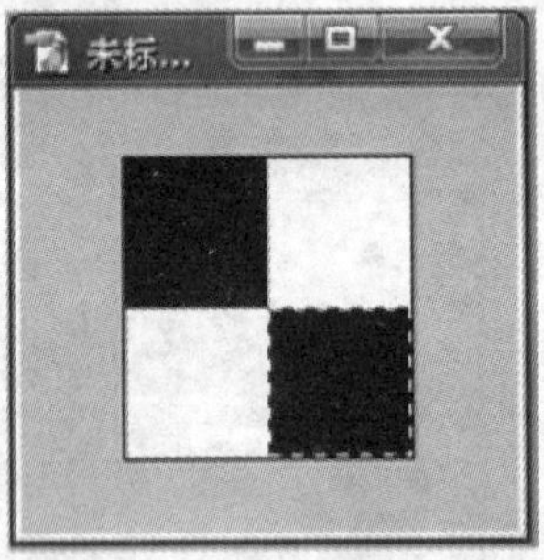

图 4-26 建立第二个黑色填充区域

(2)取消选择后,将选择工具属性栏的“样式”改为“正常”,全选绘制好的图片。选择“编辑”菜单中的“定义图案”命令,在弹出的“图案名称”对话框中输入名称,如图 4-27,然后确定。

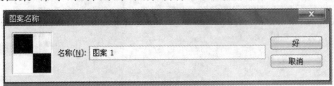

图 4-27 定义图案

(3)新建一个 600×600 像素空白图片，然后选择“图层”菜单的新建图层命令，弹出的对话框使用默认设置，建立一个新的透明图层。选择“油漆桶”工具，在工具属性栏“填充”项选择“图案”，“图案”项中选择刚才定义的图案，以“正常”方式填充到新建的图层上，如图 4-28 所示。

(4)分别使用“编辑”—“变换”中的“缩放”和“斜切”命令，调整图层的外观至如图 4-29 所示。

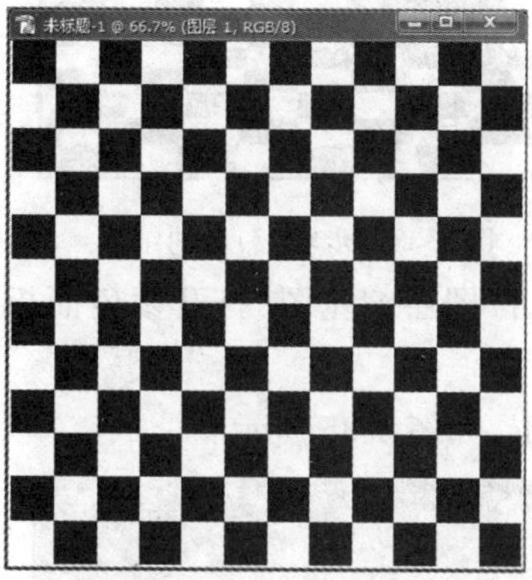

图 4-28　填充图案后的效果

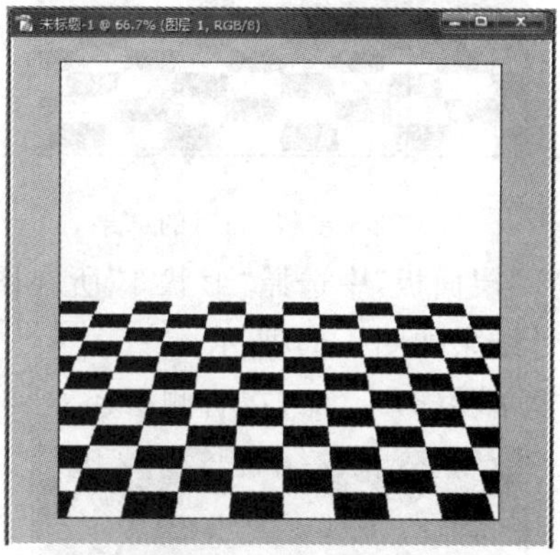

图 4-29　填充图层变形后的效果

(5)打开 Photoshop 自带的图片“山丘. tif”，用矩形选框工具选择蓝色天空部分，如图 4-30 所示，用 Ctrl+C 复制选择的内容。回到编辑的图片，用 Ctrl+V 粘贴复制的内容，并通过“编辑”菜单的“变换”命令将粘贴过来的图形调整到合适的大小，如图 4-31 所示。

图 4-30　“山丘”图片

图 4-31　拼接后的效果

(6)用“钢笔”工具绘制一个四边形，如图 4-32 所示。此图层在“图层”面板显示为“形状 1”。

(7)在“图层”面板中选择刚建立的“形状 1”所在图层，单击鼠标右键，在弹出的快捷菜单中选择“复制图层”选项，得到“形状 1 副本”。选择“形状 1 副本”图层，使用“编辑”—“变换”—“缩放”命令，缩小副本，如图 4-33 所示。

图 4-32 步骤(6)后的结果

图 4-33 步骤(7)后的结果

(8)在“图层面板”中选择“形状 1”所在图层，双击“图层缩览图”打开颜色面板，选择一个合适的颜色，结果如图 4-34 所示。

(9)重复步骤(6)～(8)，在右侧再建立一个四边形，如图 4-35 所示。

图 4-34 步骤(8)后的结果

图 4-35 建立了两个四边形

(10)打开配套光盘中的“素材”目录下“恐龙世界”子目录下的“恐龙 01. jpg”图片，用“魔棒”工具点选白色背景处，然后使用“选择”菜单中的“反选”命令，选择恐龙图形，如图 4-36 所示。

(11)用 Ctrl+C 复制选择的恐龙，回到编辑的图片，用 Ctrl+V 粘贴恐龙，并通过“编辑”菜单的“变换”命令将粘贴过来的恐龙调整到合适大小，并放置在如图 4-37 所示位置。

图 4-36 “恐龙 01”图片

图 4-37 步骤(11)后的结果

(12)打开配套光盘中的“素材”目录下“恐龙世界”子目录下的“恐龙 02.jpg”图片，重复步骤(10)～(11)，将第二只恐龙放置到合适位置，如图 4-38 所示。

(13)打开配套光盘中的“素材”目录下“恐龙世界”子目录下的“背影.jpg”图片，用“多边形套索工具”沿人物轮廓仔细地建立一个选择区域，如图 4-39 所示。

图 4-38　步骤(12)后的结果

图 4-39　“背影”图片

图 4-40　步骤(14)后的结果

(14)用 Ctrl＋C 复制选择的人物背影，回到编辑的图片，用 Ctrl＋V 粘贴复制的图形，并通过“编辑”菜单的“变换”命令将人物背影调整到合适大小，并放置在如图 4-40 所示位置。

(15)选择工具箱中的文字工具，在文字工具属性栏中将字体设为“黑体”，大小设为“72点”，然后在图片的左上处输入文字“恐龙世界”，然后选择“样式”面板中的“铬金光泽”样式。最终结果如图 4-24 所示。

实例五　水晶按钮

按钮在多媒体课件中经常被使用，如果能够制作出一些精美的按钮，可以使课件增色不少。从外形来看，大部分按钮都是规则的矩形或椭圆形。因此，按钮效果主要使色彩的变化，这里介绍一种水晶按钮的效果，从中学习体会按钮开发的一般过程及基本配色方法。

(1)新建一个 300×300 像素空白图片。然后选择椭圆形选框工具，在空白图片上建立一个椭圆形选区。用“图层”菜单的“新建图层”命令新建一个图层，在该图层中用油漆桶工具在建好的椭圆选区上填充前景色(黑色)，如图 4-41 所示。

图 4-41　填充了黑色的椭圆选择区域

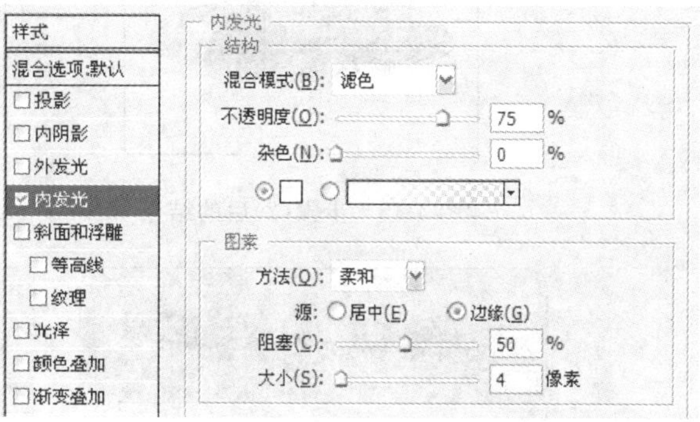

图 4-42　“内发光”设置

(2)在“图层”面板中，选择椭圆所在图层，单击鼠标右键，在弹出的快捷菜单中选择“混合选项”，打开图层样式对话框。在样式对话框中分别对“内发光”、“渐变叠加”以及“描边”三个标签做设置，具体设置分别见图 4-42、4-43 和图 4-44 所示。其中图 4-43 中的渐变色如图中矩形框中的色条设置。全部设置完毕后得到如图 4-45 结果。

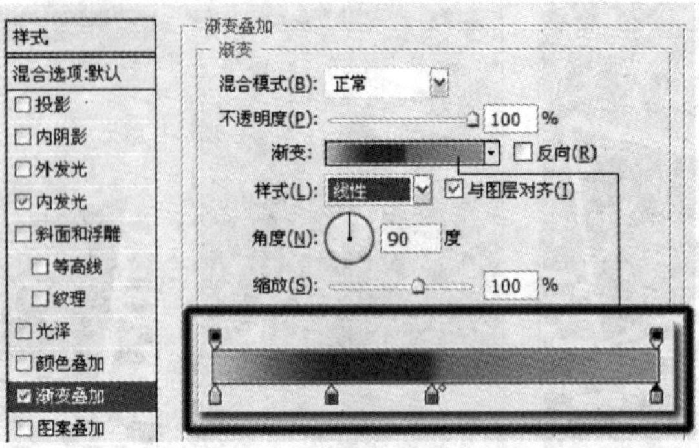

图 4-43 “渐变叠加”设置

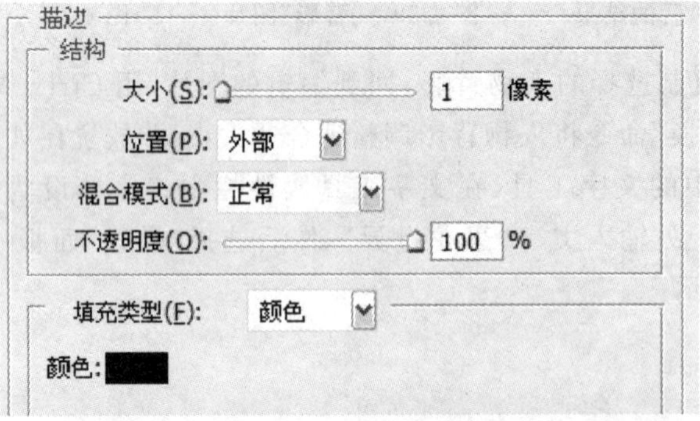

图 4-44 “描边”设置

(3)选择文字工具，在按钮上添加文字，并对文字图层“投影”的样式设置，得到最终结果如图 4-46 所示。

(4)利用此方法可以开发多种形状和颜色系列的水晶按钮，如图 4-47 所示。

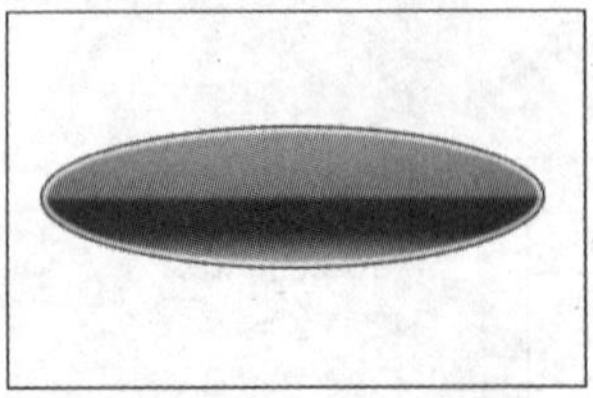

图 4-45 步骤(2)后的结果

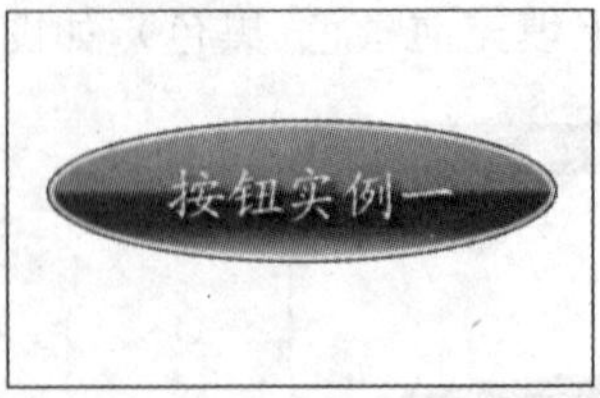

图 4-46 加上文字的按钮

图 4-47 其他“水晶”按钮效果图

实例六　特效文字

特效文字是指具有特殊外观效果的文字，与 True Type 文字形式不同，特效文字一般不能直接靠键盘输入，而是需要通过一些特殊的方法来得到。由于特效文字外观的特殊性，可以用作课件的中强调或装饰性文字。用 Photoshop 可以开发出很多具有特殊效果的文字，具体可以参看一些网络教程，这里将详细介绍一种“透明字”的制作方法，从而来学习体会特效文字开发过程和技巧。

“透明文字”有很多做法，一般可利用图层面板的“混合选项”的一些设置将文字图层做成具有三维的光照效果，然后将文字图层做成透明后仍然可以保持文字的轮廓，形成透明文字。

图 4-48 所示的透明文字效果就可以按照以下步骤来制作。

图 4-48　“透明字”效果图

(1)新建一个 300×300 像素空白图片。选择工具栏中的“渐变工具”，在渐变工具属性栏中点击“渐变拾色器”右边的下拉箭头，在弹出的渐变色中选择“色谱”。

(2)选择“线性渐变”方式，按住鼠标左键不放，在空白图片从左边向右边水平拉一条线，形成色谱渐变，结果如图 4-49 所示。

(3)用文字工具建立文字，如图 4-50 所示。

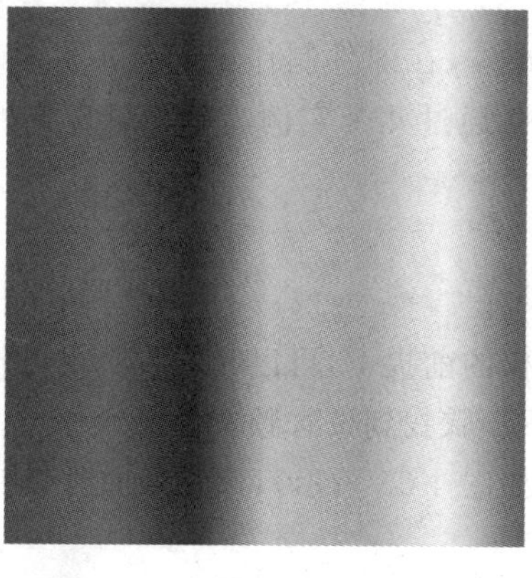

图 4-49　“色谱”渐变填充

图 4-50　加上文字

(4)在图层面板中选择文字图层,单击鼠标右键,在弹出的快捷菜单中选择"混合选项",打开图层样式对话框。在样式对话框中分别对"投影"、"外发光"和"内发光"三个标签设置,如图 4-51、4-52 和图 4-53 所示。

(5)设置完毕后,在"图层面板"中,将填充选项改为 42%即可,如图 4-54 所示。

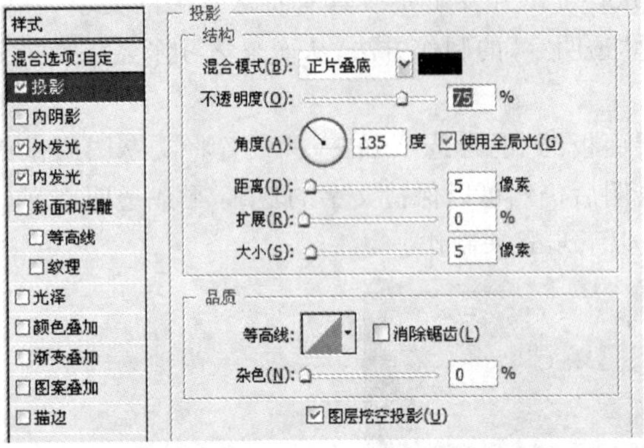

图 4-51 "投影"设置

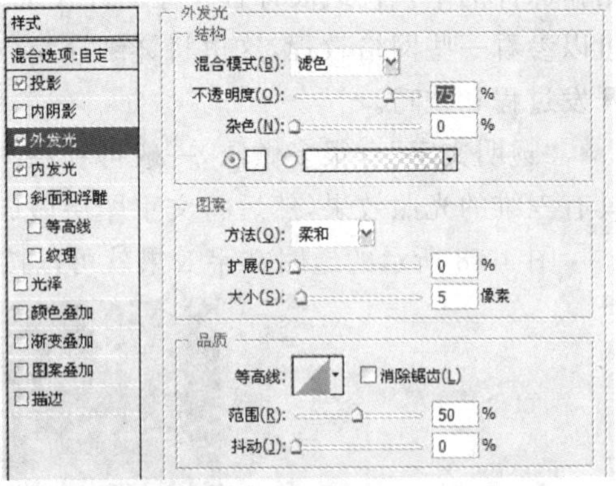

图 4-52 "外发光"设置

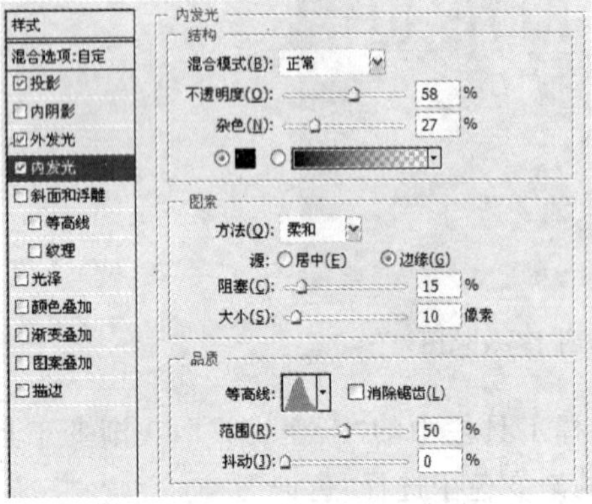

图 4-53 "内发光"设置

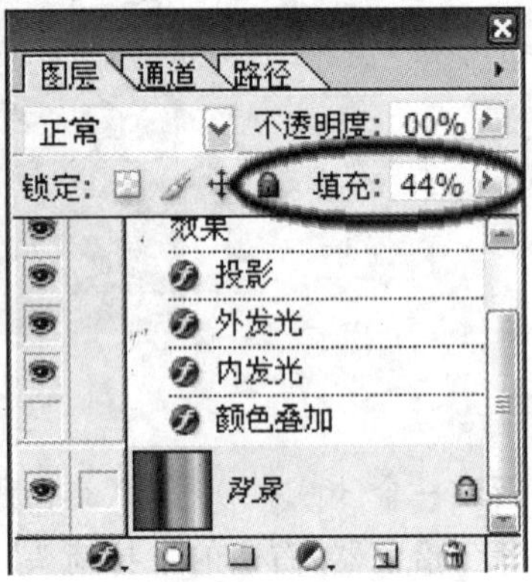

图 4-54 图层面板

4.2.3 数字音频素材的获得与加工

数字声音是五类多媒体素材中唯一的纯听觉媒体,在课件制作中起着不可替代的作用。本节将介绍目前常用的几种数字声音的获得手段,并通过几个实例简单介绍声音的编辑加工方法。

4.2.3.1 数字音频素材的获得

1. 网络下载

网络提供了丰富的数字音频资源,在不涉及版权的前提下,可以在线收听也可找到文件直接下载。对于只提供在线收听的音频可以通过以下步骤找到该音频文件。

(1)当在线音乐播放完毕后(进度条显示完毕,如图 4-55 所示),该音乐文件其实已经存在本地磁盘中了。

(2)利用 IE 浏览器的菜单的"工具"选项中的"Internet 属性"命令,在打开的对话框中选

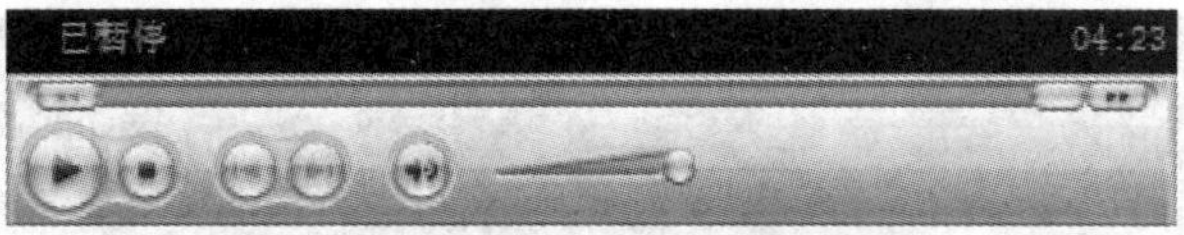

图 4-55　在线音乐播放器显示的进度条

择“常规”标签中的“设置”按钮，打开设置对话框，如图 4-56 所示。

(3)单击“查看文件”按钮，在弹出的文件窗口中，可以根据文件建立的时间、文件的格式等信息找到刚才的音频文件，一般在线音频多 wma 或 rm 格式，如图 4-57。将该文件复制后到其他位置粘贴，就可以得到该音频文件了。该方法也可用于下载在线视频文件。

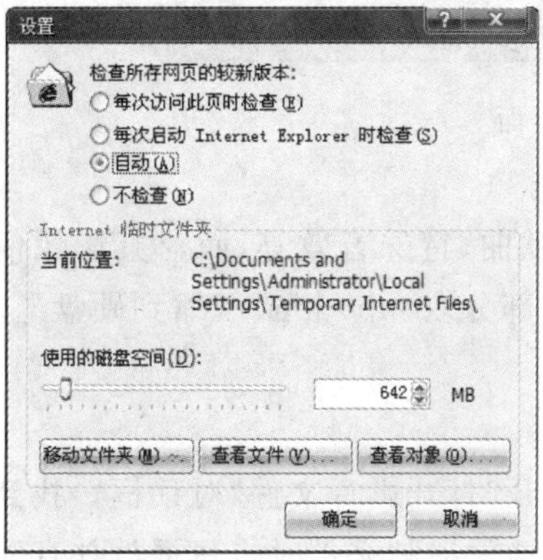

图 4-56　“设置”对话框

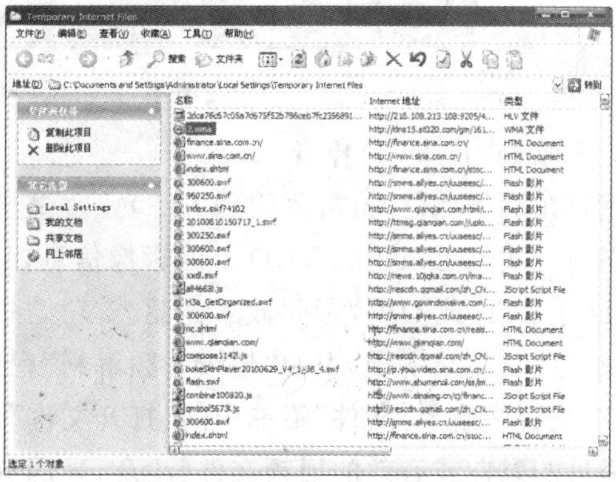

图 4-57　“查看文件”窗口

2. CD 音乐转换

CD 唱片上的歌曲是无法直接复制，需要经过转换才能被编辑或在课件中使用。很多数字音频处理工具可以将 CD 上歌曲转换成 wav 或 mp3 文件等可以直接使用的音频文件，如《超级解霸》的实用工具集、格式转换软件 format factory 以及音频处理软件 Audition 等都能读取 CD 乐曲。

《超级解霸》英雄版所带的实用工具集中集成了一个优秀 CD 音轨抓取工具，不但可以直接从 CD 中抓取音轨生成 wav 文件，还能将抓取的音轨直接压缩成 mp3 文件，而且压缩比从最大 27%到最小 3%，共有 10 种选择，默认压缩比为 7%，当然压缩比越大失真也就越多。

(1)在《超级解霸》实用工具集的音频工具中找到“mp3 数字抓轨”程序项，并运行它，进入如图 4-58 所示的使用界面。

(2)将 CD 唱碟放入光驱，单击“搜索光驱”按钮；系统搜索该光盘上所有 CD 曲目，然后再下拉列表中选择需要转换的乐曲(轨道序号)。

(3)根据需要设置频率、声道、位数等参数，并单击“选择路径”按钮，设定转换后的文件保存位置。

(4)在“起始位置”栏中确定转换的起始位置，单击“开始读取”按钮，当转换到结束点处时，即可在目录文件夹中看到转换后的 wav 文件。

(5)若要将乐曲直接转换成 mp3 格式，可以选取“直接压缩成 mp3”选项，然后根据需要设定压缩方法、压缩比及是否使用“PⅢ 加速”等参数，然后单击“开始读取”按钮，当转换到结束点处时，即可在目录文件夹中看到转换后的 mp3 文件。

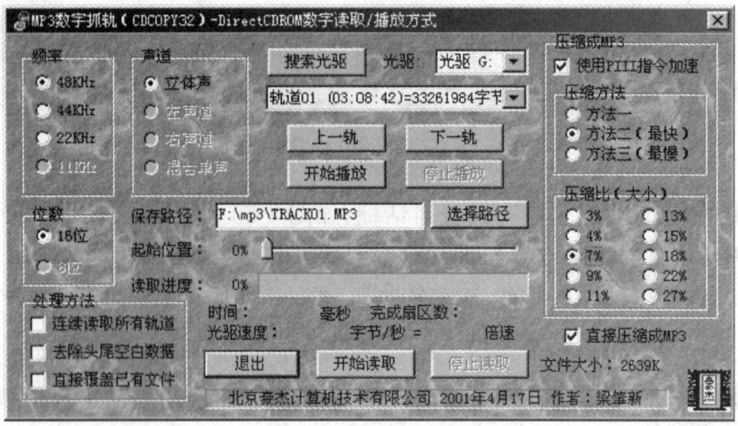

图 4-58 mp3 数字抓轨界面

3. 获取 DVD、VCD 伴音

有时在制作课件时，需要用到 VCD 上一些伴音，如歌曲、特殊音效等，而对其影像信息并不感兴趣。我们可以剔除 VCD 上的影像信息，只将声音部分以 mp3 格式压缩到硬盘上。

(1)将 VCD 或 DVD 影碟放入光驱。

(2)启动《超级解霸》中的“超级音频解霸”程序。

(3)用音频解霸“文件”菜单中的“打开文件”命令，打开“打开影音文件”对话框。找到并播放欲拷贝的歌曲或音效的视频文件(注意，采用音频解霸播放视频文件时将只播放伴音而不显示影像)。

(4)在“超级音频解霸”的“音频”菜单中设置适当的播放状态，一般可选择“精密 44100 赫兹”和“立体混合声”两个选项。

(5)单击“波形录音”按钮，打开“保存声音波形文件”对话框。输入将要保存录制的波形文件的路径及文件名之后，单击“保存”按钮即开始录制，到结束点时，单击“结束”按钮就会将 VCD 中的声音信息采用 wav 文件的格式录制到硬盘上了。

4. 录制声音

有些音频素材需要自己录制，如语音以及一些音效。利用 Windows 自带的“录音机”软件或者数字音频编辑软件 Adobe Audition 都可以进行声音录制。在声音录制前先确定声卡工作正常，并且麦克风已经正确接插到声卡上。先介绍“录音机”录制声音的方法，Audition 的操作在后面的章节再详细介绍。

(1)运行 Windows“附件”中的“录音机”软件，如图 4-59 所示。

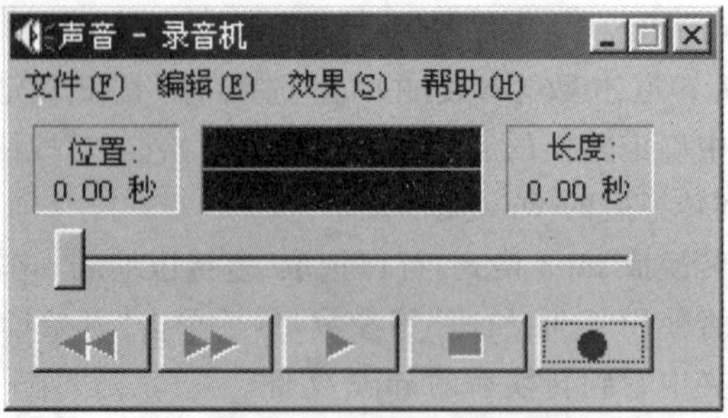

图 4-59 录音机窗口

(2)在“文件”菜单中选择“属性”命令，打开如图 4-60 所示的“声音的属性”对话框。

(3)在“选择位置”栏中选择“录音格式”，单击“开始转换”按钮，打开如图 4-61 所示的“选择声音”对话框。

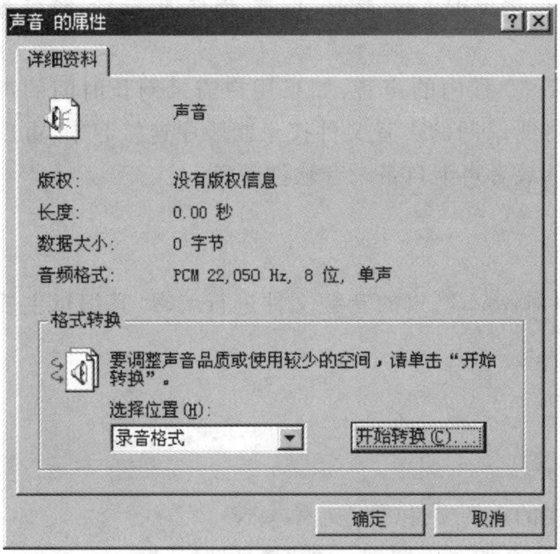

图 4-60　“声音的属性”对话框

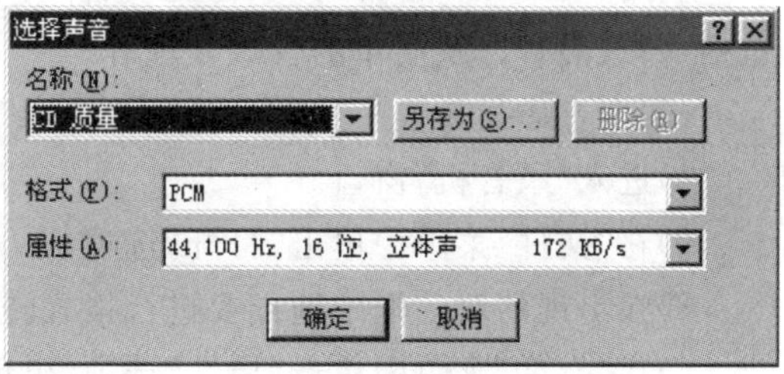

图 4-61　“选择声音”对话框

(4)在“选择声音”栏中选择“CD 质量”即可。如果有特殊需要，可以按自己的要求选择其他的格式。注意，为了避免以后将 wav 格式压缩转换为 mp3 时由于损耗而导致音质变差，在录制时尽可能选用高质量的声音设置，如 CD 质量的声音。设置好后，单击“确定”按钮，关闭对话框。

(5)在“编辑”菜单中选择“音频属性”命令，打开如图 4-62 所示的“音频属性”对话框。

(6)在“录音”栏中单击“高级属性”按钮，打开如图 4-63 所示的“高级音频属性”对话框。

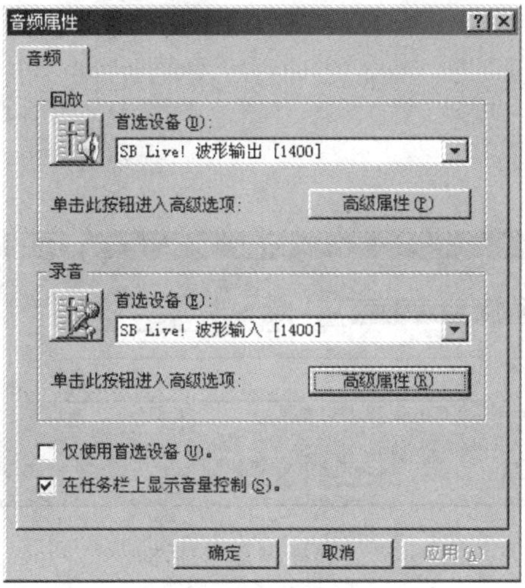

图 4-62　“音频属性”对话框

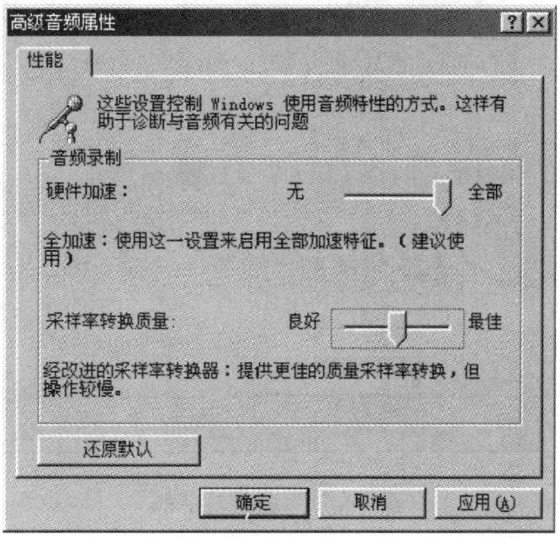

图 4-63　“高级音频属性”对话框

(7)根据需要调节“采样率转换质量”右边的滑块，一般情况下使用默认的中间位置，当然录制高质量的声音需要调节到“最佳”。设置好后，单击“确定”按钮，关闭对话框。

(8)单击录音机程序界面中的“录音”按钮，录音程序即开始录制。

(9)录音结束后，单击“停止”按钮，在“文件”菜单中选择“保存”或者“另存为”命令，将声音数据保存为 wav 格式的声音文件。

注意：Windows 中的录音机一次只能录制 60 秒内的声音，如果用户需录制长时间的声音，可分别录制，然后用“录音机”的编辑功能将所录制的声音文件按录制顺序连接起来，重新存盘即可使用。用户还可以选择其他录音软件或者声卡自带录音软件录音。

4.2.3.2 数字音频素材的加工

1. 使用“录音机”

利用 Windows 自带的“录音机”软件可以对 wav 格式的音频文件进行编辑，其编辑主要包括剪辑、混音以及简单的音效处理等。

(1)声音质量转换

1)进入“录音机”窗口。

2)在“文件”菜单中单击“打开”选项。

3)在出现的对话框中选择要进行格式转换的声音文件(如：笑声.wav)。

4)在“文件”菜单中单击“属性”选项，出现一个如图 4-64 所示的“属性”对话框。

5)在“选择位置”列表框中选择转换后的文件类型，单击“立即转换”按钮，出现如图 4-65 所示的“选择声音”对话框。

6)在“名称”下拉列表框中选定转换后的声音格式后，单击“确定”按钮后进行转换，转换完后，按“确定”按钮，回到“录音机”窗口。

7)在“文件”菜单中，选择“另存为……”选项，输入文件名，将其保存下来。

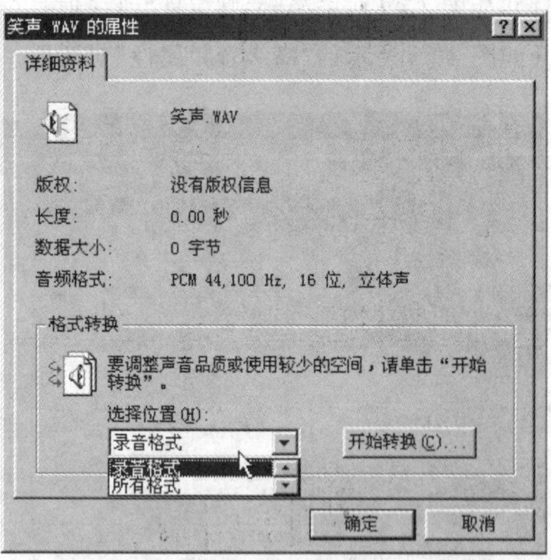

图 4-64 “属性”对话框

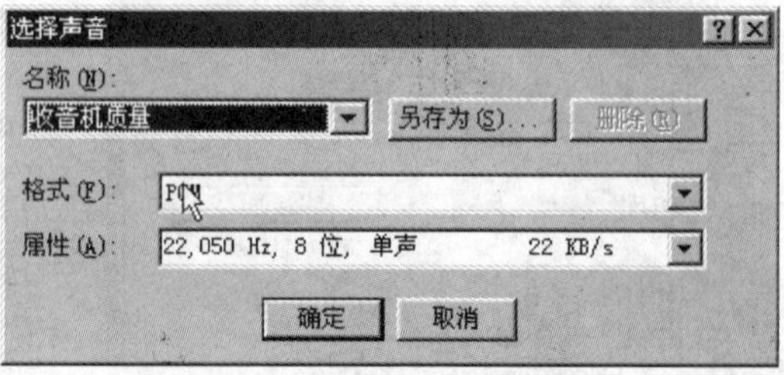

图 4-65 “选择声音”对话框

(2)删除一部分声音

1)进入“录音机”程序窗口。

2)在“文件”菜单中单击“打开”命令,打开要处理的声音文件。

3)将鼠标放在滑块上,移动滑块到要删除的位置。

4)在“编辑”菜单中选择删除命令,如图 4-66 所示。

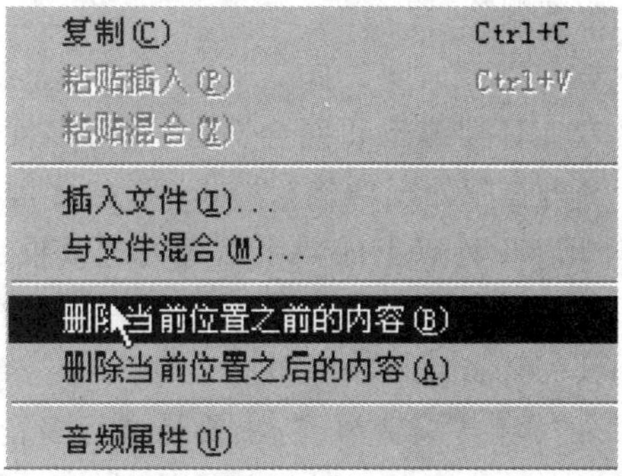

图 4-66　选择删除命令

说明:如果要恢复被删除的部分,在“文件”菜单中选择“还原”命令。

(3) 插入声音

由于“录音机”程序每次最多只能录制 1 分钟的声音,因此我们经常需要将几次录制成的声音文件连接起来,这就需要应用插入声音。

1)进入“录音机”程序窗口,打开要进行插入操作的第一个声音文件。

2)把滑块移到要插入另外一个声音的位置。

3)在“编辑”菜单中选择“插入文件”命令,打开“插入文件”对话框。

4)选择好要插入的声音文件,单击“打开”按钮即可。

如果选择“与文件混音”,将会使这两个声音混合在一起。

(4) 增强声音效果

1)在如图 4-67 所示的“效果”菜单中提供了许多选项,用户可以根据需要选择来改善声音的播放效果。

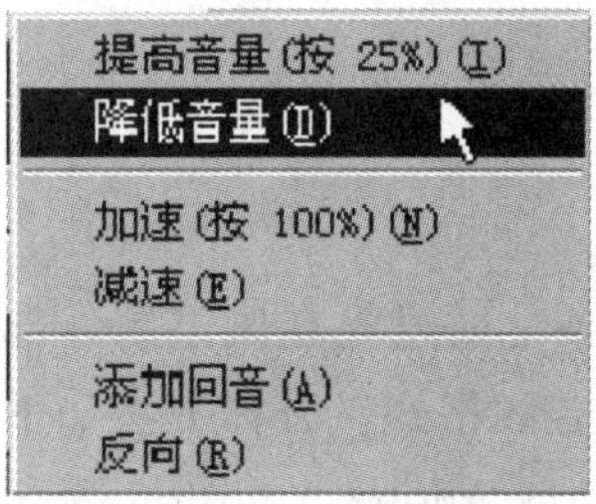

图 4-67　“效果”选择菜单

2)根据需要,在菜单中选择相应的命令调整声音效果。

改变音量:在“效果”菜单中选择“提高音量”或“降低音量”选项,可以改变声音的播放音量,每次改变的幅度是原来音量的 25%。

改变音速:在“效果”菜单中选择“加速”或“减速”选项,可以改变声音的播放速度,每次改变的幅度是原来速度的 100%。

添加回音:如果你玩过卡拉 OK,你一定感觉你的声音好听多了,这是因为卡拉 OK 机给你的声音添加了回音。选择此项，可以使声音效果更符合用户的需要。

反转：选择“反转”选项，可以将使用播放顺序颠倒，即倒着放音。

注意：如果你对声音所作的效果都不满意，可以从“文件”菜单中选择“还原”命令，将上次存盘到现在用户所做的变化全部删除。

2. 使用 Adobe Audition

Adobe Audition 是一个专业音频编辑和混合平台，支持多种音频格式，可提供先进的音频混合、编辑、控制和效果等多种音频处理功能。Audition 最多混合 128 个声道，也可编辑单个音频文件，创建回路并可使用 45 种以上的数字信号处理效果。本书将以 Adobe Audition 2.0 版本为软件平台，通过几个实例介绍该软件一些在多媒体素材编辑中常用的操作。

(1)界面介绍。启动 Adobe Audition 2.0 后进入如图 4-68 界面。Audition 有三种默认编辑界面，其中图 4-68 显示的是“多轨”编辑模式，主要是进行多音频合成编辑；图 4-69 是“单轨”编辑模式，在该模式下可以对单个音频文件做编辑处理；第三种是“CD” 模式，在该模式下可以读取音乐 CD 的音频数据或制作刻录音乐 CD。

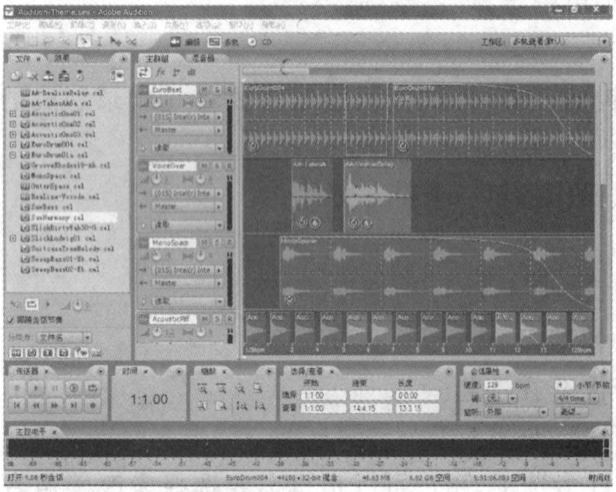

图 4-68 “多轨”编辑模式界面

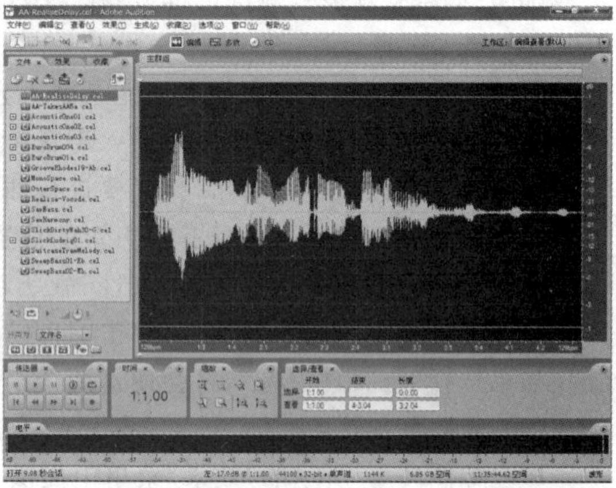

图 4-69 “单轨”编辑模式界面

(2)Audition 制作实例。

实例七 录音

利用 Adobe Audition 可以方便地通过麦克风录制外部声音。和“录音机”不同，Audition 可以录制立体声，并且保存成多种音频格式。具体方法如下：

(1)确认正确接插了麦克风，启动 Adobe Audition 后，进入“单轨”编辑模式。

(2)使用“文件”菜单中的“新建波形”命令，在弹出的“新建波形”对话框中选择合适的音频参数，如图 4-70 所示，然后单击“确定”。

(3)单击界面左下的“传送器”面板中的红色录音按钮开始录音，如图 4-71 所示。录音时间的长度只与磁盘空间有关。录音过程中可以使用“暂停”键来控制录音的进程。

(4)录制完成后，单击“传送器”面板中的“停止”键结束录音。此时录制完毕后的音频文件在编辑轨道上显示出来，如图 4-72 所示。在下方“时间”面板中显示的是录制的音频文件的总长度。

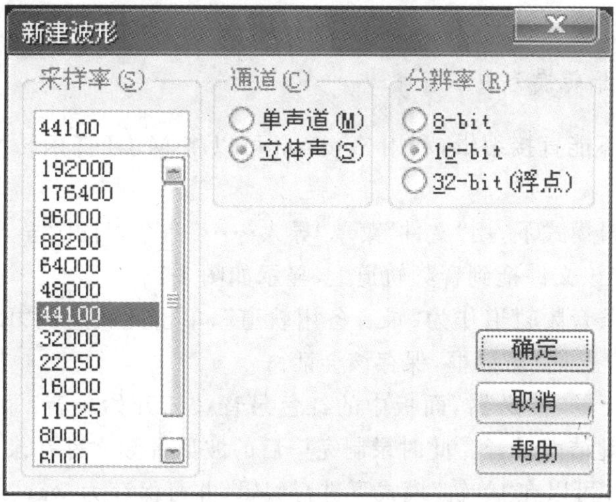

图 4-70　“新建波形”对话框

图 4-71　“传送器”面板

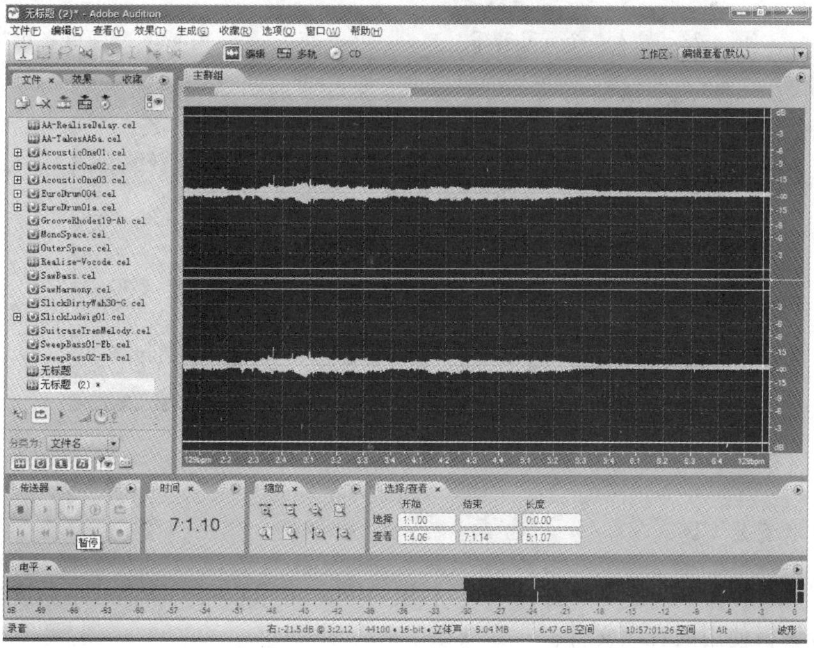

图 4-72　音频录制完毕时的界面

(5)用“文件”菜单中的“保存”命令可将此段音频文件保存成 audition 支持的文件格式，如

wav、mp3 等。

实例八 将 MIDI 音乐转换为波形音频

MIDI 音乐基本不能直接编辑，利用 Auditon 可以将 MIDI 音乐转换成波形音频文件，然后就可以进行编辑了。

(1)在“多轨”编辑模式下，用“文件”菜单“导入……”命令，打开“导入文件”文件对话框，导入一个 mid 文件。将该文件拖到音频轨道上，显示如图 4-73。

(2)选择任意一条音频轨道作为“录音备用轨道”，单击此轨道的“R”录音备用按钮(见图 4-74)，弹出一个“保存会话”对话框，保存该会话。

(3)单击界面左下的“传送器”面板中的红色录音按钮开始录音；录制完成后，单击“传送器”面板中的“停止”键结束录音。此时录制完毕后的波形音频文件在录音轨道上显示出来，如图 4-75 所示。该文件可以在“单轨”模式下进行编辑，并可保存为 wav、mp3 等格式。

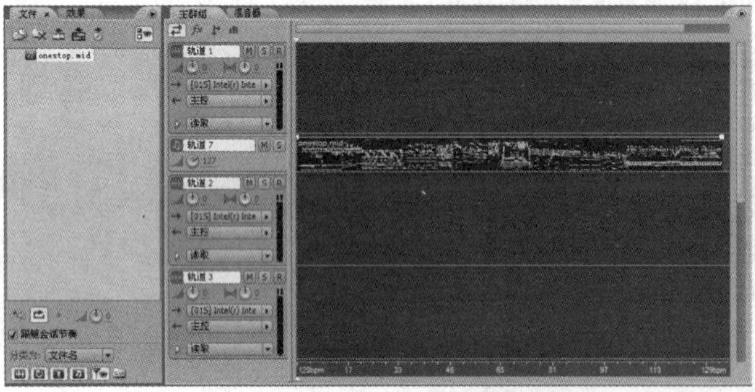

图 4-73 导入一个 mid 音乐

图 4-74 “录音备用”按钮“R”

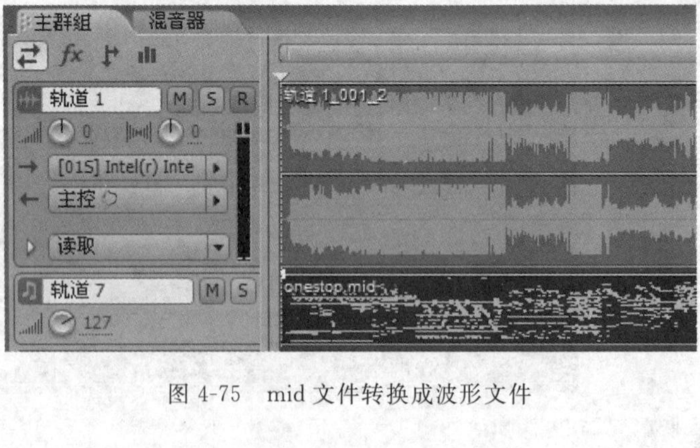

图 4-75 mid 文件转换成波形文件

实例九 读取音乐 CD

音乐 CD 上的音频文件不能直接拷贝，利用 Audition 可以将 CD 上的乐曲读取出来，并转换成可直接编辑使用的音频文件。

(1)在光驱中放入音乐 CD，然后使用“文件”菜单中的“导入”命令，在弹出的“导入”对话框中选择 CD 上的 *.cda 文件，然后单击“打开”，即可导入 CD 音频。

(2)切换到“单轨”编辑模式，选择对任意一个导入的 CD 音频文件进行编辑，通过“文件”—“存储为”可以将此音频文件转换成 wav 或 mp3 等音频文件格式。

实例十　简单编辑音频文件

在“多轨”编辑模式下，可以对音频文件单个简单编辑，也可以对多个音频文件做混合处理。

(1)在轨道上插入音频：选择一个要插入到轨道上的音频文件，可直接拖拉到某条音频轨道上，也可利用文件标签的“插入进多轨会话”按钮将选择的音频文件插入到轨道上，如图 4-76 所示。

图 4-76　文件面板上的“插入进多轨会话”按钮

(2)在轨道上移动音频文件：选择轨道上的音频文件，按住鼠标左键不放，就可移动轨道上的音频文件。

(3)剪裁音频文件：选择“时间选择工具”  ，在规道上按住鼠标左键不放，拖拉鼠标，可以选择轨道中的任意长度波形文件，如图 4-77 所示。然后单击鼠标右键，在弹出的快捷菜单中选择“删除”(delete)或“剪切”(cut)都可剪裁选择的音频片段。剪裁后原来的一个音频片段变为两个音频片段。

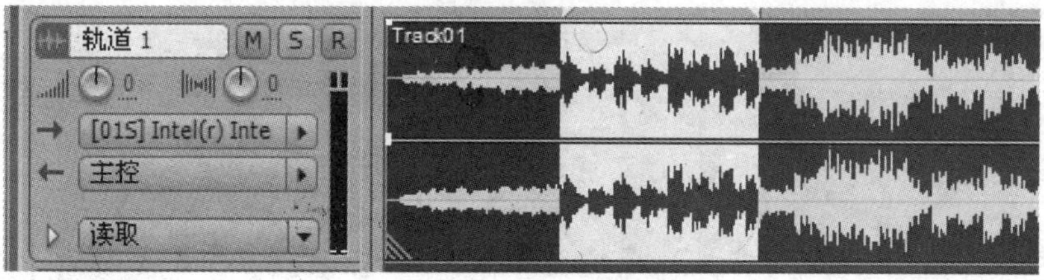

图 4-77　在轨道中选择音频片段

(4)分片：有时要将一个音频片段分成若干个独立的片段分别编辑，按(3)所述方法选择片段后，在快捷菜单中选择“分片”(split)命令，则可将轨道上的音频分成多个片段。

(5)复制音频：复制音频常用的有两种方法，一是选择要复制的片段后，通过“复制”(copy)和“粘贴”(paste)来复制片段。二是选择要复制的片段后，单击鼠标右键，在弹出的快捷菜单中选择“副本”(duplicate)命令，弹出如图 4-78 的对话框，设定参数后，单击“确定”，则可在轨道上同时对所选片段建立多个副本，如图 4-79 所示。

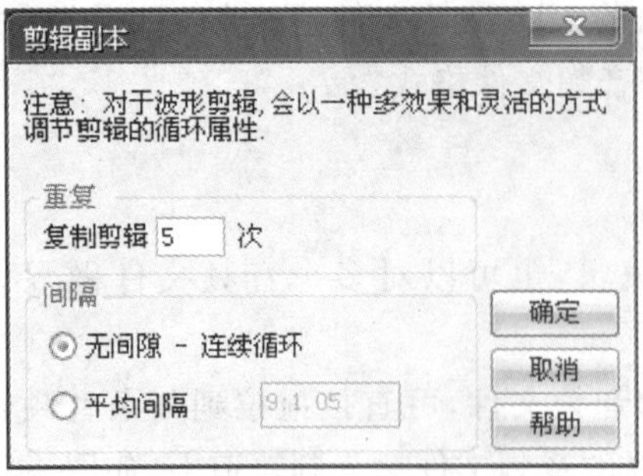

图 4-78 “剪辑副本”对话框

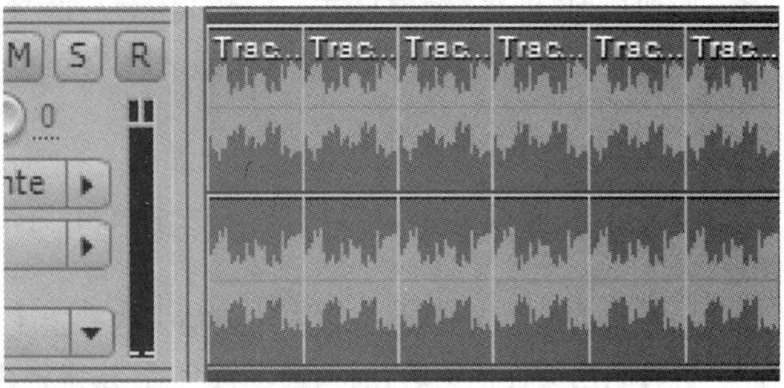

图 4-79 轨道上建立了多个副本

(6)包络线编辑：在 Audition 中有两种包络线，音量包络线和声相包络线，见图 4-80。音量包络线表征了轨道上的音频随时间的变化，音量发生变化的规律；声相包络线则表征了音频左右声道所处的位置随时间的变化规律。因此，编辑包络线，可以达到一些奇妙的音乐效果。单击包络线可以添加调节点，移动调节点就可以调节音量的变化或者左右声道的变化，如图 4-81 所示。

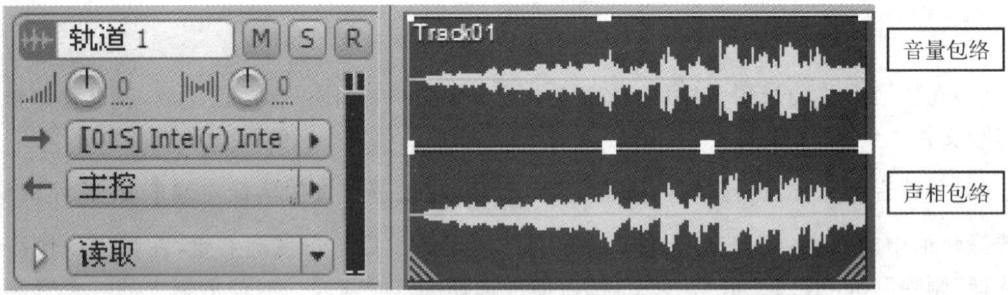

图 4-80 未调节时轨道上音频的包络线

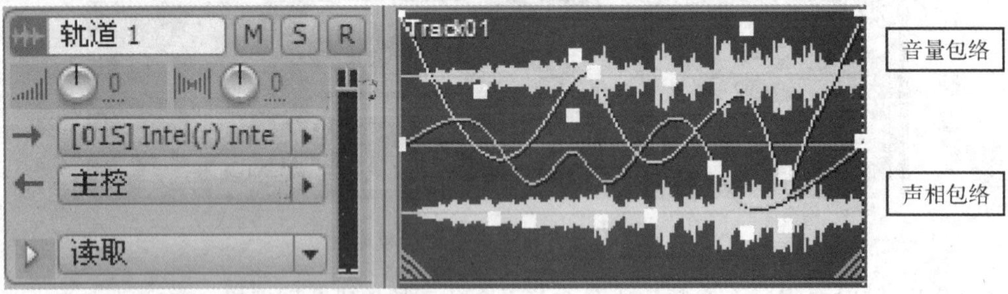

图 4-81 调节后轨道上音频的包络线

(7)多轨混音：混音操作就是把多个音频片段按照预设的效果分别在不同音轨上按照时间排列起来，如图 4-82 所示。当要将合成的效果输出时，可以使用“文件”菜单的“导出”—“混缩音频”命令，在弹出的“导出混缩音频”对话框中进行输出音频的相关设置，如图 4-83 所示，然后单击“确定”后导出一个具有混音效果的音频文件。

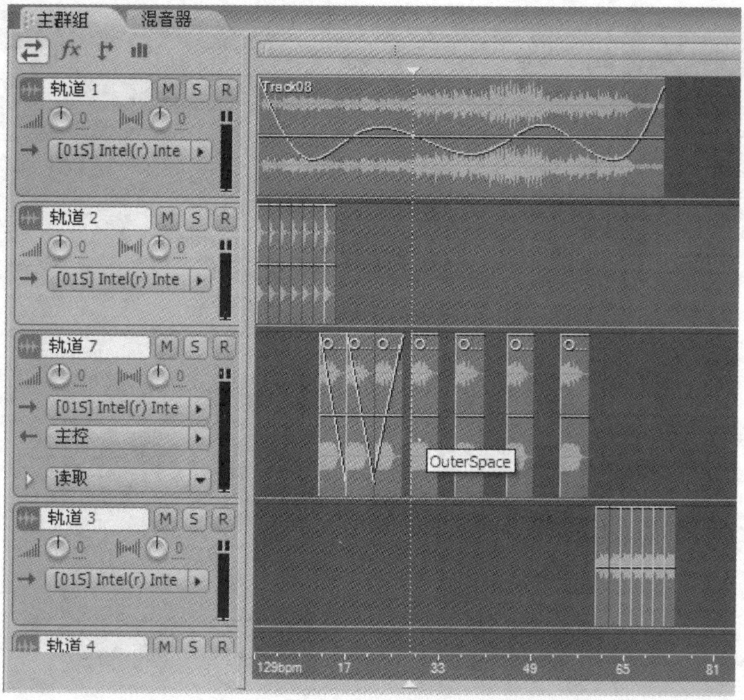

图 4-82　多轨音频叠加效果

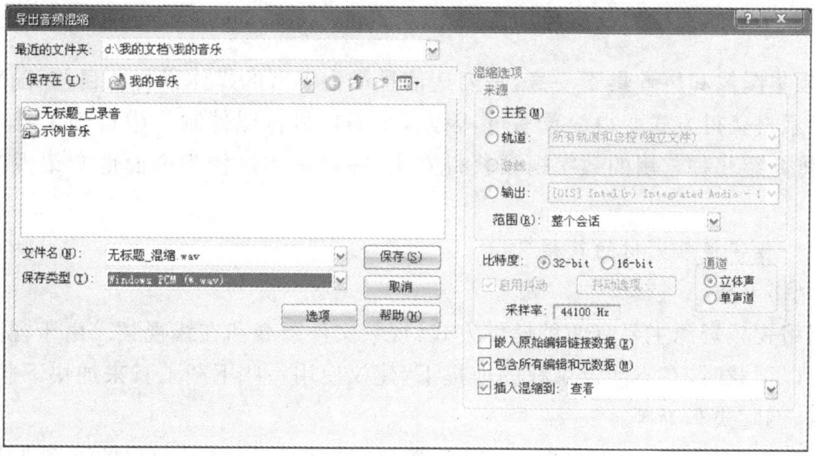

图 4-83　“导出混缩音频”对话框

实例十一　制作 CD

如果计算机上带有刻录机，就可以将制作好的音频文件刻录成 CD。具体操作如下：

(1)切换到 CD 模式，在主群组中插入音频。可以选择“文件”列表中的音频文件，然后单击“插入 CD”按钮，或者在主群组中的空白处单击鼠标右键，选择“插入音频”选项，如图 4-84 所示，在弹出的对话框中选择目标音频文件。

(2)可以利用右边的一组按钮(如图 4-85 所示)来设置音轨属性、调整音频文件的次序等。一切就绪后，利用右下“刻录 CD”按钮(如图 4-86 所示)，简单设置后可以刻录 CD。

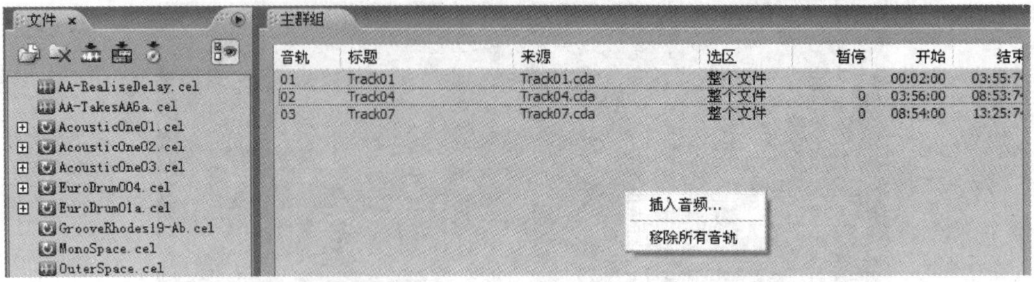

图 4-84　CD 模式界面

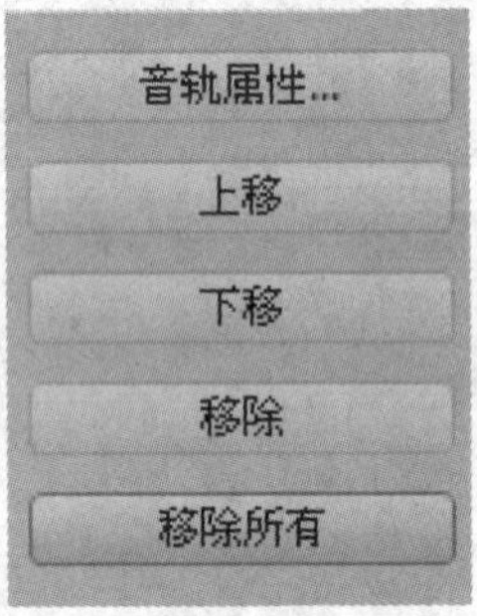

图 4-85　音轨属性设置按钮

图 4-86　“刻录 CD”按钮

4.2.4　数字视频素材的获得与加工

数字视频集图像和声音集于一身，是表达信息最为丰富的媒体素材。目前，随着科技的发展，数字视频素材获得方式变得简单易行，因此，此类素材在课件制作中得到了越来越广泛的应用。本节将介绍几种常用的数字视频获得方法，并通过实例较为全面地介绍视频素材的实用编辑技巧。

4.2.4.1　数字视频素材的获得

1. 利用网络下载

目前，网络视频资源主要有两种提供方式：视频文件下载和在线视频。由于视频文件一般容量较大，所以下载时，在不涉及版权的前提下，建议使用一些下载工具来加快下载速度，如迅雷、网络蚂蚁、网际快车等等。

在线视频目前多为 flv 格式文件，一些著名的视频网站提供了专门的下载工具，如优酷、土豆等网站都提供了在线视频下载和转换的工具。如果网站没有提供专门的在线视频下载工具，可以参照获取在线音频文件的方法(见 4.2.3.1)来获取在线视频文件。

2. 用视频采集卡采集

利用视频采集卡可以将录像带、VCD 影碟、电视上的视频信号转换成 avi 视频文件或 mpg 视频文件。高质量的视频采集卡(广播级)一般均在万元以上，中档的在几千元左右。

(1)安装好视频采集卡，连接好有关连线。

(2)启动视频采集卡所附带的软件，进入视频采集界面。

(3)设置好相关参数，按下录像机或 VCD 影碟机的“播放”按钮。

(4)当用户从窗口中发现要记录的画面时，按下“记录”按钮即可。

(5)采集完毕后，单击“停止”按钮，将采集到的视频信息保存到一个 avi 或 mpg 文件中(有的采集卡可以直接压缩成 mpg 格式文件)。

3. 利用 Adobe Premiere 采集视频片段

Premiere 6.5 支持模拟视频信号和数字视频信号的采集。在采集之前必须正确安装视频采集卡和连接视频源设备(如录像机、摄像机等)，并对视频采集进行正确的设置，才能将信号顺利地采集到计算机中。

(1)模拟视频信号采集

1)启动 Premiere 6.5，选择“文件—采集—电影采集”(File－Capture－Movie Capture)命令，打开“电影采集”(Movie Capture)对话框，如图 4-87 所示。

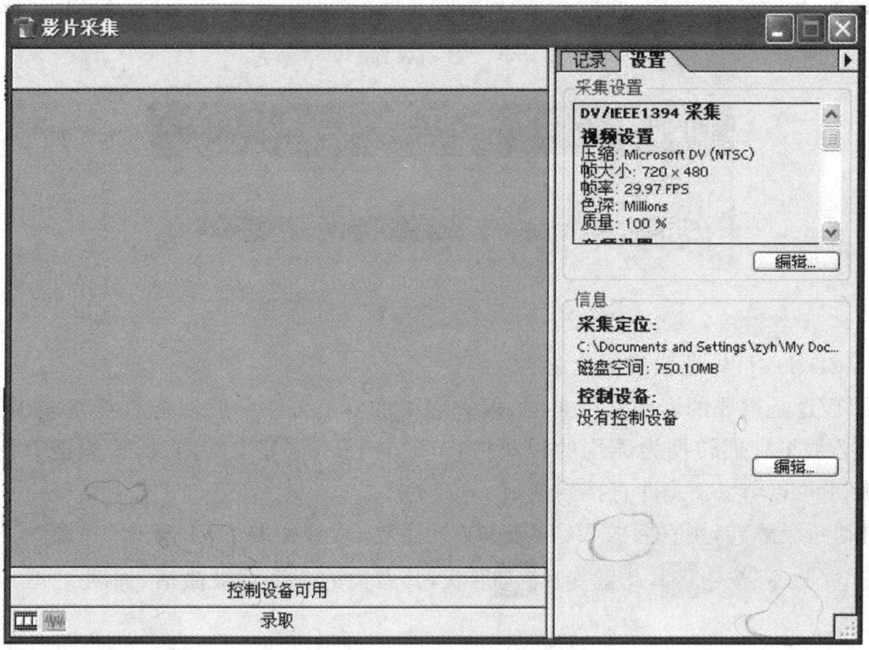

图 4-87　Premiere 6.5 视频采集界面

2)单击电影采集对话框“设置”标签中的第一个“编辑”按钮，打开“项目设置”对话框，如图 4-88 所示。在这个对话框中可以对采集参数进行设置。

3)单击“保存”按钮保存设置，单击“确定”结束设置，返回“电影采集”对话框。

4)单击图 4-87 中的“录取”按钮，开始视频采集。在采集过程中按 ESC 键可停止采集，停止采集后采集到的素材会出现在“clip”窗口中，用“文件—保存”命令可保存素材。

(2)数字视频采集

1)Premiere 6.5 直接提供了对 IEEE 1394 端口的支持，只需使用硬件上的 DV 接口(IEEE 1394 标准)和 DV 摄像机相连接就可以采集到数字视频。

2)先将 1394 卡正确安装到计算机主机中，并正确安装驱动。重复“模拟视频信号采集”的步骤 1)、2)，在“项目设置”窗口中的“采集格式”下拉选择框中选择“DV/IEEE 1394 采集”格式，如图 4-89 所示，再作相应的视频设置即可。

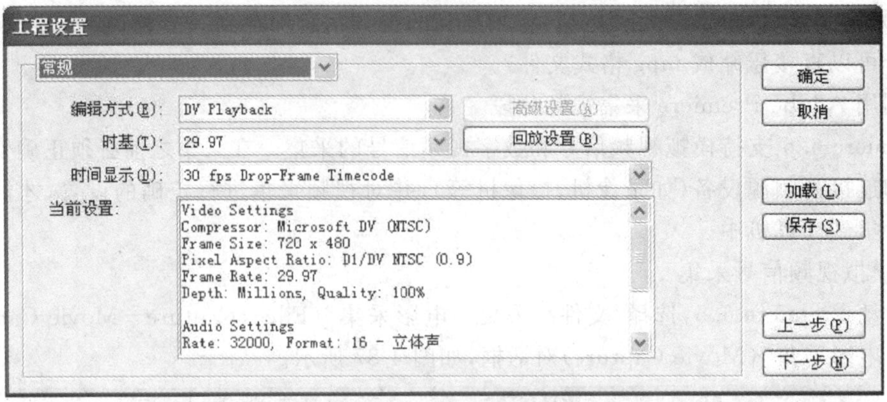

图 4-88 “项目设置”窗口

图 4-89 “DV/IEEE 1394 采集”选项

4. 从 VCD、DVD 中获取视频素材

VCD、DVD 是重要的影像文件来源，但它们中的 dat 文件一般不能直接在多媒体著作软件中打开，必须将它们转换为通用的视频格式，如 avi、mpg 等文件格式，才能被方便地使用。利用超级解霸可以将 dat 文件直接转换成 mpg 文件。

(1)启动超级解霸，用它播放 VCD 或 DVD(播放 DVD 需要 DVD 光驱)片源。

(2)按下“循环”按钮，此键变成形状，其右边的三个键被激活，如图 4-90 所示(豪杰英雄版)。

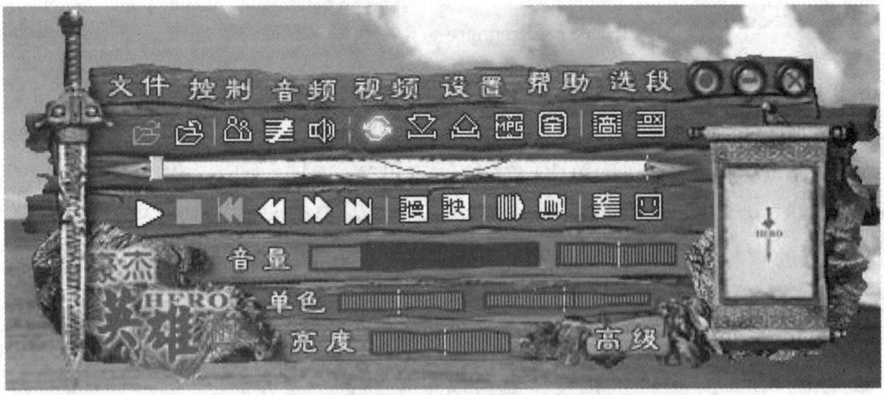

图 4-90 超级解霸(豪杰英雄版)界面

(3)拖动进度条滑块到截取片段的起点，单击“选择开始点”按钮，然后拖动滑块到截取片段的终点，单击“选择结束点”按钮。

(4)单击“保存 MPG”按钮，打开“保存数据流”对话框，设置好保存位置，输入文件名，单击“保存”按钮，系统开始格式转换过程，如图 4-91 所示。

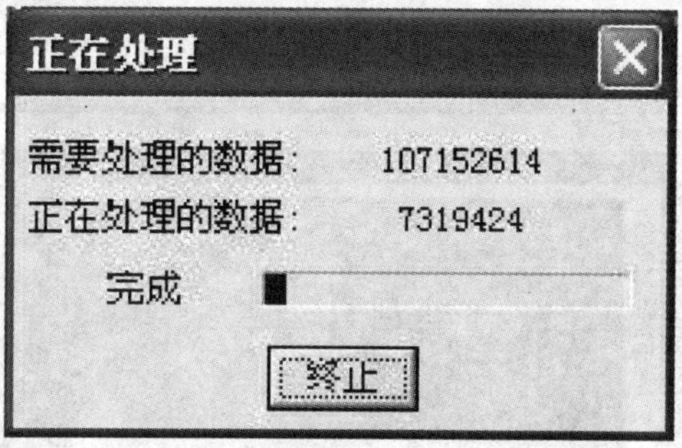

图 4-91　超级解霸中的视频转换过程

5. 获取屏幕上的连续画面

利用我们前面介绍的 SnagIt 抓图软件可以将屏幕上的一段连续画面截取为视频文件。

(1)运行 SnagIt 10 软件，在“Capture”菜单中选择“Mode”下的“Video Capture”选项，选择视频捕获模式。

(2)“Capture”菜单中“Input”下的“Active Windows”、“Include Cursor”以及“Record Audio”三个选项被选中。

(3)单击界面右下方红色“捕获”按钮或者按“Print Screen”键，打开如图 4-92 所示的“SnagIt 视频捕获”对话框。

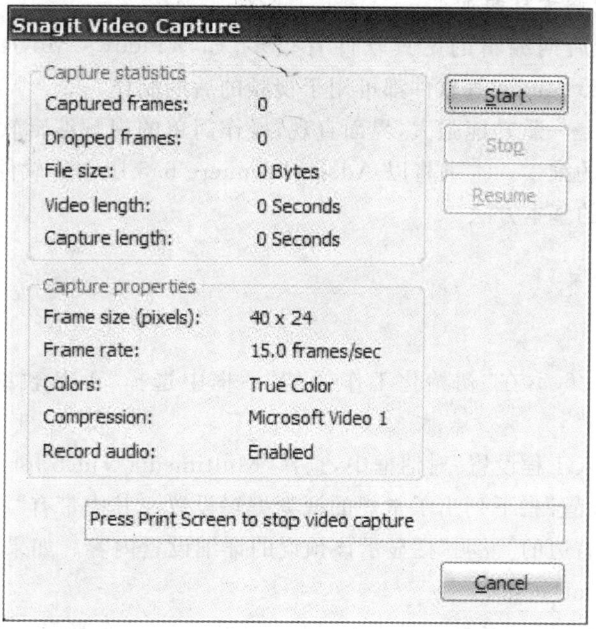

图 4-92　“SnagIt 10 视频捕获”启动对话框

(4)单击“Start”按钮，系统开始截取。

(5)当截取结束时，双击右下角闪烁的程序图标，再次打开“SnagIt 视频捕获”对话框。

(6)单击“Stop”按钮,打开“SnagIt edit”对话框,如图 4-93 所示。

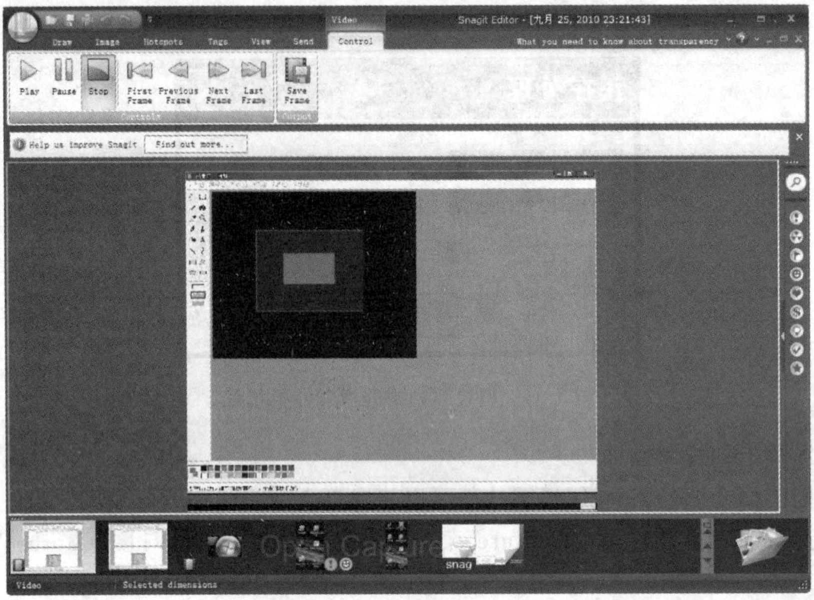

图 4-93 “SnagIt edit”对话框

(7)选择“Save”按钮,选择合适的位置,单击“保存”按钮即可将文件保存为 avi 格式的视频文件。

4.2.4.2 数字视频素材的加工

目前可用于视频后期编辑的工具软件有很多,如 Windows Movie Maker、Adobe Premiere、会声会影、Video Studio 等软件都可用于视频的后期制作。

Adobe Premiere 是一款功能强大,界面直观,操作简单的视频编辑软件,受到广大专业技术人员和业余爱好者的推崇。本书将以 Adobe Premiere 6.5 版本为软件平台,通过一系列的实例来介绍视频编辑的基本方法。

实例十二 《自行车运动》

1.开始新项目

(1)启动 Premiere 6.5,在“初始化工作区”对话框中选择“A/B 轨编辑”方式,如图 4-94 所示。

(2)在弹出的“载入工程设置”对话框中,选择“Multimedia Video for Windows”选项,如图 4-95 所示。在“可用设置”栏下列出了常规的视频编辑设置。其中带有“Real-time Preview”的选项支持实时预览。右边的“说明”栏显示该预设的详细设置内容。如果用户想自定义项目设置,单击“定制”(Custom)按钮。

(3)单击“确定”按钮后,系统以选定的项目预设建立一个新项目(Project),并进入如图 4-96所示的编辑界面。

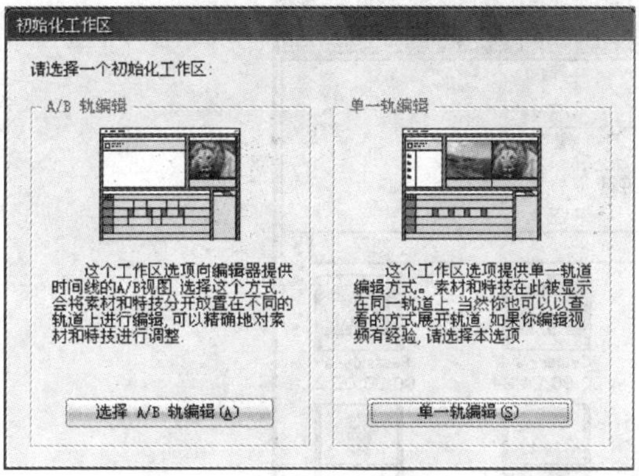

图 4-94　“初始化工作区”对话框

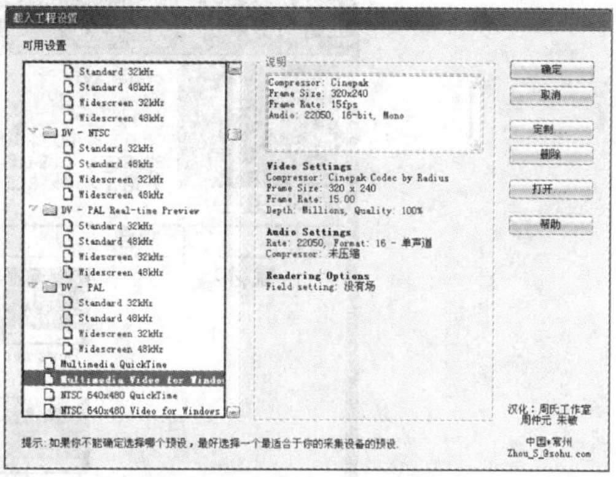

图 4-95　“载入工程设置”对话框

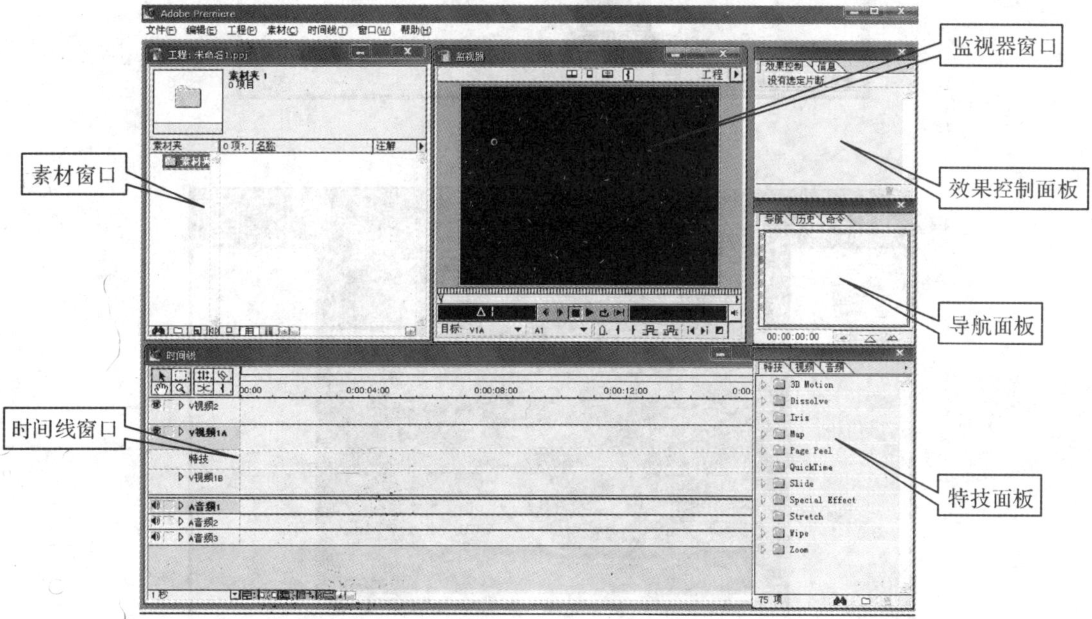

图 4-96　Adobe Premiere 编辑界面

2. 导入素材

新建立的项目没有任何内容。要在新项目中进行工作，首先需要在“素材”窗口中导入素材。

(1)在“素材”窗口右边空白中双击，弹出“导入”对话框，打开 Premiere 程序目录中的“Sample Folder”文件夹。

(2)选中全部的素材，单击“打开”按钮。选中的素材被导入“素材”窗口。窗口中将显示素材的相关信息，如图 4-97 所示。

3. 剪裁素材

导入的视频素材可以在“Clip”窗口中检索素材内容，并根据需要，对素材进行剪裁。

(1)在“素材”窗口中双击素材 boys.avi。该素材在“Clip”窗口中打开，如图 4-98 所示。

(2)单击“Clip”窗口中的 ▶ 按钮，可以播放这段素材；单击 ■ 按钮，停止播放。

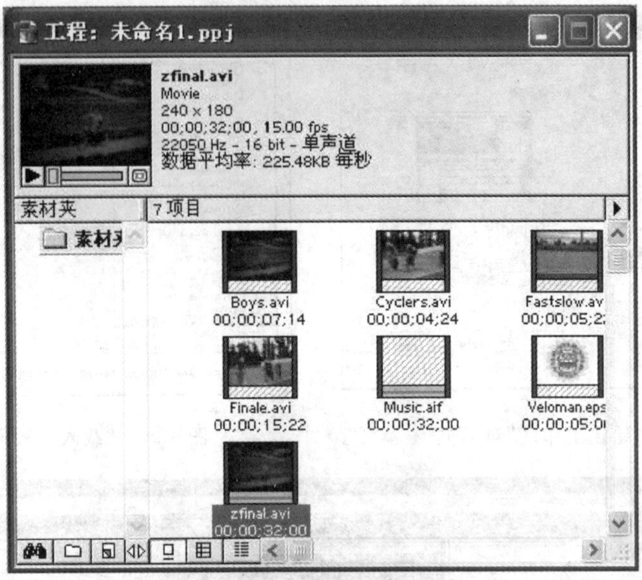

图 4-97 素材窗口

图 4-98 “Clip”窗口

(3)拖动时间滑条上的滑竿或单击按钮以及，可以精确定位素材。现将片段定位在 00：00：00：00，单击按钮，将当前位置设置为新入点（开始点）；移动，再将片段定位到 00：00：05：08，单击按钮，将当前位置设置为新出点（结束点）。剪裁好的片段在出点和入点间显示为黄色。

4. 组接片段

将素材片段在“时间线”窗口按照时间线顺序排列起来，就形成节目。

(1)在“素材”窗口中选择 boys. avi 片段，鼠标指针显示为手形。按住鼠标左键，将素材片段拖动到“时间线”窗口的“Video 1A”轨道上，一个黑色矩形块显示在“Video 1A”轨上，矩形的长度代表这段素材的持续时间。

(2)将 boys. avi 片段移到“Video 1A”轨最左端，释放鼠标。该片段被放置在“Video 1A”轨上了，如图 4-99 所示。

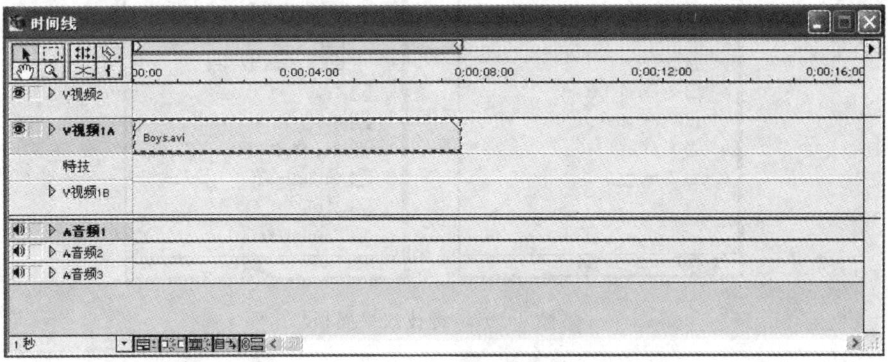

图 4-99　素材被放置在时间线窗口的“Video 1A”轨上

(3)重复以上步骤，将所有片段排列在“时间线”窗口中指定的轨道上，见图 4-100 所示。其中“Video 1A”轨中第三个片段为素材 fastslow. avi 通过剪裁后的结果[剪裁可参照步骤(3)中的方法]，保留该片段从 00：00：04：14 到 00：00：05：18 部分。

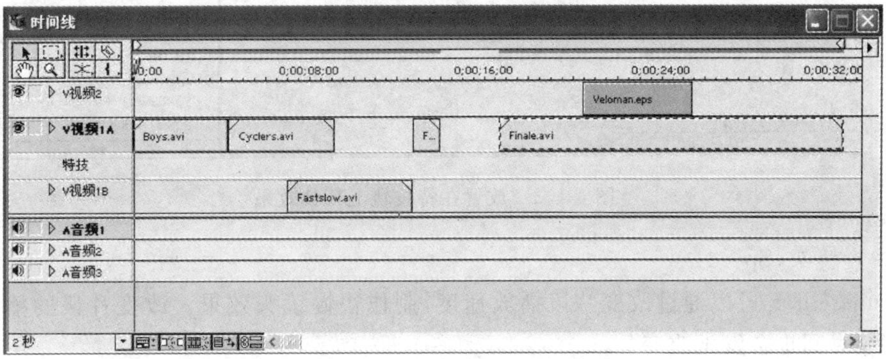

图 4-100　排列在视频轨上的素材

5. 使用特技(Transition)连接视频

使用转换必须将两个片段分别放置在“Video 1A”和“Video 1B”轨上，且片段在时间上须有重叠部分。转换效果放置在两个片段的重叠部分之间“特技”(Transition)轨道上。

(1)选择时间线窗口，调整 Cyclers. avi 和 Fastslow. avi 的位置，使他们分别位于“Video 1A”和“Video 1B”轨上，并且重叠约 1 秒钟时间。

(2)选择“特技”面板，单击文件夹“Dissolve”左边的卷展控制 ▷，展开文件夹，可以显示该文件夹下的所有的切换效果，如图 4-101 所示。

(3)选择“Cross Dissolve”效果，鼠标显示为手形。按住鼠标左键，将其拖动到时间线窗口特技轨道上，并放在两个片段的重叠处。释放鼠标，系统自动调节切换的持续时间，以适应重叠时间，如图 4-102 所示。

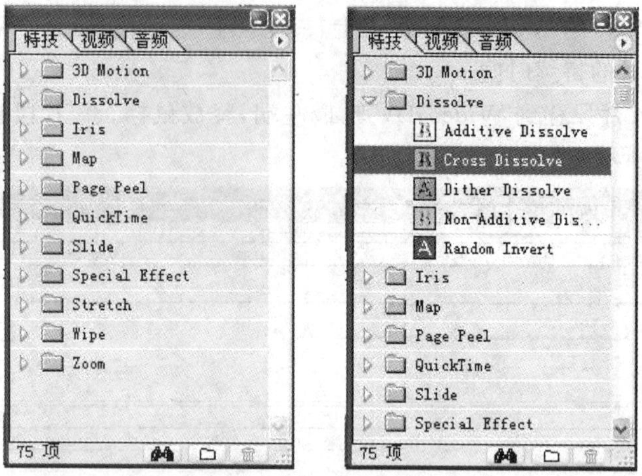

图 4-101 特技效果面板

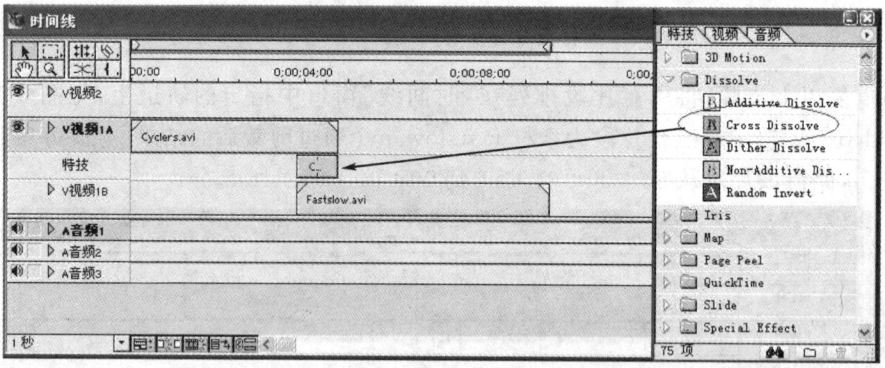

图 4-102 放置在特技轨上特技效果

6. 快慢镜头(Speed)

Premiere 6.5 可以通过改变片段播放速度,制作快慢镜头效果。改变片段的播放速度同时,其持续时间也会发生改变。

(1)在时间线窗口中选中第三个 Fastslow.avi 片段,单击鼠标右键,在弹出的快捷菜单中选"播放速度"(Speed)命令,弹出的"素材速度"对话框。在"新速率"(New Rate)栏中,输入30,如图 4-103 所示。注意:当新速率小于 100%为慢镜头,反之为快镜头。

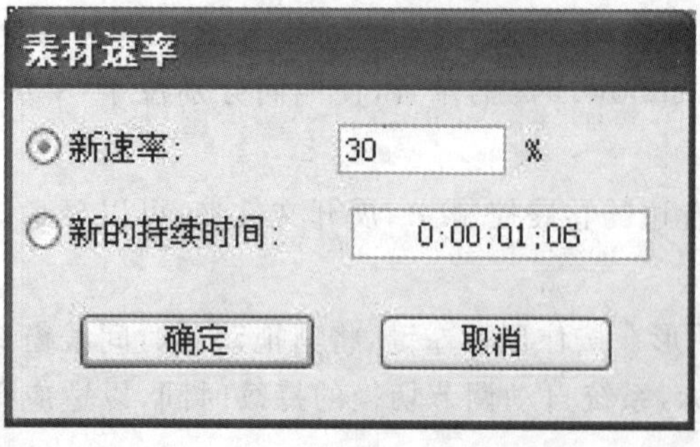

图 4-103 "素材速率"窗口

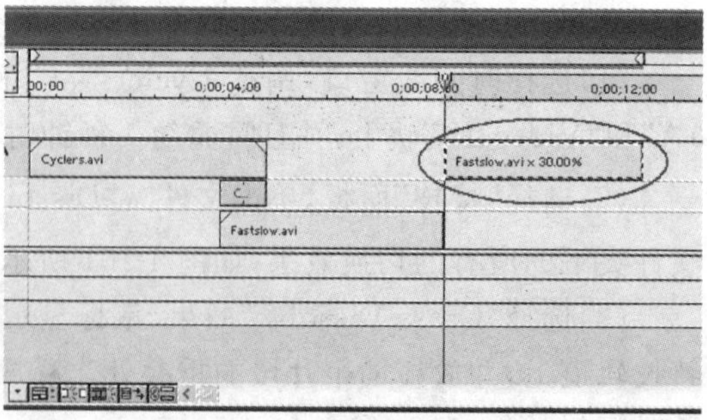

图 4-104 变化速率后的片段

(2)确定后,该片段会在时间线窗口中自动增加增长,以适应新的持续时间,如图 4-104 所示。

7. 应用视频特效(Video)

Premiere 6.5 中可以对片段的视频和音频使用特效进行处理。下面我们给 Finale.avi 片段加上“模糊”特效。

(1)选择“视频”(Video)面板,单击“Blur”文件夹左边的卷展控制按钮 ▷ ,显示该文件夹下的所有特效,如图 4-105 所示。

(2)选择“Gaussian Blur”特效,按住鼠标左键不放,将其拖到“时间线”窗口的 Finale.avi 片段上,该片段上方显示一条绿线,如图 4-106 所示。

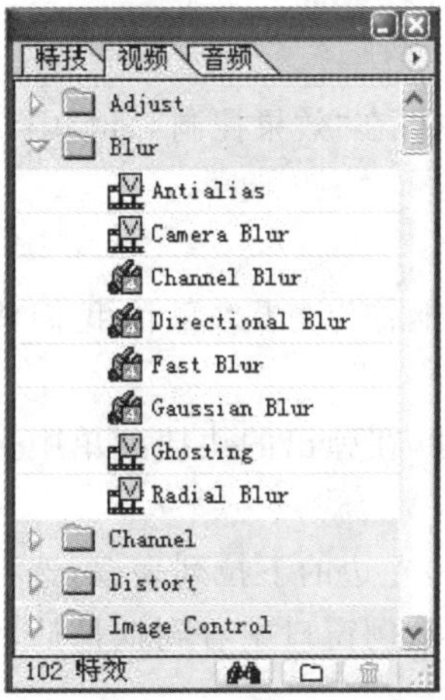

图 4-105 “视频特效”面板

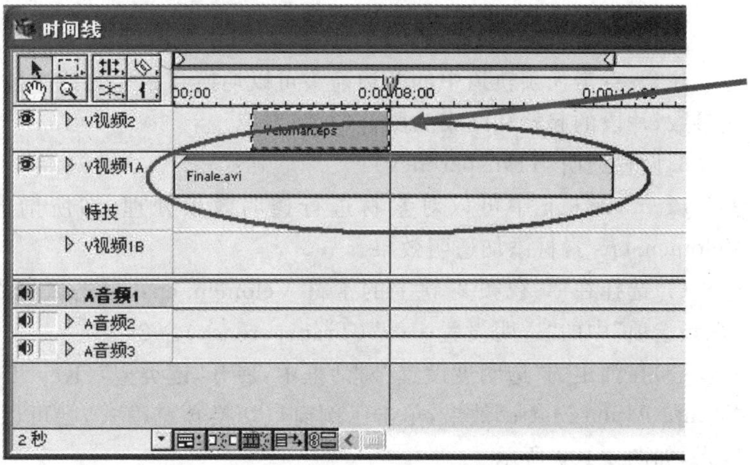

图 4-106 添加视频特效后的视频片段

(3)选择“效果控制”面板,单击“Gaussian Blur”左边的 ,激活“使用关键帧”选框,使其变成 状态,如图 4-107 所示。

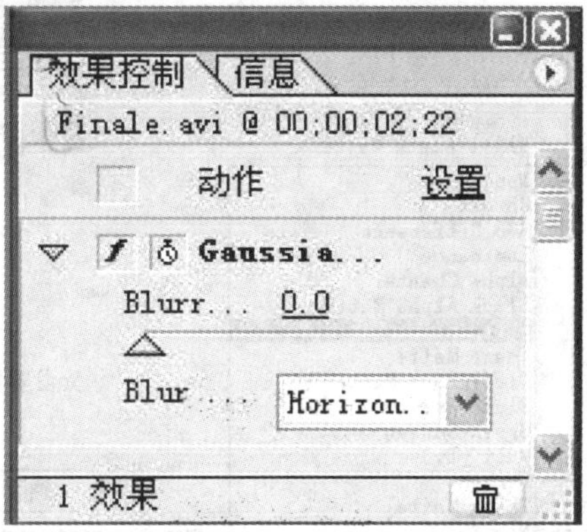

图 4-107 “效果控制”面板

(4)在“时间线”窗口中单击“Video 1A”左边卷展控制,展开轨道,显示特效关键帧。在“时间线”窗口中拖动编辑线到片段中间位置,在“效果控制”面板中拖动滑块将“Blur...”的值设为 5,系统在 Finale.avi 片段中间自动加上一个特效关键帧,如图 4-108 所示。

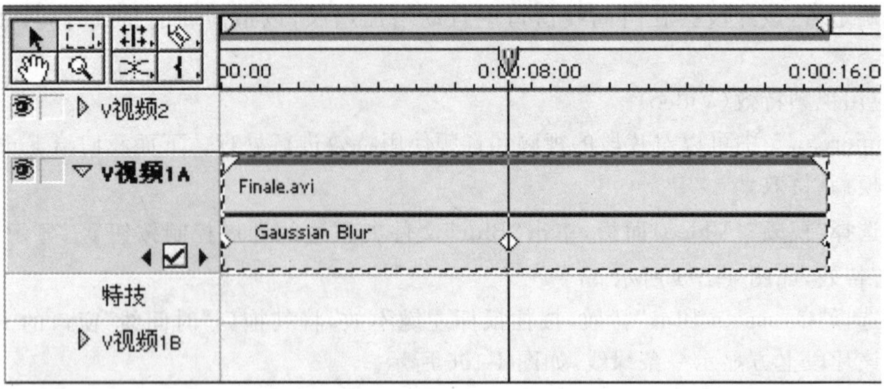

图 4-108 视频特效关键帧

注意：点击视频轨道中的两边箭头可以切换到相邻的关键帧，并可在“效果控制”面板中调整参数，片段的起始和结束为默认的关键帧。

8. 设置透明(Transparency)

Premiere 6.5 中可以对素材进行透明效果处理，即所谓的“抠像”效果。下面我们将 Velomen.eps 素材添加透明效果。

(1)选择在“V 视频 2”轨上的素材 Velomen.eps，单击鼠标右键，在弹出的快捷菜单中选“视频选项”中的“透明设置……”(Transparency)命令。

(2)在弹出的“透明度设置”对话框中，展开“键类型”(Key Type)左边的下拉列表框，选择“White Alpha Matte”效果，单击示例窗口切换预览模式，则可以在示例窗口中看到抠像后的效果，如图 4-109 所示。

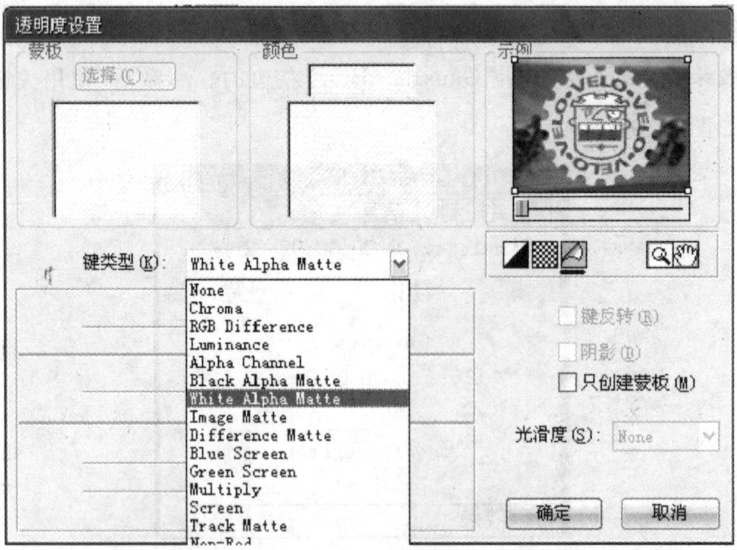

图 4-109 “透明设置”对话框

9. 设置运动(Motion)

Premiere 6.5 中可以对指定素材设置一个运动轨迹，使其沿指定路径运动。运动路径中可以设置形变和转动，复杂运动可以通过在路径中添加关键帧来实现。下面为 Velomen.eps

素材设置一个运动效果。

(1)选择在“V 视频 2”轨上的素材 Velomen. eps,单击鼠标右键,在弹出的快捷菜单中选“视频选项”中的“运动设置”(Motion)命令,弹出“运动设置”对话框,如图 4-110 所示。

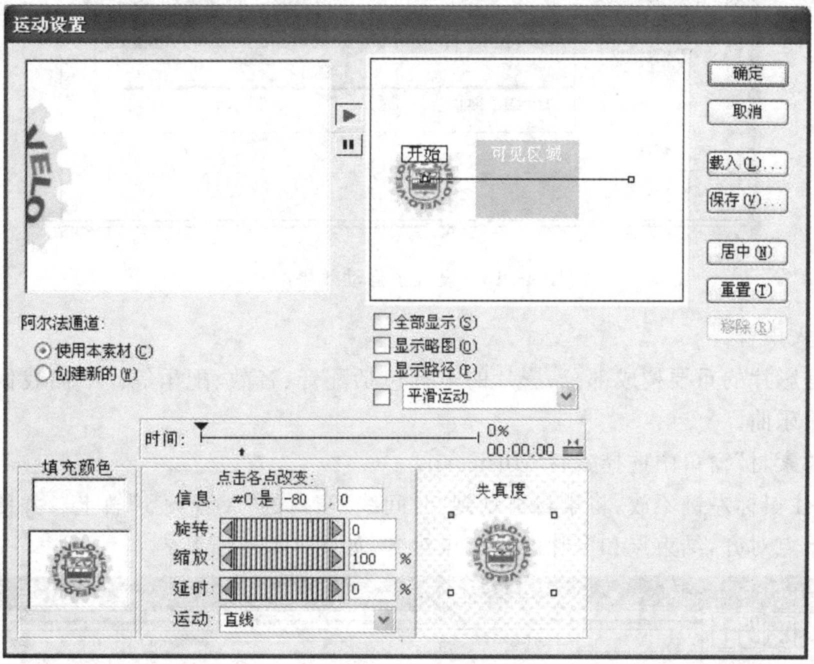

图 4-110　“运动设置”窗口

(2)将鼠标移向显示的路径,鼠标变成手形,单击鼠标左键,在相应位置设置一个新关键帧,如图 4-111 所示。将鼠标移动到关键帧位置,拖动关键帧,可改变关键帧的位置。

(3)选择第一个关键帧(开始),在对话框下方的“缩放”(Zoom)栏中,输入 5,如图 4-112 所示。

(4)选择第二个关键帧,在“缩放”栏中输入 50。

(5)选择第三个关键帧(结束),在“缩放”栏中输入 5,“旋转”(Rotate)栏中输入 720。

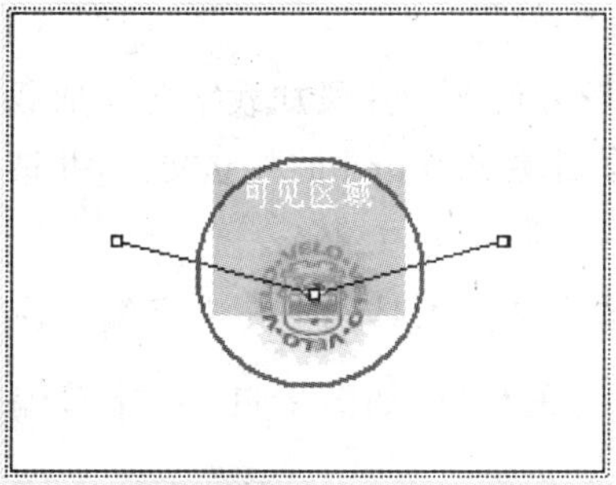

图 4-111　路径设置窗口

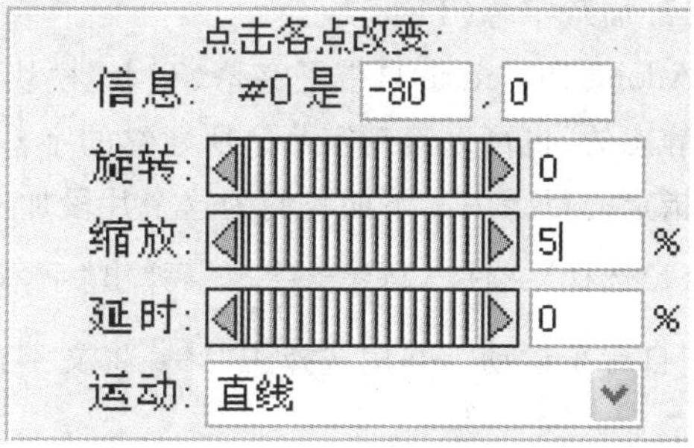

图 4-112　关键帧属性设置窗口

(6)单击“确定”,退出对话框。在素材 Velomen. eps 下显示一条红色线条,表示该片段用了运动效果,如图 4-113 所示。

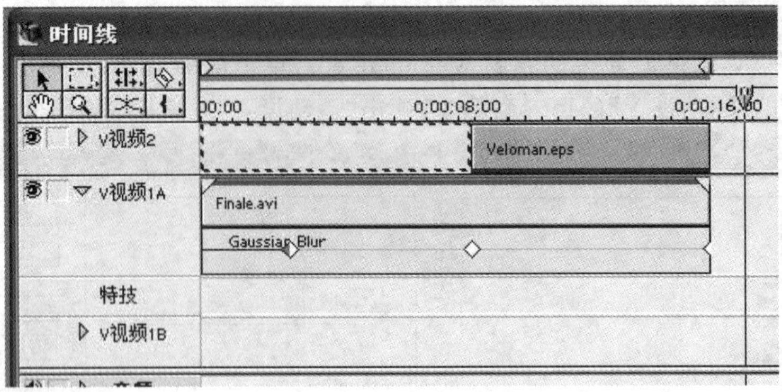

图 4-113 设置了运动效果的片段

10. 加入声音

声音是影片的重要构成部分，影片的声音包括配音、音效、配乐等。下面我们为编辑的影片配上一段乐曲。

(1)在“素材”窗口中选择素材 Music. aif。

(2)按住鼠标左键不放，将素材拖动到“时间线”窗口的“A 音频 1”轨上。并使其开始点和影片的开始点对齐，结束点和影片的结束点对齐，如图 4-114 所示。

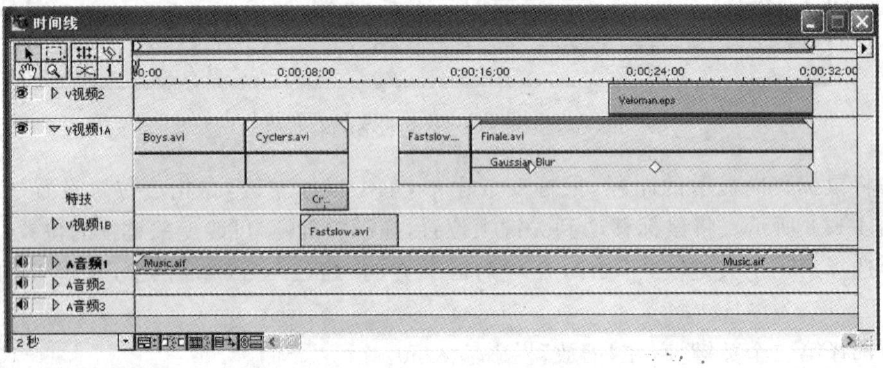

图 4-114 “时间线”窗口中的音频轨道

11. 加载字幕(Title)

Adobe Premiere 自带了字幕(Title)模块，可以比较方便地为片段加载字幕。加载的字幕可以静态的，也可以滚动字幕。所建立的字幕是以一个后缀名为 prtl 的独立文件，并被存储在磁盘指定的目录中。下面我们为这个片段加上标题字幕“自行车运动”。

(1)选择“文件—新建—字幕”，弹出“字幕”窗口，选择文字工具 T ，在文字编辑窗口建立文字“自行车运动”，并用选择工具将文字移动到合适的位置，如图 4-115 中字幕编辑窗口中所示。

(2)窗口右边的“对象样式”栏可以对当前所选的对象进行属性设置。“Properties”可设置文字属性，如字体、大小、变形等。“Fill”设置对象的填充属性，可设置填充方式、填充颜色、透明度等。“Shadow”设置对象的阴影。现将字幕类型为“Still”；字体(Font)设置为“KaiTi_GB2312”(中文字体名显示为拼音)；填充方式(Fill Type)为“线性填充”。

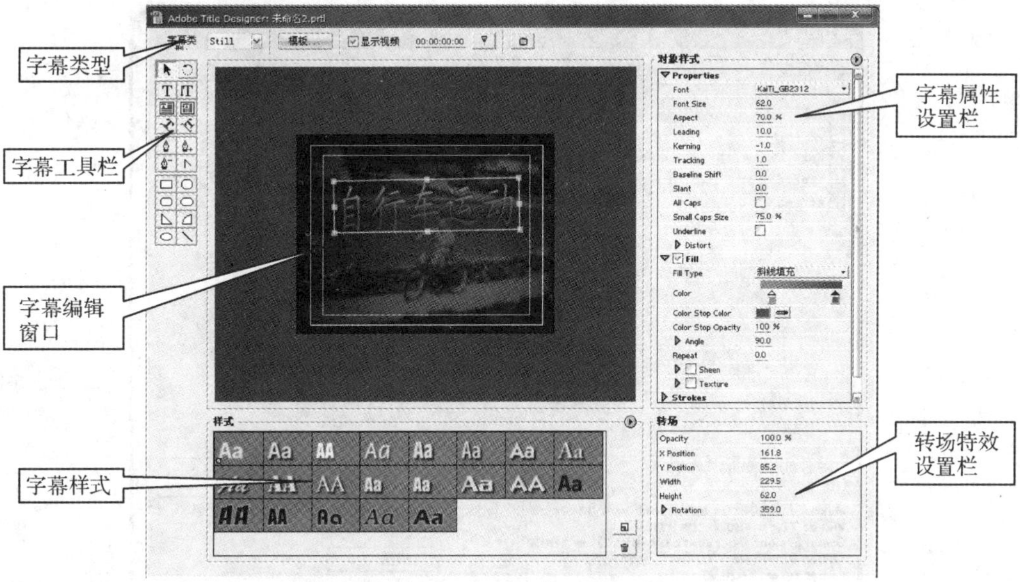

图 4-115　“字幕”对话框

(3)选择“文件—保存”命令,在指定位置保存该字幕,文件后缀名为 prtl,然后关闭字幕创建窗口。此时在素材窗口中也同时导入了此字幕素材。

(4)将该字幕放置到视频 2 轨合适的位置上,如图 4-116 所示。按住 Alt 键,拖动时间线上的滑竿,在监视器窗口中就可以看到如图 4-117 加载字幕后的效果了。

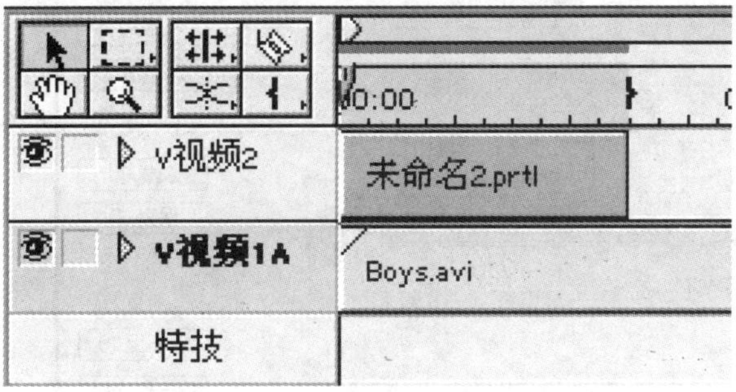

图 4-116　视频 2 轨上的字幕素材

图 4-117　字幕效果

12. 生成影片

最后将完成的作品输出。

(1)先保存工程(Project),选择“文件—保存”菜单命令,打开“保存文件”对话框,作相应设置后保存工程,其后缀名为 ppj。

(2)如果要看制作后的效果可先将项目“预演”(Preview)。选择“时间线—预演”菜单命令,或者按住 Alt 键,拖动时间线上的滑竿,可在监视窗口中看到编辑完成后的效果。

(3)预演满意后,可以将编辑完成的影片生成一个 Video for Windows 或 QuickTime 影片。选择“文件”—“时间线”(Timeline)—“电影”(Movie)菜单命令,打开“影片电影”对话框,如图 4-118 所示。

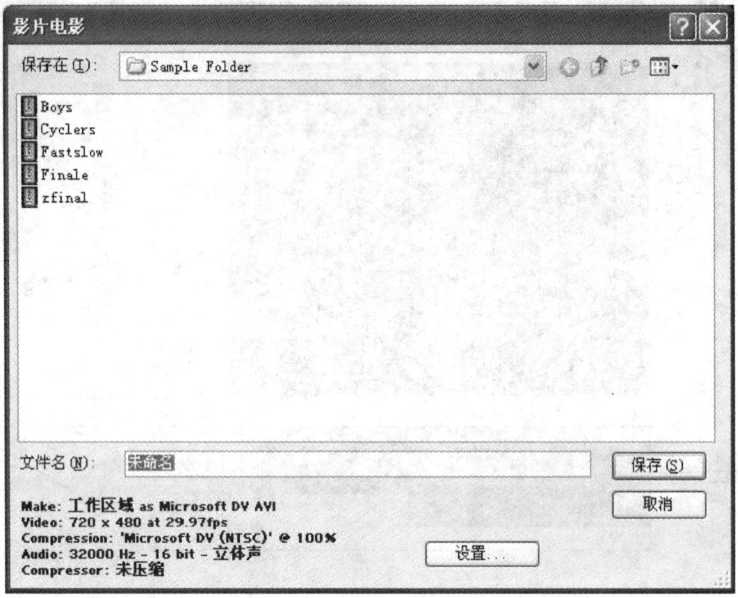

图 4-118 “输出影片”窗口

(4)选择保存电影的驱动器和文件夹,输入电影名称,默认后缀名为 avi。

(5)单击“设置……”按钮,在弹出如图 4-119 所示的“输出电影设置”对话框中,可对影片的格式、压缩方式等进行设置。当前使用默认值,单击“确定”退出设置窗口。

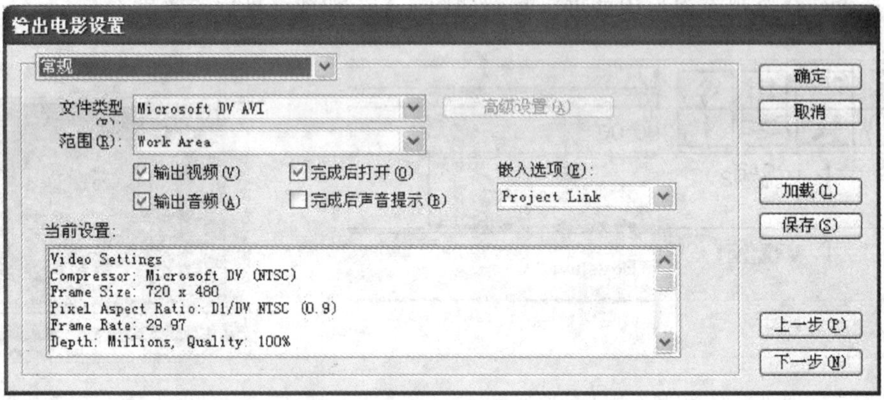

图 4-119 “输出电影设置”对话框

(6)单击“保存”按钮,系统开始生成影片,并以进度条方式显示生成的过程。生成结束后,系统会在“Clip”窗口中显示生成后的影片。

实例十三 廊镜效果

利用特技效果可以制作出一些特殊的效果,在此介绍利用特技制作“廊镜效果”(如图 4-120 显示的效果),让大家在学习制作技巧同时,体会如何利用常用工具开发新颖的效果。

(1)运行 Premiere 6.5 ,在“初始化工作区”对话框中选择“A/B 轨编辑”方式。在弹出的“载入工程设置”对话框中,选择“Multimedia Video for Windows”选项。

图 4-120　廊镜效果截图

(2)将 Premiere 6.5 自带的素材 Fastslow.avi 导入素材窗口。并将该素材 Fastslow.avi 拖到“视频 1B”轨道上。

(3)在特技(Transition)面板中选择 3D Motion 文件夹下选择 Swing In 特技效果，将其拖到特技轨道中，并与素材 Fastslow.avi 对齐。双击该特技效果，在弹出的设置对话框中勾选“显示实际来源”。按住 Shift 键拖动“开始”滑块至 27%，如图 4-121 所示，然后单击“确定”退出该设置窗口。

(4)在时间线工具栏中选择“块选择工具”(该工具隐藏在“框选工具”中)，在时间线上画一个矩形框，使其包括素材 Fastslow.avi，如图 4-122 所示。

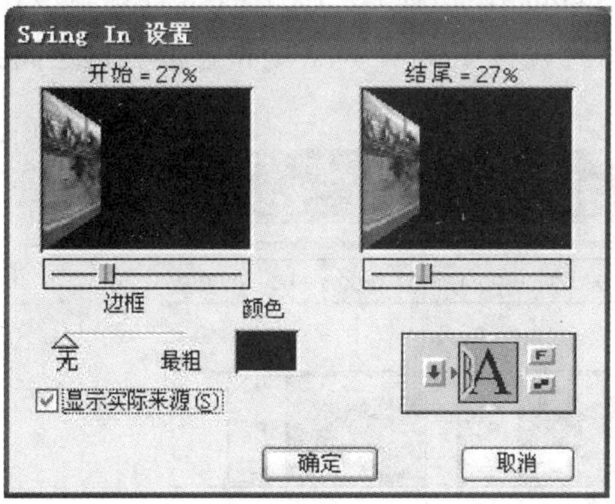

图 4-121　“Swing In”特技设置窗口

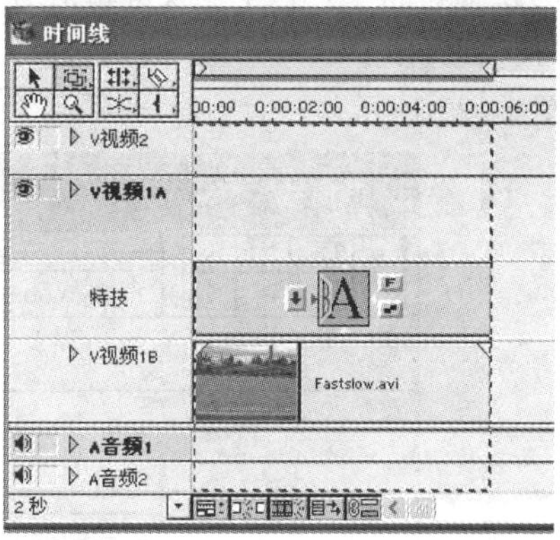

图 4-122　“块选择工具”选择后的结果

(5)按住 Shift 键拖动鼠标，建立一个虚拟剪辑，将其放置在“视频 1B”轨道上。在项目中选择素材 Fastslow.avi，将其拖动到“视频 1A”轨上，并与虚拟剪辑对齐。选择 Swing In 切换，按 Ctrl+C 键，复制该切换。选择特技轨道，按 Ctrl+V 键，粘贴切换，将其移动到素材 Fastslow.avi 和虚拟剪辑之间并对齐，如图 4-123 所示。

(6)单击复制后的切换效果的轨道选择器，反转轨道方向成。单击边缘选择器右边

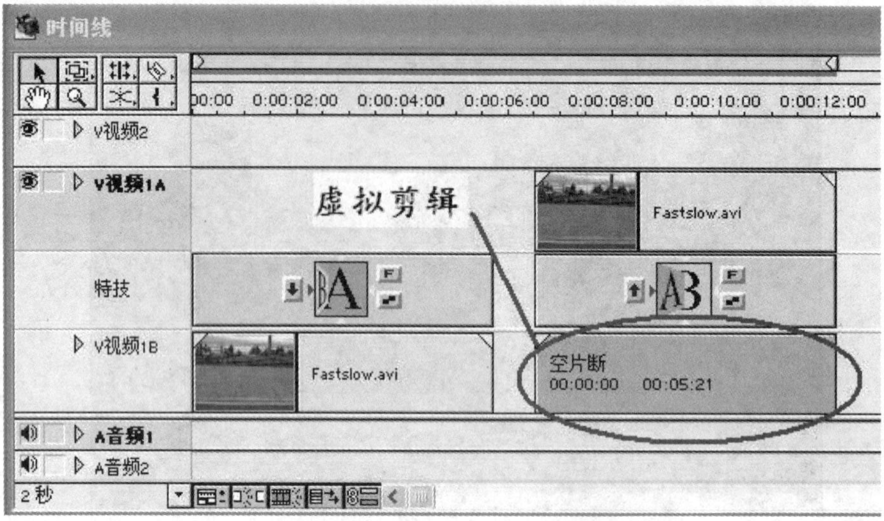

图 4-123 使用“虚拟剪辑”作为 B 轨的素材

的小三角，改变特技效果的方向为右边，如图 4-124 所示。

图 4-124 特技效果的方向为右边

(7)选择工具画出一个矩形，使其包括第二个 Fastslow. avi 素材，按住 Shift 键拖动鼠标，建立第二个虚拟剪辑，放置到“视频 1B”上。在项目中再次选择素材 Fastslow. avi，将其拖动到“视频 1A”轨上，并与虚拟剪辑对齐。选择 Swing In 切换，按 Ctrl＋C 键，复制该切换。选择特技轨道，按 Ctrl＋V 键，粘贴切换，将其移动到素材 Fastslow. avi 和虚拟剪辑之间并对齐，如图 4-125 所示。

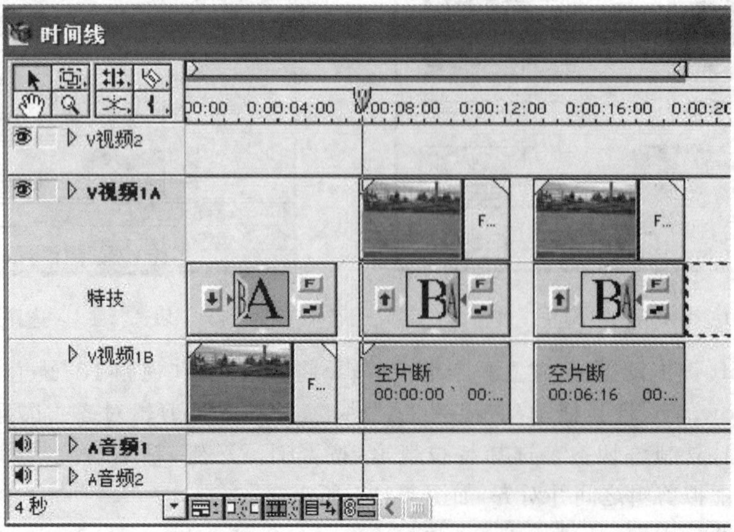

图 4-125 第二次使用“虚拟剪辑”

(8)双击该切换，在其设置对话框中打开“显示实际来源”。按住 Shift 键拖动“开始”滑块至 23%，单击边缘选择器下边的小三角，改变切换方向，如图 4-126 所示，然后单击“确定”退出。

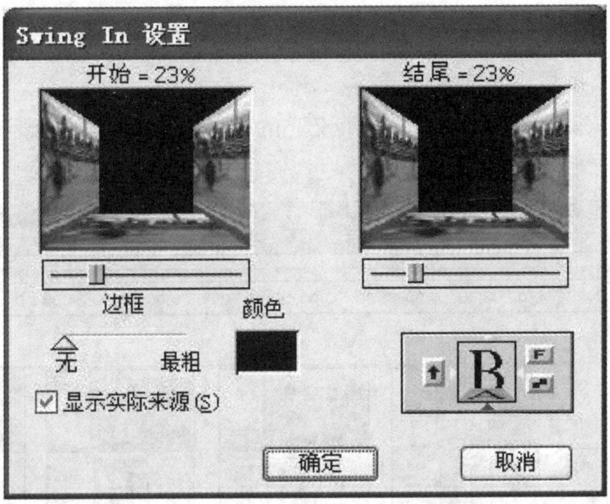

图 4-126　“Swing In”特技设置窗口

(9)选择工具画出一个矩形，使其包括第三个 Fastslow. avi 素材，按住 Shift 键拖动鼠标，建立第三个虚拟剪辑，放置到“视频 1B”上。在项目中再次选择素材 Fastslow. avi，将其拖动到“视频 1A”轨上，并与虚拟剪辑对齐。选择第三个 Swing In 切换，按 Ctrl+C 键，复制该切换。选择特技轨道，按 Ctrl+V 键，粘贴切换，将其移动到素材 Fastslow. avi 和虚拟剪辑之间并对齐，如图 4-127 所示。

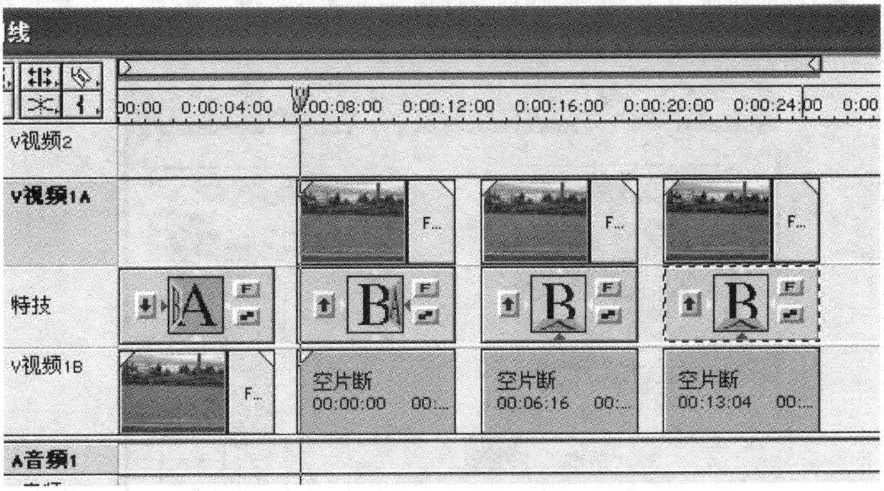

图 4-127　第三次使用“虚拟剪辑”

(10)单击边缘选择器上边的小三角，改变特技效果方向为上边，如图 4-128 所示。

(11)选择工具画出一个矩形，使其包括第四个 Fastslow. avi 素材，按住 Shift 键拖动鼠标，建立第四个虚拟剪辑，放置到“视频 1B”上。在项目中再次选择素材 Fastslow. avi，将其

图 4-128 设置特技效果方向为上边

拖动到“视频 1A”轨上，并与虚拟剪辑对齐。

(12)在特技面板 Zoom 文件夹下选择 Zoom 切换，将其加入特技轨道，并与第 5 个 Fastslow. avi 素材对齐，如图 4-129 所示。

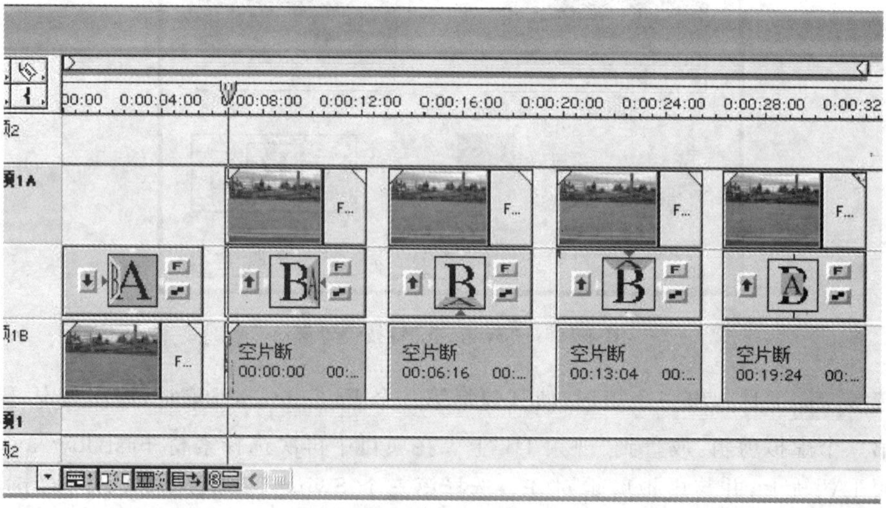

图 4-129 第四次使用“虚拟剪辑”

(13)双击 Zoom 切换，在其设置对话框中打开“显示实际来源”。按住 Shift 键拖动“开始”滑块至 56%，如图 4-130 所示，然后单击“确定”退出。

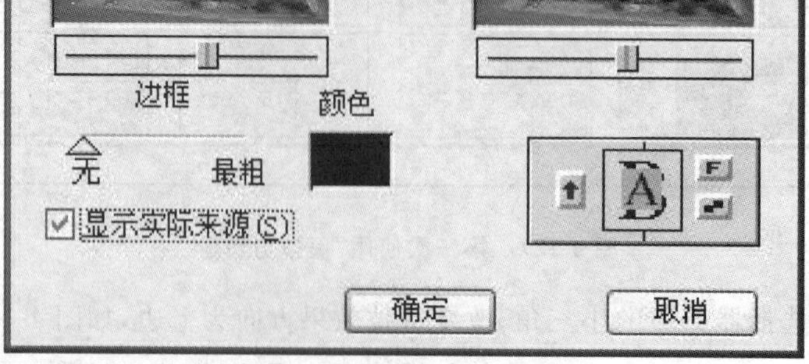

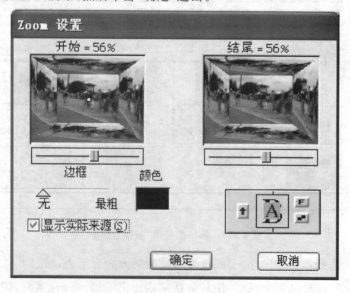

图 4-130 “Zoom”特技设置窗口

(14)在时间线窗口中,拖动顶端的黄色工作区域两端的箭头,使工作区域只与最后一个片段对齐,如图4-131所示。对最后一段视频做时间线输出,即得到如上所示效果。

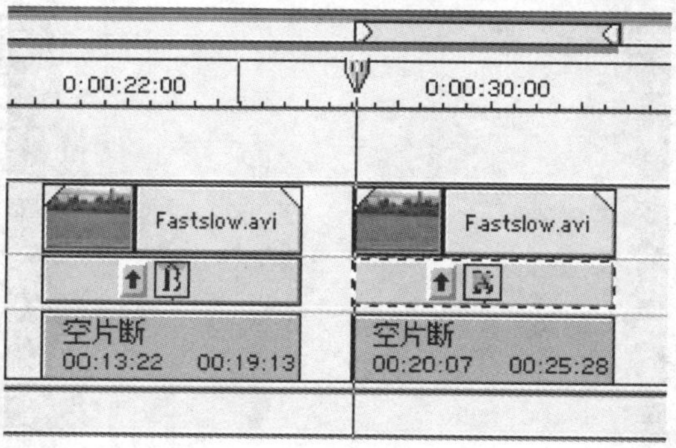

图4-131 将工作区域对齐最后一个片段

实例十四 淡入淡出的横向滚动字幕

利用字幕(Title)以及透明设置(Transparency)可以制作出丰富多彩的字幕效果。本实例将制作具有淡入淡出效果的横向滚动字幕。

(1)启动Adobe Premiere,在素材窗口中导入程序自带的素材Finale. avi。

(2)选择"文件/新建/字幕"命令,打开字幕制作窗口。设置字幕类型为"Crawl",建立字幕,如图4-132所示。字幕的长度一般要超过屏幕的宽度,并且将建立好的字幕拖拉到屏幕右端,此处为字幕进入的位置。选择"文件/保存",存储文件为"淡入淡出字幕. prtl"。

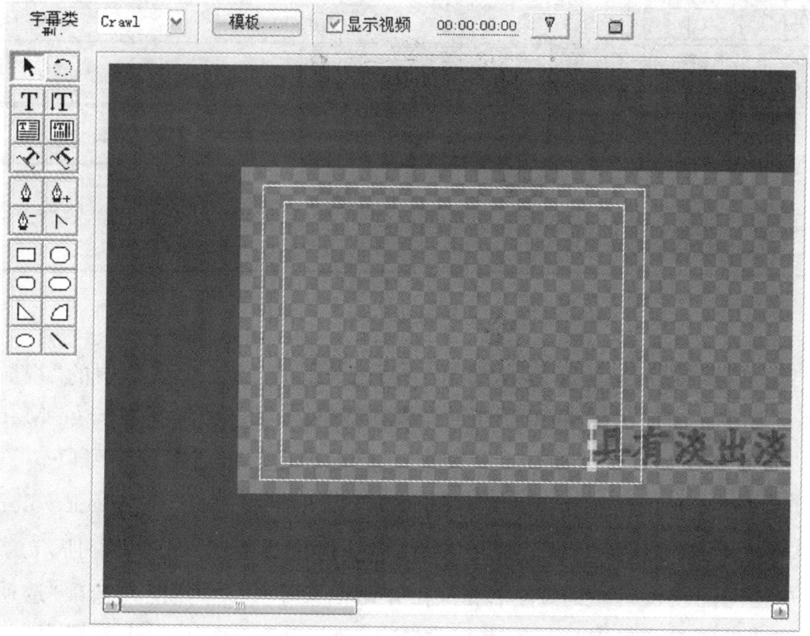

图4-132 建立横向滚动字幕

(3)用图像制作软件(如Photoshop)制作一个大小为320×240像素的渐变图片,命名为

“遮罩.tag”,如图 4-133 所示。

图 4-133 “遮罩”图片效果

(4)选择“文件/新建/Color Matte”命令,在弹出的取色器中选择黑色(R=0;G=0;B=0),建立一个黑色遮罩。以默认文件名“black color matte” 保存,该文件会被自动导入素材窗口。

(5)将“淡入淡出字幕.prtl”置于视频 2 轨,将“black color matte”置于视频 1A 轨,将视频片段也拖入视频 1A 轨,如图 4-134 所示。

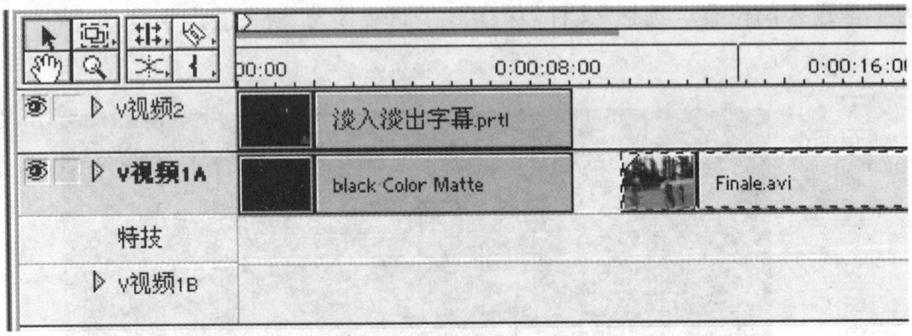

图 4-134 时间线上的三个素材

(6)右键单击时间线窗口中的“淡入淡出字幕.prtl”,选择快捷菜单中的“视频选项/透明设置……”命令,在弹出的透明设置对话框中,键类型(Key Type)选择“Image Matte”,在被激活的“蒙板”中选择“遮罩.tag”,如图 4-135 所示。单击确定退出透明设置窗口。

(7)在时间线窗口工具栏中选择[框选工具图标],框选“淡入淡出字幕.prtl”和“black color matte”,按住 Shift 键,将它们拖动到视频 2 轨的片段上方,形成虚拟剪辑,如图 4-136 所示。

(8)右键单击时间线窗口中的“空片段”,在弹出的菜单中选择“视频选项/透明设置……”命令,在弹出透明设置对话框中选择键类型为“Screen”,单击“确定”退出设置窗口。

(9)调整工作区(黄线)与 Finale.avi 片段对齐,选择“文件/时间线输出/电影”,生成影片后,可以看到如图 4-137 所示的淡入淡出文字效果。

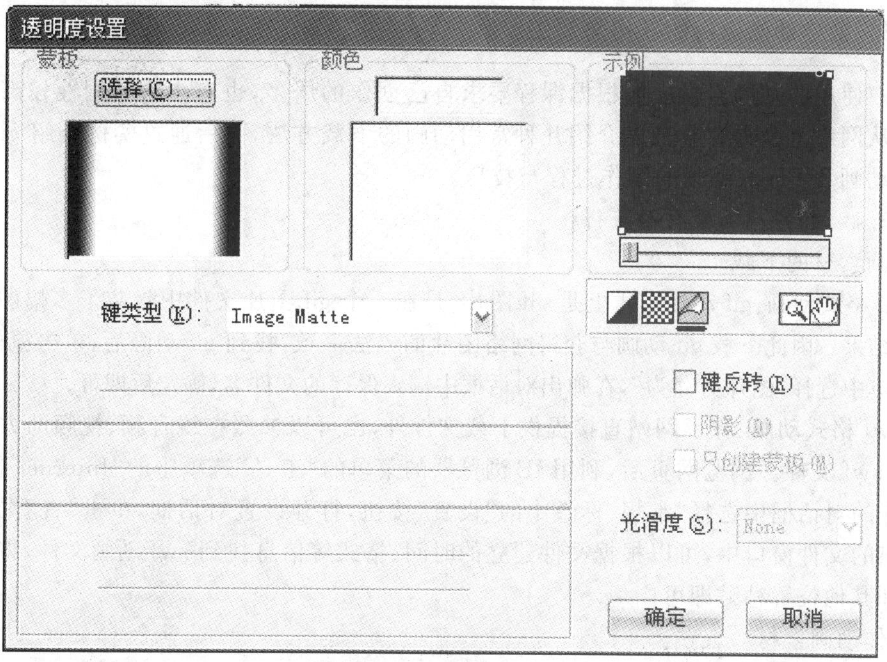

图 4-135　透明设置窗口

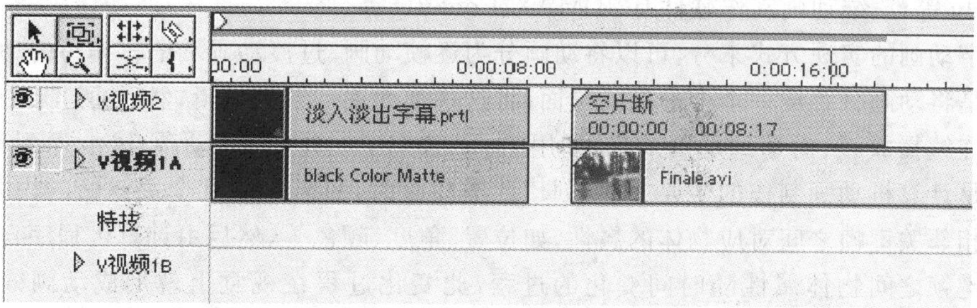

图 4-136　步骤(7)后时间线上的结果

图 4-137　淡入淡出字幕效果

4.2.5 数字动画素材的获得与加工

课件中使用的动画素材一般根据课程要求自己创作的居多，也有少量通用性较高的动画素材可以从网络上获得。本节先介绍几种常用动画的下载方法，而后通过实例介绍 gif 动画、简单三维动画和 Flash 动画的制作过程与技巧。

4.2.5.1 数字动画素材的获得

1.动画素材的下载

(1)gif 格式动画：gif 动画实质上是 gif 图片，是在一个 gif 图片文件中封装了多幅图片后循环放映的结果。因此下载 gif 动画与获得网络图片的方法一致，找到 gif 动画后，单击鼠标右键，在快捷菜单中选择“图片另存为”，在弹出对话框中输入保存的文件名，确定后即可。

(2)swf 格式动画：除了网站直接提供下载文件外，也可以参照在线音频、视频的方法获取网页上的 swf 文件。浏览网页后，利用 IE 浏览器的菜单的“工具”选项中的“Internet 属性”命令，在打开的对话框中选择“常规”标签中的“设置”按钮，打开设置对话框，单击“查看文件”按钮，在弹出的文件窗口中，可以根据文件建立的时间、格式等信息找到 swf 动画文件，将该文件复制后，到其他位置粘贴即可。

2.制作动画素材

动画制作软件有很多，常用的二维动画制作软件有 Animator Studio、Flash 以及 IamgeReady 等，三维动画制作软件有 3DMAX、Cool 3D 等。

从数字动画的实现方式来分，可以将动画分为逐帧动画、过渡动画和语言编写的动画。逐帧动画就是将动画分解成一个个静态的画面，将这些画面逐一绘制编辑，然后通过某种方法将这些画面连续播放，从而达到动画效果，如用 ImageReady 制作的 gif 动画、bmp 序列动画等。过渡动画是计算机动画制作的主要方式，创建此类动画时，只需绘制几个关键帧的内容，然后定义两个相邻关键帧之间对应物体的属性，如位置、角度、颜色等，然后由计算机程序自动地填补相邻关键帧之间物体属性随时间变化的过程，此变化过程在视觉上就形成动画效果。如 3DMAX、Cool 3D 以及 Flash 中大部分动画都是采用这样的方法实现的。语言编写的动画是指通过计算机语言编写程序实现动画效果，如利用 JAVA 语言编写的动画很适合在网页中使用，Flash 中也可以用语言实现动画效果和动画的交互控制。

4.2.5.2 gif 动画制作

gif 动画可以利用 Photoshop 以及其附带的 ImageReady 程序来共同创建。gif 动画制作运用了逐帧动画的原理，先在 Photoshop 中将不同的帧画面分别绘制在不同的图层中，然后在 ImageReady 里创建相同数量的帧，每帧显示不同的图层，以达到动画效果。

实例十五 摇摆的头

(1)启动 Photoshop，打开打开配套光盘中的“素材”文件夹中“摇摆的头”子文件夹下的“头像.jpg”文件。全选图片后，使用 Ctrl＋X 剪切，然后用 Ctrl＋V 粘贴三次，形成三个相同图层，如图 4-138 所示。

(2)在图层面板选择图层 3，使用“编辑”菜单“变换”中的“旋转”命令，在使其顺时针旋转 15 度(可在工具属性栏中输入)；然后在图层面板选择图层 1，在该图层逆时针旋转 15 度，结果如图 4-139 所示。

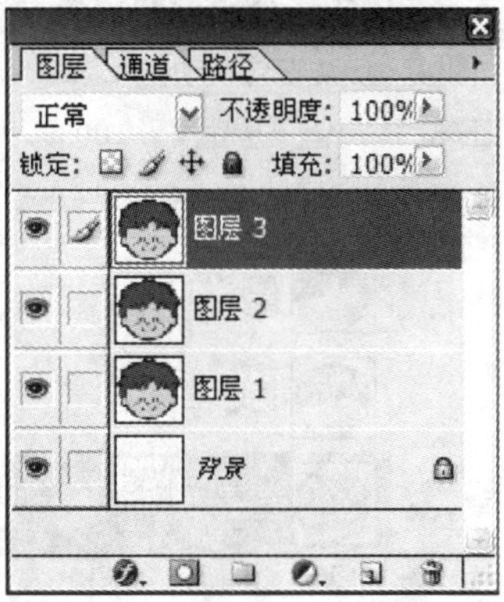

图 4-138 复制操作后的图层面板

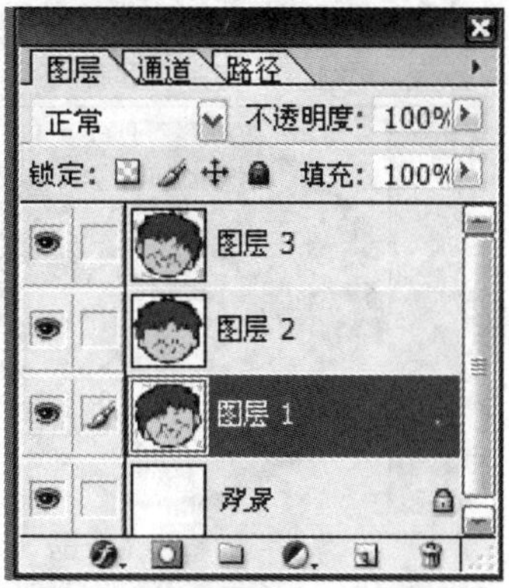

图 4-139 旋转操作后的图层面板

(3)选择“文件”菜单中的“在 ImageReady 中编辑”命令,在弹出的询问“是否合并图层”的对话框中选择“否”。此后,ImageReady 程序将自动启动,并显示在 Photoshop 中编辑好的图片。注意:如果图片为灰度模式,需要将其转换成彩色模式后才可以到 ImageReady 中编辑。

(4)在“窗口”菜单中选择“动画”,打开“动画”面板,使用“复制当前帧”按钮,复制三个帧,如图 4-140 所示。

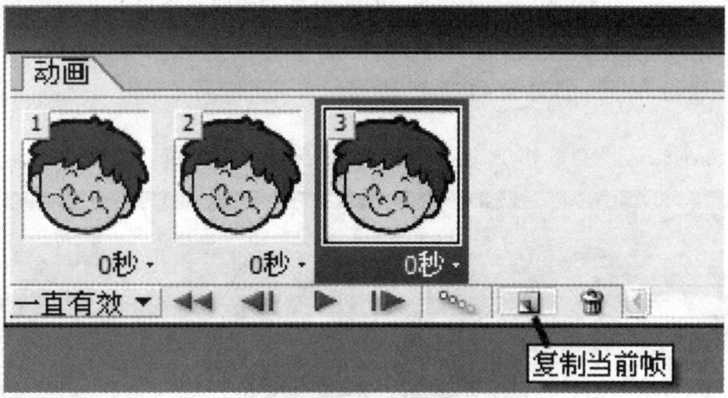

图 4-140 复制帧后的动画面板

(5)在“动画”面板中选择第一帧,然后在图层面板中显示图层 3;选择第二帧,关闭图层 3 左边的“眼睛”使其隐藏,显示图层 2;选择第三帧,隐藏图层 2 和图层 3,显示图层 1,如图 4-141 所示。

(6)单击“动画”面板中“0 秒”右边的下拉箭头,出现延迟时间选项,选择 0.1 秒。该延迟时间表示相邻帧之间的间隔时间,可以相同也可以不同。

(7)用“文件”菜单中的“将优化结果存储为”命令,可以将结果保存成 gif 格式动画。

4.2.5.3 简单三维动画制作

三维动画因真实感强、表现力丰富,在课件中也多被应用。Ulead Cool 3D 是一款操作简单、效果专业的 3D 动画制作软件。该软件拥有强大方便的图形和标题设计工具、丰富的动画特效以及完善的输出功能,可以输出静态图像、gif 动画、视频或 Flash 格式。因此,该软件非常适用于课件中的简单三维动画开发。本节将通过几个实例来学习 Ulead Cool 3D 制作三维动画的一般方法。

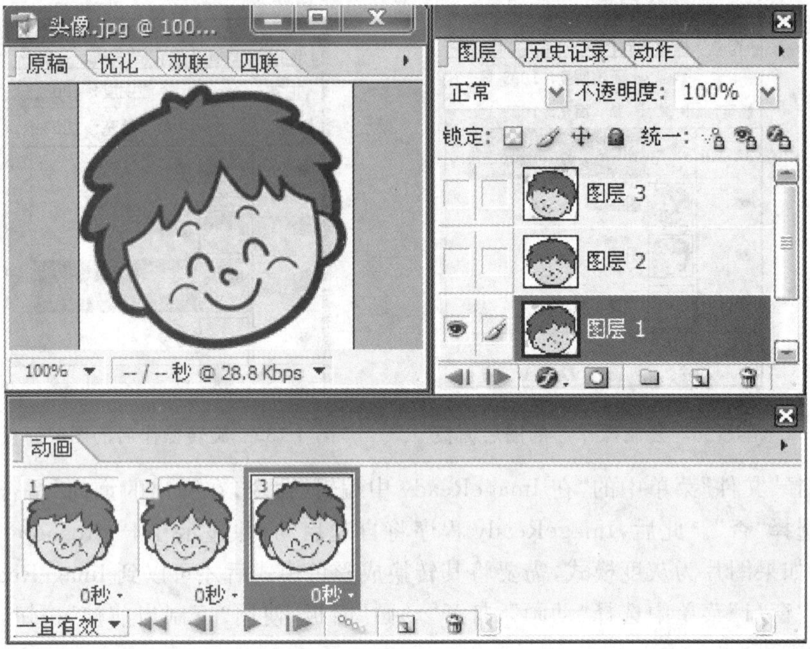

图 4-141　不同的帧中显示相应的图层

实例十六　利用“组合”快速创建三维文字动画

(1)启动《Ulead Cool 3D》，进入如图 4-142 所示程序界面。

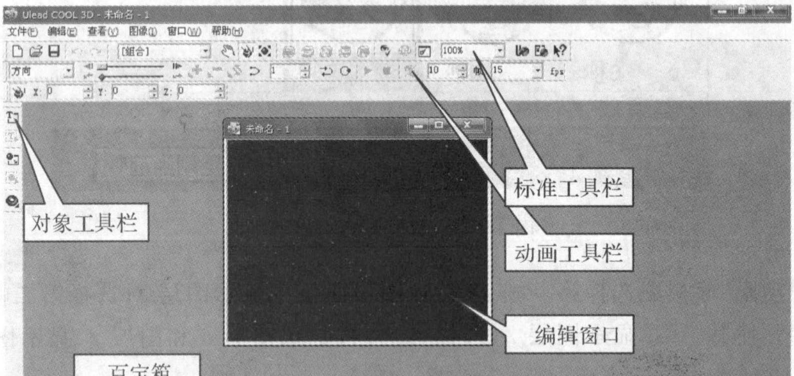

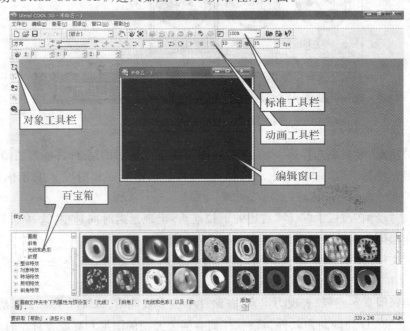

图 4-142　Ulead Cool 3D 初始界面

(2)在“百宝箱”的“工作室”中选择“组合对象”(见图 4-143)，在右边的略图窗口中选择如

图 4-144 的实例，双击该实例，弹出该组合效果窗口。

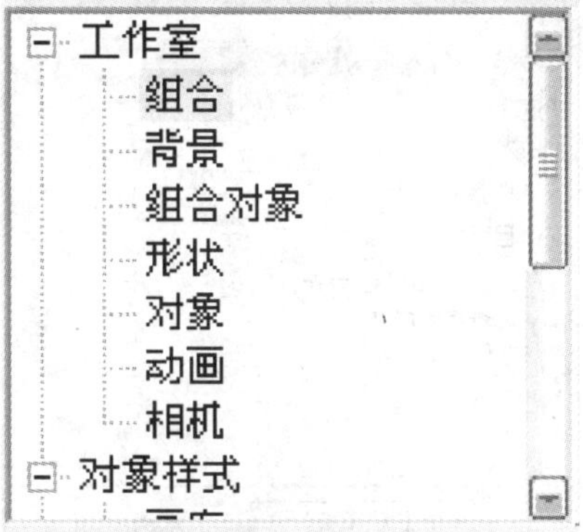

图 4-143　“百宝箱”面板

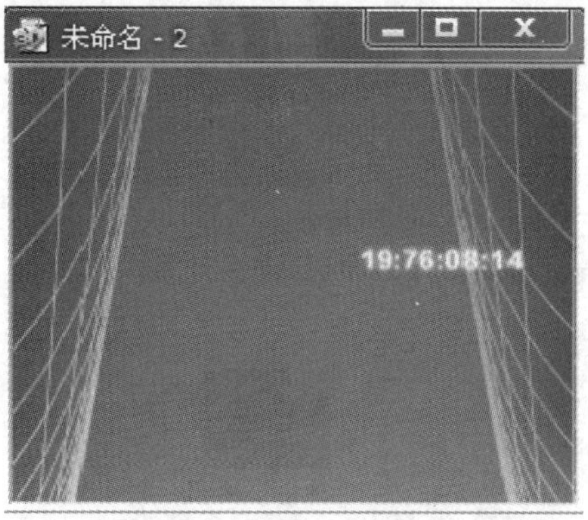

图 4-144　选择的“组合”效果

（3）在“标准工具栏”的“对象列表框中”中选择“Graphic Objects”对象，然后在“编辑”菜单中选择“删除”命令，将绿色的背景删除。

（4）在“标准工具栏”的“对象列表框中”中选择“Cool 3D”对象，然后单击“对象工具栏”的“编辑文字”按钮，弹出如图 4-145 的文字编辑窗口，然后将文字“COOL 3D”改为“三维文字”。

（5）以同样的方法，将“Ulead System”对象的文字改为“制作范例”。

（6）单击“动画工具栏”中的播放按钮，动画效果将在编辑窗口中预览。当动画结束时，分别用“标准工具栏”中的移动按钮和缩放按钮调整文字的位置和大小，使之如图 4-146 所示。

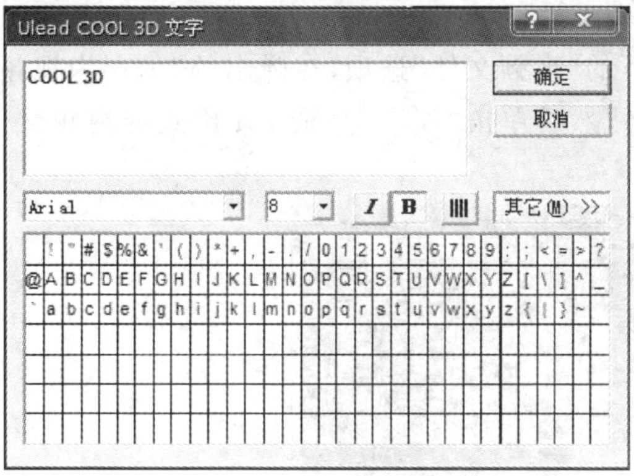

图 4-145　文字编辑窗口

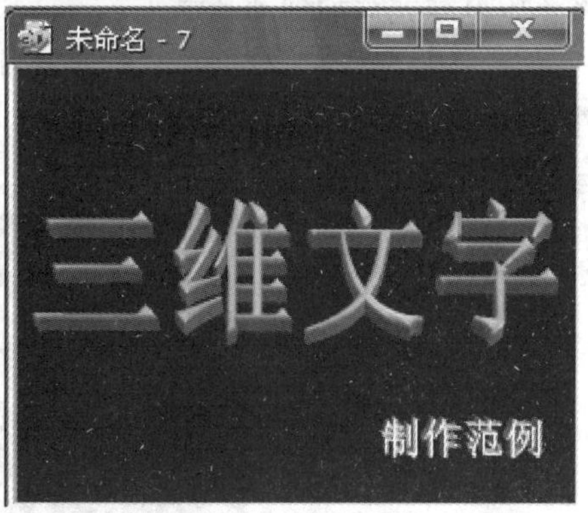

图 4-146　三维文字动画结果

（7）选择“文件”菜单中的“创建动画文件”下的“视频文件”选项，在弹出的如图 4-147 所示的“另存为视频文件”对话框选择合适的存储位置，并输入文件名，然后单击“保存”程序开始生成 avi 格式的视频文件。

（8）如果要对输出的视频文件进行设置上的改变，则可单击“选项”按钮，然后在弹出的如图 4-148 所示的“视频选项”对话框中进行设置修改。

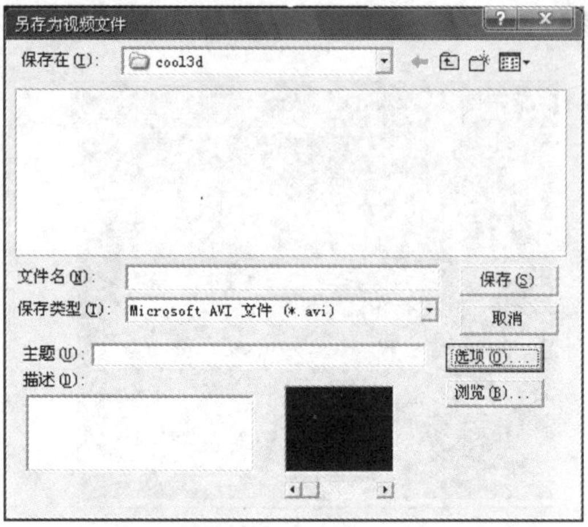

图 4-147　“另存为视频文件”对话框

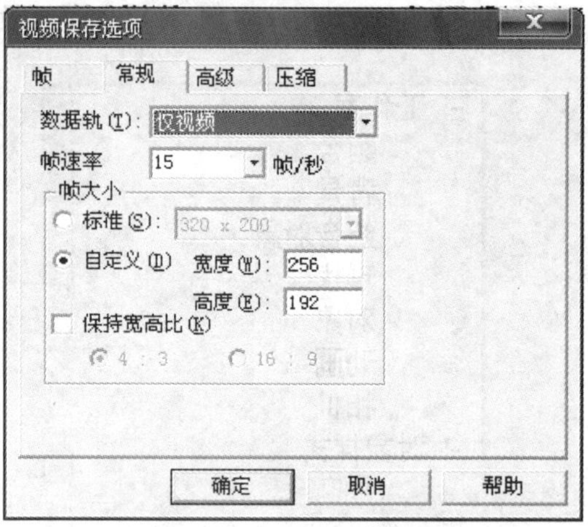

图 4-148　“视频保存选项”对话框

实例十七　雷击文字动画二

(1)启动《Ulead Cool 3D》。

(2)单击“对象工具栏”的“插入文字”按钮，在弹出的文字编辑窗口中输入文字“三维文字”。

(3)在“动画工具栏”中，将动画的帧数改为 30 帧。

(4)在“百宝箱”的“对象样式”中选择“画廊”，在右边的略图窗口中选择合适的样式，双击该样式将样式附到文字上。

(5)在“百宝箱”的“对象特效”中选择“爆炸”，在右边的窗口中选择一种爆炸样式，双击后将该爆炸样式附到文字上。

(6)在“百宝箱”的“整体特效”中选择“闪电”，在右边的窗口中选择一种闪电样式，双击后将该闪电样式添加到动画中。

(7)选择“文件”菜单中的“创建动画文件”下的“视频文件”选项，在弹出的“另存为视频文件”对话框选择合适的存储位置，并输入文件名，然后单击“保存”生成 avi 格式的视频文件。运行动画出现如图 4-149 所示效果。

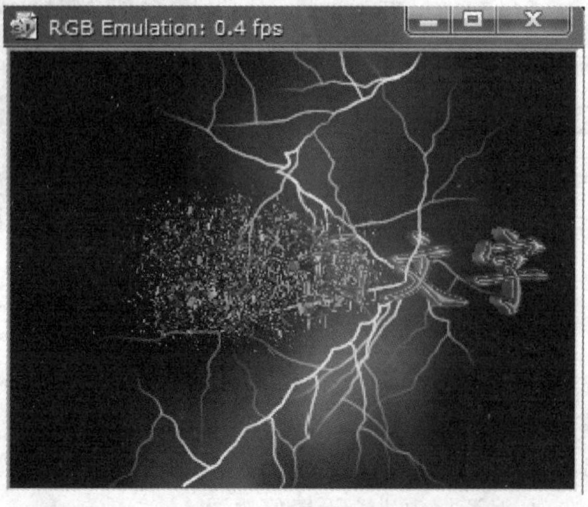

图 4-149　文字动画最终效果

实例十八　跷跷板

Cool 3D 除了可以创建漂亮的文字动画外，还可以利用其丰富的工具和图库开发较为复杂的三维动画效果。

(1)启动《Ulead Cool 3D》，单击“对象工具栏”的“插入对象”按钮，分别插入一个圆锥体和一个正方体，如图 4-150 所示。

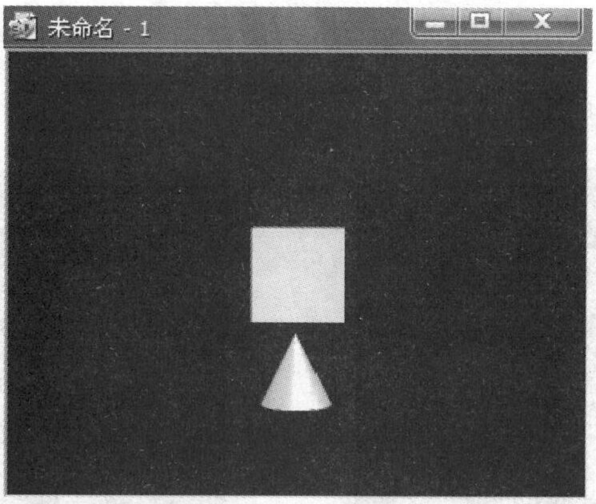

图 4-150　插入圆锥和立方体

(2)选择立方体，在“动画工具栏”中的对象属性选择框中选择“尺寸” 尺寸 ，并对 X、Y、Z 作数值设置为：X: 100 Y: 500 Z: 20。

(3)在“百宝箱”的“工作室”中选择“形状”，在右边的略图窗口中选择两个形状，双击后将这两个形状添加到编辑窗口。调整四个对象的位置，结果如图 4-151 所示。

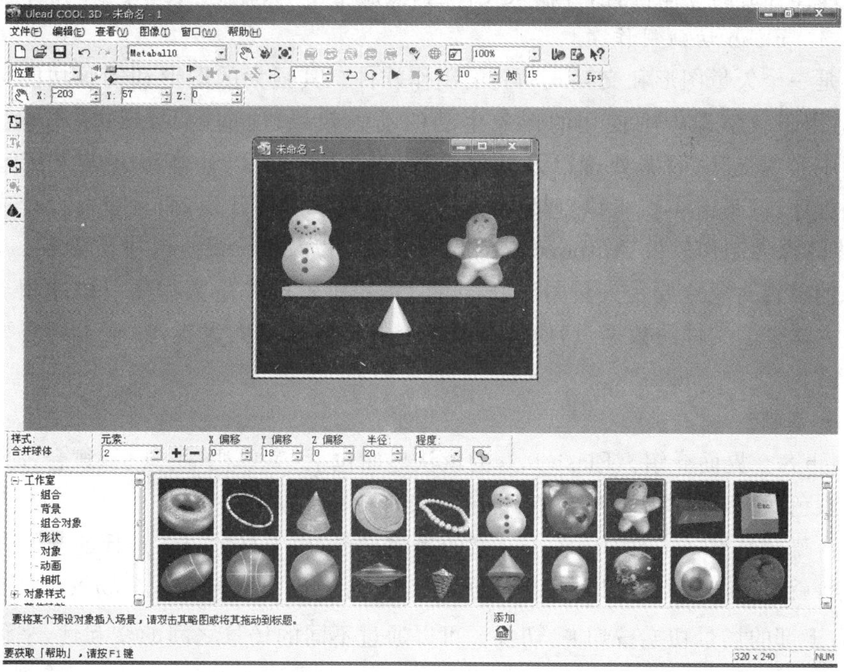

图 4-151　四个对象调整后的效果图

(4)在“动画工具栏”中,将整个动画的帧数改为30帧。然后将时间轴上的滑块移动到第15帧处,如图4-152所示。分别用移动按钮和旋转按钮将四个对象的位置调整到如图4-153所示状态。

图4-152 “动画工具栏”上的时间轴

(5)将时间轴上的滑块移动到第30帧处后,再次用移动按钮和旋转按钮将四个对象的位置调整到如图4-154所示状态。

图4-153 15帧时的对象位置

图4-154 30帧时的对象位置

(6)选择“文件”菜单中的“创建动画文件”下的“视频文件”选项,在弹出的“另存为视频文件”对话框选择合适的存储位置,并输入文件名,然后单击“保存”生成avi格式的视频文件。

4.2.5.4 Flash动画制作

Flash是一个矢量图形和交互式动画的制作软件。其强大的图形和动画功能可以制作开发出多种适用于教学课件中使用的形象生动的动画效果;内嵌的ActionScript语言可以在Flash动画中实现交互、数据处理以及其他多种程序功能,可以让高级开发人员编制复杂的Flash应用程序。Flash不仅可以直接应用于交互式教学课件开发,而且也可设计成教学积件在专业多媒体课件制作软件Authorware和Directory以及Frangpage中被导入。

Flash的编辑对象主要是矢量图形,Flash只需用少量的矢量数据便可描述相当复杂的对象,如此大大减少了文件的数据量,使其在网络上的传输速度大大提高,也是网络型课件编写有力的工具。

1. Flash基础

(1)Flash 8.0界面介绍。Flash 8.0的默认界面包括:菜单栏、工具栏、舞台、时间轴窗口、属性面板、颜色面板、库面板以及动作面板等,如图4-155所示。

1)舞台:舞台是Flash动画中各个元素的表演平台,用于显示当前选择的帧的内容。

2)场景:就像一部戏剧可以有几幕一样,一个舞台上也可以包含几个场景。场景可以通过位于舞台右上部的场景切换按钮切换。可以通过不同的场景之间的交互性,来创作出结构较为复杂的课件。

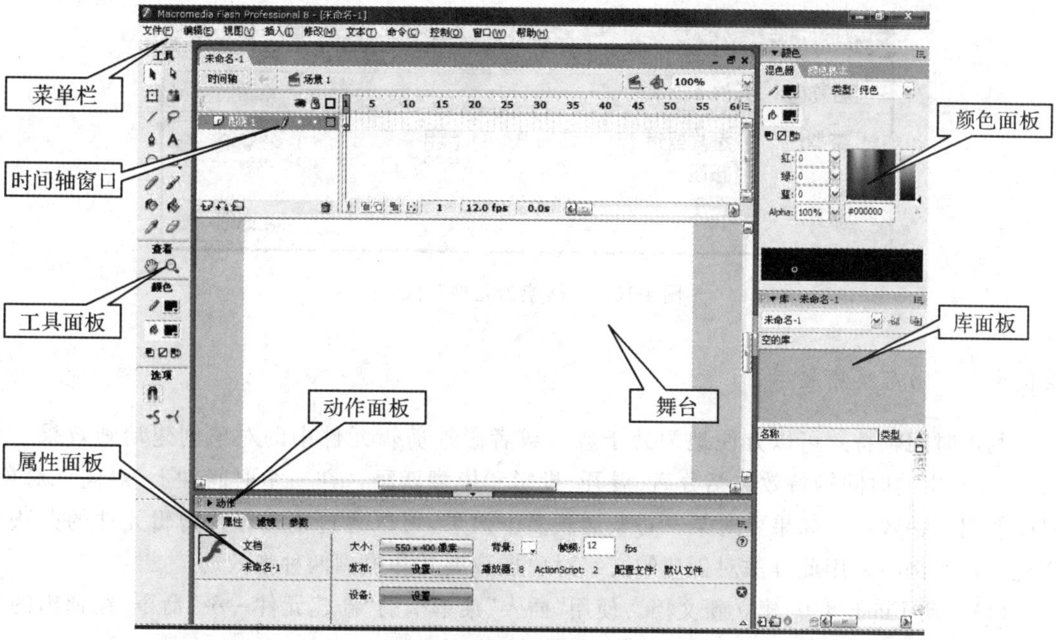

图 4-155　Flash 8.0 程序界面

3)时间轴窗口:时间轴窗口用于对 Flash 的两个基本元素“层”和“帧”进行操作。最重要的成分是帧、层和播放头。时间轴控制窗口分为左右两个区域,它们分别是时间轴控制区与层控制区域。

4)动作面板:动作面板可以创建和编辑对象或帧的 ActionScript 代码。

5)库面板:在 Flash 里,素材库窗口起着存放、组织管理动画基本元素的作用。使得更容易对这些元素进行查找、编辑、设定和重复利用。

6)菜单栏和工具面板:除了绘图命令以外的绝大多数命令都可以在菜单栏中实现。使用工具面板中的工具可以绘图、上色、选择和修改插图,并可以更改舞台的视图。

(2)元件与实例。元件是一种可重复使用的对象,包括图形、影片以及按钮,而实例是元件在舞台上的一次具体使用。一个元件可以在一个程序中重复使用,重复使用元件不会增加文件的大小,这是使文件保持较小容量的策略中很好的一个做法。元件还简化了文档的编辑;当编辑元件时,该元件的所有实例都相应地更新以反映编辑。元件的另一个好处是使用它们可以创建完善的交互性。

Flash 中有三种元件,分别为影片剪辑元件(Movie Clip)、按钮元件(Button)和图形元件(Graphic)。在舞台选中一个对象后,选择利用“修改”菜单的“转换为元件”命令,在弹出的对话框中选择某类元件(如图 4-156 所示),确定后就可以将此对象转换成选定的元件类型。右边注册的网格点是选定的转动轴心位置,如图所示的注册点是中心,即该元件转动时绕中心轴转动。

(3)Flash 动画的基本类型。Flash 可以通过时间轴特效、逐帧创建、建立补间动画以及语言编写等方式创建动画。其中,补间动画又分为动作补间和形状补间两种方式。

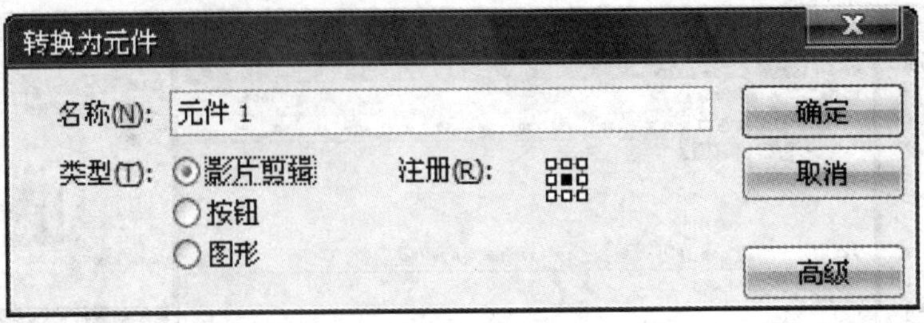

图 4-156 “转换为元件”对话框

实例十九 动态模糊文字

利用时间轴特效可以方便地为处于舞台或者影片剪辑元件中的对象创建动画效果。在 Flash 8.0 中的时间轴特效包括分离、展开、投影和模糊四种。在一个时间轴上，对同一对象，只能使用一种效果。如果要对某一对象加载多个效果，可以通过创建影片剪辑元件的办法来实现。本实例将采用此办法对创建的文字对象加载展开和模糊两种特效。

(1)启动 Flash 8.0，建立新文档。使用“插入”菜单中的“新建元件……”命令，在弹出的对话框中选择“影片剪辑”，确定后进入元件编辑窗口。

(2)使用“工具面板”中的文本工具 A ，在元件编辑窗口中建立如图 4-157 所示的文字对象。可利用文本工具属性面板对创建的文字外观进行调整。

(3)选中建立的文字对象，单击鼠标右键，在弹出的快捷菜单中选择“时间轴特效—效果—展开”命令。如图 4-158 所示。

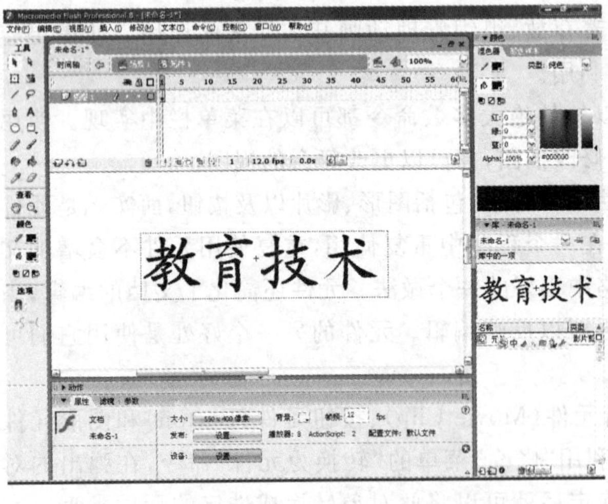

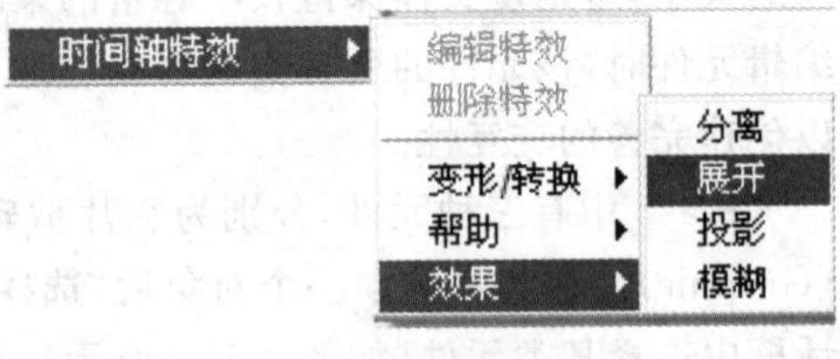

图 4-157 在元件编辑窗口建立文字对象

图 4-158 时间轴特效命令

(4)在弹出的如图 4-159 所示的“展开”特效属性设置窗口中，可对该特效的属性做简单设置。在此，将“碎片移动”调整为 25 像素数，其余参数不变。确定后退出特效设置窗口。此时可以在时间轴上看到有多个帧被建立，使用“控制”菜单中的“播放”命令，可以看到设置的效果。

(5)单击编辑窗口标题栏中的“场景”按钮，切换舞台。在库面板中，把刚建立的影片剪辑

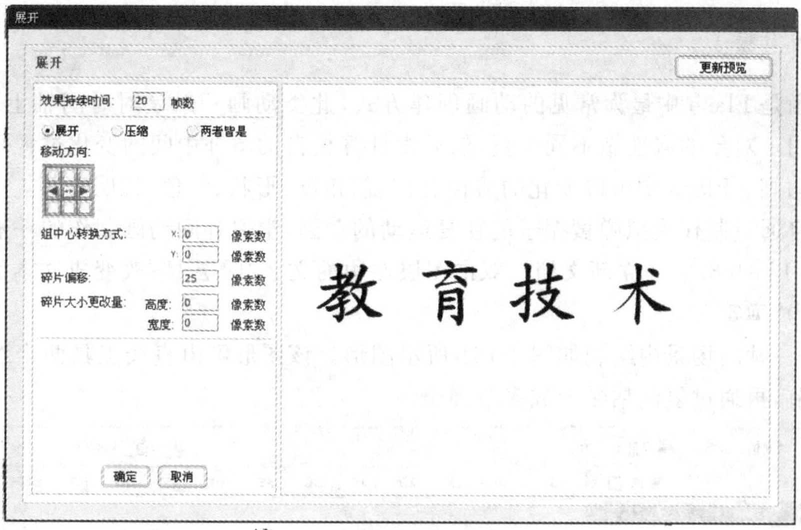

图 4-159　“展开”特效设置窗口

元件拖入舞台中央位置。

(6)选中该元件，单击鼠标右键，在弹出的快捷菜单中选择“时间轴特效—效果—模糊”命令。在弹出的效果设置对话框中使用默认设置，确定后退出设置窗口。

(7)使用“控制—测试场景”命令，在弹出窗口中可以看到如图 4-160 所示的最终的效果。

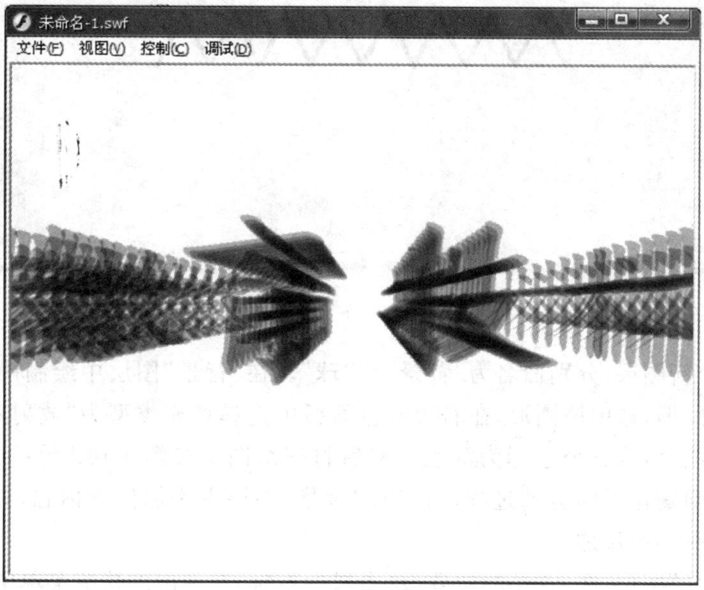

图 4-160　动态模糊文字效果

(8)选择“文件”菜单中的“导出—导出影片”命令，在弹出的对话框中选择保存的目录并输入文件名，默认状态下以 swf 格式输出。确定后，弹出“导出 Flash Player”对话框，使用默认设置，确定后即可生成 swf 格式动画文件。

实例二十　弹簧振子

补间动画是 Flash 中最为常见的动画创建方式，此类动画一般是对时间轴上相邻的两个关键帧中的同一对象的属性做不同设置，然后由计算机自动填补中间的变化过程，此属性的变化过程就是动画。Flash 中可以变化的属性有位置、角度、形状、颜色、透明度等。

本实例将通过制作模拟弹簧振子的往复运动的动画，学习补间动画制作的一般过程。

(1)启动 Flash 8.0，建立新文档。双击图层左边的文字“图层 1”，改变成文本编辑状态，将图层标签改为“弹簧”。

(2)在第一帧的场景中绘制如图 4-161 所示图形。该图形可由直线工具两个线段，然后拼接成弹簧一节，再通过复制粘贴形成多节弹簧。

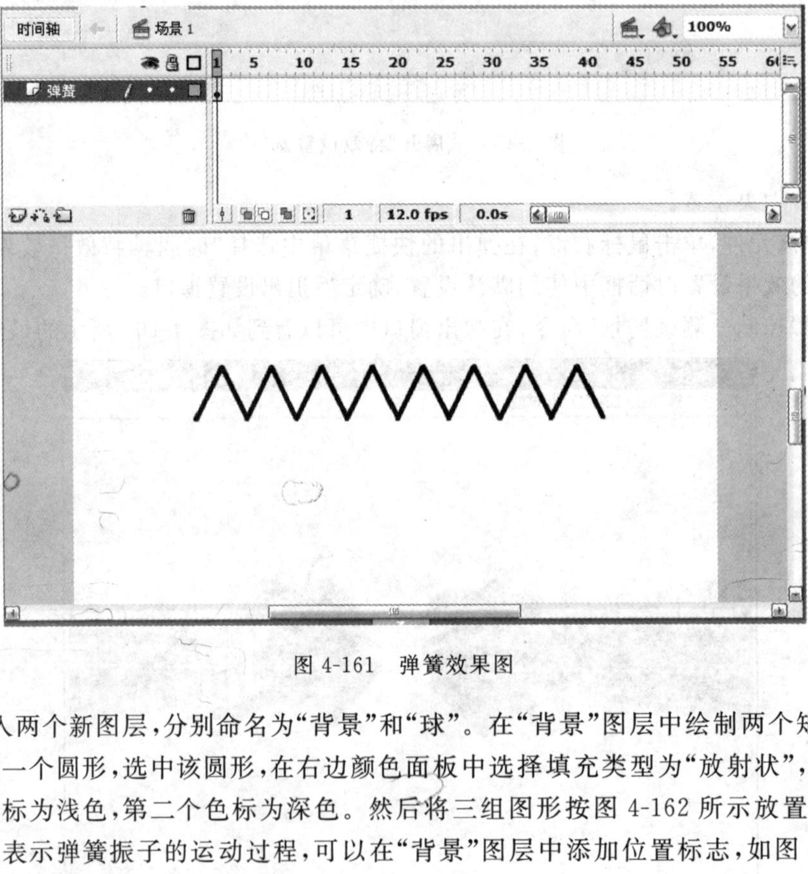

图 4-161　弹簧效果图

(3)插入两个新图层，分别命名为“背景”和“球”。在“背景”图层中绘制两个矩形；在“球”图层中绘制一个圆形，选中该圆形，在右边颜色面板中选择填充类型为“放射状”，在渐变色条中第一个色标为浅色，第二个色标为深色。然后将三组图形按图 4-162 所示放置整齐。为了能够清楚地表示弹簧振子的运动过程，可以在“背景”图层中添加位置标志，如图 4-163 所示，该标志也可在新图层中添加。

(4)选择“背景”图层，在 60 帧的位置，单击鼠标右键，在弹出的快捷菜单中选择“插入帧”。若位置标志建立在一个新建图层中，也对该图层做相同的操作。

(5)选择“球”图层，在 15 帧的位置，单击鼠标右键，在弹出的快捷菜单中选择“插入关键帧”。然后选中该图层中的所有帧(可以单击图层标签)，单击鼠标右键，在弹出的快捷菜单中选择“创建补间动画”。此时，在两个关键帧之间将会产生一个箭头，如图 4-164 中的时间轴上所示。然后对“弹簧”也做同样操作。

(6)选中“球”图层的第二个关键帧，然后在场景中选择“球”对象，将其移动到中间“平衡位置”。

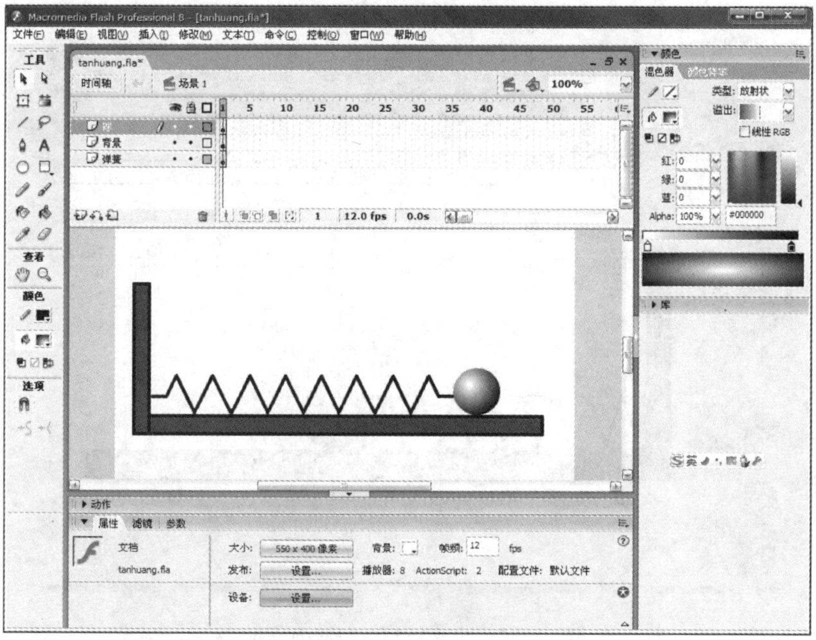

图 4-162　三组图形拼接后的效果

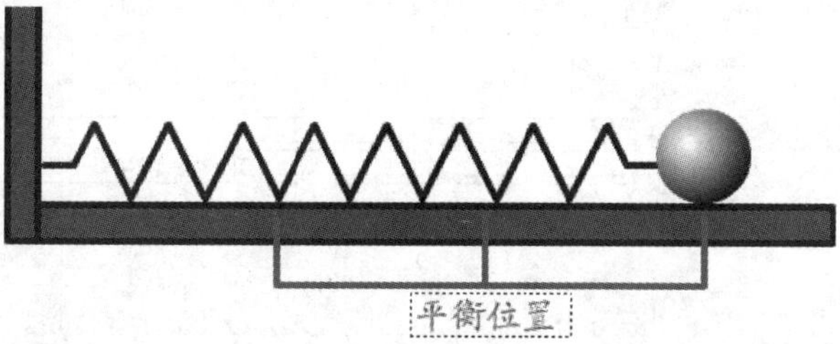

图 4-163　添加位置标志后的效果

(7)选中“弹簧”图层的第二个关键帧，在场景中选择“弹簧”对象，然后选择工具面板中的“变形工具”，按住“Alt”键，然后调节右边的调节句柄，将其压缩到中间“平衡位置”，和球相连，如图 4-164 所示。

(8)在“球”和“弹簧”图层的第 30 帧位置分别插入关键帧，此时，补间的箭头将自动产生。利用步骤(6)和(7)的方法，分别调节“球”和“弹簧”的位置，如图 4-165 所示。

(9)在“球”和“弹簧”图层的第 45 帧和 60 帧位置再次分别插入关键帧，并利用步骤(6)和(7)的方法，分别调节“球”和“弹簧”到合适的位置。其中 45 帧在平衡位置，60 帧在最右侧的位置。此时，弹簧振子的动画效果基本完成。

(10)为了真实模拟振子的运动效果，对弹簧振子的运动速度做进一步设置，使其到平衡位子时速度最大，两端时速度最小。选择“球”图层的第 1 至第 15 帧，然后单击属性面板中的“编辑”按钮，弹出如图 4-166 所示的“自定义缓入/缓出”对话框，在 11 帧的位置点图中直线，在线上添加了一个调节点(该点可以用 Delete 键删除)，将此点向下拖拉到 40%的位置，确定后退出。

(11)选择“球”图层的第 16 至第 30 帧，然后单击属性面板中的“编辑”按钮，在弹出的“自

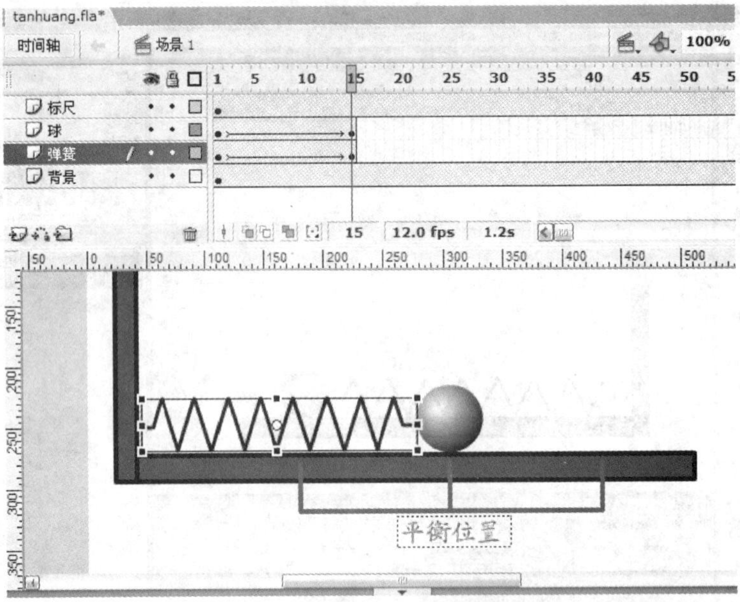

图 4-164 步骤(4)～(7)后的效果

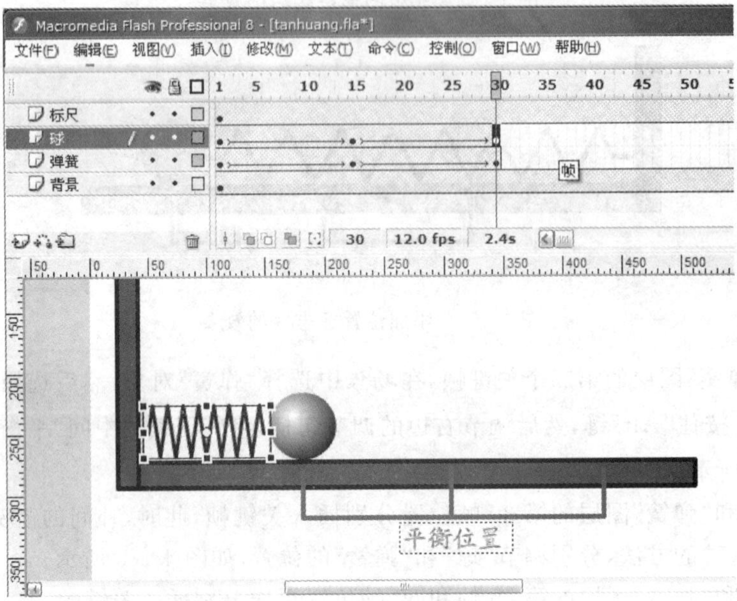

图 4-165 步骤(8)后的效果

定义缓入/缓出”对话框中,在 19 帧的位置在图中直线添加一个调节点,将此点向上拖拉到 60%的位置,确定后退出。如图 4-167 所示。

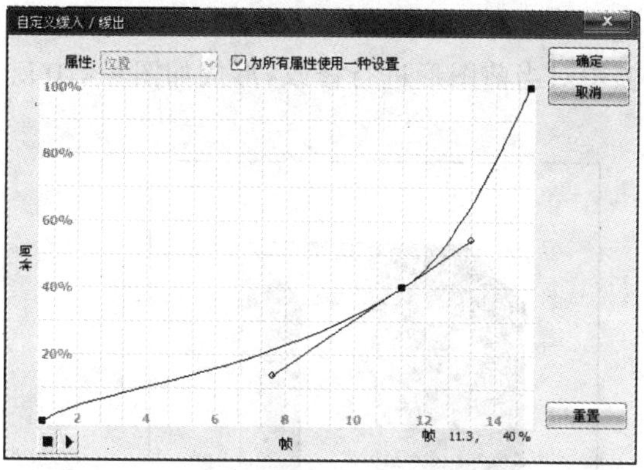

图 4-166　1～15 帧的速度调节曲线

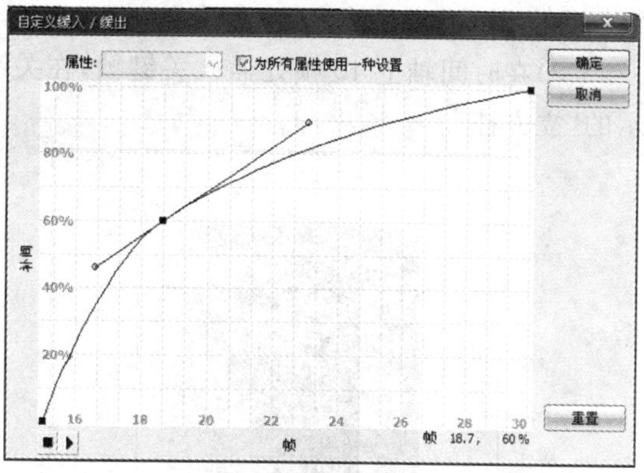

图 4-167　16～30 帧的速度调节曲线

(12)选择“球”图层的第 31 至第 45 帧，单击属性面板中的“编辑”按钮，对第 41 帧做如同第 11 帧的调节；再选择“球”图层的第 46 至第 60 帧，单击属性面板中的“编辑”按钮，对第 49 帧做如同第 19 帧的调节。

(13)用调节“球”运动速度的方法，调节“弹簧”的变化速度。为了使球和弹簧的运动保持一致，其运动速度调节的具体参数可与“球”的完全相同。

(14)动画完成后，可用“控制”菜单中的“播放”命令观看最终的动画效果。满意后，按上一个实例的方法输出成 swf 动画文件。

实例二十一　旋转的立方柱

在 Flash 的基本动画制作中，形状(形变)补间动画是一种十分有用的动画制作方式。本实例巧妙地利用了视觉错觉，利用形变动画模仿出立方柱的“三维”旋转效果，利用此类方法可以开发出很多实用而有趣的动画。

(1)在场景中建立一个矩形，然后用“线性”的填充方式填充该矩形，结果如图 4-168 所示。

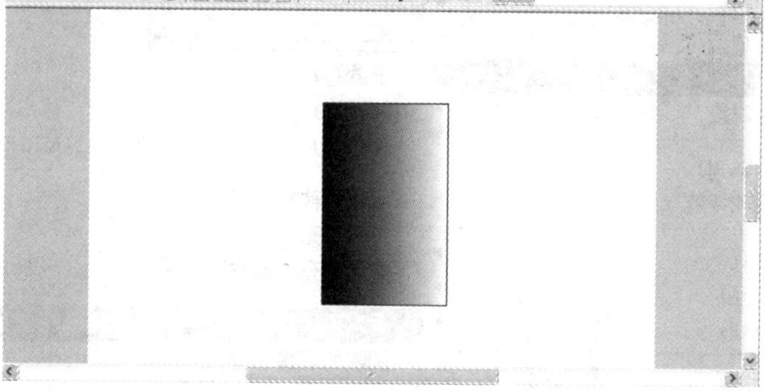

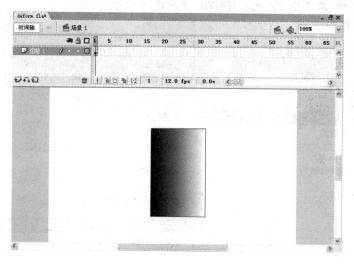

图 4-168　建立具有“线性”填充属性的矩形

(2)用工具栏中的“线条工具”在所建立的矩形上添加几根线条，并用线性方式填充，形成

“立方柱”,如图 4-169 所示。

(3)在时间轴上 40 帧处插入关键帧,在关键帧中对当前图形进行修改,形成如图 4-170 所示的“立方柱”。

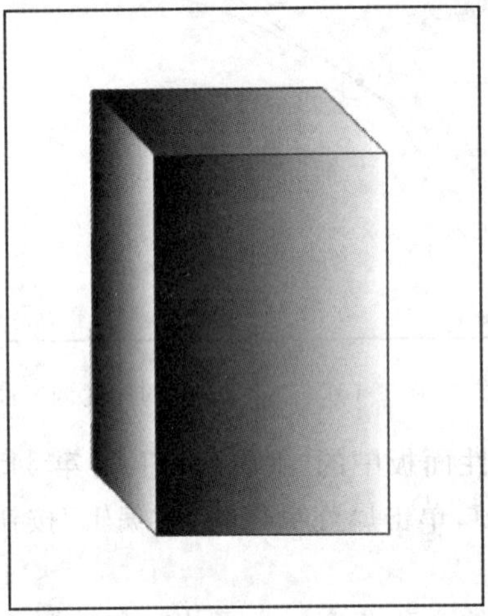

图 4-169　第 1 帧上的“立方柱”

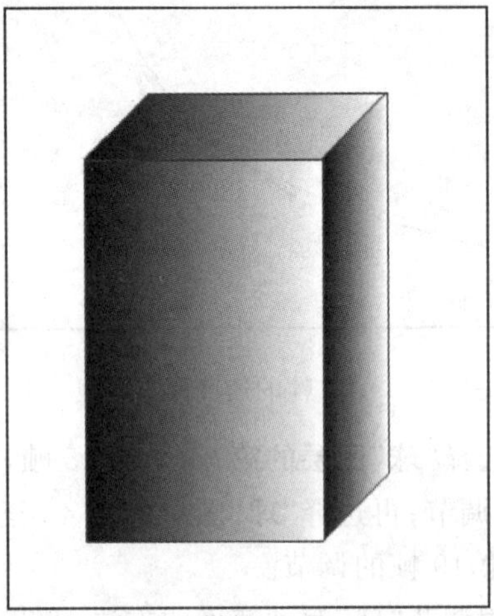

图 4-170　第 40 帧上的“立方柱”

(4)在两个关键帧中,分别删除立方柱的各条边。然后,选择时间轴上所有的帧,在场景下方“属性”面板中选择“补间”方式为“形状”,建立“形状补间”动画。

注意:作为形变对象的图形,在两个相邻关键帧中必须处于分离状态(栅格化图像)。如果图像是元件状态的,可以使用“修改”菜单中的“分离”(Ctrl+B)命令将图形栅格化。

(5)观看动画效果,如果此时变形效果的中间过程没有显示出“旋转”的效果,可以对相邻两个关键帧中的变形对象添加“形变提示点”。选择第一个关键帧,如图 4-171 所示,选择“修改”菜单中的“形状”下的“添加形状提示”命令(Ctrl+Shift+H),给图形添加提示点,每操作一次添加一个提示点。

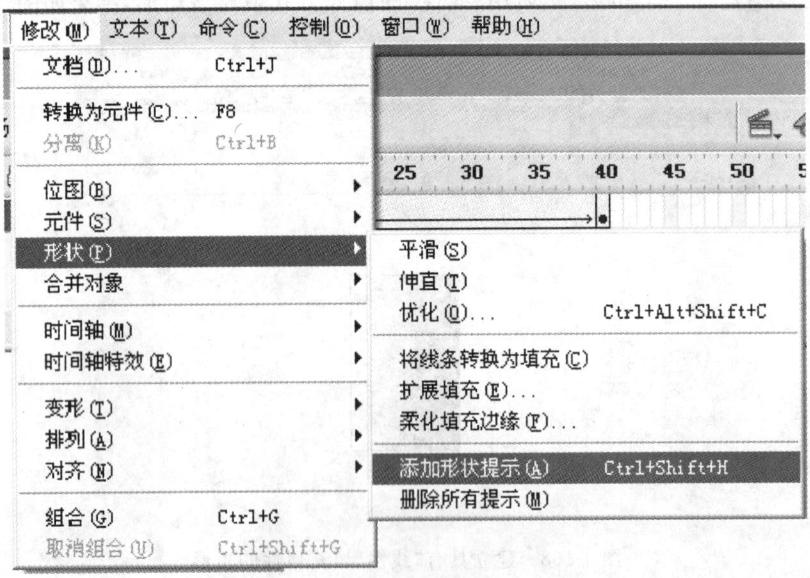

图 4-171　添加“形状提示点”命令

(6)为图形添加 10 个提示点，然后将这些点分别放置在图形的顶角或边界处，如图 4-172 所示。选择第 40 帧，将对应编号的提示点移到对应的位置，如图 4-173 所示。再次播放动画就会呈现出“旋转”的效果。

图 4-172　第 1 帧中的提示点位置

图 4-173　第 40 帧中提示点的位置

在制作形变动画过程中，往往会使人觉得该类动画只能控制变化的起始和结果两个状态，而形变过程不易控制。利用“添加形状提示”的方法可部分解决该问题。

实例二十二　旋转的地球

遮罩层是 Flash 中一种具有特殊属性的图层。此层就像为一幅镂空的剪纸，覆盖在一张图片上，镂空部分可以看到下层，其余部分则不能。遮罩层中建立的图形即为镂空部分，用以显示被此层所覆盖的下层图形，而空白区域则遮盖下层的图形。下层被覆盖的图层称为被遮罩层，位置在相邻遮罩层的下层。在一个场景中可以建立多个遮罩层，但每个遮罩层只遮盖相邻的下层，对其他层不起作用。

在 Flash 中，遮罩层中建立的图形还可以设置多种运动方式。利用遮罩层特殊的显示属性，可以创建出很多精美实用的动画效果，如探照灯效果、望远镜效果、窗户玻璃等。

下面我们利用遮罩层来建立一个“旋转地球”的动画。

(1)选择图层 1，单击鼠标右键，在弹出的快捷菜单中选择“属性”。在弹出的属性面板中将该图层命名为“透明层”。

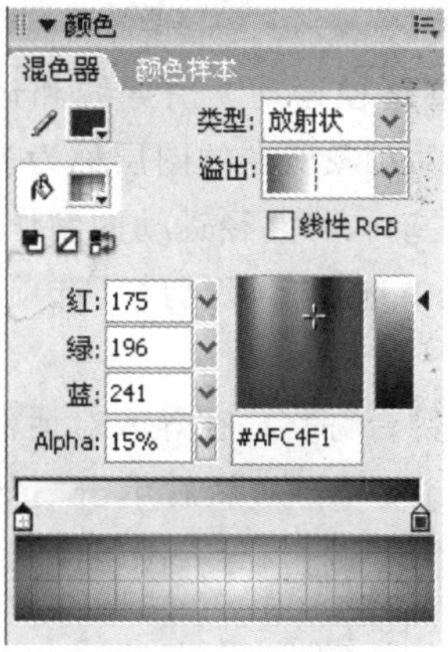

图 4-174　填充属性设置

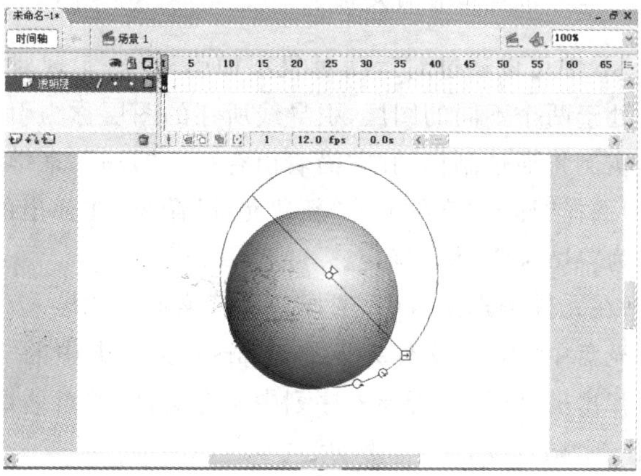

图 4-175　调节圆形填充形状

(2)展开右侧“颜色”面板，选择填充类型为放射状，将弹出的渐变颜色条的左端设置为浅蓝色，右端设置为深蓝色。并将 Alpha 值设为 15%左右(透明度)，如图 4-174 所示。

(3)用椭圆工具在“透明层”的第一个关键帧中绘制一个圆形。然后在工具栏中选择“填充变形工具”，点选圆形，调整填充色的属性，如图 4-175 所示。

(4)插入一个新图层，命名为“圆形遮罩”。将“圆形遮罩”拖拉到“透明层”下层。选择“透明层”的第一帧，复制该帧；然后再选择“圆形遮罩”的第一帧，粘贴帧。

(5)再插入一个图层，命名为“地球图形”，将此层拖拉到“圆形遮罩”下层。选择“文件”菜单下的“导入”命令，导入配套光盘中“素材”文件夹下的“旋转地球”文件夹中“地球. jpg”图片，调整图片大小后如图 4-176 所示。

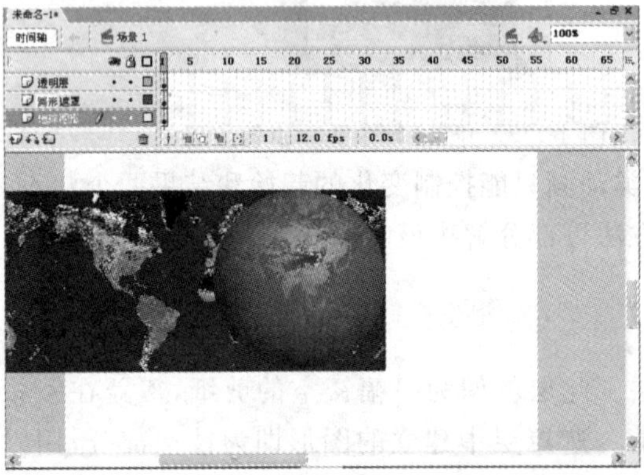

图 4-176 设置三个图层后的效果

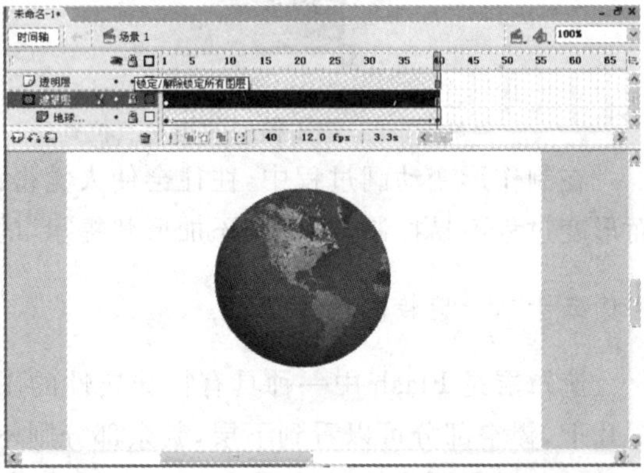

图 4-177 将“圆形遮罩”转化为“遮罩层”后效果

(6)选择“透明层”和“圆形遮罩”两个图层，分别在第 40 帧的位置上插入帧。选择“地球图形”层，在第 40 帧处插入关键帧，选择此图层中所有的帧，单击右键，在弹出的快捷菜单中选择“创建补间动画”。选择第 40 帧处的关键帧，向右拖拉图片。

(7)选择“圆形遮罩”，单击右键，在弹出的快捷菜单中选择“遮罩层”选项后，结果如图 4-177 所示。

实例二十三 沿着山脊行走的马

Flash 中可以通过对运动对象添加引导线，实现对象的任意路径运动。引导线和运动对象分别处于两个不同的图层，引导线所在的图层称为引导层，运动对象所在的图层称为被引导层。本实例将通过制作动画“沿着山脊行走的马”，来学习嵌套式动画和路径运动的制作方法。

(1)选择“插入”菜单下的“新建元件”命令，在弹出的对话框中选择“影片剪辑”选项，元件名定义为“Horse”，然后确定。

(2)在元件编辑窗口中，选择“文件”菜单下，“导入—导入到舞台”命令，在导入对话框中选择配套光盘中“素材”文件夹下的“Horse”文件夹中的“Horse1. jpg”图片，然后单击“打开”按钮。在弹出的询问“是否导入序列中所有文件”的对话框中单击“是”按钮，导入图像序列，每个图片占一个帧，如图 4-178 所示。

注:此方法经常被用于导入一个具有连续编号的图片序列到时间轴上，每个图片占一个关键帧。

(3)选择第一帧，用 Ctrl+B 将图形栅格化，然后用选择工具中的魔棒工具，点选马图像周

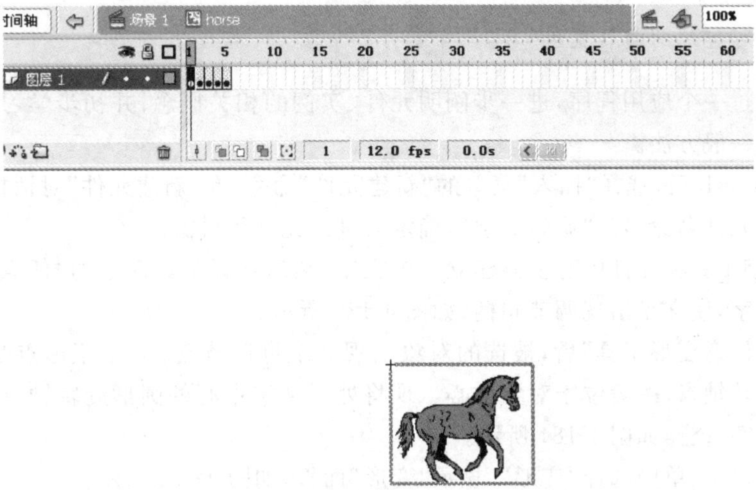

图 4-178　导入图片序列后的元件编辑窗口

边的白色区域，然后按 Delete 删除。此操作目的是将马图片中的白色部分去掉。然后对其他几个帧做同样的操作。

(4)返回场景编辑窗口，此时刚才建立的元件存已放在库中。选择图层 1，将其重命名为"Background"。导入素材文件夹下的 Horse 文件夹中的 Dune.tif 图片。

(5)插入一个新图层，命名为"Horse"，在库中将元件"Horse"拖到场景中。在第 50 帧处，分别给图层 Background 和图层 Horse 插入关键帧。

(6)选择 Horse 图层，单击右键，弹出的快捷菜单中选择"添加引导层"命令，给 Horse 图层添加一个引导层。选择引导层的第 1 帧，用铅笔工具沿着山脊仔细画出一条线。

(7)选择 Horse 图层，单击右键，在弹出的快捷菜单中选择"创建补间动画"，如图 4-179 所示。第 1 帧中将马拖到引导线的左端，选择第 50 帧处的关键帧，将马拖动到引导线的右端，Ctrl+Enter 测试影片，可以看到马沿着山脊行走的动画效果。

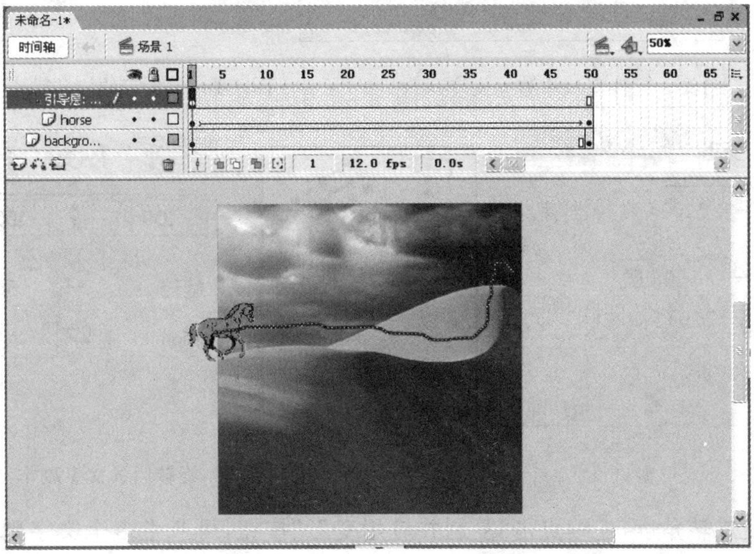

图 4-179　Horse 图层"创建补间动画"后的结果

实例二十四 可控制的旋转文字

本实例通过一个应用程序，进一步阐明元件、实例的相关概念；并初步学习对影片剪辑元件控制播放的一般方法。

(1)启动 Flash 后，选择“插入”菜单的“新建元件”命令，在“新建元件”对话框中选择“影片剪辑”类型，将元件名命名为“旋转文字”，确定后进入元件编辑窗口。

(2)用文字工具在元件中心上方建立一个文字，然后选择工具面板的“任意变形”工具，点选刚建立的文字，使文字出现调节句柄，如图 4-180 所示。

(3)选择“任意变形工具”后，被选的对象出现 9 个可调节点。8 个矩形点是形状调节，中心的圆点是旋转轴点，一般位于对象中心。现将处于文字中心的圆形旋转轴点向下拖拉至与元件的中心十字重合，如图 4-181 所示。

(4)在“窗口”菜单中选择“变形”，显示“变形”面板，如图 4-182 所示。

(5)在“旋转”栏中输入“36”，然后单击变形窗口下方的“复制并应用变形”按钮，在元件编辑窗口中将出现一个文字的旋转 36°后的副本，如图 4-183 所示。

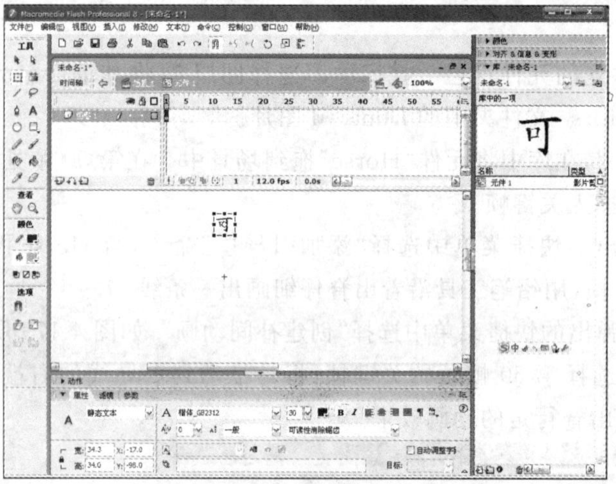

图 4-180 元件窗口中建立文字

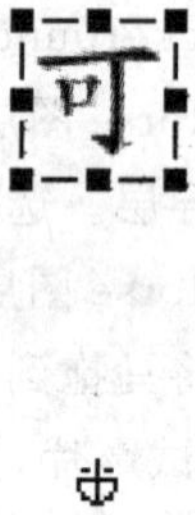

图 4-181 文字的旋转轴点与元件中心重合

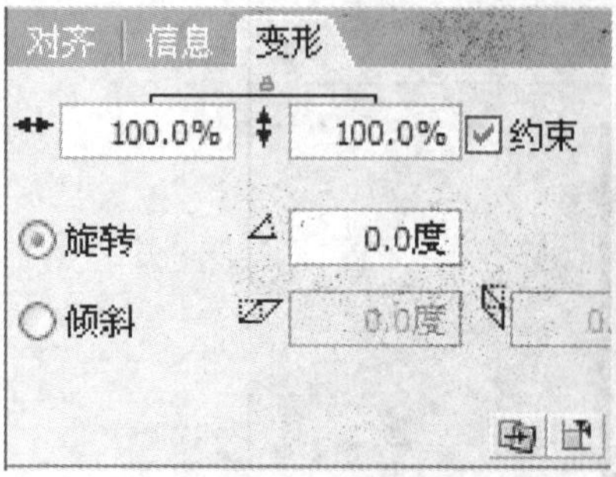

图 4-182 变形窗口

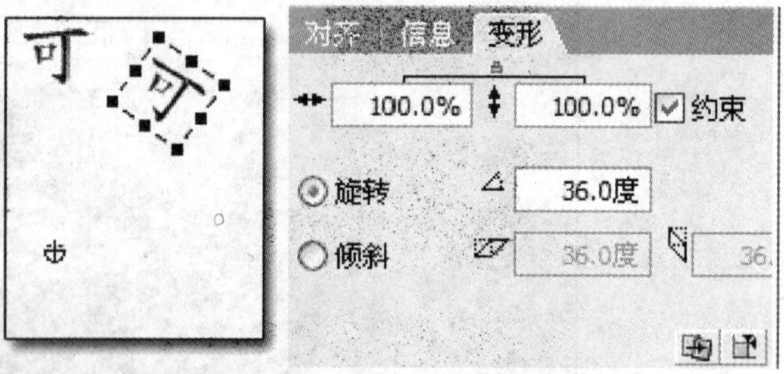

图 4-183 旋转后的文字副本

(6)不改变旋转角度，连续点击“复制并应用变形”按钮，可产生多个文字副本，如图 4-184 所示效果。然后用文字工具将文字副本中的文字逐个修改成图 4-185 所示结果。

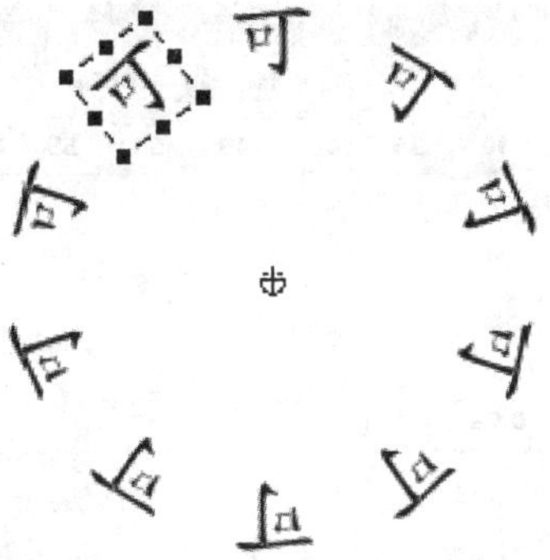

图 4-184　建立多个文字副本

图 4-185　修改后的文字内容

(7)在时间轴的第 25 帧处插入关键帧，选择所有的帧，在任意一帧上单击鼠标右键，在弹出的快捷菜单中选择“创建补间动画”。然后选择第 25 帧处的关键帧，在“变形”面板的旋转角度输入栏中输入 180。如图 4-186 所示。

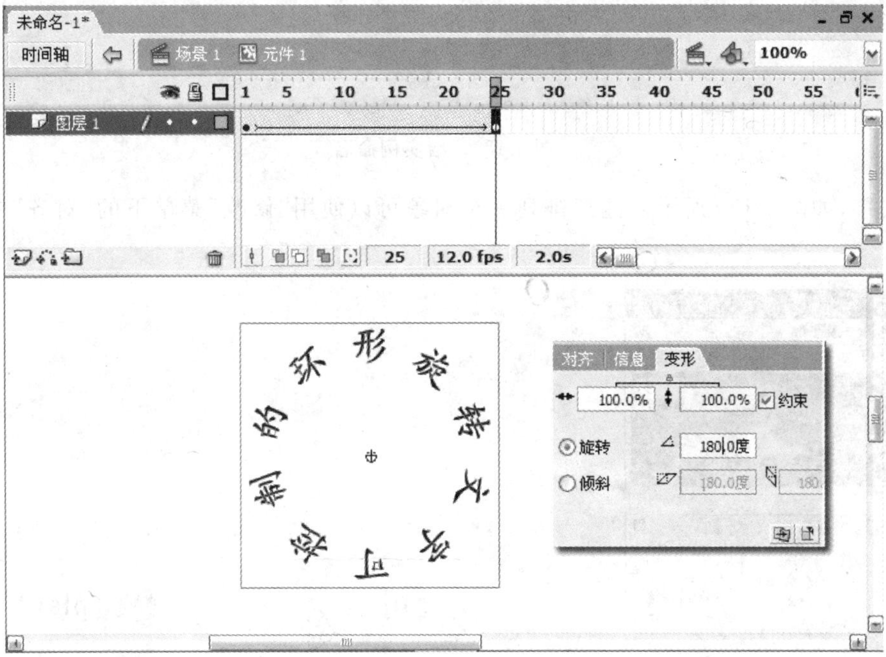

图 4-186　文字旋转 180°

(8)在时间轴第 50 帧处再次插入关键帧，然后在“变形”面板的旋转角度输入栏中输入－0.5。注意：在 Flash 8.0 中，对于一个对象旋转 360°等于不动，因此，使用旋转－0.5°，相当于旋转 359.5°。

(9)单击“场景”，切换到“场景”编辑窗口。然后在“库面板”中把刚建立的旋转文字元件拖拉到舞台中。选择该元件，在“属性面板”中的影片剪辑下方的“实例名称”输入栏中输入“xzwz”，如图 4-187 所示。

(10)选择“窗口”菜单下“公用库”中的“按钮”，打开按钮库。选择“classic buttons”文件夹下的“playback”下的“gel”系列按钮，如图 4-188 所示。将它们拖拉到舞台上，并排列整齐，并

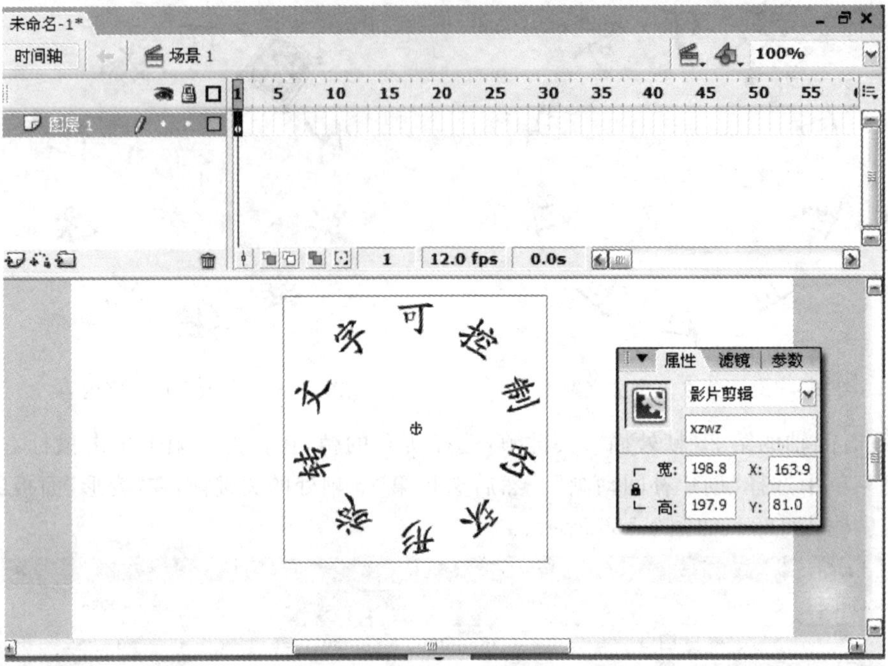

图 4-187 给实例命名

添加上文字,如图 4-189 所示。注意排列一组对象可以使用“修改”菜单下的“对齐”中的一组命令。

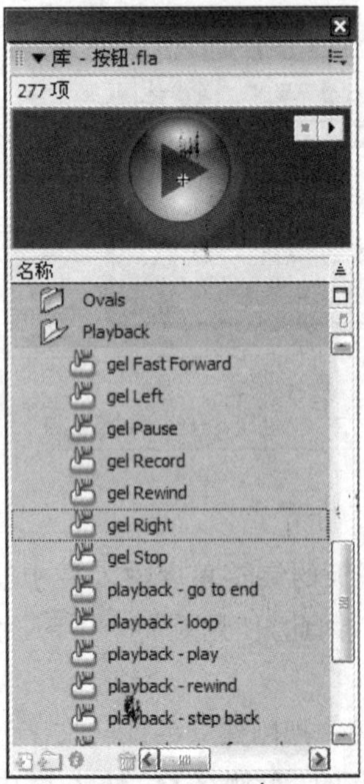

图 4-188 按钮库

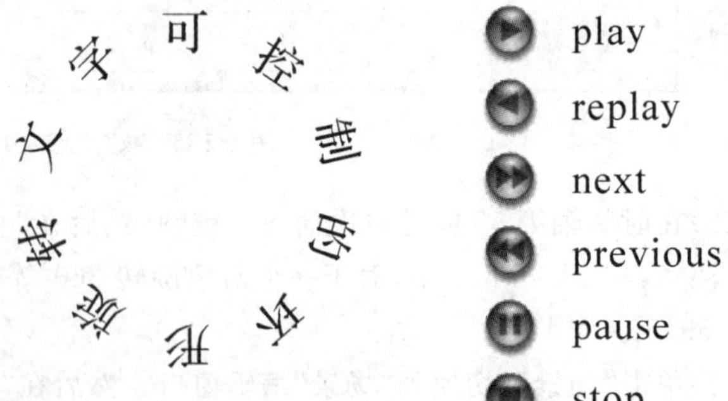

图 4-189 舞台上的按钮

(11)接下来给这些按钮及第 1 帧上添加命令,达到程序效果。

(12)选择时间轴上的第一个关键帧,单击鼠标右键,在弹出的快捷菜单中选择“动作”命令。打开脚本编辑窗口，输入“xzwz. stop();”。注意输入的文字及符号需要用英文半角符号。该命令的作用是在应用程序起始状态让“旋转文字”元件处于停止状态。

注意：“实例名.方法(属性)”是对某特定影片剪辑元件或按钮元件做方法或属性设置时的基本格式。

(13)选择“play”文字对应的按钮，单击鼠标右键，在弹出的快捷菜单中选择“动作”命令。打开脚本编辑窗口，输入“on (release) {xzwz. play();}”。

注意：给按钮元件添加命令时，需要用“on()”的形式申明按钮状态，即定义按钮在何种状态下执行相关的命令。括号里填的是按钮执行命令时的状态，如在本实例中定义在按钮释放(release)时执行命令。

(14)利用类似方法在各个按钮上添加代码如下：

```
replay 按钮：on (release){ xzwz.gotoAndPlay(1);}
```

程序说明：从“旋转文字”元件的第一帧开始播放。

```
next 按钮：on (release){ if (xzwz._currentframe>1) {
                        xzwz.prevFrame();
                        } else {
                       xzwz.gotoAndStop(xzwz._totalframes) ;  }
```

程序说明：单帧播放“旋转文字”元件，每单击按钮一次，往前进一帧，到最后一帧时停止。

```
previous 按钮：on (release){ if (xzwz._currentframe< xzwz._totalframes) {
                            xzwz.nextFrame();
                            } else {
                           xzwz.gotoAndStop(1); }
```

程序说明：单帧播放“旋转文字”元件，每单击按钮一次，往后退一帧，到第 1 帧时停止。

```
pause 按钮：on (release){ xzwz.stop();}
```

程序说明：单击按钮时，“旋转文字”元件停止在当前帧。

```
stop 按钮：on (release){ xzwz.gotoAndStop(1); }
```

程序说明：单击按钮时，“旋转文字”元件停止并返回到第 1 帧。

实例二十五　绘制正弦曲线

Flash 具有强大的程序功能，利用程序可以做简单运算以及编制出一些较好的动画效果。本实例将利用 Flash 自带的数学函数以及简单的循环语句结构来编制一个绘制函数曲线的动画效果。

(1)启动 Flash 后，在图层 1 的第 1 帧中输入一个公式以及“振幅”和“周期”，如图 4-190 所示。在“振幅”右面输入“20”，并将此文字的类型设为“输入文本”，同时在变量栏中输入“al”；“周期”右面输入“2”，文字类型也设为“输入文本”，变量栏中输入“t”。然后在第 3 帧处单击鼠标右键，在弹出的快捷菜单中选择“插入帧”。

(2)插入一个新图层，在第 1 帧绘制如图 4-190 所示的一个坐标。在按钮库中选择一个按

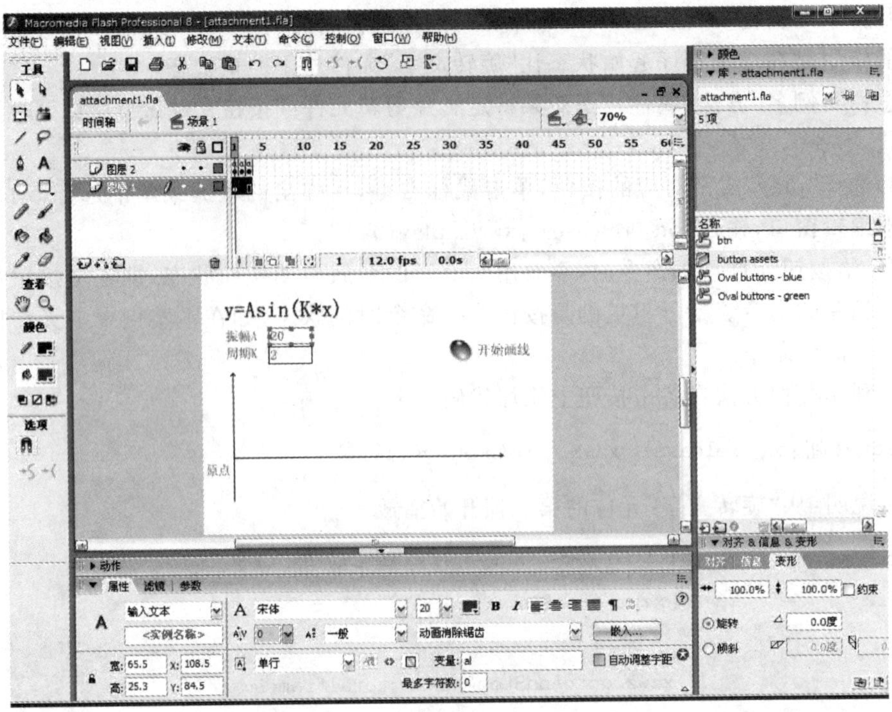

图 4-190　第 1 帧界面

钮拖拉到舞台，并在按钮后面输入文字“开始画线”。

注意：单击坐标横线，可在属性面板找到此线段的起始点坐标，即为原点坐标。本实例中原点坐标为(50,283)，此坐标值将作为绘制曲线的起点坐标。

(3)选择图层 2 的第 2 帧，插入一个关键帧，在此帧中将按钮即按钮后的文字删除。

(4)选择图层 2 的第 3 帧，插入一个关键帧，在按钮库中选择另一个按钮拖拉到舞台，并在按钮后面输入文字“返回”。如图 4-191 所示。

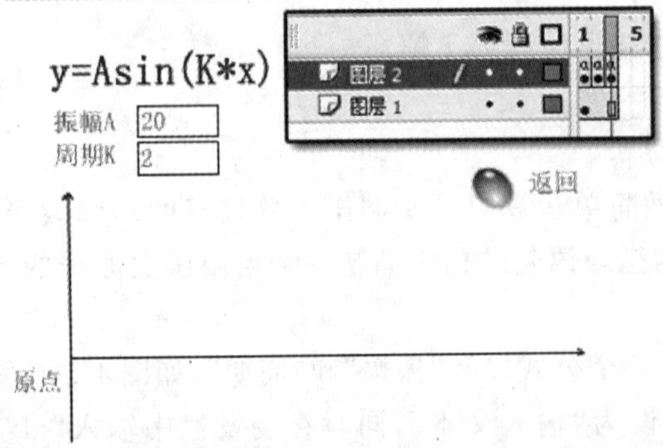

图 4-191　第 3 帧的界面

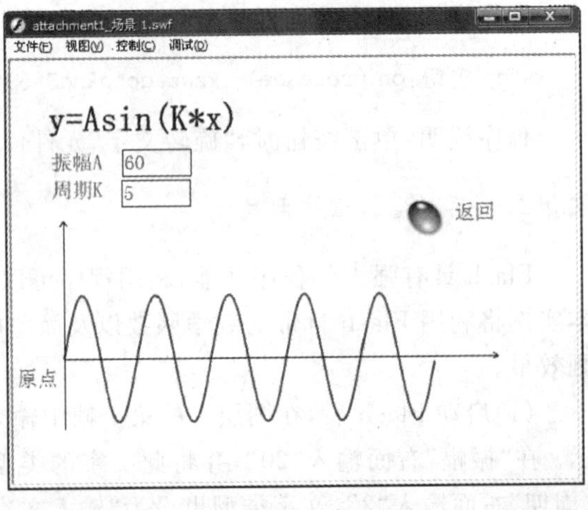

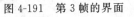

图 4-192　振幅为 60，周期为 5 时的正弦曲线

(5)选择图层 2 的第 1 帧，单击鼠标右键，在弹出的快捷菜单中选择“动作”，激活语言编辑

窗口。在窗口中输入：

```
_root.x = 0;  //初始化变量;
_root.moveTo(50, 283);  // 定位画线开始点,也就是坐标原点;
stop();  //执行程序后,停止在第 1 帧;
```

(6)选择第 1 帧中的"开始画线"按钮,给按钮添加"动作"：

```
on (release) { gotoAndPlay(2); }  //单击按钮后,开始执行第 2 帧;
```

(7)选择图层 2 的第 2 帧,单击鼠标右键,在弹出的快捷菜单中选择"动作",激活语言编辑窗口。在窗口中输入：

```
a = _root.x + 50;
b = 283 - al * Math.sin(((_root.x)/180 * Math.PI) * t);
```

(8)选择图层 2 的第 2 帧,单击鼠标右键,在弹出的快捷菜单中选择"动作",激活语言编辑窗口。在窗口中输入：

```
if (x = 360) {   //定义画线的区间
  stop();
} else {
    _root.lineStyle(2, 0xff0000, 100); //指定线条的粗度为 2,颜色为红色,透明度
为 100;
    _root.lineTo(a, b);  // 画线至 a,b 所在位置;
    updateAfterEvent(); // 强制刷新;Flash 强制进行显示刷新工作。该语句不依赖于时间
帧的触发。
    x+ =1; //值越小画线的精度越高,但画线的速度也越慢
    gotoAndPlay(2); }
```

(9)选择第 3 帧中的"返回"按钮,给按钮添加"动作"：

```
on(release) {  _root.clear();  //清除场景中的绘制线
gotoAndPlay(1);  }单击按钮后,开始执行第一帧
```

(10)完成后,选择"控制"菜单的"测试场景"命令,可以看到程序结果。振幅输入 60,周期输入 5,点击"开始画线"按钮,可看到如图 4-192 所示结果。

实例二十六　利用"测验"模板制作交互式练习题

利用 Flash 的语言功能可以编制多种交互形式,但语言编写过程相对复杂。为了能让非专业用户能够简单地开发和利用多种交互,Flash 提供了一个"测验"模板。在此模板中有 6 种交互方式,分别为:拖放、填空、热物体、热区、多项选择以及是非。用户可以根据需要任意添加或删除其中的交互方式。本实例将利用该模板的多种交互方式制作一套测试题。

(1)启动 Flash,选择"从模板创建"中的"测验",弹出如图 4-193 所示窗口。

(2)选择"测验_样式 2",确定后进入"测验"模板的初始界面,如图 4-194 所示。

(3)选择第 2 帧,进入"目标区域"交互的界面。点选"拖放交互操作",然后用"Ctrl+B"分

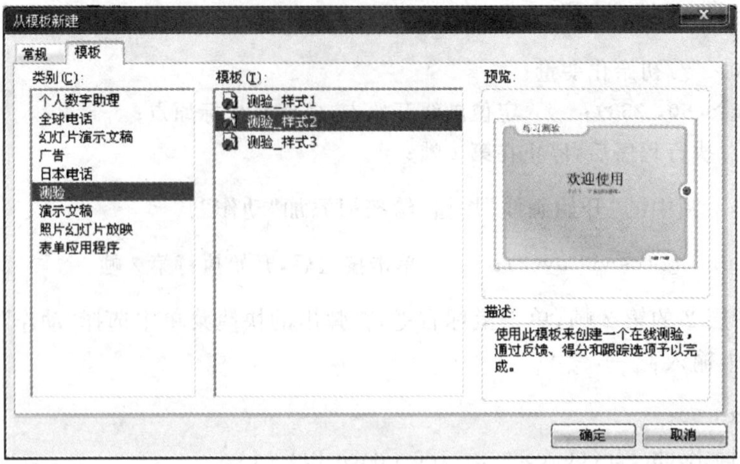

图 4-193 “测验”模板样式选择窗口

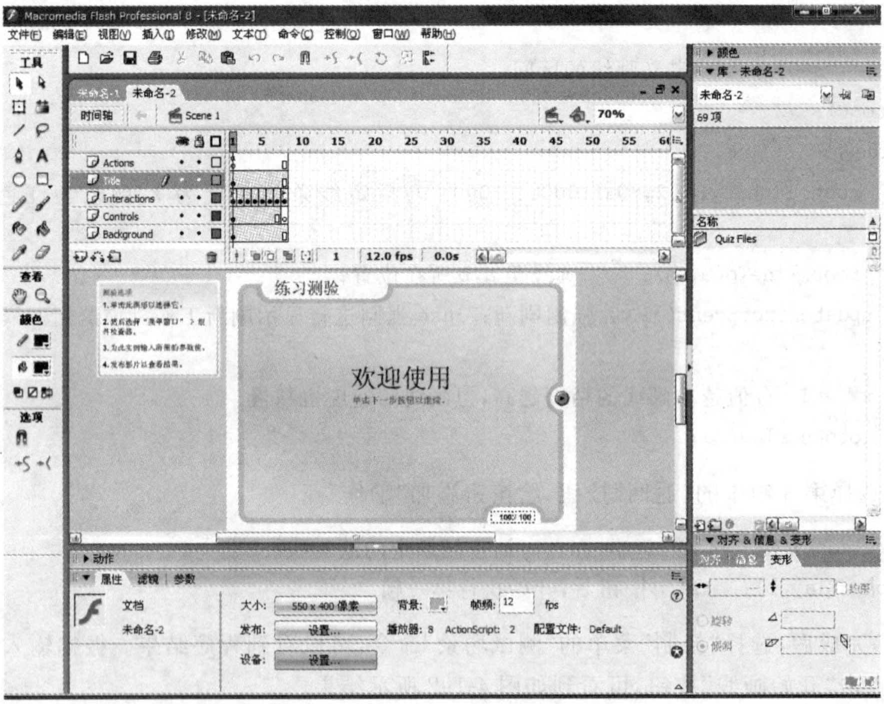

图 4-194 “测验”模板初始界面

离组合，使舞台中的组件相互独立，如图 4-195 所示。

(4)“Ctrl＋Shift＋A”取消选择后，点选舞台中的“拖这个 1”元件(drag 1)，双击该元件，进入元件编辑窗口。删除元件中的数字，将文字改为“fish”，如图 4-196 所示。修改完毕返回场景编辑窗口。

(5)以同样方式编辑舞台中的其他元件，如图 4-197 所示。然后用文字工具将“您的问题将显示在这里”这句话改为如图中的问题。

(6)点选左边“拖放交互操作”标签，在“窗口”菜单中选择“组件检查器”命令，打开“拖放交

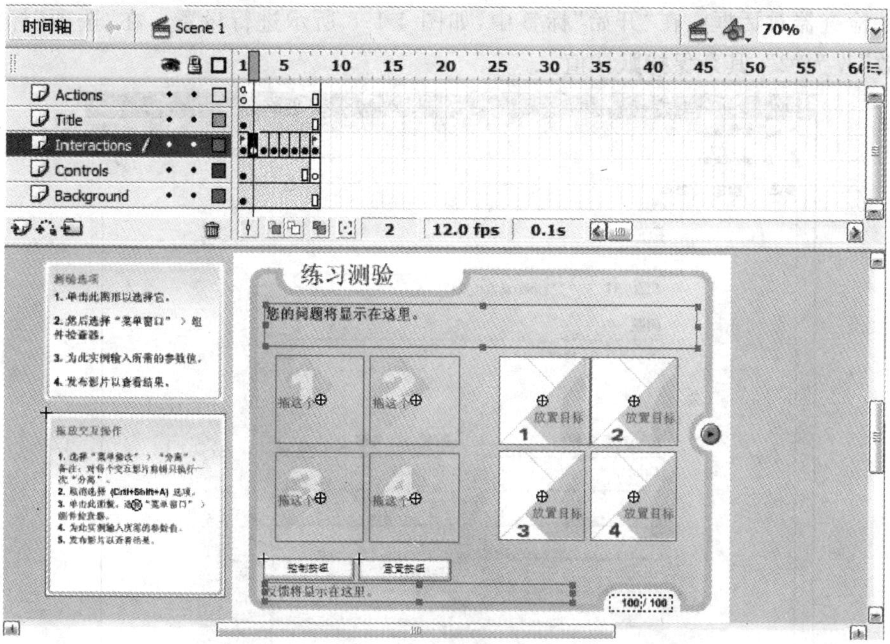

图 4-195　“拖放交互”界面分离后的状态

图 4-196　drag 1 元件编辑后效果

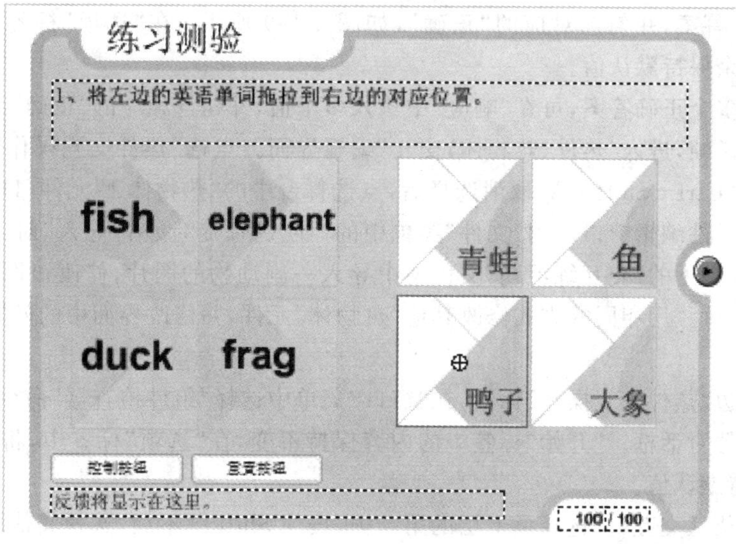

图 4-197　编辑后的“拖放交互”界面

互”的组件检查器对话框。在“开始”标签中，如图 4-198 所示进行设置。在“选项”标签中，将“尝试次数”改为“2”，其余保持默认值。

图 4-198　“拖放交互”组件检查器对话框

(7)选择第 3 帧，进入“填空交互”编辑界面。点选“填空交互操作”，然后用“Ctrl＋B”分离组合，“Ctrl＋Shift＋A”取消选择后，点选左边“填空交互操作”标签，在“窗口”菜单中选择“组件检查器”命令，打开“填空交互”的组件检查器对话框。在对话框中“问题”栏中输入问题，在“响应”栏中输入答案，并勾选对应的“正确”，如图 4-199 所示。在“选项”标签中，将“尝试次数”改为“2”，其余保持默认值。

注意：若有多个正确答案，可在“响应”中输入多个值，并勾选相应的“正确”。

(8)选择第 4 帧，进入“热件(热物体)交互”编辑界面。点选“热件交互操作”，然后用“Ctrl＋B”分离组合，“Ctrl＋Shift＋A”取消选择后，点选舞台中的“热物体 1”元件(HotObject1)，双击该元件，进入元件编辑窗口。用“文件”菜单中的“导入”命令，激活“导入”对话框，从配套光盘的“素材”文件夹下的“交互练习题”文件夹中导入一副动物的图片，修改该图片到合适的大小后返回场景窗口。用相同的方式修改其他“热物体”元件，并修改界面中的问题，最终效果如图 4-200 所示。

(9)点选左边“热件交互操作”标签，在“窗口”菜单中选择“组件检查器”命令，打开“热件交互”的组件检查器对话框。“开始”标签中的内容保持不变，在“选项”标签中，将“尝试次数”改为“2”，其余保持默认值。

(10)删除“热区交互”。选择最上层的第 5 帧，按住 Shift 键不放，选择其他层的第五帧，这样可以选择所有层次的同一帧，然后单击鼠标右键，在快捷菜单中选择“删除帧”命令，将这些帧删除。如图 4-201 所示。

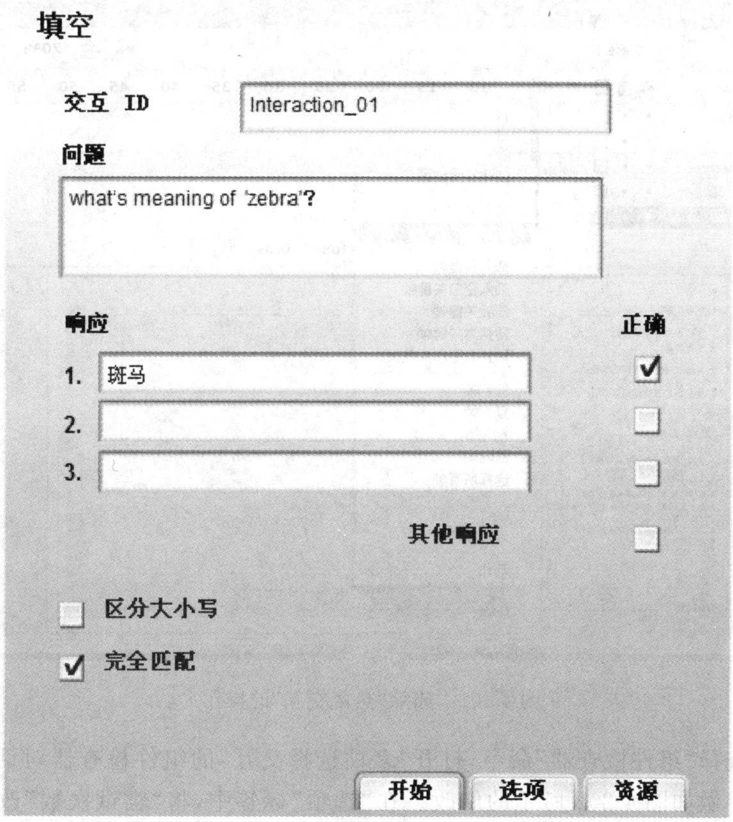

图 4-199 “填空交互”组件检查器对话框

图 4-200 “热物体交互”界面

(11)选择当前的第 5 帧，进入“多项选择交互”编辑界面。点选“多项选择交互操作”，然后用“Ctrl＋B”分离组合，“Ctrl＋Shift＋A”取消选择后，点选左边“多项选择交互操作”标签，在

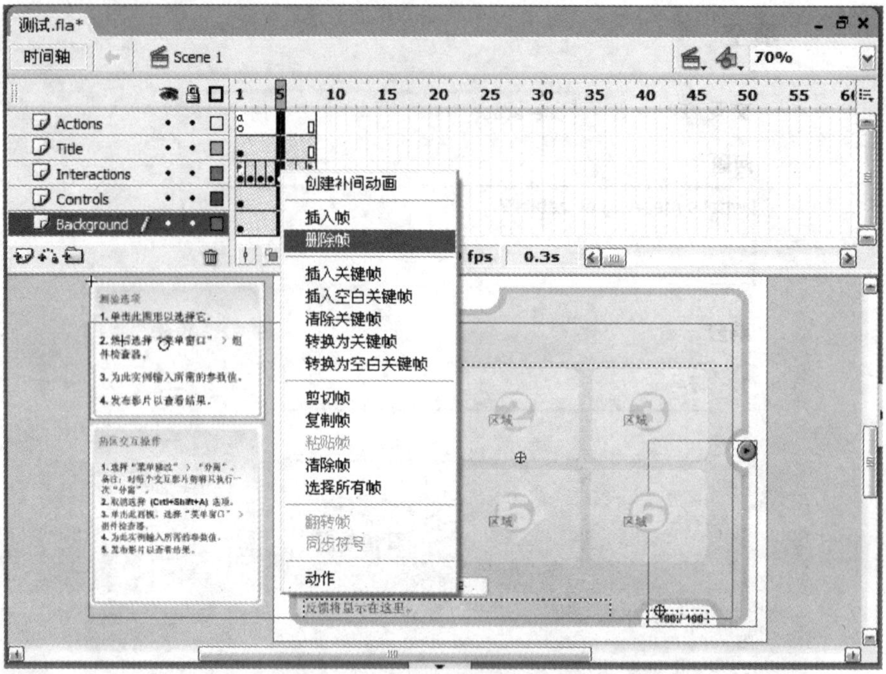

图 4-201 删除“热区交互”的操作

“窗口”菜单中选择“组件检查器”命令，打开“多项选择交互”的组件检查器对话框。在对话框的“开始”标签中做如图 4-202 所示的修改。在“选项”标签中，将“尝试次数”改为“2”，其余保持默认值。

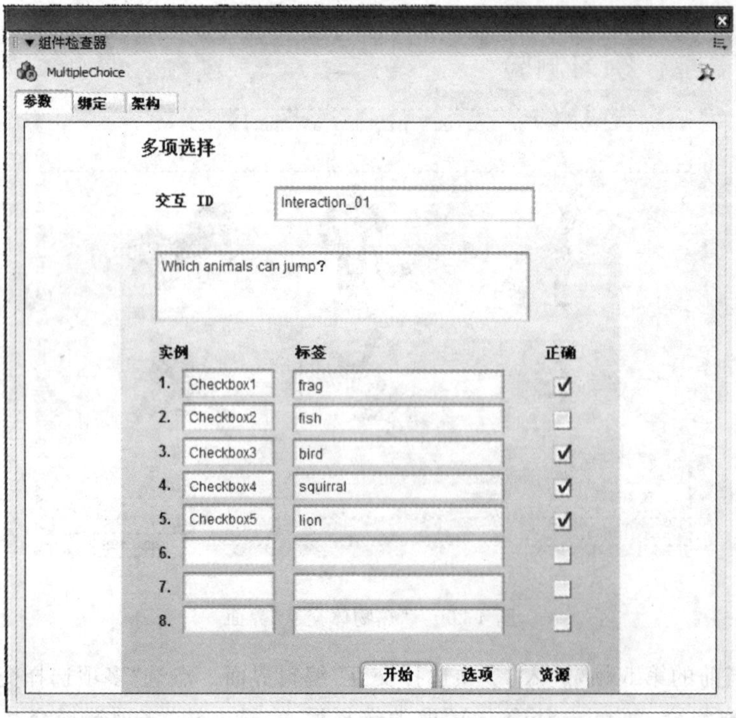

图 4-202 “多项选择交互”组件检查器对话框

(12)增加一个“多项选择交互”。选择“多项选择交互”的最上层的帧，按住 Shift 键不放，选择其他层的对应帧，就选择了同一帧的所有层次，然后单击鼠标右键，在快捷菜单中选择“插入帧”命令，在所有层中此帧后面统一增加了一帧，如图 4-203 所示。选择“interaction”层中刚插入的帧，单击鼠标右键，在快捷菜单中选择“插入关键帧”命令，这样就复制了选择的“多项选择交互”。

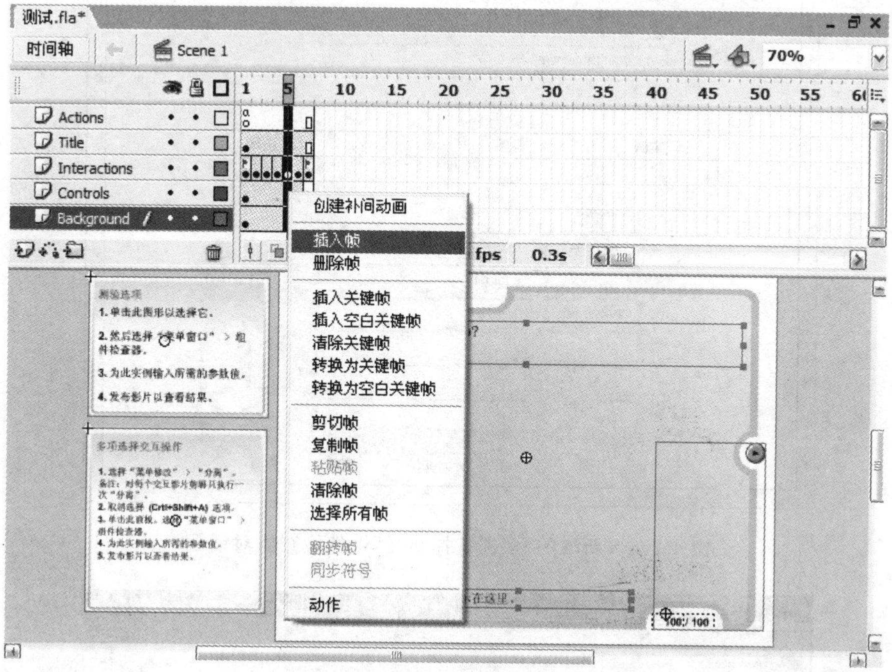

图 4-203　增加一个交互的操作

(13)对新增加的“多项选择交互”，做类似步骤(11)的操作，在组件检查器对话框中的“开始”标签做如图 4-204 所示的修改。在“选项”标签中，将“尝试次数”改为“2”，其余保持默认值。

注：在多项选择中只有一个正确答案时即为单项选择。

(14)选择当前的第 7 帧，进入“是非交互”编辑界面。点选“是非交互操作”，然后用“Ctrl＋B”分离组合，“Ctrl＋Shift＋A”取消选择后，点选左边“是非交互操作”标签，在“窗口”菜单中选择“组件检查器”命令，打开“是非交互”的组件检查器对话框。在对话框的“开始”标签中作如图 4-205 所示的修改，其余标签保持不变。

(15)完成后，选择“控制”菜单的“测试场景”命令，可以测试程序。

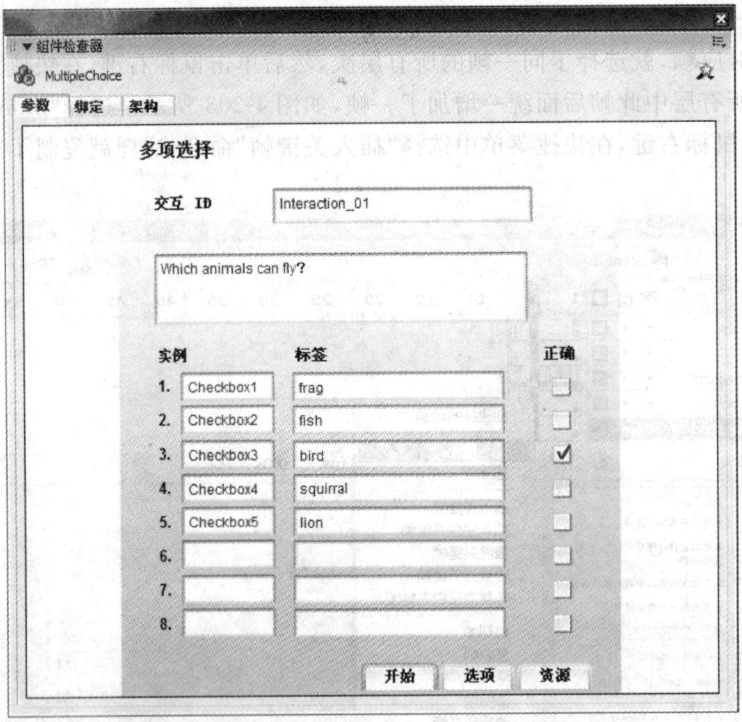

图 4-204 新增的"多项选择交互"组件检查器对话框

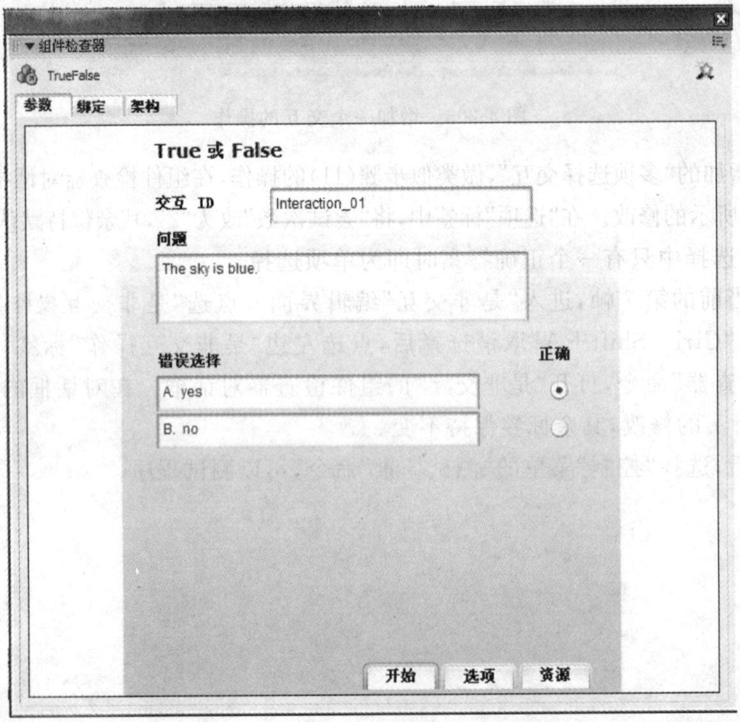

图 4-205 "是非交互"组件检查器对话框

习　题

1. 数字化文本的主要格式有哪些？

2. 简述矢量图和位图的区别。

3. 常见的位图和矢量图分别有哪些格式？

4. 位图主要有哪几种颜色模式？它们的图像深度分别为多少？

5. 若一只最大像素数为1200万的数码照相机，所拍摄的照片的默认格式为jpeg(压缩倍数大概为40)，若配有一个4G的存储卡，估算最多可储存多少张最高质量的照片。

6. 表征数字声音质量高低的参数有哪些？

7. 常见的数字声音文件中，哪些格式属于波形音频，哪些格式属于mid音频？

8. 简述波形音频与mid音频的区别。

9. 通常mp3文件的压缩率为1∶12，若下载到一首双通道立体声高保真(采样频率44.1kHz，采样精度16位)音效的歌曲，歌曲长度为3分钟，分别计算此歌曲以wav格式保存和mp3格式保存时的文件大小。

10. 常见的数字视频文件有哪些格式？

11. 数字视频文件中流媒体视频格式主要有哪几个？

12. 常见数字动画文件主要有哪些格式？

13. 常用获得数字图形图像文件的方法主要有哪些？

14. 常用获得数字音频文件的方法主要有哪些？

15. 常用获得数字视频文件的方法主要有哪些？

16. 自选一个主题，试用Adobe Photoshop编辑一幅表现该主题的图片。

17. 试用Adobe Audition软件录制一段自己的朗诵，并配上合适的修饰音乐，并输出成mp3格式文件。

18. 试用Adobe Permiere软件剪辑一段视频，并配上合适的字幕和音乐。

19. 试用Adobe ImageReady制作一个动态QQ表情。

20. 用Flash制作一个如图4-206所示的透明旋转地球的动画效果。深色为前面，浅色为背面。

21. 用Flash制作一个视频播放器，要求带有播放、暂停、停止和重播等基本功能。

22. 如何在Flash中利用学习组件制作简单交互？

图4-206　透明地球效果

第 5 章

网络教学

随着现代信息技术的不断发展，基于网络的教学已经成为了一种新型的教学方式。在国内外，诸如基于网络的远程教学、远程学习和 E-Learning 等网络教学方式方兴未艾。它已经成为推动教育信息化建设、深化教育改革和构建终身学习体系的有效途径之一。

本章主要从网络教学需求的角度介绍了网络教学的基础模式、网络教学资源的现状及相关的设计与应用以及网络教学趋势；从实用的角度着重讲解了网络教学平台的相关设计及教学网站的建设。

本章学习要求：

- 了解网络教学的基本模式
- 熟练掌握网络教学资源的设计
- 能够掌握教学网站建设的过程

§5.1 网络教学概述

所谓网络教学是指利用网络通信技术与多媒体技术，在网络环境下开展教学的方式。网络教学的特点在于它突破了时空限制，增加了学习机会（如残疾人的学习、成人的继续教育等），有利于扩大教学规模、提高教学质量、降低教学成本。学习者可以在自己方便的时间、适合的地点，按照自己的学习进度和方式，运用更加丰富的教学资源来进行学习。网络教学有利于学习者在独立或协作模式下开展探索式和搜索式的学习。

5.1.1 网络教学的发展

20 世纪 90 年代中期，为了满足网络教学的发展需要，一些教育和商业机构开始开发专门的教学系统。这些系统从最初帮助教育单位开发教学资源库，到后来支持和管理网络教学，可以说网络辅助教学系统主要就是围绕教学资源的管理和网络教学活动的管理两方面的功能发

展起来的。网络辅助教学系统大体经历了四个发展阶段①:

第一阶段:普通的学习资源库,有时也称为内容管理系统(Content Management System, CMS)。在网络技术发展的初期,一些大学、公司和培训机构开始有意识地开发专门的网络资源库,用来存储和管理教学资源,从而减少开支,使学习者可以自主地学习,也丰富了知识的传播途径。其功能仅限于对资源的管理,资源格式与管理技术不统一,难以广泛共享。

第二阶段:学习管理系统(Learning Management Systems, LMS)。LMS源于培训自动化系统,具有用户注册管理、课件目录管理、学习者的信息数据记录等功能,但一般不具备教学内容制作的功能。

第三阶段:学习内容管理系统(Learning Content Management Systems, LCMS)。LCMS是最初为高等教育开发的传统课件管理系统的发展版,旨在使没有技术经验的教师或资源专家能设计、创建、发布和管理网络课件。同时LCMS能够对用户进行管理,可以跟踪学生的学习进度并及时调整以适合学习者的学习需要。LCMS使学习内容的共享和教学系统的交互成为可能。

第四阶段:网络辅助教学平台(Web-based Instruction Platforms)。通用网络辅助教学平台在已有教学系统的基础上,从对教学过程(课件的制作发布、教学组织、教学交互、学习支持和教学评价)的全面支持,到教学的管理(用户与课程的管理),再到与网络教学资源库及其管理系统的整合,集成了网络教学需要的主要子系统,形成了一个相对完整的网络教学支撑环境。

5.1.1.1 国外网络教学的发展

目前,国外网络教学的发展比较成熟,许多国家都在教学中广泛地应用网络教学。以美国为例,在1998年12月至1999年6月期间,许多学校将网络大规模应用于教学;2000年5月,有了全面的网络教学支持系统应用。

2001年,美国麻省理工学院(Massachusetts Institute of Technology,MIT)的网络课程开放工程(Open Course Ware,OCW)是国外网络教学普及的一个典型例子。网络课程开放工程始于2001年4月,计划花费十年的时间把MIT从本科到研究生教育各层次的、几乎全部的、在教学实践中使用的、总共两千多门课程的资料制作成网络课件分批放在国际互联网上,供全球任何地方的任何学习者免费使用。麻省理工学院开放式课程英文版地址:http://ocw.mit.edu/index.htm,中文版地址:http://www.myoops.org/cocw/mit/index.htm。

MIT课件开放,不仅方便学习者个人的自学活动,而且可以让全球的高校教师在这些资料的基础上进一步发展已有的课程或开发新的课程。而且,通过这种方式,MIT可以与全世界高等教育与学术机构及其人员进行交流,从中获得更多的新思想、新内容和新方法,最终达到发展和创新MIT教育的目的。

2001年至今,网络教学已经成为美国教学中不可缺少的部分,并且不断完善,在教育中发挥着越来越重要的作用。

目前,网络教育机构的全球化趋势日益暴露。2000年,来自美国、加拿大、英国的28所虚拟大学(指加拿大的阿萨巴斯卡大学、英国的电子大学、美国的新泽西虚拟大学、威斯康星学习网等)签订了课程学分的协议,即签约的虚拟大学之间相互承认学生所修课程学分。

① 曲宏毅、韩锡斌、张明、武祥村.网络教学平台的研究进展.中国远程教育,2006.5

根据IDC的报告,1997年全球网络教育的市场份额还不足2.34亿美元,2000年就达到了63亿美元,而2003年达到230亿美元。如今,全球每年有超过7000万人次通过Internet来接受教育,网络教育正成为全球性教育培训的潮流和趋势。

5.1.1.2 我国网络教学的发展

我国的网络教育始于1994年教育部实施的"中国教育科研网示范工程"。目前已经有了一定的发展。

在高等教育领域,继1998年9月教育部批准清华大学、湖南大学、浙江大学、北京邮电大学作为现代远程教育首批试点高校,开始了我国真正意义上的网络远程教育。随后,1999年清华大学等31所高校建立网络学院。如清华大学在1999年就招收了1700名网上研究生。2000年教育部启动了"新世纪网络课程建设工程",计划在2年内重点规划建设300门基础性的网络课程,并以网络课程建设带动课件库的建设,以课件库的建设推动网络课程的建设。到目前为止,经教育部批准,全国已经有67所高校开办网络教育试点,网络教育在线学生数正呈逐年增加的态势。

在基础教育领域,全国已有近3000所中小学组建了校园网,上万所学校组建了网络化教室。2000年10月召开的"全国中小学信息技术教育工作会议"上,陈至立部长提出了教育信息化的三个具体任务:①用5～10年全国中小学普及信息技术教育;②5～10年中小学实现"校校通";③加快信息技术与各学科教学的整合。同年教育部提出中小学普及信息技术教育的两个主要目标:①开设信息技术必修课,加快信息技术教育与其他课程的整合。②全面实施中小学"校校通"工程。用5～10年时间,加强信息基础设施和信息资源建设,使全国百分之九十左右的独立建制的中小学能够与互联网或中国教育卫星宽带网联通,使每一名中小学生都能够共享网上教育资源。

在农村中小学教育领域,于2003年开始实施一项"农村中小学现代远程教育工程",被简称为"农远工程"。农村中小学现代远程教育工程是国务院为提高农村教育质量,促进城乡协调发展而实施的一项政府工程,这项工程由教育部、发改委、财政部负责实施,从2003年至2007年,计划用5年时间,中央和地方共同投资100亿元,为中西部地区农村中小学配备远程教育设施。

目前,经过5年的努力,农远工程已基本全部完成,实施搭建起了基本覆盖农村中小学的远程教育平台,使1亿多农村中小学生得以共享优质教育资源,使农村中小学信息化的条件和环境得到明显改善,推动了基础教育的变革和创新,缩小了城乡之间的教育发展差距,促进了地区间、城乡间义务教育的均衡发展。

5.1.2 网络教学的优势

网络教学开辟了全新的现代化教学模式,它在教学领域的不断深入、扩展、普及是不可避免的趋势,这是由其自身适应社会发展和教育现代化需要的优势所决定的。

5.1.2.1 网络教学的出现使教育资源传播效率大大提高

网络教学突破了传统教学模式的时间、空间和地域的限制,以其"快、新、准"的特点使教育资源的传播效率有了质的飞跃。受教育者可以在任何时候、任何地方,以任何方式进行学习,以最快速度准确地获得最新知识,突破了传统教学以"课堂、课本、教师"为中心的模式,使得信息交流(知识交流)更快捷、更有效,加快了知识的传播效率,使受教育者的学习方式更具个性化，从而大大提高了其认知速度和学习效率，是真正的一种学习方式的革命。

5.1.2.2　网络教学使得教育资源得到最大限度共享

在传统教学模式中，由于信息手段落后，优秀教育资源只能被少数人占有和使用，资源分配严重不均。互联网的出现，使传统的信息存储状态和利用方式发生了根本性变革，教育资源可以得到集约化利用。优秀的教育资源可以通过网络传播分配，使得全社会的每个受教育者都可以享受到这些教育资源，使其得到最优化使用。

一方面，已有知识的重复利用，使它的价值无限扩大；另一方面，优秀教育资源的共享改变了知识的垄断性占有和使用状态，弥补了资源稀缺的不足，从而大大推动了个人和社会的进步。由此，全社会的学习效率也将发生质的变化。

5.1.2.3　网络教学改变了传统教学模式中受教育者被动的学习方式，使学习由被动变为主动，有利于受教育者创造性和各种素质的培养

在传统教学模式中，受教育者接受的是"填鸭式"被动学习，"上课记笔记，考前背笔记，考后撕笔记"，使学习变成了记忆知识的过程，缺乏创新精神，不利于其各种素质的培养。而网络教学则改变了这种情况，新的学习模式给受教育者提供了良好的主动学习的环境和实践机会，这种学习环境有利于因材施教和促进个性化主动式学习，能充分发挥受教育者的学习主动性和创造性，提高受教育者发现问题、解决问题的能力。

总之，网络教学使整个教育活动从教育者、受教育者一直到教育资源的使用过程全部实现民主化、大众化和社会化。

然而，网络教学在教学领域仍有一个适用的域与度的问题，这说明其本身仍有一定的局限性。

第一，网络教学是一种基于现代高科技的教育技术，无论在技术上还是资金上都需要一笔数量可观的资金投入，而教育发展滞后、经费紧缺在全球是一个非常普遍性的问题，因此网络教学还只能局限于资金较为充裕的院校和一些商业化的教育机构中。

第二，网络教学需要教育者和受教育者双方都必须具备一定的现代信息技术知识，而目前国内外信息技术教育相对滞后，因此也限制了网络教学的发展。

第三，网络教学在管理上难度较大，互联网上的信息量极大，有科学的，也有非科学的，暴力的、色情的信息也不鲜见，另外，"网络黑客"活动日益猖獗，网络犯罪也有泛滥之势，网络教学的安全性备受考验。因此网络教学的管理仍是一个新的课题。

第四，网络教学对受教育者思想意识的培养是无法与传统教学模式相比的，而这种思想意识的培养对受教育者的素质教育、创新教育是至关重要的。传统教学中教师的那种言传身教及师生间默契在网络教学中是无法很好实现的。

5.1.3　网络教学的基本模式

网络教学的模式划分多种多样，这里根据网络环境中教学过程的教学组织形式划分，网络教学模式大致可以分为以下三类：①以教师讲授为主的网络教学模式；②以学习者自主学习为主的网络教学模式；③以小组学习为主的网络教学模式。

5.1.3.1　以教师讲授为主的网络教学模式

在传统的教学过程中，最经典的教学模式是以教师为主，教师讲、学习者听的单向沟通的教学模式。在 Internet 上实现这种教学方式的最大优点，一方面极大地丰富了教育资源，增强

了学习者学习时交互的深度和广度，另一方面它突破了传统课堂中人数及地点的限制，在Internet上讲授，其学习人数可以无限多，而且世界各地的学生都可以参与学习，不必集中于同一地点。但其最大缺点是缺乏在课堂上与教师面对面的那种氛围，学习情景的真实性不强。基于网络的讲授型教学模式可以分为同步式和异步式两种：

1. 同步式讲授

在这种教学模式中，教师、学生者可以不在同一地点上课，但学习者可在同一时间聆听教师讲授以及师生之间可以进行一些简单的交互等，这些都与传统教学模式是一样的。

这种教学模式需要采用基于H.323协议的视频会议系统来实现。这种会议系统可以在网络上实时地传输视音频信息。在教学过程中，教师在配有摄像机、话筒、电子白板、投影仪的授课教室中讲课，学习者在配有同样设备的远程学习教室中聆听教师的授课，教师讲课形式与课堂授课形式一样，在电子白板上板书，通过投影系统观察远程教室中的学习者表情，通过视频控制系统接收学习者的反馈信息等等。目前，网络视频会议系统已经有成熟产品，但由于Internet共享带宽的特点，视音频传输质量是不可控的，这与网络负载的情况相关，而且可并发传输的视频信号有限。要解决这些问题，必须采用基于专用线路的实时交互式视频会议，该系统基于电信的专用线路，通信带宽可以得到稳定的保障，可达到双方或多方实时交互，即能够实现实时传送音频和视频。但这种系统要求建立在专用通信线路之上，专线租用费用是一般单位难以承受的。

在技术简单和条件有限的情况下，可以结合普通电话线路和Internet的WWW等技术实现这种教学模式。在教学过程中，教师事先准备好讲授的材料，这些材料通常是以多媒体信息方式呈现，包括文本、图形、动画、多媒体课件、音频素材和视频素材等，它们以超文本的方式组织并存储在Web服务器上。教师通过多媒体计算机和Web服务器呈现教学内容，通过电话对这些内容进行讲解，同时学习者可以同步浏览这些内容。另外，在这些教学内容的Web页面中，都内嵌有一个表单(Form)，供学习者输入提问及反馈信息，教师根据学生的反馈信息再做进一步的解释和应答。这种模式的物理结构如图5-1所示。

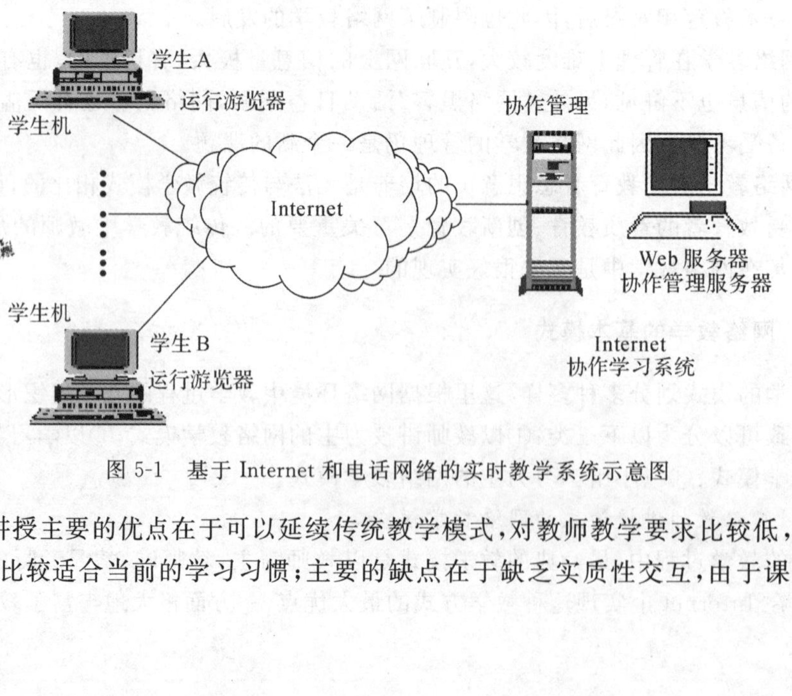

图5-1 基于Internet和电话网络的实时教学系统示意图

同步式讲授主要的优点在于可以延续传统教学模式，对教师教学要求比较低，而且课堂学习氛围较好，比较适合当前的学习习惯；主要的缺点在于缺乏实质性交互，由于课堂授课时间有限，一个教师同时要面对众多的学习者，绝大多数学习者无法与教师进行交互，总体的交互水平较低。另外，同步教学要求学习者学习时间与教学同步，而参与远程学习的学习者群体大，结构复杂，很难集中在一个时间、一个地点进行学习。

2. 异步式讲授

异步式讲授指教师和学习者不仅在时空上分离，在时间上也是分离的。异步式讲授可以很简单地实现，只要利用 Internet 上的 WWW 服务及 E-mail 服务就可以满足基本要求。

在这种教学模式中，教师将教学要求、教学内容以及教学评测等教学材料，编制成 HTML 文件，存放在 Web 服务器上，学习者通过浏览这些页面来达到学习的目的；另外，还可以将教师课堂授课的情况实际拍摄下来，经过适当剪辑后，制作成流媒体的课件，供学习者在线点播。学习者无需在指定时间和指定教室中学习，而是按照自己的时间和地点进行学习。当学习者遇到疑难问题时，便以 E-mail 的方式询问教师，教师再通过 E-mail 对学生的疑难问题给予解答。在此过程中，学习者还可阅读教师提供的一些参考资料，就像在学校图书馆中查找资料一样方便。学习者不仅可以通过答疑系统或 E-mail 向教师请教，也可以通过 BBS、新闻组(News Group)、在线论坛等形式和网络上其他学习者进行讨论交流。

这种教学模式的特点在于教学活动可以不受时间限制，每个学生都可以根据自己的实际情况确定学习的时间、内容和进度，可随时在网上下载学习内容或向教师请教，其主要缺点是缺乏实时的交互性，对学习者的学习自觉性和主动性要求较高。这种教学模式要取得比较好的教学效果，必须要有一套能充分体现学习者特点，并能适合网上信息表达与传输的图、文、声并茂的优秀电子教材；要为学生提供与该课程紧密配合的大量信息资料(最好能建立一个虚拟的图书馆)；此外，要及时通过 E-mail 解答学习者的疑难问题，还要建立一个专门负责解答学习者疑难问题，并能对学习者进行形成性评价的应答与评测反馈系统，以便学习者能够随时得到指导。

5.1.3.2　以个体自主学习为主的网络教学模式

适于网络教学且以个体自主学习为主的教学模式一般有：自学辅导型、掌握学习型、案例学习型、问题教学型、项目探索学习型等。尽管它们存在一些差别(见表 5-1)，但以个体自主学习为主的网络教学模式在实施上存在着共性。通常这类学习活动的开展有以下途径：电子邮件——异步非实时交互；网上在线交谈——同步实时交互；访问教师编写的存放在特定服务器上的教学资源库；通过 BBS 系统实现信息交流和学习支持。

表 5-1　以个体自主学习为主的网络教学模式的部分要素比较

名称	指导思想或目标	教学程序	策略及学习资料
自学辅导模式	以学生自学为主的方式来培养学生的自学能力和学习习惯，强调学生自我激励、自我组织、自我管理	阐明学习任务和要求→学生自学→讨论交流→教师启发答疑→学生强化练习→总结	激发自学兴趣，传授自学方法，存放在网络上的 CAI 教学资源库，用 Web 语言编写的直接在网上运行的网络课程
掌握学习模式	每个人都可能完成教学内容；按目标分类学习	划分教学目标→划分单元教学内容→选取教材与教法→诊断性测验→安排相应的教学进度	每个单元的诊断性测验；对应目标的单元学习任务；学习进度的建议

续 表

名称	指导思想或目标	教学程序	策略及学习资料
案例学习模式	从案例的应用和研习中获得解决问题的具体方案	阅览大量案例→对案例进行信息检索加工处理→接受教师指导→形成新的概念和应用能力	存放在 Internet 上的案例库;制作成 CD－ROM 形式的案例库;访问一些资源网站
问题教学模式	让学生自己提出问题和解决问题,立足于“学习认识过程”的核心	创设情境、确定问题→收集信息、自主学习→协作学习、交流信息→分析信息、构建答案→答案展示、效果评价	创设问题情境;提供相关的信息资料;提供解决问题的一些提示;开放式的网络支持
项目探索学习模式	把学生融入有意义的任务完成的过程中,通过具体的活动实例培养学生的归纳思维	问题分析阶段→信息收集阶段→综合阶段→抽象提炼阶段→反馈阶段→完成项目任务	设立适合由特定的学生对象来解决的问题;提供大量的与问题相关的信息资源

5.1.3.3 *以小组学习为主的网络教学模式*

1. 讨论学习模式

讨论学习模式是指在教师的指导和讨论支持系统的帮助下,学习者围绕某一主题或中心内容,积极主动地发表观点、互相争论,来进行学习的一种教学模式。讨论学习模式可以激发学习者的学习热情和创造性思维,增加学习者之间的讨论和交流,同时也能提高学习者的思考能力、阅读能力和多种方式的表达能力。

在网络上实现讨论学习的方式有多种,最简单、实用的是利用现有的电子公告牌系统(Bulletin Board System,BBS)以及在线聊天系统(Chat)。简单的讨论可以利用聊天软件来实现。BBS 系统具有用户管理、讨论管理、文章讨论、实时讨论、共享白板、用户留言、电子信件等诸多功能,因而很容易实现讨论学习模式。这种模式一般是由专职教师监控,即由各个领域的专家或专业教师在站点上建立相应的学科主题讨论组,学习者可以在自己学习的特定主题区内发言,并能针对别人的意见进行评论,每个人的发言或评论都即时地被所有参与讨论的学习者所看到。这种学习过程必须由具有特权的领域专家监控,以保证学习者的讨论和发言能符合教学目标的要求,防止讨论偏离当前学习的主题。网上的讨论学习模式也可以分为在线讨论和异步讨论。

2. 在线讨论模式

在线讨论类似于传统课堂教学中的小组讨论,通过网络由教师或讨论小组的组长来提出讨论的主题,组织者或教师提出要讨论的问题,学习者分成小组进行讨论。在讨论学习模式中,讨论的深入需要通过学科专家或教师来参与、引导。在讨论过程中,教师要通过网络来“倾听”学习者的发言,并对讨论的话题进行正确的引导,讨论结束后,要对整个讨论过程作总结,对讨论组中不同成员的表现也要进行点评。另外,教师要注意讨论策略,要善于发现和肯定学习者发言中的积极因素,进行鼓励;也要以学习者可以接受的方式指出学习者的不当言论,进行批评建议,最终保证讨论的顺利进行,解决问题或达成一定的共识。

3. 异步讨论模式

首先，由学科教师或学科专家围绕主题设计能引起争论的初始问题，并在 BBS 系统中建立相应的学科主题讨论组，学习者参与到某一讨论组，进行讨论或发言；教师还要设计能将讨论逐步引向深入的后续问题，让组内的学习者获得进一步的学习。其次，在讨论的过程中，教师可以作为学习伙伴参与讲座，也可以通过提问来引导讨论，但不能代替学习者思维，切忌直接告诉学习者答案，充分挖掘学习者解决问题的思路，培养其创新能力。最后，对于学习者在讨论过程中的内容和表现，教师要适时做出恰如其分的评价。另外，这种讨论可以由组织者发布一个讨论期限，在这个期限内学习者都可以在平台上发言或针对别人的发言进行评论，教师要定期对网上的言论进行检查和评价，并提出一些新的问题供深入讨论。

4. 协作学习模式

协作学习是师生以小组形式参与，为达到共同的学习目标，在一定的激励机制下最大化个人和他人习得成果而进行的合作互助交互学习。协作学习和个别化学习相比，有利于促进学习者高级认知能力的发展，有利于学习者健康情感的形成，因而受到广大教育工作者的普遍关注。基于网络的协作学习是指利用计算机网络以及多媒体等相关技术，由多个学习者针对同一学习内容彼此交互和合作，以达到对教学内容比较深刻的理解与掌握的过程。

(1)协作学习的一般过程。它可以分成四个阶段：明确任务和学习目标→成员设计→进行作业→总结性评价。其中在第一阶段，协作组成员还要一起讨论设计进程计划表、工作环境、所使用的资源、成员应该遵守的原则等内容，以使协作组中每位成员都有参与感，并能够最大限度地发挥其潜能。第二阶段，要明确每个成员的任务和职责，解决将各个成员的工作、学习结果统一成一个有机整体的问题。成员个人根据协作组对自己提出的要求，设计个人学习的目标、程序和方法等。

协作学习的策略有：学生小组分工、小组游戏竞赛、阶段式任务分工、小组调查等。一般的协作学习模式教学过程如图 5-2 所示。

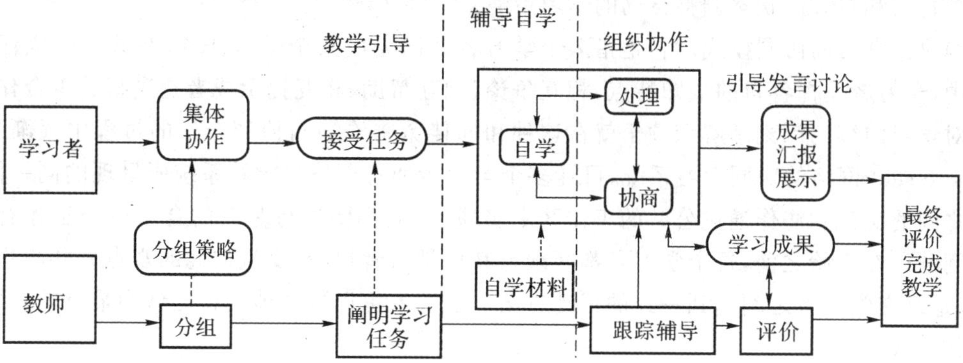

图 5-2　协作型教学过程

(2)协作学习系统的物理模型。在 Internet 上的所有应用系统都是基于“客户/服务器”模式，因而实现协作学习系统也要采用“客户/服务器”模式。另外又考虑到 Internet 软件平台的多样性，以及客户端程序发布的困难性，为了不使 Internet 的操作过于复杂，应在现有的服务平台上加载我们的学习系统。由于 WWW 浏览器操作简单、方便，在 Internet 上非常流行，又是基于图形用户界面，所以它是实现协作学习系统客户端的最佳选择。由于目前主流浏览器均能运行 Java 程序,而 Java 语言有良好的“客户/服务器”支持性,故用 Java 语言实现此类系统是最理想的。该系统的核心部分是客户端和服务器,客户端是学习者与协作学习系统的界面,而服务器则负责管理和协调学习者之间的交互与协作,它的物理模型如图 5-3 所示。

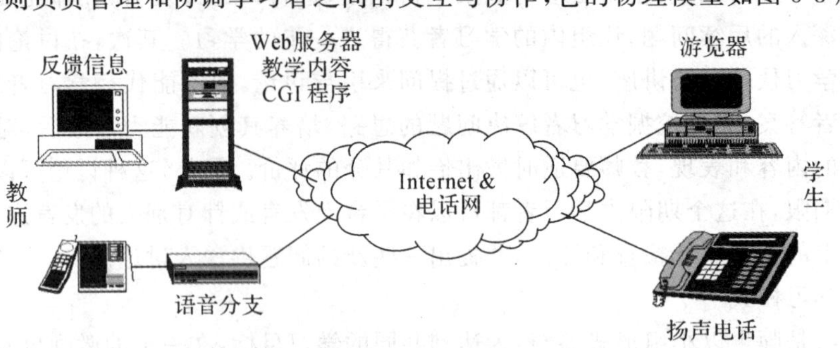

图 5-3 支持协作学习的“客户/服务器”模型

(3)协作学习的模式。在基于网络的协作学习过程中,基本的协作模式有四种:竞争、协同、伙伴与角色扮演。基于网络的协作学习方式具有非常广泛的应用前景,将人工智能与这种协作系统相结合,将是它的未来发展方向。

1)协作学习的竞争模式。它是指两个或多个学习者针对同一学习内容或学习情景,通过 Internet 进行竞争性学习,看谁能够首先达到教学目标的要求。由于学习者的竞争关系,学习者在学习过程中,会很自然地产生人类与生俱来的求胜本能,所以学习者在学习过程中会全神贯注,使学习效果比较显著。基于竞争模式的网络协作学习,一般是由学习系统先提出一个问题,并提供学习者解决问题的相关信息。学习者在开始学习时,先从网上在线学习者名单中选择一位竞争对手(也可选择计算机作为竞争对手),并协商好竞争协议,然后开始各自独立地解决学习问题。在学习过程中,学习者可看到竞争对手所处的状态以及自己所处的状态,学习者可根据自己和对方的状态调整自己的学习策略。

2)协作学习的协同模式。它是指多个学习者共同完成某个学习任务,在共同完成任务的过程中,学习者发挥各自的认知特点,相互争论、相互帮助、相互提示或者是进行分工合作。学习者对学习内容的深刻理解和领悟就在这种和同伴紧密沟通与协调合作的过程中逐渐形成。基于 Internet 网络的协同学习系统,可让多个学习者通过网络来解答系统所呈现的同一问题,他们之间的交流和协作通过公共的工作区来实现,一般都要进行紧密的合作或分工才有可能解决问题。在开始之前,每个学习者都必须与其他学习者讨论,交流彼此的观点并共享集体的智慧,最终在学习者之间达到一致的行动方案。学习者可以选择他们自己认为最有效、最合适的合作方式。

3)协作学习的伙伴模式。在现实生活中,学习者们常常与自己熟识的同学一起做作业,没有问题时,大家各做各的,当遇到问题时,便相互讨论,从别人的思考中得到启发和帮助。同伴学习系统与此类似,它可以使学习者在学习过程中感觉到他并不是孤独的,而是有一位伙伴可以互相支持、互相帮助,当一方有问题时,他可以随时与另一方讨论。由于个人的思考范围有限,若在学习过程中,能和伙伴相互交流、相互鼓励将可达到事半功倍的效果。利用 Internet 网络,使得学习者可供选择的学习伙伴更多了,而且具有更多的便利条件。在这种系统中,学习者通常先选择自己所学习的内容,并通过网络查找正在学习同一内容的学习者,选择其中之一，经双方同意结为学习伙伴，当其中一方遇到问题时，双方便相互讨论，从不同角度交换对同一问题的看法，相互帮助和提醒，直至问题解决，当他们觉得疲倦的时候，还可以在聊天区闲聊一会儿，使得学习过程不再枯燥和孤单，而是充满乐趣。

4)协作学习的角色扮演模式。每个人都有过这样的经验，对某个问题给别人作了详细讲解之后，自己对该问题往往会有新的体会与理解，也就是说，在帮助别人学习的过程中，也能帮助自己学习。角色扮演协作学习系统就是让不同的学习者分别扮演学习者和指导者的角色，学习者负责解答问题，而指导者则检查学习者在解题过程中是否有错误，当学习者在解题过程中遇到困难时，指导者帮助学习者解决疑难。在学习过程中，他们所扮演的角色可以互换。这种系统让学习者分别扮演指导者和学习者，前提是他们对学习问题有“知识上的差距”，怎样衡量和认识这种知识上的差距是系统实现的难点之一。

在网络学习中，激发学习者的学习动机，保证学习者主体作用得到充分发挥的几种常用方法：①让学习者参与评价，在自我评价中增强学习动因。②把评价渗入到教学的整个过程中，进行形成性评价对于学习动机的激发是很有好处的。③让学习者自拟学习计划，生动活泼地发展个性；教师引导学习者根据自己实际情况安排自己的学习计划，可以很好地树立学习信心，增强学习动机。④让学习者自由选择教学内容与作业，增强学习的主动感。

§5.2 网络教学资源

网络为人们提供了丰富多彩的教学资源，无论是教师还是学习者，都可以通过网络这个平台浏览信息、发布信息、传输文件、管理信息，可以利用它进行教与学的活动和科研。但由于网络资源存储的分散性，给浏览和下载造成了很大的困难，因此，需要使用一些方法、工具和技巧，对网络教学资源进行有效地检索与利用。

5.2.1 网络教学资源的现状

网络教学资源是指能够应用于网络教学环境中的，并起到辅助教学、学习和科研活动的所有资源。网络教学资源有狭义和广义之分。狭义的网络教学资源主要包括：网络课程(CAI课件)、电子阅览室、多媒体教学光盘、教育管理数据库等。广义的网络教学资源还包括：网络教学平台、专业教师以及技术人才。网络教学资源质和量的状况是制约网络教学发展的瓶颈。

5.2.1.1 当前网络教学资源的不足

1.资源分类的不明确性

大家通过各种途径大量地向网络上填充资源，形成了一个巨大的资源库。从某种角度来看，资源的数量是无限的，但资源的种类繁多，某个资源很难明确定位，既可以归类到一种资源类型中，又可以归类到另一种资源类型中，使开发人员很困惑，无所适从，不知道如何才能最好地保证符合标准。

2.资源分散且孤立

各个远程教育站点往往自行设计和建立远程教育系统，相互之间只能通过超级链接相互链接起来，很难将各站点的教学资源有机地结合。

3.垃圾文件的存在

也就是说,当在Internet上查询所需要的知识时,会检索到很多与之没有关系的知识,唯有一个个去找,浪费大量的时间和精力。

4.资源的混乱性

在缺乏一个统一建设标准和衡量标准的情况下,各开发商都按照自己的思路进行教学资源库的建设,很容易导致教育资源库开发标准的混乱,各种资源产品之间不能通过统一的数据接口进行结合,给资源的管理带来实际操作上的困难。

5.2.1.2 产生不足的原因

这些不足之处产生的最根本原因在于缺乏资源建设的统一标准(规范)。这个标准(规范)包括资源描述、资源建设、资源调用、资源管理等多个方面的内容。目前,世界上有很多标准化(学术)组织都正在致力于基于网络的教育资源标准化的研究,并起草了一些相应规范,其中影响较大的有:IMS的Learning Resource Metadata(学习资源元数据规范)、IEEE LTSC(Learning Technology Standards Committee,学习技术标准委员会)的LOM(Learning Object Metadata:学习对象元数据模型)、OCLE(Online Computer Library Center)Dublin Core的Dublin Core元数据标准等。我们国家在2000年5月,由教育部现代远程教育资源建设委员会推出了一个试行的《现代远程教育资源建设技术规范》,这个规范较为宽泛,其中最重要的就是制定了素材、试题、课件、案例、文献资料、网络课程等资源的描述方法。但是这个规范仍局限于站点范围的资源建设,而没有给出在Internet范围内进行资源建设的建议。

5.2.2 网络教学资源的分类

Internet上的教育教学资源是极其丰富的,按网上教学资源的存在形态分类,依据不同的组织结构和呈现方式,可分为:在线数据库、新闻组和电子公告牌、电子期刊、电子书和教育教学网站五大类。

5.2.2.1 在线数据库

在线数据库是有组织的数据集合,通常包括图书馆目录和各种专门用途的数据库,如科技论文数据库、会议文献数据库、专利文献数据库、学位论文数据库等,随着网络的发展,图书馆的目录变得越来越精炼,内容也更广泛,可以辅助教师和学生对各种题目进行研究。图书馆目录服务等,如LOC目录服务,通常是免费的。对于有专门用途的数据库,通常包含了用户所需期刊(电子的或印刷的)上的文章,用户可以对它们进行搜索,然后生成一个以超文本形式输出的符合需要的文章列表。使用有专门用途的数据库,用户一般需要付费。

在许多数据库检索服务中心,可通过Internet访问的在线数据库的目录就有几十页长,如教育资源信息中心(http://eric.syr.edu)。该数据库是由美国教育部资助的世界上最全面、最权威的教育文献数据库,其中收录了世界各国教育期刊上的论文以及各种会议论文、科技报告和专著等;此外,还有NASW(社会工作摘要)、社会学工作摘要、心理信息、护理和婚姻健康等著名的数据库。另外还有经过专业人士搜集、整理的具有较高参考价值的信息库。这些库往往围绕一个或几个专题,广泛收集网上的有关学术作品和相关网站地址,并按一定规则进行分类编目,有的用超文本建立索引,有的用关键词检索。例如,虚拟软件库专门收集Freeware和Shareware,你可以自由下载使用,但Shareware使用期限有一定限制。软件库中有大量教育软件,如有兴趣,可以查阅美国M&M素质教育软件库(http://www.mm-soft.com/cata-

log. asp)，那里收藏十分丰富。

5.2.2.2 新闻组和电子公告牌

新闻组是一个为用户提供专题讨论的服务，讨论主题涉及面非常广，可以说是应有尽有。每一个专题讨论组都有一个反映其讨论内容的固定名称，用户可根据自己的需要参加相应的讨论组。网上的专题讨论组可以就某一专题与各界人士进行国际性的交流，特别是寻求同行讨论，有助于了解专门信息。有的讨论可能涉及细节问题，用户可以获得许多在别处难以得到的重要知识。

在电子公告板中可以张贴文章或进行实时讨论，各种资料都按照主题内容分门别类进行整理，查找起来非常方便，是一个理想的消息来源地。

5.2.2.3 电子期刊

网上主要有三种类型的电子期刊，分别是电子报纸、电子杂志、电子新闻和信息服务(NIS)。在线电子期刊是通过计算机网络定期分发给订户的期刊，随着大量的期刊在网上发行，电子期刊的获得越来越容易，而且其内容基本与印刷期刊相同。由于制作和发行成本比较低，而且读者人数越来越多，在线杂志已经日益成为重要的信息资源与学习资源。利用这种资源，教师可以鼓励并帮助学生订阅在线杂志，将它们作为课程内容的组成部分或补充的学习材料。此外，各专业组织和研究机构都有自己的网上发行物，这些网上发行物储存历史会议文献，提供本学科当前的研究动态、研究成果等最新信息，极大地活跃、丰富了学术交流活动。这些发行物既包括全文的网上期刊，也包括对印刷出版物进行介绍的内容概要。

5.2.2.4 电子书

电子书是按照一定的结构组织而成的计算机可视化学习材料，包括电子百科全书、人物传记、历史资料、趣味读物等。按照英国著名多媒体专家巴克(P. Barker)的说法，电子书的基本特点是超媒体、反应性、学习者控制和界面复合性。许多电子书在界面环境中嵌入了某些学习工具软件，如信息检索、电子笔记本等。英国著名经典作家简·奥斯丁的著名小说《劝导》、《傲慢与偏见》等已经做成电子书的形式放在互联网上。

5.2.2.5 教育教学网站

许多教育机构都有 Web 站点，用于存放自己的数据资料，如课程的补充材料、学生考试试卷和完整的在线课程。“教育教学网站”所提供的教育服务包括：网上教学服务、教育信息资源服务、教育研究服务、教育管理服务、教育宣传与成果展示服务等。

教育教学网站的本质是以提供教育教学服务为主的网站，这是“教育教学网站”区别于“商业网站”、“政府网站”、“综合网站”、“娱乐网站”等其他类型网站的特征所在。“教育教学网站”的建设者可以是教育部门，也可以是师生个人、企业或其他机构。

教育教学网站的主要类型有：

1. 教育行政部门网站

这类网站主要介绍部门的结构和职能、提供与教育有关的政策法规和时事要闻等信息资源。其面向对象主要为广大教育工作者。典型的教育行政部门的网站，如中华人民教育部网站(Http://www. moe. gov. cn)。

2. 教育研究机构的网站

这类网站主要提供最新教育科研动态、专业讨论社区、教育教学资源。主要面向对象为教师、教学研究人员、教学管理人员。如，全国中小学计算机教育研究中心网站(Http://www.

nrcce.com)。

3.企、校合办或者企、校自办的网站

这类网站主要以提供课堂教学同步辅导为主,主要面向学生、家长。如,北京101中学网校(Http://www.chinaedu.com)。

4.社会机构自办的教育教学网站

这类网站主要提供专业化加工的主题知识资源,提供行业知识信息。主要面向各类行业学习者。如中国科普网(Http://www.kepu.gov.cn)。

5.学校、教师、学生以及其他个人自办的网站

这类网站主要提供教学研究经验、互动学习空间以及提供某一特定事物的资源。主要面向学习者、教师、家长等。如,习客网(Http://www.seeker.net.cn)。

5.2.3 网络教学资源的应用

5.2.3.1 网络教学资源的获取

1.网页的浏览

(1)登录网络

Windows操作系统提供的常用的上网工具是Internet Explorer(浏览器)。用它来登录网络的基本步骤如下:

1)单击“快速启动”工具栏中的浏览器图标,这是启动Internet Explorer最方便和最快捷的方法;

2)在地址栏中输入网站的网址,按Enter键。如果你的电脑已经连通网络,经过几秒种之后,便能打开网页。

(2)浏览过程中的常用操作

1)单击浏览器工具栏上的“后退”按钮,可返回到前面浏览过的某一网页。如果浏览过的网页较多,则可单击“后退”按钮右侧向下的箭头,随后出现浏览过的历史列表,你可以从中直接选择想要达到的网页,该网页便会马上显示出来。工具栏同时还有“前进”按钮,它的作用和“后退”按钮相反。通过这两个按钮,我们可以在浏览过的网页之前进行切换操作。

2)单击浏览器上的“主页”按钮,我们可以回到浏览器启动时显示的网页(浏览器称之为主页)。

3)单击浏览器上的“停止”按钮,我们可以中止正在进行的网页传输。

4)如果你发现显示出来的网页不正确、不完整,或者没下载完就中断了,可单击浏览器上的“刷新”按钮,浏览器便会和服务器联系,重新显示当前网页的内容。

5)工具栏上的“搜索”按钮是浏览器内置的搜索工具,点击后会在浏览器的左边弹出搜索窗口,在其搜索框中输入要搜索的关键字,单击“搜索”按钮即可。但有时不是很有效,建议大家不要使用,而用专门的搜索引擎。

6)“收藏夹”是我们收集自己经常访问的站点的地方,其实它是一个专门用来保存网页和链接的文件夹。在打开某一网页的前提下,单击“收藏夹”,便可把该站点记入夹中。

2.网络教学资源的检索

Internet是一个巨大的信息海洋,如何在数百万个网站中快速、有效地查找到想要的信息呢?这就要借助搜索引擎的作用。虽然网络上搜索引擎很多,如Google、雅虎、百度、新浪等,

但使用这些搜索引擎检索信息的方法大致相同。

用户访问搜索引擎的站点时，主要通过以下两种方式来查找自己需要的信息：一是按信息的分类目录进行检索，在分类项目表中找到相应的类别，逐步缩小查找的范围，直到找到所需内容；二是在关键词输入框中直接键入关键词进行简单检索，同时可以选择关键词的搜索范围。如图 5-4 所示。另外，为了更快速度地检索到更精确的信息，有些搜索引擎提供高级检索的功能，如图 5-5 所示，用户可以对检索的信息条件加以限定。

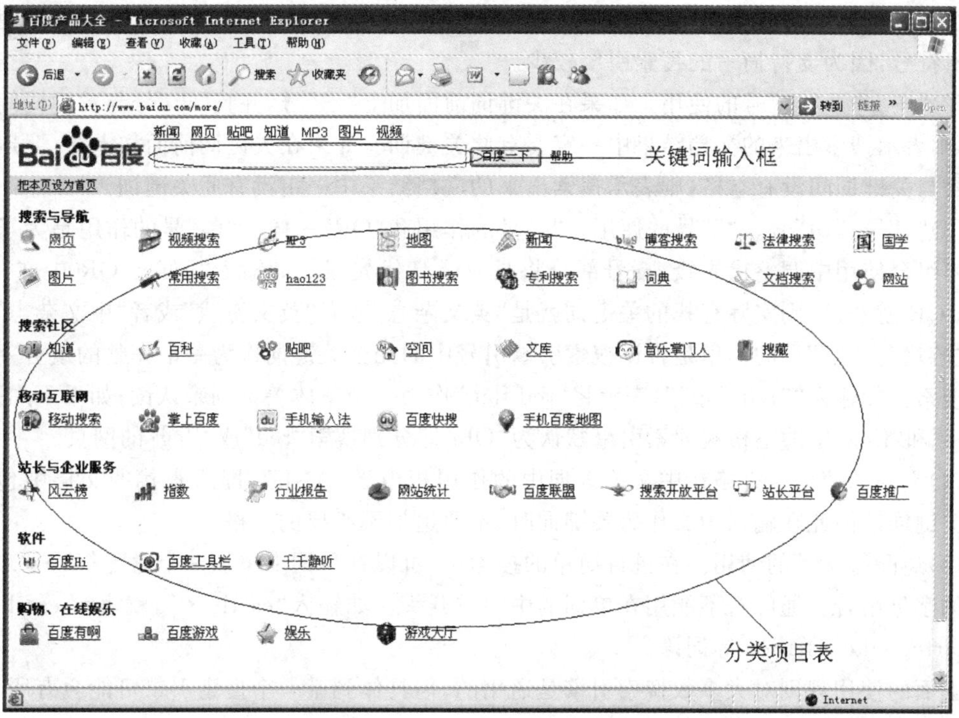

图 5-4　搜索引擎

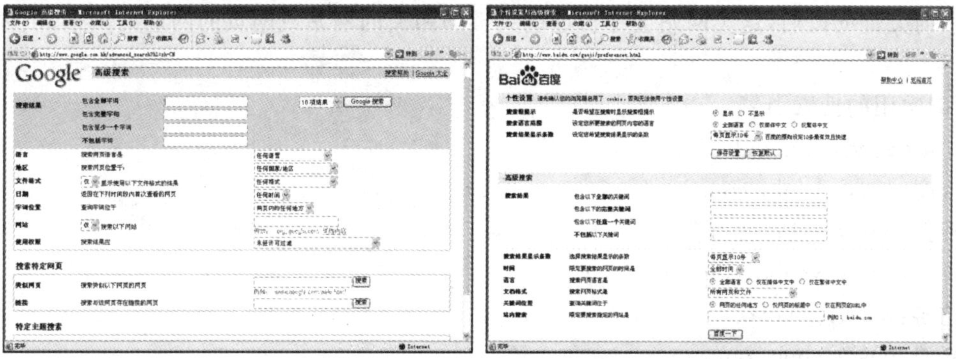

图 5-5　Google 高级搜索界面(左)和百度高级搜索界面(右)

(1)搜索工具的语法规则。布尔逻辑操作几乎是所有的搜索引擎都采用的最基本的语法规则。布尔逻辑操作符包括“AND”、“OR”、“NOT”、“NEAR”、“AFTER”、“BEFORE”和括号等，其中最常用的是“AND”、“OR”、“NOT”。

1)“AND”符号也可以用“&”来表示,表示逻辑“与”。如“计算机 AND 电子”表示所查找的是文档中既要有“计算机”又要有“电子”这两个关键词的文档。

2)“OR”符号也可以用“|”表示,表示逻辑“或”。如“计算机 OR 电子”表示所查找的文档中只要包含“计算机”或“电子”这两个关键词中的一个文档就将被列出。

3)“NOT”符号表示逻辑“非”的意思,也可以用“!”表示。如“计算机 NOT 电子”表示查找那些出现“计算机”但没有出现“电子”的文档。

逻辑符可以组合使用,其优先顺序为“NOT”、“AND”、“OR”。在具体使用中最好使用英文逻辑符号,因为支持简写的搜索引擎较少。

(2)“+”号及“-”号的使用。如果在关键词前面加上“+”号,并且“+”号与关键词间没有空格,则表示搜索出来的文档结果中一定要有此关键词。如果在关键词前面加上“-”号,并且“-”号与关键词间没有空格,则表示搜索出来的文档结果中一定没有此关键词。

(3)“,”号、“()”号、““””号的使用。“,”号的作用和“OR”一样。“()”号的作用是为了在多种符号组合使用中调整优先级,括号部分将具有最高优先级。如输入“(英文 OR 中文)AND(杂志 OR 游戏)”,则实际查找的关键词就是“英文杂志”或者“英文游戏”或者“中文杂志”或者“中文游戏”。““””号的作用是告诉搜索引擎引号中的几个关键词作为一个完整的组合字符串进行搜索。如输入““red flag””,表示将“red flag”作为一个整体关键词来认读;如果不加引号,则“red”和“flag”中的空格被搜索引擎默认为“OR”即分别搜索“red”或“flag”的网页。

(4)空格的使用。空格在中文关键词中的作用相当于“AND”,即所查找的文档中包含所有的关键词。因此在输入中文作为关键词时,不要追加不必要的空格。

(5)通配符“*”的使用。在进行简单的搜索中,可以在单词末尾加一个通配符“*”来代替任意的字母组合。通配符不能用在单词的中间或开头。如输入“earth *”,就表示 earthshaking、earthquake、earthen 等词语。

上面的使用规则对大多数搜索引擎是通用的,但具体到某一个搜索引擎可能会有所不同,因此在使用时最好先阅读有关说明,并结合实际情况加以灵活应用。

如果你要搜索网站或网页,可以直接打开搜索引擎进行搜索。当你在它的文本框中输入要搜索的关键词以后,这类网站会将与这些关键词相关的网站或网页的网址列出来,供你选择进入。

(6)常用的搜索引擎

Google:www.google.com

百度:www.baidu.com

搜狐:www.sohu.com

雅虎:www.yahoo.com.cn

悠游:www.goyoyo.com

新浪:www.sina.com.cn

常青藤:www.tonghua.com.cn

FM365:www.fm365.com

Excite:www.excite.com

Infoseek:www.infoseek.com

(7)常用的教育信息网站

国家教育部:http://www.moe.gov.cn

中国教育科研网:http://www.edu.cn

联想调频365教育频道:http://edu.fm365.com

101远程教育网:http://www.chinaedu.com

国联网校:http://www.iune.com.cn

成功之路高考考试网站:http://www.success.net.cn

中国中小学教育教学网:http://www.k12.com.cn

(8)教育技术论坛网站

教育技术自由论坛:http://etc.elec.bnu.edu.cn/newbbs/login.asp

教育技术论坛(英文):http://www.edutech.ch/edutech/forums/forums_e.asp

(9)国内教育技术综合网站

中国教育技术网:http://www.etr.com.cn/

中国教育技术学网:http://www.chinaet.org/

教育技术学资源网:http://61.144.23.75/ret/index.asp

教育技术学动态:http://edutech.tongtu.net/

(10)国外教育技术资源索引网站

国外教育技术网站的汇编网:http://fms.wsd.wednet.edu/TechLab/educationallinks.htm

教育技术研究实验室:http://psychology.wichita.edu/itrl/

教育技术研究指导中心:http://infotree.library.ohiou.edu/single-records/2004.html

教育技术资源网:http://disted.tamu.edu/edtclink.htm

3.网络资源的下载和保存

无论通过哪种检索方法搜索到的教学资源,往往需要从互联网下载到自己的计算机上。由于素材文件类型不同,其下载方式也不尽相同。

(1)下载素材类资源。对于文本类素材,可以通过选中文字内容,单击“复制”→“粘贴”命令保存所需文字,或者将整个网页另存。

对于图片类素材,可以通过鼠标右击图片,单击“图片另存为”命令保存所需图片,注意在保存过程中更改保存路径。

对于动画、音视频甚至是整个教学资源课件压缩包等其他素材,可以通过对资源链接地址单击右键,在弹出的菜单中,选择“目标另存为”选项,即可将资源保存到本地计算机。但这类资源往往比较大,采用“目标另存为”的方法来下载,有时速度会很慢,像Flash动画等素材还不能直接用“目标另存为”的方法来下载。此时,就需要一些专门的下载工具,如:网际快车、迅雷、网络蚂蚁、影音传送带等。这些下载工具都支持多任务下载和断点续传功能。

(2)保存网页资源。检索教学资源时,如果需要保存网页中的全部内容,可以打开“文件”菜单,选择“另存为”选项,弹出“保存网页”对话框,如图5-6所示。将所需网页的内容全部保存或只以文本文件格式保存到本机。

注意:选择的保存类型不同,则其保存的结果也各不相同。下面以保存“中国中小学教育教学网”首页为例,具体加以说明。

1)在保存类型中,选择“网页,全部(*.htm;*.html)”项,保存的结果是,除了具有这个

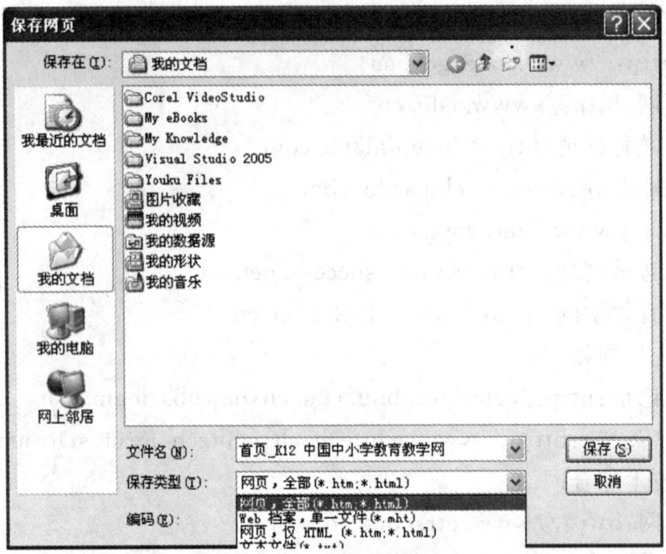

图 5-6 网页资源保存页面

网页的文件之外，还有一个文件夹，如图 5-7 所示，文件夹里面存储的是该页面的图像、动画等素材信息，断开网络之后，打开网页文件，各类信息都还存在。如果删除该文件夹，整个页面也会被删除。

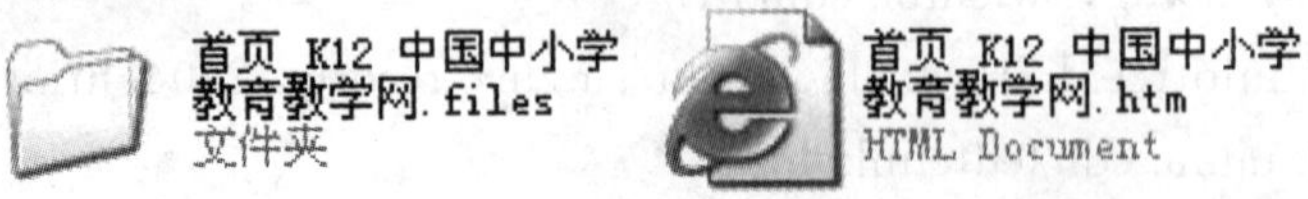

图 5-7 网页保存结果(一)

图 5-8 网页保存结果(二)

2)选择“Web 档案，单一文件(＊.mht)”项，保存的结果只有一个 mht 的文件，如图 5-8 所示，此文件中既包含了该页面的文本信息，也包含了该页面中的图像等其他信息。

3)选择“网页，仅 HTML(＊.htm；＊.html)”项，保存的结果只有一个网页文件，如图 5-9 所示，断开网络后，打开网页文件，则页面中的动画、图像等各类信息都消失，仅剩下文字信息。

4)选择“文本文件(＊.txt)”这一项，保存的结果是一个文本文档，如图 5-10 所示，多媒体信息均被剔除，保存的只有纯文本文字信息。

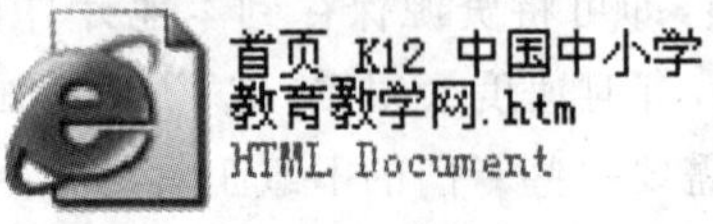

图 5-9 网页保存结果(三)

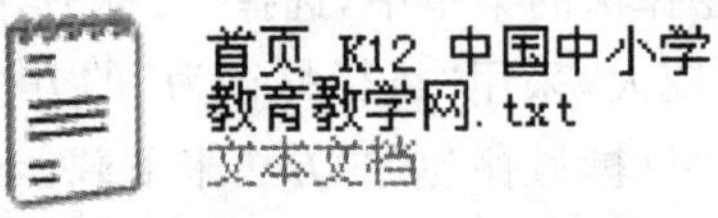

图 5-10 网页保存结果(四)

5.2.3.2 网络教学资源的设计与开发

教学资源的搜集和管理，最终还是为了资源的有效利用。除了一些可以直接用于教学中的资源外，大多的资源都需要进一步加工和整合后才可以用于教学。根据教学设计的结果，我们可以判断现有资源的可用性，并了解进一步加工资源的方向，决定还需要开发什么样的资源。对现有资源的进一步加工是教学资源利用的重要途径。

1. 网络教学资源的设计与开发的要求

网络教学资源的设计与开发是一项综合性很强的工作，它既要根据教学内容和学习方式的不同，确定与之适应的理论依据，以便更好地支撑教学过程，又必须遵循课程与教材开发的基本原理，并结合软件工程的基本思想，从而提高网络资源的开发效率和质量，避免不必要的重复劳动和浪费。因此，网络教学资源的设计与开发过程中，应遵循以下几点：

(1)要有明确的教育性；

(2)要考虑资源的多样性；

(3)要依照教学资源建设标准；

(4)教育学、心理学理论以及教学设计的理论技术是教学资源设计与开发的基础。

2. 网络教学资源的设计与开发

(1)素材类教学资源的设计与开发

素材类教学资源包括文字类素材、图形类素材、音频类素材、视频类素材等。在众多可以加工的教学资源当中，素材资源是重要的一类。通过加工，可使素材更符合具体的、个性化的教学要求。处理方法包括截取、修改、转换、合成、压缩等，利用媒体播放工具、编辑工具和创作工具等来完成。不同的媒体素材采集和处理所采用的一些常用工具如表5-2所示。

表5-2　素材采集与处理工具

媒体素材	主要工具
文本	记事本、写字板、Word、WPS、扫描仪
图形/图像	Photoshop、CorelDraw、Fireworks、扫描仪、数码相机等
动画	Flash、3d max、Animator
声音	Sound Forge、Cool Edit
视频	Adobe Premiere、Ulead Media Studio、MS Producer

对于媒体素材资源的获取和加工在第四章已经做过论述，这里主要介绍选择不同的集成开发工具对多媒体素材的逻辑结构进行组织的各种方式。

1)基于图标方式：Macromedia 公司的 Authorware 是基于图标方式来集成媒体素材的典型代表。基于图标的创作方式使创作者能够方便地看到程序设计的整个流程，并可拖动图标调整其在流程中的位置。

2)基于时间轴方式：Director 是一种基于时间轴的多媒体创作软件，和其他工具相比，它的动态性更为突出。在用 Director 进行制作时，必须把握住它的主要特点，合理地安排演员演出的顺序，演员或背景交换时的转场形式，并且在影片需要停顿或跳转的时候，在脚本通道中及时地加入暂停或跳转指令。

3)基于关键帧方式：Flash 是通过使用关键帧和图符使得所生成的动画文件(swf)非常小，几千字节的动画文件把音乐、动画、声效、交互方式融合在一起，通过 Action 和 FS Command 可以实现交互性，使 Flash 具有更大的设计自由度，另外，它与当今最流行的网页设计工具 Dreamweaver 配合默契，可以直接嵌入网页的任一位置，非常方便。

4)混合方式：很多媒体素材的集成都采用了混合方式。混合方式最典型的代表是基于面向对象高级语言如 VB、Delphi 等。

(2)使用网页工具进行网络课程等的开发

使用网页工具进行资源的开发是目前使用最为频繁和最为简单的开发方式,因为就目前的各类资源来说,使用IE进行直接浏览的资源是最多的,如文献、试题、试卷、常用问题解答、案例、网络课程,还有部分课件等。

网络课程开发是指根据网络课程设计得出的脚本,运用FrontPage、Flash、Dreamweaver、Firework等网页制作软件,结合ASP、PHP、VBScript、JavaScript、SQL等语言进行制作,然后进行内部调试,再在一定范围内进行测试,并根据反馈回来的意见修改产品,最后正式发布。它遵循计算机软件工程开发的步骤和程序。

1)FrontPage:对于不会使用HTML的人来说,FrontPage不愧是网页编辑的最好工具。它支持所见即所得的编辑方式,它不需要掌握很深的网页制作技术知识,甚至不需要了解HTML的基本语法。它的基本使用方法和Word十分相似,可以像编辑Word文件一样在文章中加入表格、图像,甚至可以加入声音、动画和电影。它的界面就像是一块画布,可以在上面自由发挥,而无须考虑如何书写相应的HTML代码。

对于网页编程好手来说,FrontPage也不失为一种好工具,FrontPage 2003提供了许多先进技术,如主题、共享边界、层叠样式单、动态HTML、框架、频道定义、Active X、Java Applet等。在FrontPage 2003的界面中可以发现许多熟悉的工具,例如,打开和保存文件、打印、拼写错误、加入表格、图片、列表符、设置字体、字号、行对齐方式等。这些工具的使用方式和Word中的用法基本相同。

FrontPage除支持所见即所得的编辑方式外,还可以打开多种文件格式,如htm、html、rtf、txt、htt、doc、xls、xlm、wpd等,所有Office组件能打开的文件都可以打开。另外要求的硬件也不高,只要能够安装Office 97的计算机都能够运行FrontPage,并且安装简便。

2)Firework:Macromedia Firework是专门为Web上的图片创作而设计的图形软件工具。软件本身十分小巧,但功能却十分强大。

Firework的界面和Flash很相似,它由命令菜单栏、工具栏、工作区和选项栏组成,只要会使用Flash,对Firework就会很快入手。

Firework提供了丰富的画图工具和图像处理工具,并有丰富的图形风格和特效。它不但可以编辑几乎所有格式的图像文件,而且可以编辑矢量图形。设计人员可以将图片进行各种处理,并优化输入的图片。

此外,使用Firework不可以制作动画,生成包含JavaScript的动态网页,甚至不用网页制作工具也可以生成效果满意的网页。另外,Firework跨越了图形与HTML之间的障碍,用Firework分割图片,可以自动输出成html格式。Firework还与网页制作工具Dreamweaver能够完美结合,为网页设计提供一个良好的环境,使得网页的创建、维护、修改、更新变得非常简单,从而大大提高了工作效率。

3)Macromedia Dreamweaver:Dreamweaver是美国Macromedia公司开发的集网页制作和管理网站于一身的所见即所得网页编辑器,它是第一套针对专业网页设计师而开发的视觉化网页制作工具,利用它可以轻而易举地制作出跨越平台限制和跨越浏览器限制的充满动感的网页。

Dreamweaver能很好地支持DHML(动态网页),可以轻而易举地做出很多眩目的互动页面特效。插件式的程序设计使得其功能可以无限的扩展。Dreamweaver与Flash、Firework

并称为网页制作的三剑客，由于同来自一家公司的产品，因而功能上能紧密结合。因此，说Dreamweaver是高级网页制作的首选并不为过，它的基本功能如下：

Dreamweaver提供的可视化网页开发环境不会降低HTML原始码的控制，其Roundtrip HTML功能，能无误地切换于视觉模式与惯用的原始码编辑器之间。Dreamweaver中包含了HomeSite和BBEdit等主流文字编辑器，可对代码进行灵活编辑。

Dreamweaver支持精确定位，利用可轻易转换成表格的图层以拖拉置放的方式进行版面配置。

Dreamweaver将内容与设计分开，应用于快速网页更新和团队合作网页编辑。建立网页外观的样板，指定可编辑或不可编辑的部分，内容提供者只需关注所编辑的基本内容，却不会影响既定之样式，并可以使用样板正确地汇入或输出XML内容。

使用网站地图可以快速制作网站雏形，设计、更新和重组网页。只要改变网页位置或档案名称，Dreamweaver会自动更新所有链接。

从实际的开发效果来讲，Dreamweaver的交互性强于FrontPage，并且可视化的界面使用起来也并不复杂，这为教师开发功能更为强大的网络课件提供了有利的帮助。

3. 网络教学资源的评价

(1)网上信息资源的评价。目前，CRAS是国际上较为流行的评价模式，主要有可信度(Credibility)、合理性(Reasonable)、准确度(Accuracy)及引证度(Support，也称为相关支持)四个评价的基本指标。每个指标又有多个要素，当然很少有网页能够完全符合各个要素，但了解和掌握这些要素有助于区分不同质量的网上信息，便于选择价值大的信息为科学科研服务。

1)可信度(Credibility)：我们做很多事情通常是根据所获取的信息来决定的，因此信息的真实性、可靠性是非常重要的。具体可考虑以下几条：①信息提供者的可信度。在网页上是否提供了信息提供者的学历层次、知识水平、职业、职位、工作单位、地位、头衔、通信地址、联系电话、信息提供者在这一领域内的研究水平及所在单位在社会上的影响等等，这些都可以反映信息提供者提供信息的可信度。②质量依据。有质量保证的信息其可信度较高。正规学术期刊所登的文章是经过从编辑到主编和相关专家审核修改后刊登的，其文章有一定的质量保证。如有一定规模和影响的组织站点所发布的信息，像清华大学站点《自然科学学报》所发布的信息，其内容相对来说具有一定的质量保证，可靠性较强。此外，网上的一些电子刊物(经过编辑审核)、电子书籍和期刊(已在纸介媒体上公开发表)等也有一定的质量保证。③元信息。元信息是指有关信息的信息。元信息主要有两种形式，即评价性元信息和总结性元信息。评价性元信息是关于对信息内容的分析判断情况的表述，如对此信息的评论、引用次数、推荐意见、相关评述等；总结性元信息通常是对此信息内容的概括，如有关此信息的摘要、内容总结等。

2)合理性(Reasonable)：网上信息的合理性是指其信息内容是公正、客观、适度和一致的。①公正。一个优秀的信息应该是平和、理智的，这个信息是经过认真准备的，不带任何个人的倾向，它包括正反两个方面的信息。②客观。信息的客观性常常受利益的影响，如商业广告、政治意识、财政原因或某些心理因素，而这些因素都会影响其信息内容的客观表现，所以对信息进行评价时要充分考虑其客观性。③适度。一个真实可靠的信息通常是符合常规的，有较高的合理性，而一些奇谈怪论，往往有悖于人们日常的知识经验，当然有些奇谈怪论也可能含有某些真实性。④一致性。网上的信息前后一致也是评价信息质量较好的标志。

另外，信息提供者所举的实例、对立者的态度、对问题的侧重等也是评价信息时不可缺少的因素。

总之，当看到网上的信息带有浓厚的个人色彩，出现种族歧视、炫耀、夸大、言过其实的现象时，都应该要及时提出质疑。

3)准确度(Accuracy)：准确度是指在网上发布的信息内容是正确的。但要注意信息的准确度是有一定的时效性的，所以在网上查找信息时查明其发表日期是非常重要的。另外，信息也应该有一定的全面性，如果此信息是一个主张或一个结论，那么这个主张或结论应该建立在全面、正确的信息基础上的，这样这个信息才具有一定的真实性。此外，也可以从该网页面向的对象来判断，如果面向少年儿童的网站，其页面提供的科学内容就不适用于作为大学生论文写作的内容。

总之，如看到的信息没有发表日期、结论含糊、失效、有极端倾向，那么对此信息就要提出怀疑。

4)引证度(Support，也称为相关支持)：对于一些数据、论据等，应反映出其出处所在，一般情况下官方的统计数据、常用的定理等具有较强的说服力。所以当网上的统计数据、论据没有标明来源时，对这些信息就要持一定的怀疑态度。

(2)教育网页的评价。对于专用的教育信息网页，其地址 URL 一般以. edu 或. gov 结尾。一个较正规的页面一般由三个模块组成，即页头模块、页体模块、页脚模块，如图 5-11 所示。

图 5-11　一般网页结构

对教育网页的质量评价除了上述指标以外，一般还可以从此网页是否在页头模块中标明了作者的姓名、身份、职位、单位，在页脚模块中是否标明了作者的联系方式等。另外，在页头模块中或页脚模块中是否设立了与主页的链接、是否有所属的机构说明、是否有网页发表的日期及更新时间的说明等，这些也是评价其质量的内容之一。当然，页体部分的内容也是非常重要的。总之，只有明确了上述信息后，才可以对查到的信息进行评价，选出真实可信的信息，服务于教学及科研。

§5.3 网络教学平台

5.3.1 网络教学平台及其发展现状

网络教学平台(Network Education Platform),又称在线教学平台、教学管理系统等。网络教学平台,不同于其他论坛和网站。它拥有独特而完善的网络优势,拥有全面开放的网络环境。是一个集网络教学、数字资源管理、在线视频课堂和校园社区诸功能为一体的综合性网络平台,是积累优质课程资源、建设学科课程体系的基地,是促进师生加强课内外交流、深化课堂教学的场所,也是学校加强教学质量监控、院系规范教学管理的工具。学生通过平台轻松地了解课程相关信息、下载课程相关资料、查找相关参考书目、完成相关作业以及进行相关测验的同时,引导学生进行探索式的学习。

目前国际性比较流行的网络教学平台有 WebCT、Blackboard、Angel、Atutor、eCollege、Eledge、Virtual－U 等多种,但 WebCT 和 Blackboard 是功能相对比较完善、使用最广的两大网络教学平台。其中,WebCT 最初是由加拿大英属哥伦比亚大学资深教师 Murray Goldberg 于 1997 年自行开发的网络教学平台,而 Blackboard 是从 Course Info(CourseInfo 是由 BlackBoard 公司资助、由 Cornell 大学开发的一个集成性网络教学平台)平台发展而来的,目前已经发展成为两大网络教学平台之一。

国内技术界和教育界在最近几年内也开始致力于引进和开发网络教学平台。在引进方面,主要是亿邮公司引进并开发中文版的 WebCT 即 eYouCT 和 CERNET 于 2003 年 10 月与 Blackboard 公司共同投资组建赛尔毕博有限公司(CERNET－Blackboard),负责中文版 Blackboard 的开发和推广。同时,一些本土公司和高校正在积极开发自己的网络教学平台。比如上海卓越网络教学平台、南京易学的天空教室网络教学系统等,清华大学现代教育技术研究所的清华教育在线网络学习平台和北京大学网络教学平台等。从系统应用规模和稳定性来看,清华大学的清华教育在线网络教学平台和赛尔毕博有限公司的中文版的 Blackboard 平台是相对比较好的。

WebCT 网络教学平台于 2002 年进入中国教育市场,曾使用 eYouct 的名称,后恢复为 WebCT。迄今已有大庆石油学院、黑龙江科技学院、中山大学、青海大学、北京化工大学、兰州大学等数十家国内高校使用了该平台。国内的卓越网络教学平台、南京易学天空教室等网络教学平台的应用范围和规模都比较小,在系统的易用性和稳定性上还有待完善。本章节以清华教育在线网络教学平台为例来阐述网络教学平台系统的原理和应用。

5.3.2 网络教学平台的设计

5.3.2.1 平台功能

图 5-12 给出了通用网络教学平台的主要功能架构。系统设计了教师、学生、管理员等三种角色,遵循用户跟着角色走,角色设定功能与权限。其中"课程教学"作为整个平台的核心,又包括课程基础信息、课程教学内容、课程互动答疑、教学评价与评测、课程组织与管理、辅助教学工具等 6 个子系统。平台主要功能归纳如图 5-13 所示:

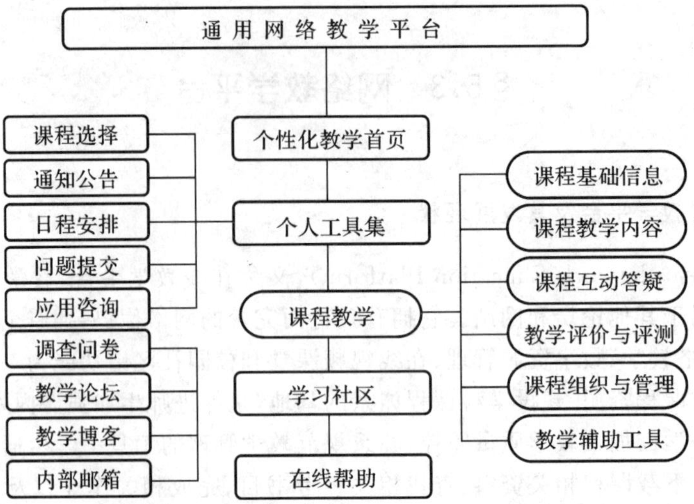

图 5-12 通用网络教学平台主要功能架构

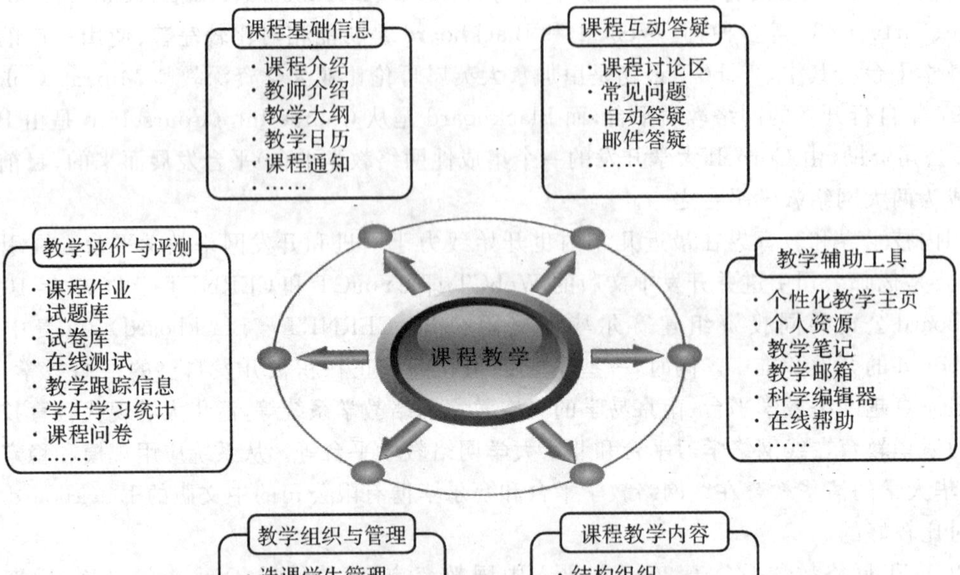

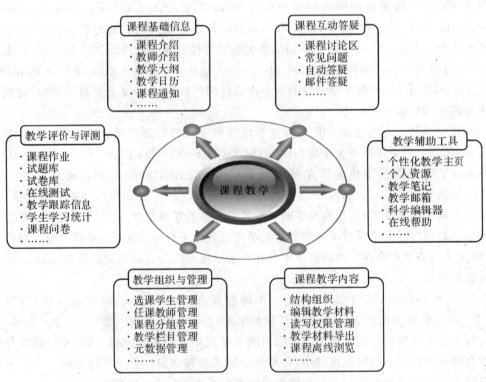

图 5-13 通用网络教学平台课程教学功能架构

1. 教学主页

根据不同角色(学生、教师、管理员)提供个性化的教学主页。

(1) 最新教学信息:包括未读公告、正在讲授/学习课程、未读课程通知、未批阅/完成作业、学生选课申请、教师开课申请等。

(2) 常用教学工具:包括日程安排、教学邮箱、教学博客、修改个人信息与密码等。

(3) 系统应用咨询:包括简明操作流程、常见问题解答、动态帮助信息、问题反馈。

2. 课程与教师信息的编辑与发布

包括课程介绍、教学大纲、教学日历、教师信息等。

3. 教学内容组织管理

(1) 支持课程资源的组织:教师可以建立任意目录结构,组织本课程的教学资源。通过在线编辑资源、上传本地文件、添加网址资源、引入资源中心资源等整合多种来源的教学资源。通过查询、移动等方式灵活管理与使用资源。

(2) 编辑教学讲义:教师可以按照自身教学的目的灵活运用上述教学资源,编辑教学讲义。编辑教学讲义时可以定制课程的章节结构、动态编辑课程内容、选择课程内容的呈现顺序和时间,还可以采用引用教学资源中心的资源、引用本课程的教学资源、上传本地电脑中的教学资源、加入网址链接等方式获取教学资源。课程讲义制作完成后可以循环使用。

(3) 支持各类网络教材和资源:教师可以引用多种类型的文本、图形图像、动画、音频、视频的数字内容,并把它们组合为可以重放、保存和修改的个性化讲义和教程。

(4) 支持教学资源的编目与共享:对于引入课程的每个资源均附有符合教育部教育资源标准的元数据描述,对每个资源均可编目以利于资源的动态积累与广泛共享。

4. 教学交流

(1) 答疑讨论:包括 BBS 答疑讨论区、常见问题解答、自动答疑、邮件答疑。BBS 答疑讨论区支持文字、图形图像、动画、音频、视频的呈现和链接,以及公式的编辑。自动答疑可根据提交的问题在常见问题库中检索关联的答案,平台支持对自然语义的检索,若没有查到问题答案可直接将问题提交给教师。

(2) 教学博客:支持师生对教学与学习过程及效果的反思与交流。

5. 教学评价

(1) 课程作业:除了布置作业、做作业、交作业、批改作业的功能外,还具有作业统计分析、设置作业样本的功能。

(2) 在线测试:设置在线试题与试卷,对教学效果进行及时的测评。

(3) 试题库与试卷库:便于教师进行试题与试卷的长期积累与相互共享。

(4) 课程问卷:发挥网络的优势,加强教学信息的调查,及时给教师反馈学生的学习情况或进行学习前的摸底调查,更有针对性地开展教学并改善教学效果。

6. 跟踪与统计分析

(1) 学习跟踪与统计:用于教师对每个学生的学习情况进行监测与分析。根据我们的研究,全面跟踪记录学生和教师的教学活动从技术都可以实现,但由于服务器、登录的学生数量等因素的制约,太多的指标跟踪会大大降低系统的运行效率,需要对指标进行慎重选择。根据理论分析和实际应用情况调查,现设置了面向学生的课程登录次数、学习材料浏览和下载次数、作业和测试完成情况、参加答疑讨论的情况等 12 项主要指标。

(2) 教学跟踪与统计:便于教学主管部门考察教师和课程的教学情况。包括分别围绕课程和教师的信息,如:课程或教师登录次数、教师组织教学材料数量、教师布置作业次数与批改作业份数及比例、安排测试及完成情况、参加答疑讨论的情况等 18 项主要指标。

(3) 课程排行榜:具有按核心指标排序的排行榜功能。

(4) 学习/教学跟踪与统计信息的导出:以常用的文件格式如 Excel 导出,便于后续处理。

7. 教师对教学的组织与管理

(1) 课程学习设置:可以随时打开/关闭课程和课程中所有的教学模块,如教学大纲、教学讲义、课程作业、答疑讨论、在线测试等,便于教师根据不同教学环节进行教学内容和教学活动的设计。

(2) 选课学生管理:可以单个或批量增加/删除选课学生,可以审批学生的选课申请,可以针对每个学生设置学习模块的学习权限。

(3) 助教管理:可以增加/删除课程的助教,给助教分配教学权限,查看助教的教学记录。

8. 教学管理员对教学的组织与管理

(1) 课程管理:对全校课程进行单个或批量增加/删除/修改。设有批量导入功能,并提供接口与教务系统对接,实现与教务管理系统中课程信息的动态交换。

(2) 教师任课管理:管理课程的主讲教师和助教。审批教师的开课申请。设有批量导入功能,并提供接口与教务系统对接,实现与教务管理系统中排课或选课信息的动态交换。

(3) 学生选课管理:针对每门课程单个或批量增加/删除选课学生。设有批量导入功能,并提供接口与教务系统对接,实现与教务管理系统中选课信息的动态交换。

(4) 教学统计信息:包括课程运行统计信息、教师(主讲教师和助教)教学统计信息、学生学习情况统计信息。

(5) 教学模块的管理:包括教学论坛、内部邮箱、问卷调查的管理等。

5.3.2.2 平台特点

(1)学校、院系两级管理机制,复合应用的实际情况。

(2)注重国内教学管理模式和教学过程的实施特点以及师生操作习惯。

(3)支持多种教学管理模式,既可用于网络辅助课堂教学,又可用于网络学院远程教学。

(4)适应多校区共同教学,强化支持师生课后教学活动。

(5)支持课程长期建设,突出课程资源滚动积累和共享,稳步提高教学质量。

(6)与精品课程申报子系统紧密融合:教师可以将以前申报的精品课程素材引入到当前课程教学,也可将当前课程教学内容用于精品课程建设。

5.3.2.3 技术路线及软硬件环境

1. 技术路线

清华教育在线网络教学平台采用的技术路线:采用 Struts, Hibernate 和 Spring 框架的轻量级 J2EE 架构,提高代码的复用性和开发效率,保证系统的可维护性和可扩展性,如图 5-14。

2. 硬件环境

(1) 应用服务器

◆ CPU :双核 Intel(R) Xeon MP Dual-Core;频率: 2.60G-3.4G;二级缓存 L2 Cache: 2/4/8 MB;总线频率: 1333MHz。

◆ 内存:类型: DDR2;容量: 1G×8;工作频率: 667 MHz。

◆ 硬盘:容量:146G×5;接口类型: SAS;接口速率: 3G;转速: 15000 转/分(存储教学资源文件,空间按照实际使用增加)。

◆ 阵列卡:双通道 Ultra320 SCSI 阵列卡;支持 RAID 0、1、5、10 和 50。

(2) 数据库服务器

◆ CPU :双核 Intel(R) Xeon MP Dual-Core;频率: 2.60G-3.4G;二级缓存 L2 Cache:

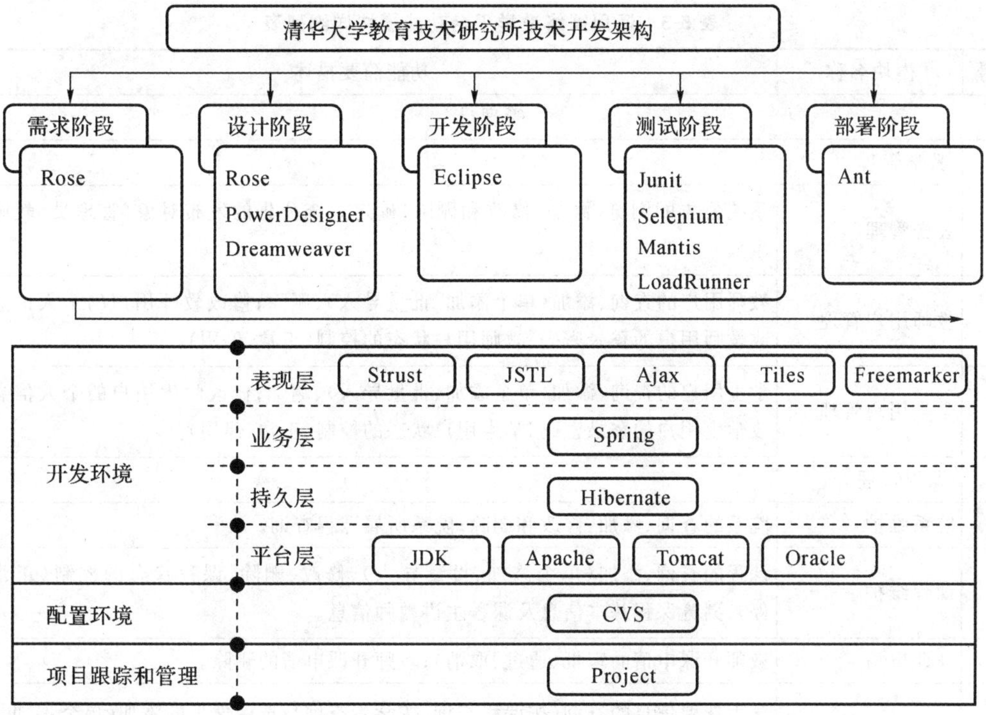

图 5-14　技术开发架构

2/4/8 MB;总线频率：1333MHz。

◆ 内存:类型：DDR2;容量：1G×8;工作频率：667 MHz。

◆ 硬盘:容量:146G×4;接口类型：SAS;接口速率：3G;转速：15000 转/分(空间按照实际使用增加)。

◆ 阵列卡:双通道 Ultra320 SCSI 阵列卡;支持 RAID 10。

3．软件环境

系统可在 Unix、Linux 操作系统中运行,以便获得大用户并发下的稳定性和高效率。推荐使用:Redhat Advanced server 4,数据库版本为 Oracle10g。

4．功能模块

通用网络教学平台根据使用者的不同一般包括管理员、教师和学生三个主要的功能模块。每个模块中都设有相应的子模块,具体模块和相应的功能见表 5-3。

表 5-3 通用网络教学平台功能模块详细列表

序号	模块名称	功能简要描述
		管理员
一	教学管理	
1	公告管理	系统公告的浏览、添加、修改和删除；确定系统公告的发布对象（管理员、教师、学生）。
2	教师用户管理	教师用户的查询、添加（单个添加、批量导入）、删除；修改教师用户的个人信息；修改教师用户的登录密码；教师用户状态的控制（正常、停用）。
3	学生用户管理	学生用户的查询、添加（单个添加、批量导入）、删除；修改学生用户的个人信息；修改学生用户的登录密码；学生用户状态的控制（正常、停用）。
二	课程管理	
1	院系维护	院系的查询、添加、修改和删除；院系所属课程查询。
2	课程维护	课程的查询、添加（单个添加、批量导入）、修改、删除；课程状态的控制（正常、暂停）；浏览课程基本信息及课程主讲教师信息。
3	开课申请	教师开课申请的审批（通过、取消）；教师开课申请的删除。
4	学生选课	学生选课信息的查询（按课程查询、按学生查询）；选课学生的添加（单个添加、批量导入）、删除；学生选修课程的添加（单个添加、批量导入）、删除；查看选课学生课程学习记录；浏览学生用户信息。
5	教师任课	任课教师的添加、删除；更改课程主讲教师；查看教师课程教学记录；浏览课程基本信息及教师用户信息。
6	问卷调查管理	调查问卷的浏览、添加、修改、发布、删除；查看问卷调查结果。
7	网上论坛管理	网上论坛的属性管理、权限管理、子讨论区管理、用户管理、公告管理。
8	内部邮箱管理	内部邮箱空间全局设置；指定用户内部邮箱空间设置。
9	系统设置	系统设置项目的添加、修改和删除。包括班级编码设置；学历编码设置；院系编码设置；性别编码设置；年级编码设置；学制编码设置；专业编码设置；民族编码设置；政治面貌编码设置；学生类型编码设置；职称编码设置。
10	课程统计信息	浏览课程统计信息；生成课程统计信息报表。
11	教师统计信息	浏览教师统计信息；生成教师统计信息报表。
12	系统运行信息	查看系统实时信息、用户使用情况信息、服务器运行环境信息。
13	应用咨询	管理员用户简明操作流程及常见问题解答。
14	教学博客	功能包括"Blog 管理"、"我的 Blog"和 Blog 通用栏目（Blog 首页、推荐日志、推荐 Blog、最新日志、日志排行、Blog 排行、最新开通、Blog 列表、分类目录、Blog 搜索、日志搜索等）。
三	网上论坛	搜索讨论区；浏览话题和文章；发表话题和文章；查看在线用户；添加和删除我的好友；查看统计排行信息（讨论区排行、文章排行、用户排行）；讨论区管理。

续　表

序号	模块名称	功能简要描述
四	教学邮箱	收、发内部邮件；收、发课程答疑邮件；保存邮件草稿；查找邮件；删除邮件；管理文件夹；管理联系人。
五	修改密码	修改管理员用户登录密码。
六	问题提交	管理员用户提交错误描述信息至系统维护人员。
七	在线帮助	查看在线帮助信息。
		教　师
一	教师首页	
1	课程选择	选择所教授的课程并进入相应课程的课程教学空间。
2	通知公告	浏览管理员发布给教师用户的通知公告。
3	教学信息	查看教学相关信息。包括：未读通知公告、教师所开设课程、未读课程通知、未批改作业、未批选课申请等。
4	日程安排	事件和任务的查询、浏览、添加、修改、删除；调整任务的优先级；将任务标记为完成。
5	教学邮箱	收、发内部邮件；收、发课程答疑邮件；保存邮件草稿；查找邮件；删除邮件；管理文件夹；管理联系人。
6	教学博客	功能包括“我的 Blog”和 Blog 通用栏目（Blog 首页、推荐日志、推荐 Blog、最新日志、日志排行、Blog 排行、最新开通、Blog 列表、分类目录、Blog 搜索、日志搜索等）。
7	教师信息	浏览教师用户个人信息；修改教师用户个人信息。
8	申请开课	教师向管理员提交开课申请，开课申请必须经管理员审批通过后才能生效。
9	修改密码	修改教师用户登录密码。
10	应用咨询	教师用户简明操作流程及常见问题解答。
二	课程教学	
1	课程选择	选择所教授的课程并进入相应课程的课程教学空间。
2	课程介绍	浏览课程介绍；编辑课程介绍。
3	教学大纲	浏览教学大纲；编辑教学大纲。
4	教学日历	浏览教学日历；编辑教学日历。
5	教师信息	浏览任课教师信息；编辑教师个人信息。
6	课程通知	浏览课程通知；编辑课程通知（课程通知的添加、修改和删除）。
7	教学材料	浏览教学材料；编辑教学材料；教学材料内容查询。
	答疑讨论	
8	课程论坛	搜索讨论区；浏览话题和文章；发表话题和文章；课程论坛话题管理；课程论坛属性管理；课程论坛权限管理。
9	常见问题	常见问题的浏览、添加、修改、删除；浏览、回复学生个人答疑问题；问题分类管理。

续 表

序号	模块名称	功能简要描述
10	自动答疑	提交问题并由系统自动从常见问题库中检索对相应问题的解答；提交问题至课程任课教师。
11	邮件答疑	收、发课程答疑邮件；保存邮件草稿；查找课程答疑邮件；删除课程答疑邮件。
12	课程作业	课程作业的浏览、添加、修改、发布、删除；课程作业的批阅；查看对课程作业的统计分析；课程作业的重置。
13	课程问卷	课程问卷的浏览、添加、修改、发布、删除；查看课程问卷调查结果。
14	教学邮箱	收、发内部邮件；收、发课程答疑邮件；保存邮件草稿；查找邮件；删除邮件；管理文件夹；管理联系人。
15	教学日志	教学日志的浏览、添加、修改、删除；将教学日志标记为重点。
16	课程资源	课程资源的浏览、添加（在线编辑、上传文件、添加 URL）、修改、删除、移动和查询；课程资源的排序。
17	在线测试	在线组卷并向学生发布在线测试；在线批阅学生提交的答卷；查看在线测试成绩统计结果；查看试卷及试题分析结果。
	试题试卷库	
18	知识点维护	知识点的添加、修改、删除；知识点的排序。
19	试题库维护	试题的查询、浏览、添加、修改、删除；查看试题属性、试题答案；设置试题状态（正常、暂停）。
20	试卷库维护	试卷的查询、添加、修改、删除；查看试卷属性；试卷及参考答案的下载。
21	课程学习设置	选课学生课程学习及课程展示栏目权限设置。
22	选课学生管理	选课学生的浏览、添加（单个添加、批量导入）、删除；选课学生课程学习权限设置；查看选课学生的课程学习记录。
23	选课申请管理	学生选课申请的审批（通过、取消）；学生选课申请的删除。
24	任课教师管理	任课教师的浏览、添加、删除；任课教师的权限分配；查看任课教师的课程教学跟踪信息。
25	课程元数据管理	设定课程的课次、章节、知识点等课程基本信息。
三	课程目录	系统注册课程目录列表；系统注册课程的排序（按课程编号、按课程名称）；系统注册课程的查询；查看系统注册课程的课程介绍信息。
四	问卷调查	浏览调查问卷；参加问卷调查；查看问卷调查结果。
五	网上论坛	搜索讨论区；浏览话题和文章；发表话题和文章；查看在线用户；添加和删除我的好友；查看统计排行信息（讨论区排行、文章排行、用户排行）；讨论区管理。
六	问题提交	教师用户提交错误描述信息至系统维护人员。
七	在线帮助	查看在线帮助信息。

续 表

序号	模块名称	功能简要描述
		学 生
一	学生首页	
1	课程选择	选择所学习的课程并进入相应课程的课程学习空间。
2	通知公告	浏览管理员发布给学生用户的通知公告。
3	教学信息	查看教学相关信息。包括:未读通知公告、学生所学习课程、未读课程通知、待提交作业等。
4	日程安排	事件和任务的查询、浏览、添加、修改、删除;调整任务的优先级;将任务标记为完成。
5	教学邮箱	收、发内部邮件;收、发课程答疑邮件;保存邮件草稿;查找邮件;删除邮件;管理文件夹;管理联系人。
6	教学博客	功能包括"我的Blog"和Blog通用栏目(Blog首页、推荐日志、推荐Blog、最新日志、日志排行、Blog排行、最新开通、Blog列表、分类目录、Blog搜索、日志搜索等)。
7	学生信息	浏览学生用户个人信息;修改学生用户个人信息。
8	申请选课	学生向课程主讲教师提交选课申请,选课申请必须经课程主讲教师审批通过后才能生效。
9	修改密码	修改学生用户登录密码。
10	应用咨询	学生用户简明操作流程及常见问题解答。
二	课程教学	
1	课程选择	选择所学习的课程并进入相应课程的课程学习空间。
2	课程介绍	浏览课程介绍。
3	教学大纲	浏览教学大纲。
4	教学日历	浏览教学日历。
5	教师信息	浏览任课教师信息。
6	课程通知	浏览课程通知。
7	教学材料	浏览教学材料;教学材料内容查询。
	答疑讨论	
8	课程论坛	搜索讨论区;浏览话题和文章;发表话题和文章。
9	常见问题	常见问题的浏览;向教师提交个人答疑问题。
10	自动答疑	提交问题并由系统自动从常见问题库中检索对相应问题的解答;提交问题至课程任课教师。
11	邮件答疑	向选定的课程任课教师发送课程答疑邮件。
12	课程作业	浏览课程作业;查看课程作业的完成状态;查看课程作业的批阅结果;提交课程作业;查看课程作业成绩统计。
13	课程问卷	浏览课程问卷;参加课程问卷调查;查看课程问卷调查结果。

续 表

序号	模块名称	功能简要描述
14	教学邮箱	收、发内部邮件;收、发课程答疑邮件;保存邮件草稿;查找邮件;删除邮件;管理文件夹;管理联系人。
15	学习笔记	学习笔记的浏览、添加、修改、删除;将学习笔记标记为重点。
16	在线测试	向教师提交在线测试答卷;查看在线测试结果。
	试题试卷库	
17	浏览试题库	试题的查询、浏览;查看试题属性、试题答案。
18	浏览试卷库	试卷的查询;查看试卷属性;试卷及参考答案下载。
三	课程目录	系统注册课程目录列表;系统注册课程的排序(按课程编号、按课程名称);系统注册课程的查询;查看系统注册课程的课程介绍信息。
四	问卷调查	浏览调查问卷;参加问卷调查;查看问卷调查结果。
五	网上论坛	搜索讨论区;浏览话题和文章;发表话题和文章;查看在线用户;添加和删除我的好友;查看统计排行信息(讨论区排行、文章排行、用户排行);讨论区管理。
六	问题提交	学生用户提交错误描述信息至系统维护人员。
七	在线帮助	查看在线帮助信息。

5.3.3 FrontPage 2003 建设教学资源网站实例

5.3.3.1 实例简介

本例将介绍在 FrontPage 2003 中,如何开始创建网站的工作,并且制作一个教学综合资源下载网站。

通过本例的学习,您可以学会:

(1)创建和管理个人站点及建立网站导航;

(2)网站主题的使用方法;

(3)网页中利用表格布局的方法;

(4)插入链接栏的方法;

(5)插入文本、图片、音频等多媒体资源及插入超级链接的方法;

(6)发布网站。

5.3.3.2 制作方法

1. 利用网站模板创建站点

运用 FrontPage 2003 中的网站模板可以方便地建立网站结构,可以根据自己的需要选择模板,以便快速地生成网站轮廓,为创建网站节约很多时间和工作量。利用网页模板可以创建功能性网页;常规网页模板可以创建一些包含简单表单的网页;框架网页模板可以创建框架式网页。

本实例利用网站模板建立一个“空白模板”,操作如下:

(1)打开 Web 网站模板。执行“文件”→“新建”命令,打开“新建”任务窗格,如图 5-15 所示。若在出现的任务窗格中的“新建网站”区域内没有所需要的模板样式,可以单击“其他网站模板”,打开“网站模板”对话框,如图 5-16 所示。

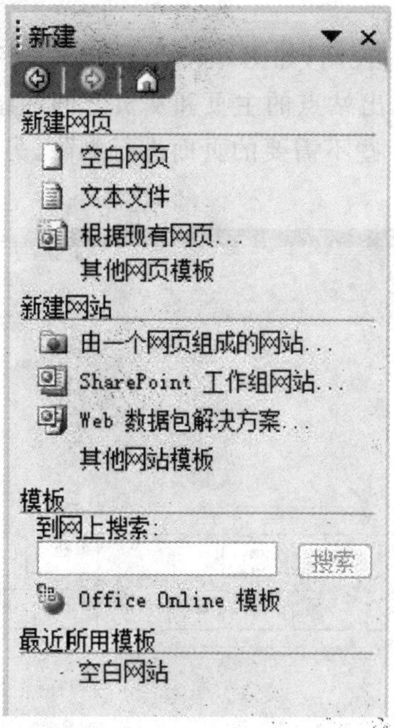

图 5-15　“新建”任务窗格

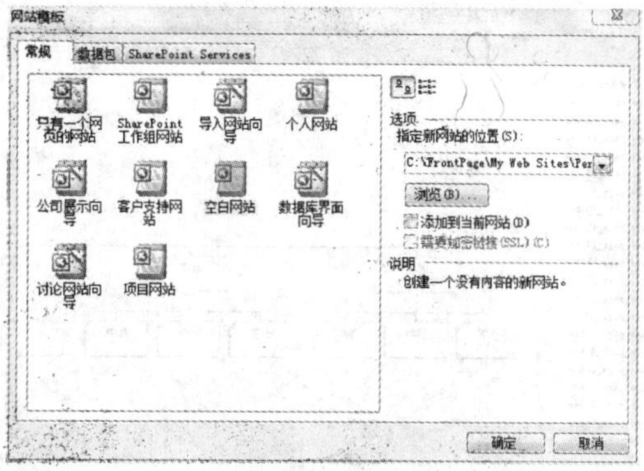

图 5-16　“网站模板”对话框

(2)选择模板。在如图 5-16 的“网站模板”中单击所需要的网站模板“空白网站”。

(3)创建网站。在“指定新网站的位置”文本框中输入 Web 网站的路径，如：“C:\FrontPage\My Web Sites\Website”，此时创建的网站就存在于 C 盘中的“My Web Sites”文件夹中，文件名为“Website”，单击“确定”按钮，即可完成站点的创建，并且将会出现文件夹列表，FrontPage 自动创建“_private”与“_images”两个子文件夹，如图 5-17 所示。子文件夹用来分类存放网页、图像、动画等不同类型的文件。

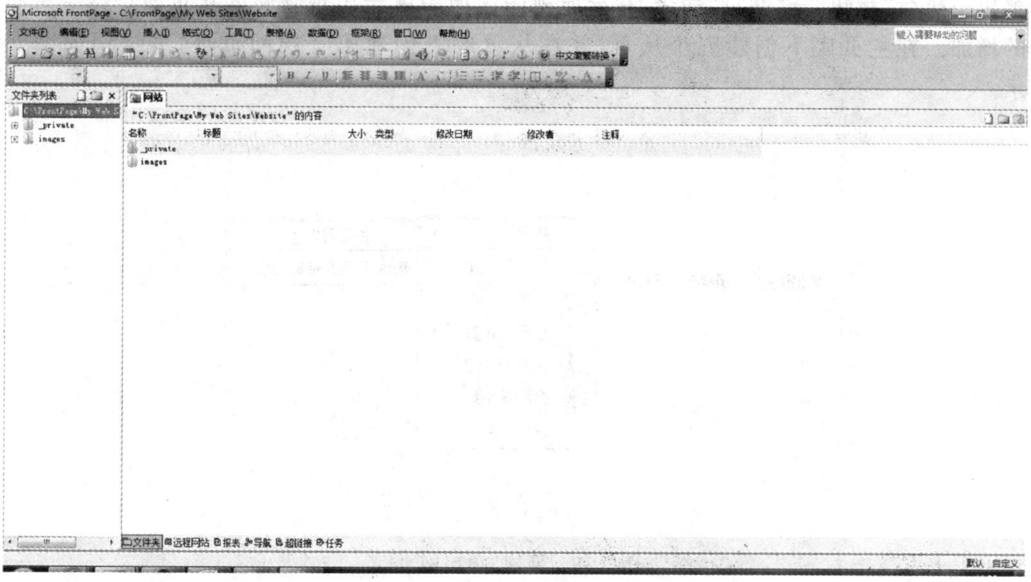

图 5-17　“文件夹”视图

2. 利用导航视图进行网站结构的规划与修改

单击视图栏的“导航”按钮，即可切换至站点的“导航”视图，如图 5-18 所示是本案例教学资源网站的导航视图。网站的导航视图能够直观地表现出站点的主页和从页之间的结构关系。可以从导航视图中新建一些需要的页面，也可以将一些不需要的页面进行删除，另外，从页的排列顺序也可以进行重组。

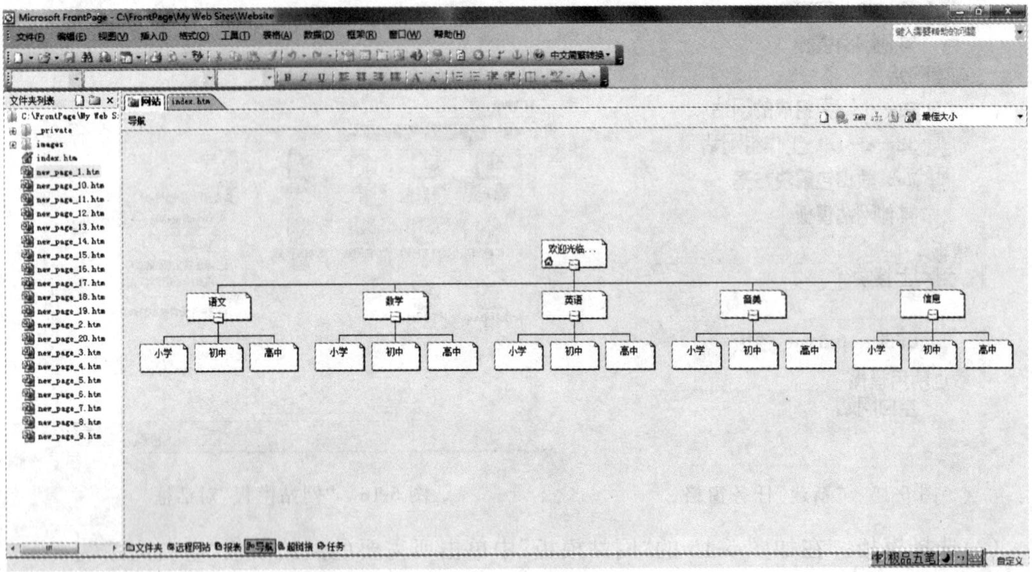

图 5-18 “导航”视图

(1) 网页的新建和删除。打开“导航”视图，选定操作位置。先添加主页，可以直接在导航视图区域空白处右击，在快捷菜单中执行“新建”→“顶层网页”命令，如图 5-19 所示。在导航视图区域中就会出现新建的主页面。再添加主页的从页，可以直接在主页图标位置右击，在快捷菜单中执行“新建”→“网页”命令，在导航视图区域中就会出现新建的从页面。逐一进行从页的增加。在主页底下创建五个从页，并在从页底下创建第三层网页，网页结构如图 5-18 所示。

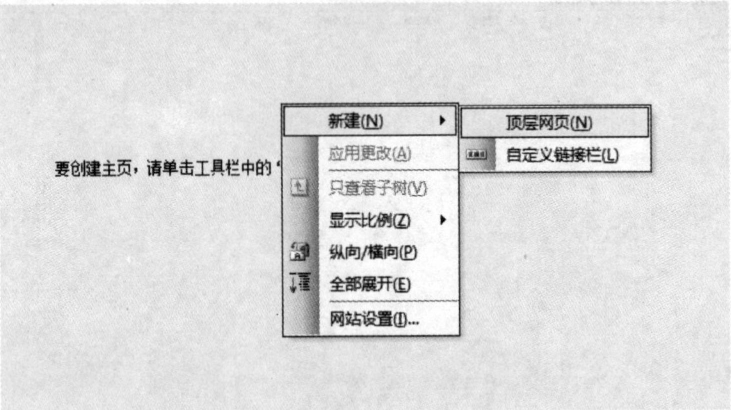

图 5-19 新建“顶层网页”

若需要删除某个网页，则选定需要删除的网页并右击，在快捷菜单中执行“删除”命令，即可在“导航”视图中将不需要的网页删除。

(2) 替换标题法进行网页标题的修改。选定需要修改的网页。将鼠标移至主页“主页”上并单击一下，停顿一会再单击一下，此时变为编辑修改状态，如图 5-20 所示。

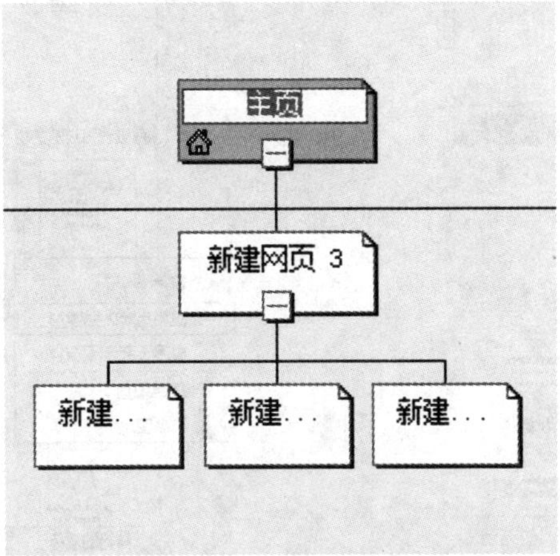

图 5-20 选定需要修改的网页

替换标题文字。删除原有标题文字，输入所需要标题文字，即可在“导航”视图中修改网页标题。将标题修改为“欢迎光临我的教学资源网站”。

文字输入完毕后按 Enter 键，此时主页的标题就修改完成。鼠标双击主页图标，打开主页，可以看到主页的标题已经被修改为“欢迎光临我的教学资源网站”。

逐一进行其他的从页标题修改。修改完成后的导航视图如图 5-18 所示。

(3) 拖曳法修改网站结构和复制网页。若需要将音美的网页变成信息的从网页，可用鼠标拖动“音美”至“信息”下，释放鼠标左键，“音美”页就会出现在“信息”的从页位置，如图 5-21 所示。当然，我们这里并不需要更改现在的网站结构。

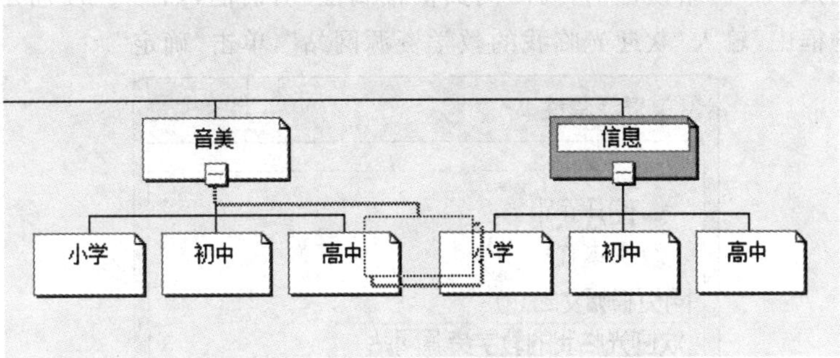

图 5-21 修改网页结构

在“导航”视图中，用鼠标拖曳网页的方法可以随意改变网站结构，将页面的顺序按要求进行重排，另外，修改网页与网页之间的链接也非常方便。

3. 主题的应用

创建好网站和主页之后，就可以开始给网页添加主题了。操作如下：

(1) 执行“格式”→“主题”，打开“主题”任务窗格，如图 5-22 所示。

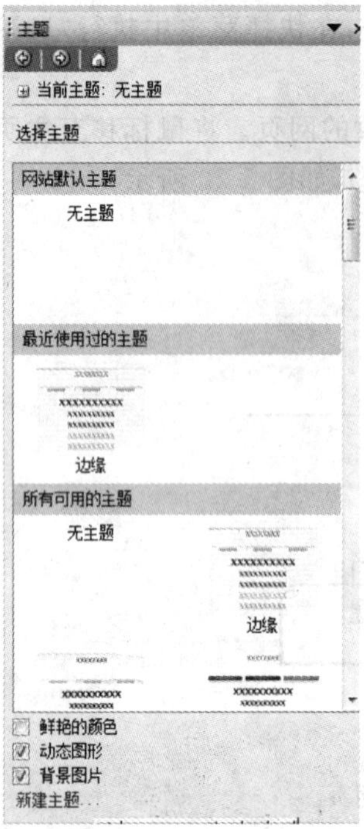

图 5-22 “主题”任务窗格

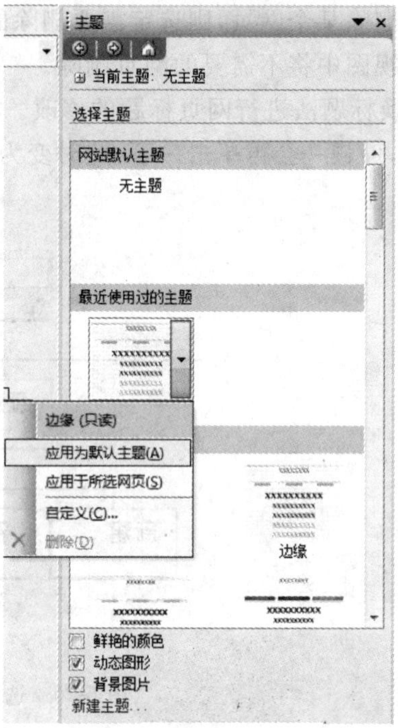

图 5-23 “边缘”主题目右边的下拉菜单

(2)单击“边缘”主题目右边的下拉箭头，此时弹出下拉菜单，如图 5-23 所示，其中如果选择“应用为默认主题”，那么会对网站中所有的网页应用该主题，如果选择“应用于所选网页”则只应用于当前网页。

(3)在打开的下拉菜单中，单击“应用为默认主题”，在弹出的对话框中单击“是”完成主题的应用。这样主页中已经加入了所选主题的样式，并在网站文件夹中多了两个主题相关文件夹。

(4)执行“插入”→“网站横幅”，打开“网页横幅属性”对话框，如图 5-24 所示，其中选择“图片”，并在下面的框中，输入“欢迎光临我的教学资源网站”，单击“确定”。

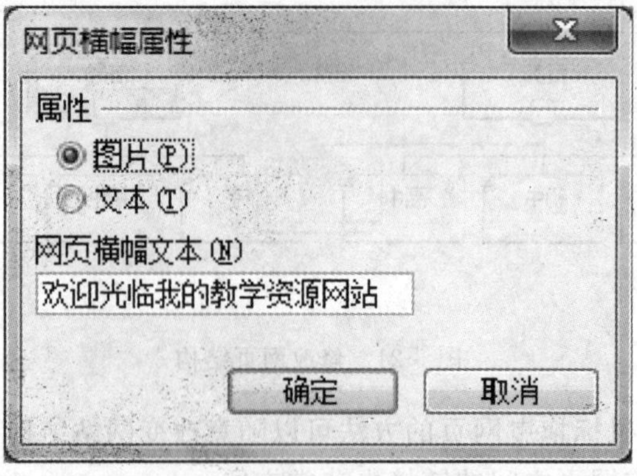

图 5-24 “网页横幅属性”对话框

(5)执行“插入”→“水平线”，插入一个水平线，并设置适当的颜色。

4. 利用表格布局页面

添加主题和网页横幅之后，下面就可以插入表格来布局网页了，操作如下：

(1)执行“表格”→“布局表格和单元格”，打开“布局表格和单元格”任务窗格，如图 5-25 所示。

(2)在“表格布局”区域中显示一些表格布局图，从中单击右边第一个布局，将它应用到网页中。表格布局的边框用绿色和蓝色显示。选中表格布局区域，单击右键，在弹出的菜单选择“表格属性”，打开“表格属性”对话框，如图 5-26 所示。这里可以对表格中的一些参数进行设置：更改行数为“2”，单元格间距设置为“1”。

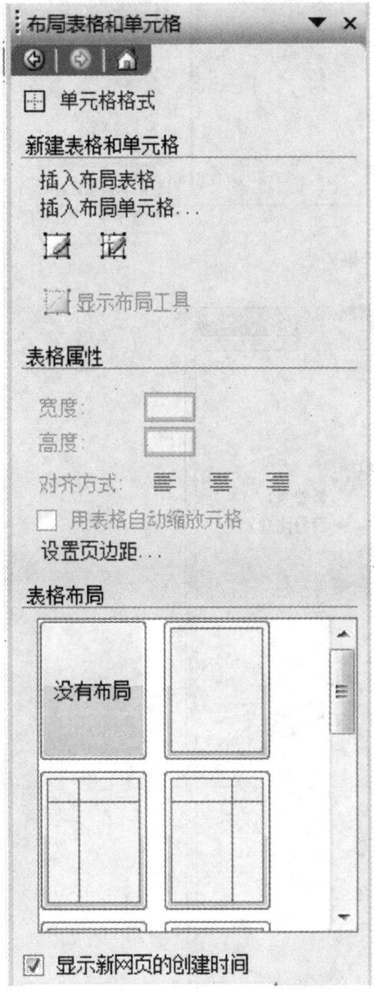

图 5-25　“布局表格和单元格”任务窗格

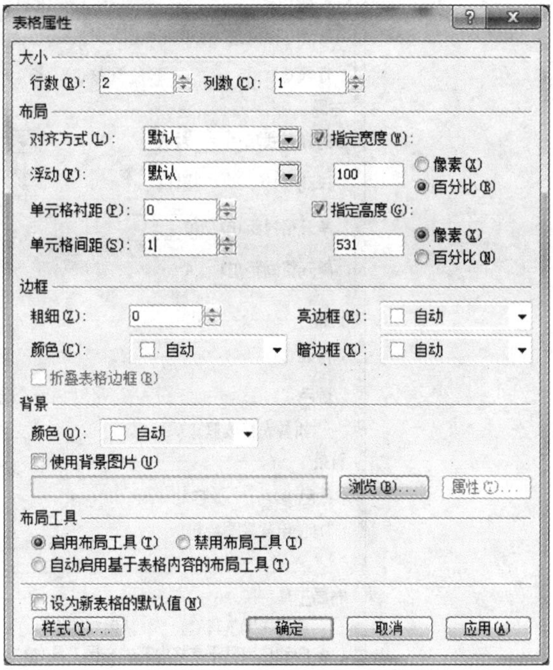

图 5-26　“表格属性”对话框

(3)将网页横幅和水平线移动到表格布局中的第一行中，将鼠标移动到表格的边框上，边框显示绿色时，单击鼠标，移至绿色小方块上成上下箭头，调整第一行行高，如图 5-27 所示。

(4)将光标移置表格布局第二行的单元格中，执行“表格”→“插入”→“表格”，打开“插入表格”对话框，将“行数”设置为 5，“列数”设置为 3，“单元格衬距”设置为 0，“单元格间距”设置为 4，边框“粗细”设置为 0，如图 5-28 所示。

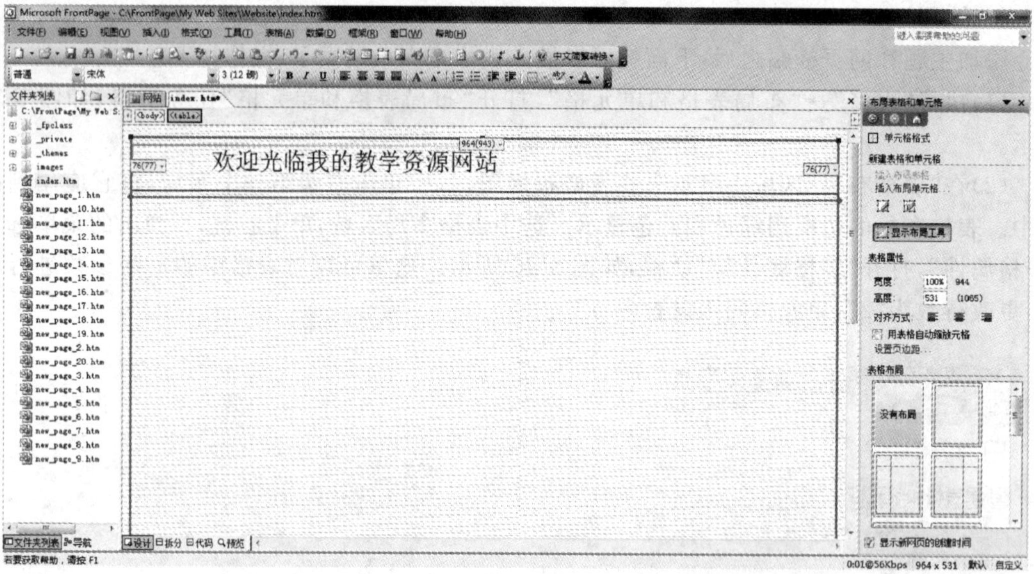

图 5-27 调整第一行行高后的结果

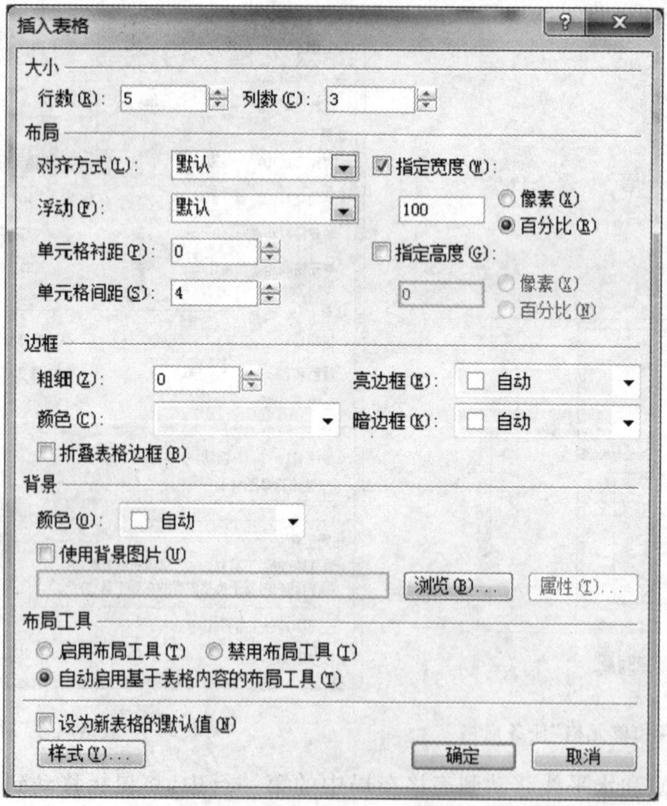

图 5-28 “插入表格”对话框

(5)单击“确定”后，完成表格的插入，合并表格中第一行右边两个单元格，用鼠标调整表格各行的行高和各列的列宽到适当的位置。并设置整个布局表格的行高为“行自动伸缩”，完成表格布局和插入表格后的网页如图 5-29 所示。

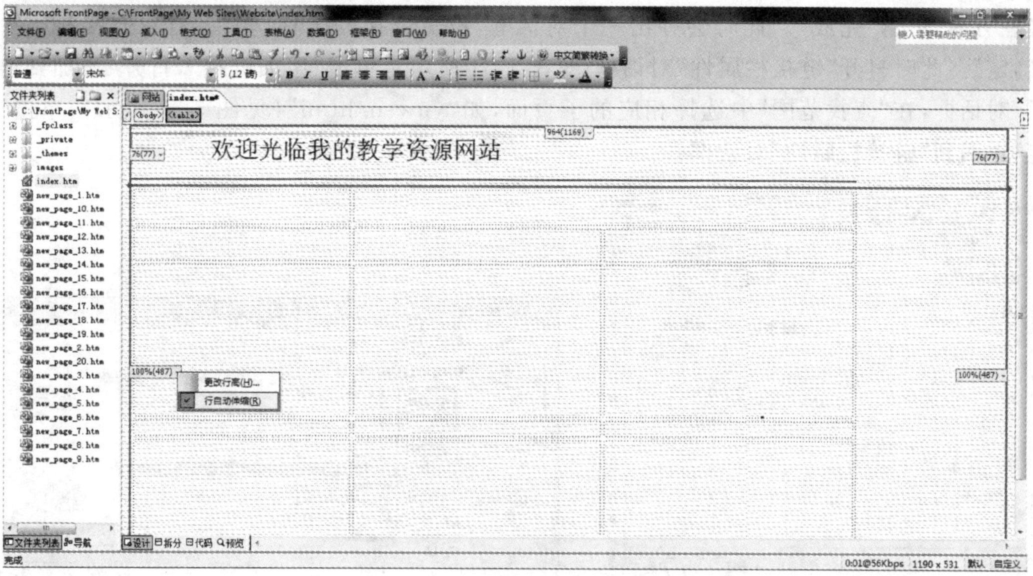

图 5-29　完成表格布局和插入表格后的网页

5. 插入链接栏

完成页面的布局后，在文件夹列表中，用一些有意义的名称重命名所有子页面，以区别各页面，方便后面的工作。返回到主页，可以开始插入主页的链接栏了，操作如下：

(1)打开主页，将光标置于表格布局的第二行右边单元格，执行“插入”→“导航”，打开“插入 Web 组件”对话框，如图 5-30 所示。

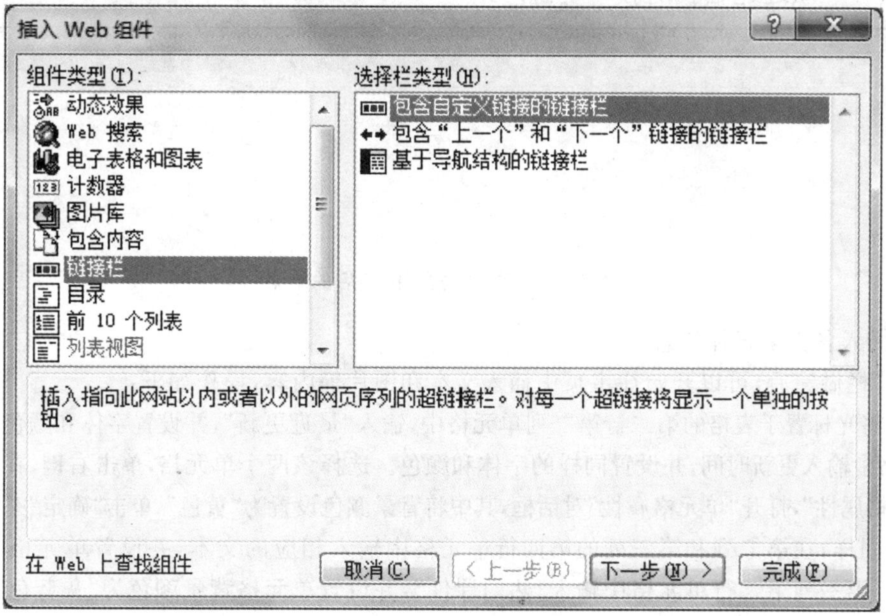

图 5-30　“插入 Web 组件”对话框

(2)选中“链接栏”,单击“下一步”,选择“彩条”链接栏的样式,单击下一步,选择横向的链接栏方向,单击“完成”。此时会弹出一个对话框,设置链接的名称,输入“首页链接栏”,单击“确定”。此时打开“链接栏属性”对话框(见图 5-31 所示),单击“添加链接”,打开“添加到链接栏”对话框,在“查找范围”中选择相应的子页面,如“yuwen. html”(见图 5-32 所示),单击“确定”返回到“链接栏属性”对话框。

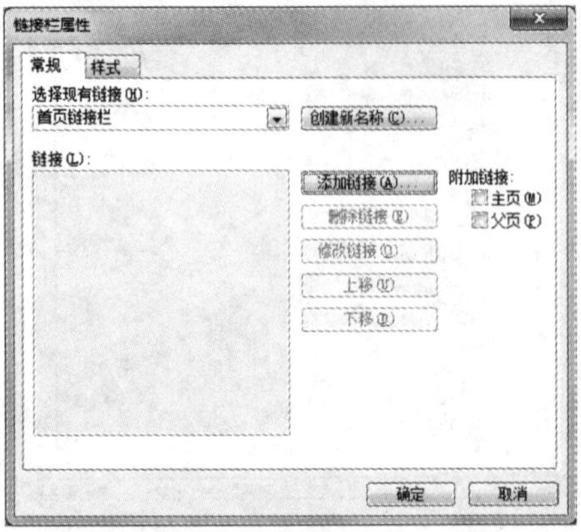

图 5-31 “链接栏属性”对话框

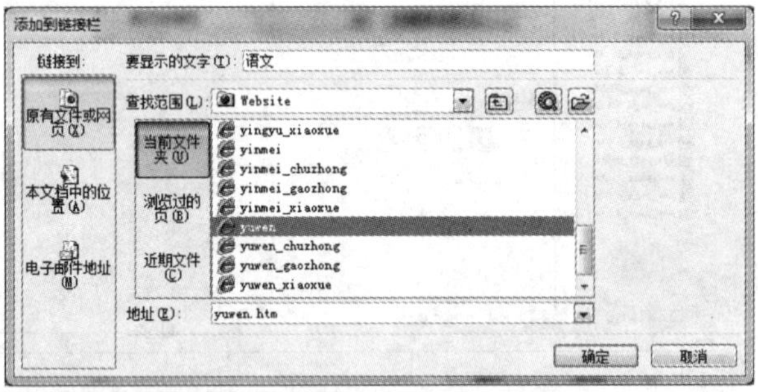

图 5-32 “添加到链接栏”对话框

此时,在“链接”区域里多了一个“语文”的链接,添加好所有的链接后,单击“确定”后,完成一个链接栏的插入,如图 5-33 所示。

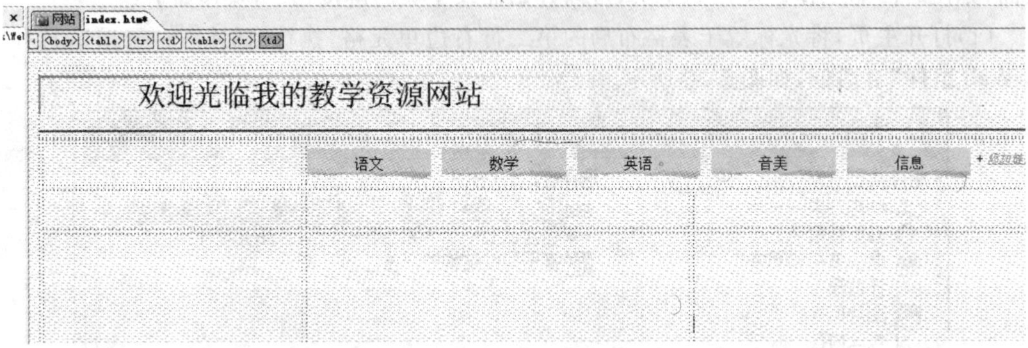

图 5-33 添加“语文”链接后的结果

6. 插入各类多媒体信息

链接栏做完后,可以开始往主页中插入文本和图片等内容,操作如下:

(1)将光标置于表格的第二行第二列单元格中,输入“最近更新”,并设置字体和颜色。在右边的单元格中输入更新时间,并设置同样的字体和颜色。选择该两个单元格,单击右键,在菜单中选择“单元格属性”,打开“单元格属性”对话框,其中将背景颜色设置为“黄色”,单击“确定”完成。

(2)同样,在第二列和第三列的第四行单元格中输入相应的文本,并设置单元格背景颜色和字体。第一列第二行单元格中输入“热门课件”,并设置单元格背景颜色为“灰蓝色”,字体颜色为“白色”。完成后如图 5-34 所示。

(3)各部分的标题输入好了。在第三行第二列的单元格中,输入最近更新课件的标题,并在每个标题前面插入一个符号,作为项目列表符号。在第五行第二列的单元格中,输入各类课

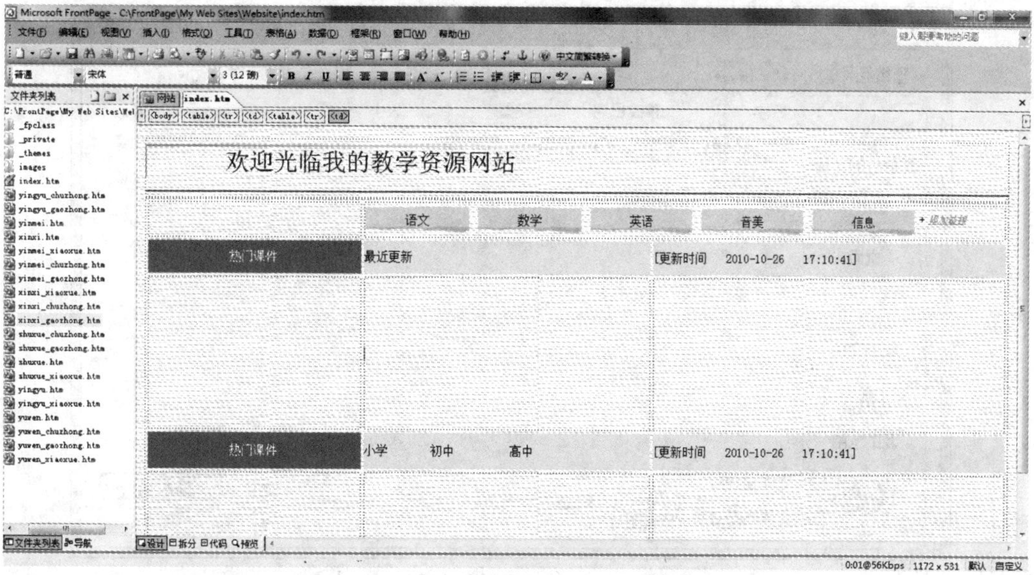

图 5-34　单元格属性设置后的效果

件的标题，并在每个标题前面插入一个符号，作为项目列表符号。

(4)添加完成后给每个课件标题设置超级链接到相应的子网页中。具体设置操作：选择最近更新课件“DNA 的复制及蛋白质的合成”的标题文字，右击打开快捷菜单，选择“超级链接属性”，打开“超级链接”对话框(见图 5-35 所示)，选择要链接的网页，单击“确定”即可完成超级链接的设置。

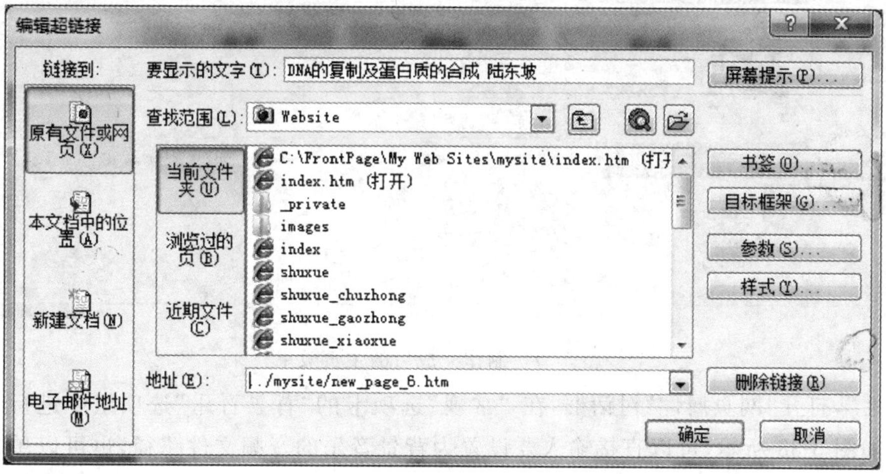

图 5-35　“超级链接”对话框

(5)插入图片。在“热门课件”下面的两个单元格中，插入新闻标题和部分新闻图片。执行“插入”→“图片”→“来自文件”，打开“图片”对话框，选择需要插入的图片(见图 5-36 所示)，单击“插入”即可完成图片的插入。

将单元格背景颜色设置为“淡蓝色”，为图片和新闻标题各设置相应的超级链接。这样，主页的制作就完成了，完成后如图 5-37 所示。

(6)加入背景音乐及各种效果。在主页的设计视图中右击鼠标，在弹出的快捷菜单中选择

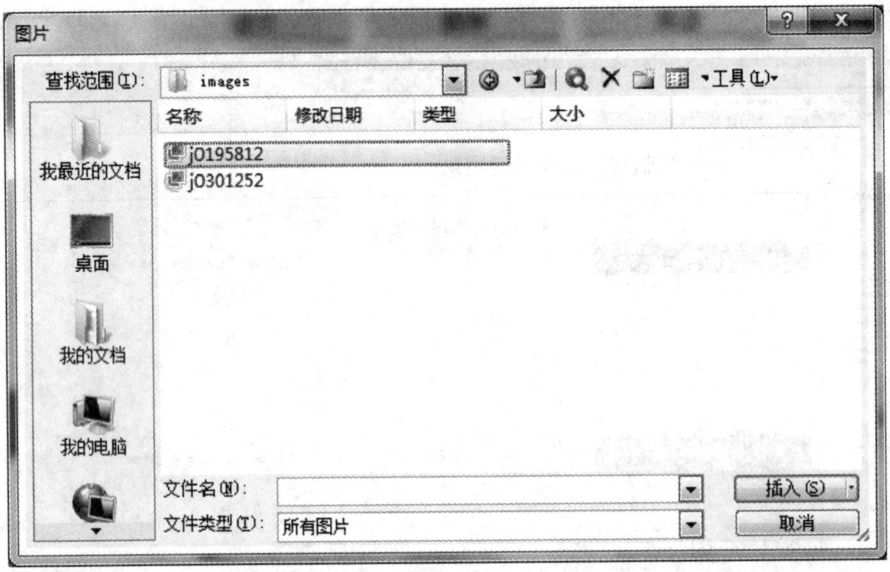

图 5-36 “图片”对话框

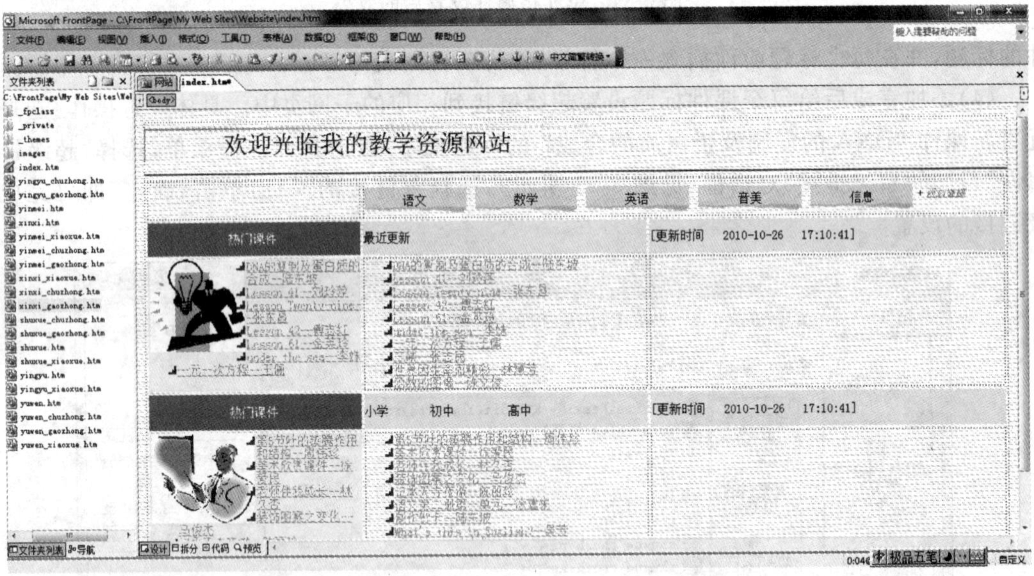

图 5-37 制作完成后的主页效果

“网页属性”，打开“网页属性”对话框，在“常规”选项卡的“背景音乐”选项组中进行音频文件的选择，如图 5-38 所示，可以直接输入要设置为背景音乐的音频文件路径，也可以单击“浏览”按钮，在文件中查找到想要插入网页中的音乐文件。选定文件位置后，单击“确定”按钮，即可将音频文件插入到网页中成为网页的背景音乐。

在“循环次数”微调框中进行循环次数的选择，若选择“不限次数”那么在打开网页进行浏览时背景音乐将反复进行播放，若不需要背景音乐反复播放，可以在循环次数栏中输入要进行循环的次数，设置完成后单击“确定”按钮将背景音乐的设置实施到网页中。

7. 发布网站

主页制作好以后，把各个链接的子页面也制作好。由于篇幅的原因，子页面的制作就不在

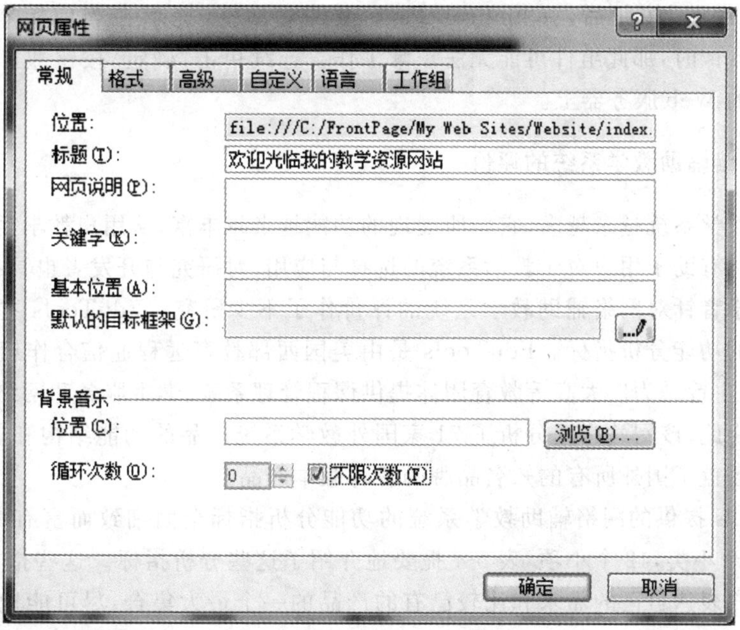

图5-38 “网页属性”对话框

这里介绍。整个网站页面制作完毕后,可以将做好的网站发布到Web服务器上。操作如下:

(1)选择已做好的网站,执行“文件”→“发布网站”,在“远程网站属性”对话框中选择“FrontPage或SharePoint Services(P)”单选按钮,并单击“浏览”按钮输入要发布的网址,单击“确定”按钮,如图5-39所示。

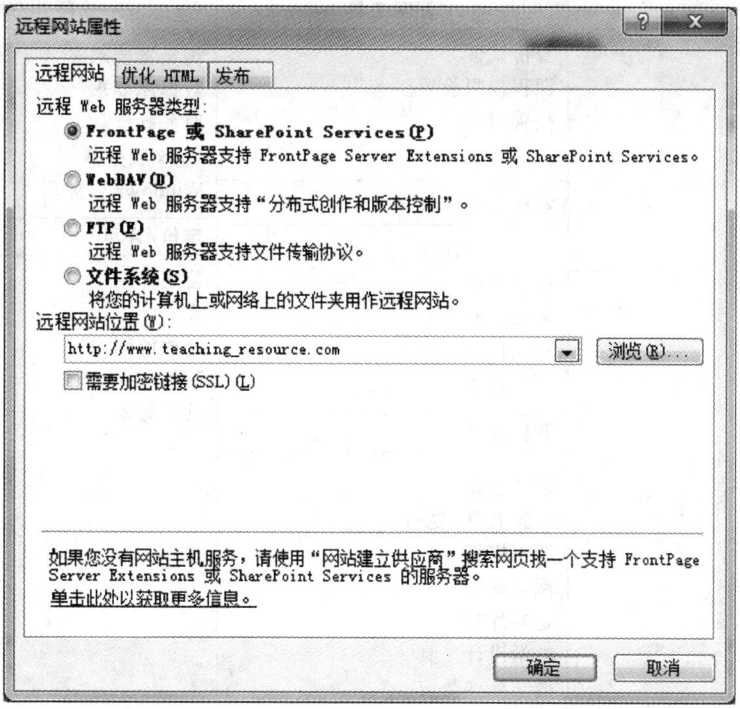

图5-39 “远程网站属性”对话框

(2)单击“确定”按钮后，弹出 FrontPage 组件对话框，提示在当前版本的 FrontPage Server Extensions 时，那此组件可能无法正常工作。连续单击“确定”按钮即可将自己的网站发布到已申请的 Web 服务器上。

5.3.4 网络辅助教学系统的评价

网络辅助教学系统越来越多，它们所展现的功能越来越丰富，从用户教学需求的角度研究平台的评价指标有助于用户对于教学系统的选择与应用，对研究与开发者也具有借鉴价值。

国内一些学者针对网络辅助教学系统的评价作了不少研究。EduTools 主要从用户的角度提出了平台的功能分析指标。EduTools 是由美国西部教育远程通信合作组织（WCET）维护发布的网站，主旨是为广大高等教育团体提供课程管理系统、学生服务和网络学习策略选择的决策支持。为此，该网站广泛分析了 71 家国外教学系统产品的功能结构和软硬件配置，涉及的产品几乎涵盖了国外所有的知名品牌的各种版本产品。

由 EduTools 提供的网络辅助教学系统的功能分析指标全面细致而富有典型意义，主要分三个大类，8 个小类，42 个小项，表 5-4 扼要地介绍了这些分析指标。这些指标是 EduTools 作出的指导用户表达自己的需求和比较已有的产品的一个最大集合，尽可能地涵盖了网络辅助教学系统工具的各个功能模块。实际开发中，并非一个功能指标完整的产品就是一个功能最强大以及最实用的产品。功能完整性只是教学系统开发的一个方面，还要兼顾对各种教学方式的支持，对使用方便的考虑，以及技术实现的效率。

表 5-4 EduTools 的 42 项功能分析指标

学习者工具	支持工具	技术说明
交流工具	**管理工具**	**硬件/软件**
讨论区 文件交换 课程内邮件 在线日志/笔记 实时聊天 视频服务 电子白板	身份认证 课程权限设置 托管服务 注册系统	浏览器要求 数据库要求 服务软件 Unix 服务器 Windows 服务器
效能工具	**课程发布工具**	**定价/许可**
书签 日历/任务检查 导航和帮助 课内检索 异步/同步	自动测试评分 课程管理 教师帮助 在线打分工具 学生跟踪	公司介绍 成本 开放源码 附加产品 软件版本
学生参与工具	**课程设计**	
分组 自评 学生社区 学生档案	辅助功能 内容共享/复用 课程模板 课组管理 定制外观 教学设计工具 教学标准兼容	

结合笔者对平台的考察分析和实践研究，从系统构建者的角度初步分析得到的平台的完整性功能元件应该包括：

(1)课程教学类：包括课程设计导向、课程模版、课程通知、教学目标、教学课件、参考材料、教学设计和教学组织以及用户权限设置等。

(2)互动支持类：包括讨论区、聊天室、博客、在线消息、邮箱、教学分组和主题教学等。

(3)学习工具类：包括导向栏、书签、作业提交批改、答疑系统、在线自测、在线帮助、教师助手、学生助手、自动指导等。

(4)跟踪评价类：包括用户信息跟踪、分析报告、指导意见、问卷调查等。

(5)用户空间类：包括日历/安排、个人资源、个人信息维护、个人主页等。

(6)虚拟社区类：包括班级主页、论坛等。

(7)教务管理类：包括用户管理、课程管理等。

§5.4　网络教学趋势

网络教学源于计算机教学，因其信息及时、师生分离的特点而特别适合高素质(技术)人才的批量培训。至今为止共出现过四类计算机教学模式：①由主机和众多学习终端组成的主机模式；②以磁盘、CD-ROM、DVD等数字产品为载体的发布模式；③利用组织内部网络，结合企业内知识库进行学习的内部网络模式；④使用互联网进行在线学习的互联网模式。总体模式变化方向正由低技术向高技术、由低互动向高互动发展。目前，计算机教学普遍采用的是使用互联网交互模式的网络教学。

全球范围内，网络教学正在迅速普及。在北美和欧洲等发达地区，网络教学的市场份额已占到很大比例，美国就有超过90%的高等学府在使用网络开展教育。不少发展中国家和第三世界国家正迅速赶上，如印度大学中，开设网络教学课程的比例也已占到54% 以上。据国际数据公司(IDC)的估计，借助网络教学的员工培训正以每年83%的速度飞快发展，将占到企业总训练量的40%。另据美国培训与发展协会(ASTD)预测，到2010年，雇员人数超过500人的公司中90%都将采用网络学习系统进行培训。在我国，网络教学市场同样呈现出飞速发展的态势，逐渐被人们广泛接受。

网络教学的迅速发展和它的实用高效是分不开的。在线学习的积极倡导者IBM就成功地通过建立网络学习系统把经理人的管理训练成本压缩为原来的一半，由2500000美元骤降为1090000美元。网络教学以低平均成本的巨大优势和规模效应正在引领未来教育培训的大方向。

目前，国际上最新型的网络教学采用了在线和离线相结合的模式，这种新模式果断放弃了“永久在线”的设计模式，采用非同步更新的方式将完整的课程下载到用户机器上，不但使用户获得了流畅的多媒体体验，而且真正实现了“任何时间，任何地点”学习的梦想。例如在出差旅途中、或者偏远地区等网络条件不齐备的时候，都可以轻松地打开笔记本电脑进行移动学习。这种全新模式的网络教学被称作“mLearning”(移动式教学)。

最新的mLearning在功能上有了很大的提升。传统的电子学习方式在课件开发上过多地依赖技术，不但耗费资金，而且占用较长的课件开发周期，新型的mLearning提供了电子课程开发编辑器，课程作者可以灵活便捷地将电子素材直接制作成丰富多彩的电子课件。mLearning 新增的许多功能支持各种形式的教学互动，从而突破了传统电子学习过程中仅强调以学员自学为主的不足。教学管理功能更是让每一位培训管理者能够实时跟踪整个培训过程，并通过多角度的报表统计图直观地了解学员的培训成绩、学习时间以及培训师的教学质量。mLearning 提供的这些强大功能，已经能够支持从学员自学、教师辅导到教师面授的所有教学形式。

值得一提的是，更新的趋势是将新型的 mLearning 学习系统和 SaaS(Software as a Service)运营模式相结合，实现先进技术与先进服务的统一。此举意味着服务供应商为企业搭建所需要的全部网络基础设施及软件、硬件运作平台，并负责所有前期的实施、后期的维护等一系列服务。企业无需购买软硬件、建设机房或者增加 IT 人员，只需前期支付一次性的项目实施费和定期的软件租赁服务费，即可享用信息系统。优质的 SaaS 运营商还在系统设计和服务两方面提供完善的信息安全解决方案，防止电子课件的知识产权或者商业机密受到侵害。

习 题

1. 简述网络辅助教学系统经历了哪四个发展阶段。
2. 简述网络教学的优势。
3. 简述网络教学的基本模式。
4. 简述网络教学资源的现状。
5. 如何进行网络教学资源的获取。
6. 搜索工具的语法规则中“+”号及“-”号的意义？
7. 简述网络资源的下载和保存。
8. 如何对网上信息资源进行评价？
9. 了解学校的教学网站，试着对其进行分析，完成小组实验。

（清华大学教育技术研究所、杭州师范大学研究生胡海鸥对本章节的编写提供了极大的帮助和支持，特此表示感谢。）

第 6 章

多媒体课件制作实例

多媒体课件是承载着知识信息与教学策略的应用软件。掌握多媒体教学的设计与制作的方法与技巧是教师能得心应手地实施多媒体教学的关键。多媒体课件写作工具有很多,具有各自的特点与优势。课件制作者可以根据课件的编写特点选用之。

本章介绍 PowerPoint、Flash、FrontPage 三款常见多媒体写作工具的基本应用方法,并通过制作实例讲解演示型、动画型以及网页型多媒体课件的设计制作方法与技巧。

本章学习要求:

- 掌握运用 PowerPoint 进行多媒体课件制作的基本技术,能够独立完成 PPT 课件制作
- 掌握运用 Flash 进行多媒体课件制作的基本方法和技术,能够独立完成基于 Flash 的课件制作
- 了解基于网页的多媒体课件编制的一般方法,能够编写简单的网页课件

§6.1 演示型多媒体课件制作实例

6.1.1 PowerPoint 的基本操作

PowerPoint 是目前课堂演示型多媒体课件制作的主要工具,本小节主要介绍与多媒体课件制作相关的基本操作。

6.1.1.1 新建演示文稿的方式

在 PowerPoint 中编制的课件文件通常称之为演示文稿。在 PowerPoint 中新建课件文件采用如下几种方法:

(1)利用“内容提示向导”创建:直接采用包含文稿建议内容和模板设计的演示文稿。

(2)根据“设计模板”创建:采用设计模板,但不包含文稿内容。

(3)从空白幻灯片创建:建立不包含设计模板及文本内容的空白演示文稿。

(4)导入大纲创建:从现有文本文件或 Word 文档导入创建演示文稿。

6.1.1.2 PowerPoint 课件文件的保存格式

1. 保存

PowerPoint 制作的课件保存为文件时，默认的保存格式为 PowerPoint 演示文稿(ppt)。在保存对话框中选择“保存类型”下拉框中可选择其他文件类型，可保存的几种文件类型如表 6-1 中所示。

表 6-1 PowerPoint 保存的文件格式

文件类型	文件扩展名	文件图标	特点
PowerPoint 演示文稿	ppt		双击图标打开时进入编辑状态。
PowerPoint 设计模板	pot		包含配色方案、幻灯片和标题母版的设计，可被应用于演示文稿的外观。
PowerPoint 幻灯片放映	pps		双击图标打开时进入放映状态。
Web 页	htm;html		可在网上发布或在浏览器中阅览，可提取素材文件。
程序文件	exe		双击图标进入放映状态，不可编辑。

2. 打包

打包是将演示文稿及所需的所有文件(链接的文件)和字体保存在一起，如果要在没有安装 PowerPoint 的计算机上观看，打包向导也能将 PowerPoint 播放器一起打包。

(1)打包演示文稿：执行“文件”菜单下的“打包成 CD”命令，在出现“打包”向导(如图 6-1 所示)设置完成打包。打包后的文件包含了课件中插入的外部文件以及 exe 与 ppt 的文件。

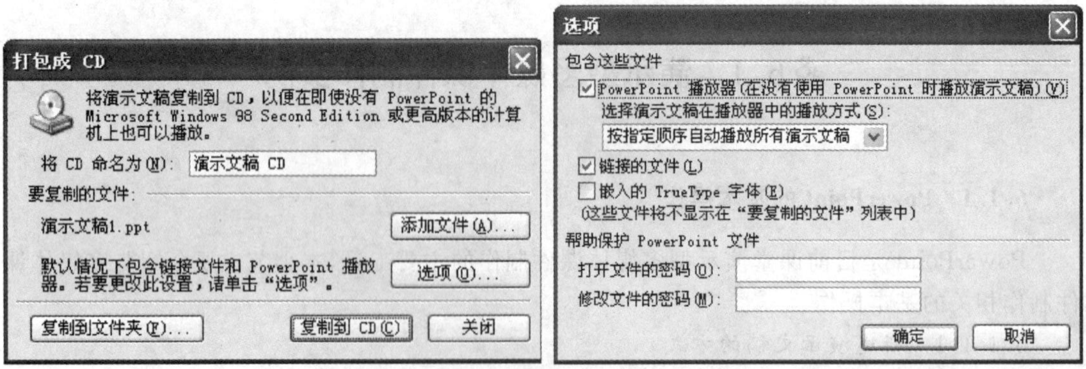

图 6-1 “打包”向导

(2)解开“打包”的演示文稿：在课件运行的计算机上双击演示文稿的“打包”的解包安装程序，输入演示文稿复制位置完成解包。其中有 exe 文件用于 ppt 文件的播放。

3. 生成可加密的程序文件

用“PPT 文件打包加密器”应用程序将 PowerPoint 课件生成为可执行程序文件，使得在脱离 Office 的环境中运行，见图 6-2 所示。

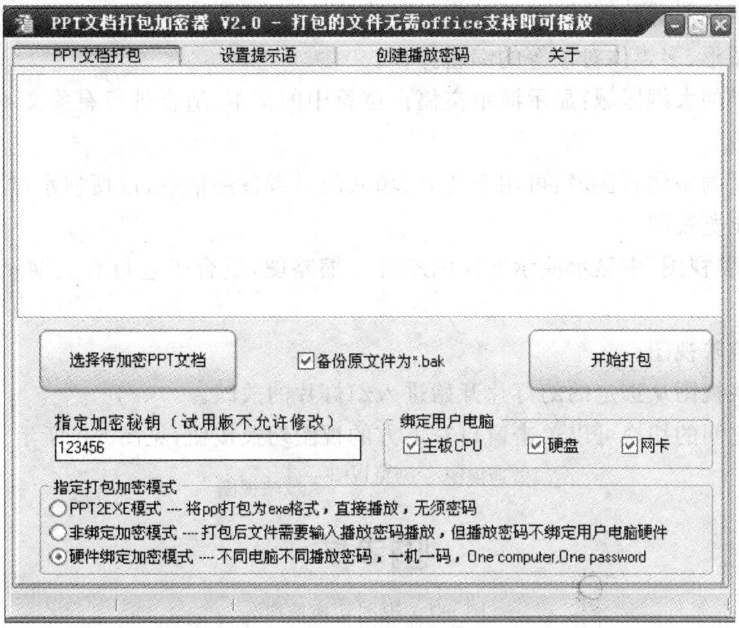

图 6-2 PPT 文件打包加密器向导

4. 插入或链接的外部文件保存

PowerPoint 课件制作完成后常常要在其他计算机上播放，如果将课件文件复制到另一台计算机上时会出现无法播放插入或链接的声音、视频等外部文件的情形。这是由于课件中插入或链接的声音、视频等文件并没有成为 PowerPoint 内部文件。当更改了文件目录后 PowerPoint 课件则就无法调用这些文件了。为了使课件能正常播放，采取的方法是：

(1)制作课件时先将需插入或链接的文件与课件保存在同一目录下，然后再被插入或链接，此时课件中记录的就是该链接路径。

(2)将该目录文件一并复制粘贴到另一台计算机上播放。

6.1.1.3 PowerPoint 的视图类型

在 PowerPoint 2000 以上的版本主要有普通、浏览、放映 3 种视图，其中"普通视图"将窗口分成大纲、备注、幻灯片三个区域，可在三个区域做相应编辑操作。针对不同的操作可选择其中最合适的视图方式。或执行"视图"菜单下的"普通"、"幻灯片浏览"、"幻灯片放映"、"备注页"的命令，见图 6-3 所示。

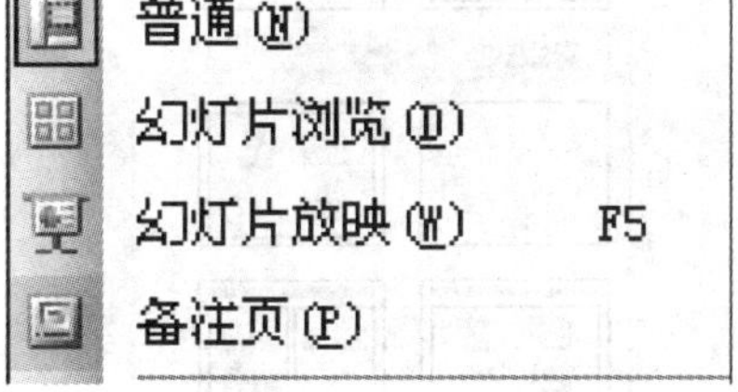

图 6-3 "视图"菜单下视图切换命令

1. 普通视图

“普通视图”的幻灯片区域:显示单张幻灯片的内容,适合于进行有关演示文稿的单张幻灯片文本、图像、图形、多媒体对象等的编辑操作。

“普通视图”的大纲区域:显示演示文稿占位符中的文本,适合进行有关文本内容及文本结构的编辑操作。

“普通视图”的备注页区域:可用于建立、输入演讲者备注信息,以便演示过程调用。

2. 幻灯片浏览视图

“幻灯片浏览视图”中显示演示文稿的幻灯片缩略图,适合于进行有关演示文稿结构布局的编辑操作。

3. 幻灯片放映视图

幻灯片放映视图从选定的幻灯片开始进入幻灯片的放映。

不同视图之间的切换可以单击窗口左下方的视图切换按钮,见图 6-4 所示。

图 6-4 视图切换按钮

6.1.1.4 幻灯片版式及占位符

1. 版式

从空白幻灯片创建演示文稿或添加新幻灯片时,出现新幻灯片版式对话框,其中列出带有不同占位符的版式,可单击选择。也可执行“格式”菜单下“幻灯片版式”,对当前或全部幻灯片重新应用其他版式,见如图 6-5 所示。

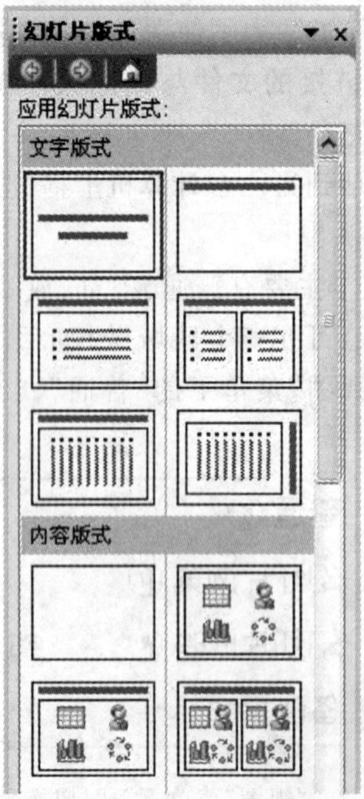

图 6-5 幻灯片版式对话框

2. 占位符

占位符是指创建的新幻灯片上出现的虚线方框，用以作为一些对象（标题、文本、图标、表格、组织结构图、剪贴画、多媒体对象等）输入的区域，单击可添加文本，双击可添加指定对象，见图 6-6 所示。

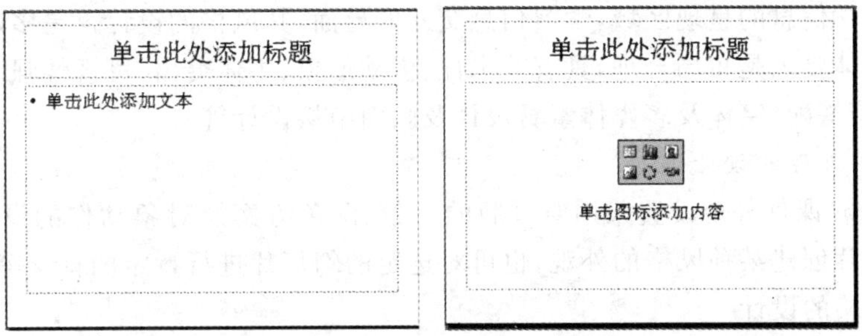

图 6-6　占位符

6.1.1.5　幻灯片的母版与模板

1. 母版

幻灯片的母版定义了整个演示文稿的幻灯片页面格式（文本风格、项目符号、页眉页脚文本）及外观（背景、对象及动作等），对其进行更改将影响基于该母版的所有幻灯片样式。

幻灯片的母版有：幻灯片母版、标题幻灯片母版、讲义母版、备注母版（见表 6-2）。

表 6-2　幻灯片母版类型

母版	对应幻灯片	进入母版方法："视图"菜单下子菜单"母版"
幻灯片母版	除标题版式之外所有版式的幻灯片	"幻灯片母版"命令
标题幻灯片母版	标题版式的幻灯片	若已存在标题幻灯片，执行"标题幻灯片母版"命令；否则选择"幻灯片母版"命令后选择"插入"菜单下"新标题幻灯片"命令
讲义母版	演示文稿所有幻灯片的讲义显示方式	"讲义母版"命令
备注母版	所有幻灯片的备注文本区	"备注母版"命令

2. 设计模板

设计模板包含配色方案、具有自定义风格的幻灯片及标题母版以及对象动作的设置等。设计模板应用到演示文稿时，该模板定义的母版和配色方案将取代原演示文稿的母版和配色方案。标题版式的幻灯片对应于标题母版，其余版式的幻灯片对应于幻灯片母版。通常可用标题母版设置封面幻灯片风格，其余幻灯片采用幻灯片母版的风格。

(1)应用设计模板。PowerPoint 提供了各种专业的设计模板，在一个演示文稿中可应用多个模板。执行"格式"菜单下"幻灯片设计"命令，在"幻灯片设计"任务窗格下选择"设计模板"选项，在选框中选定某一设计模板应用于选中的要更改模板的幻灯片。

(2)制作设计模板。新建演示文稿后，在"幻灯片母版"以及"标题母版"中设计背景、风格与对象动作等，为母版创设了特殊的外观。并在格式菜单下执行“幻灯片设计”命令，选择配色方案选项进行设置，将其保存为文件名后缀为.pot的设计模板。

6.1.2 课件屏幕风格设计

屏幕是教学信息的呈现区域，学习信息交互的界面，其风格的设计也是多媒体课件设计的重要环节。总体要求是布局合理，具有艺术性、生动形象、主体突出、可视性强。主要包括版面布局设计、色彩搭配、字体及多媒体素材设计及画面组接设计等。

6.1.2.1 外观的设计

PowerPoint课件外观设置采用对母版的背景、配色方案及对象动作的设计，为所有该演示文稿的幻灯片创建某种风格的外观，也可对选定的幻灯片进行特定的背景等外观设置。

1. 背景风格的设计

(1)背景的设置。背景及配色方案设定可对所有幻灯片，也可对当前所选幻灯片进行；可在幻灯片视图，也可在幻灯片浏览视图中设置；也可在幻灯片母版或标题母版中设置，当两种母版都应用该设置时，设置完成确定时选择“全部应用”，只在当前母版中应用则选择“应用”。

执行“格式”菜单下“背景”命令，在出现的背景选择对话框(如图6-7所示)为所选幻灯片(设置完成选择“应用”后确定)或整个演示文稿(设置完成选择“全部应用”后确定)设置背景颜色或效果。

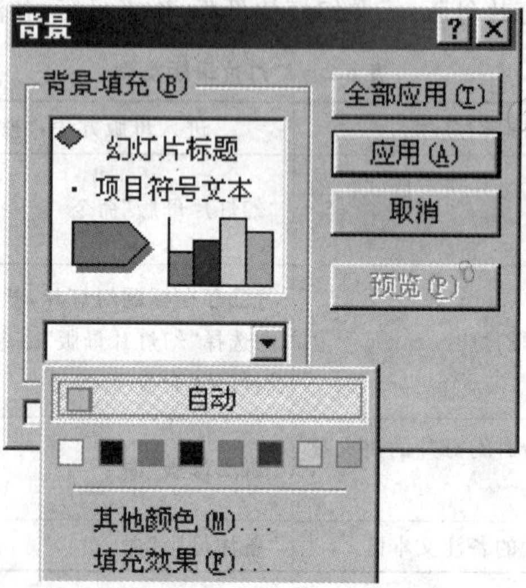

图6-7 背景选择对话框

(2)配色方案。执行“格式”菜单下“幻灯片设计”命令，在“幻灯片设计”任务窗格下选择“配色方案”，在出现的配色方案选择对话框(如图6-8所示)为所选幻灯片(设置完成选择“应用”后确定)或整个演示文稿(设置完成确定时选择“全部应用”后确定)应用“标准”选项卡中的配色方案或自定义配色方案。

(3)背景的艺术性。课件显示的屏幕背景经常用于烘托、陪衬、美化的作用，既要保证呈现的内含信息清晰又不能过于抢眼而喧宾夺主。

对于烘托主体而又独立于主体的背景，通常其上有与被烘托对象相应的内容，这些内容的设计与构思应符合学习者的视觉习惯，背景内容应与烘托的内容形成主从呼应关系，切忌背景

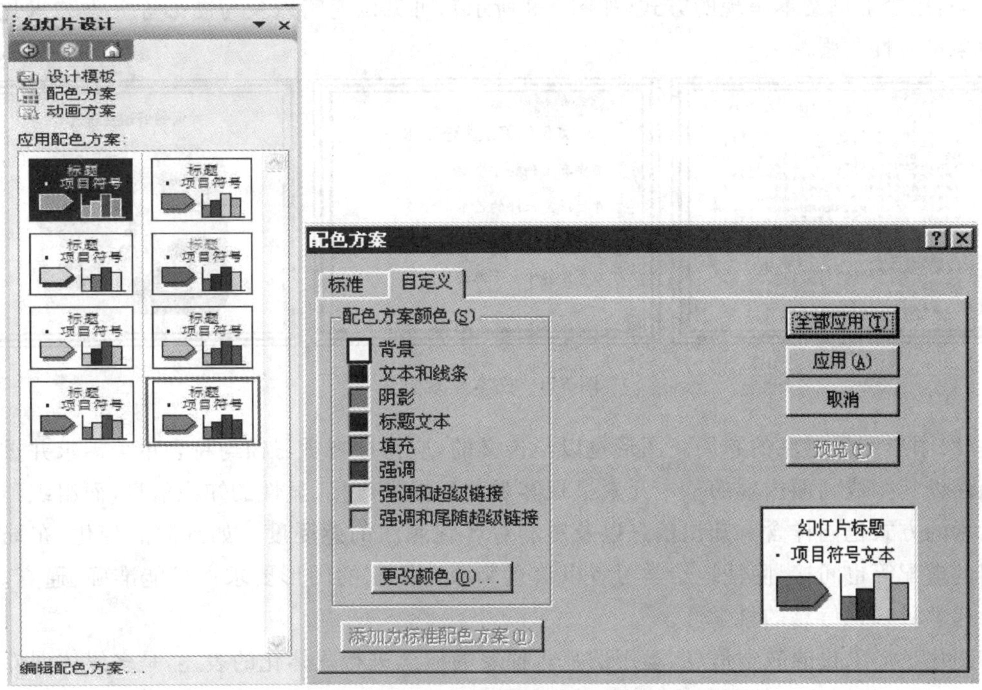

图 6-8　配色方案选择对话框

内容对学习者认知主题产生误导或转移了学习者的注意力。

对于由主题演绎出来的背景可以根据人们的视觉经验与心理效应进行设计与构思。如通过形体与边框大小关系来显示画面空间的辽阔与拥挤;通过背景图案与边框的位置关系拓宽画面的视野;通过边框的制约表征方向性等。

2.多媒体信息呈现的艺术性

(1)文字的布局与色彩的搭配。文字是教育信息传递最常用与最基本的媒介,文字的优势在于表意准确和给人以想象的空间,可用于对定义、概念、法律条文等逻辑性严密的表述,也可应用文字描述激发人的思维想象的空间。可在图形、图像力所不能及的场合起到画龙点睛之作用。如对地图的地名标注,对仪器挂图的旋钮、开关等部件的文字注解等。

由于多媒体课件内容是在有限的屏幕窗口呈现,因此在课件中文本应注意体现易读性、适配性、艺术性的特点,通常宜采用提纲,甚至配以图形、图像、声音、运动画面、关键词等形式进行表述。文字的大小与行距要适当,使得主题内容醒目,切忌通篇文字的布局。

文本的表现力还受制于字号、行间距、字形、字间距等元素的影响。标题的字号一般大于正文文本。文本内容较多时采用小字号文本,在一个屏幕上显示整体性强,但有时由于密度过高会影响阅读。在一个画面中也应尽可能保持字号的一致性,以免眼花缭乱。过密的行间距离容易使得上下文之间相互干扰;反之,间距过大又会破坏各行文本内容的连续性,一般字号与行间距的比例以 4∶5 为宜。

要注意背景与文字的反差,常见的以浅色为背景配以深色文字(黑、红、蓝色)或以深色为背景配以浅色文字(白、黄色)的配色方案。如果以图片作为背景要注意文字与图片内容的协调以及图片色彩与文字的反差。

如：比较下例文本呈现的方式（如图 6-9 所示），可见以简略以及与图形等元素艺术化处理的效果可视性更强。

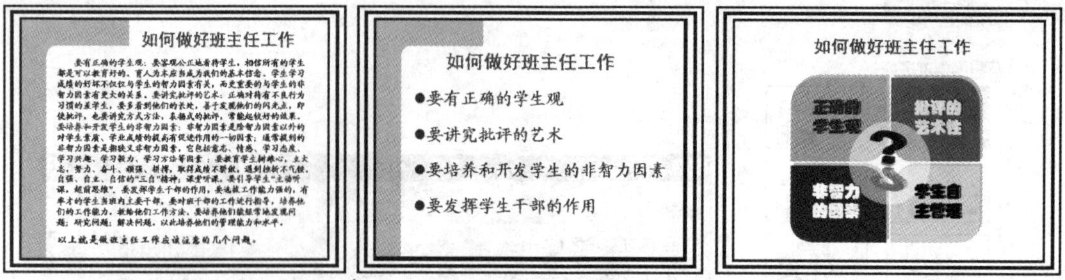

图 6-9　文本呈现方式

(2)图形图像对象的布局。图形是以形传义的，应符合视觉习惯与符合审美需求并重。图形画面以其构成画面内容的基本元素呈现客观刺激提供直接、显性的知识信息，而组织画面基本元素的方式也同样含有知识信息以及影响对客观刺激的感受度。如画面的变化、布局和相互间的搭配等也间接、隐性地给学习者以信息刺激。绘制的图形要求尽可能准确、逼真，以保证传递学科知识信息的科学性。

图片是形象化的教学信息，运用图片将抽象的概念进行具体化的表述，是多媒体课件的重要要素，其在幻灯片中的布局直接影响了视觉效果。要注意图片背景以及大小位置与幻灯片背景的协调。对于呈现真实情境的图片要求取用时尽可能突出主题，展示重点与亮点。

(3)整体性与简洁性。课件的视觉界面应该具有整体性，既要求有鲜明生动的界面风格去增强视觉效果，又应该避免过于丰富的色彩以及多变的界面使人感觉眼花缭乱。常见的有对比、均衡、变化等艺术处理手法。

对比是指将同类视觉要素中的差异进行比较，形成视觉差的美。在教学课件中采用对比的方法可以提高对画面内容的注目性从而深化认知和巩固记忆。对比可用于主题与背景、各形体以及形体内各部位之间，比如大小、疏密、曲直、明暗、形状等的对比。

均衡是指维持实（虚）形态的“量感”在画面上的均衡，形成一种视觉上平衡的美。画面均衡感是人们视觉心理的需求。如人们的视觉习惯在画面几何中心偏上一些的位置，一般将标题以及需突出重点的内容安排于该视觉中心的位置。画面的均衡有量感上的均衡、对称均衡、内容呼应等。

变化是指用统一的规则作为变化的“度”，形成一种视觉构图的美。为避免构图形式或画面布局过于单调、死板而增添的一些变异。但变化要遵循一定的艺术规则，有规律的变化才能显示出有序与和谐。

6.1.2.2　导航与交互界面的设计

演示型课件的人机交互设计是结构教学信息或引导学生自学的一个重要环节。多媒体课件中能进行人机交互作用的有菜单、图标、按钮、文字热区等，这种含有链接信息的提示符我们称其为导航信息。导航信息应该直观、醒目、美观，在一个课件中有统一的风格，以便教师与学生交互控制，而不至于迷航。交互界面的设计要求方便操作，还应具有一致性、容错性。

1. 文本的超级链接设置

(1)选择文本设置超级链接，文本颜色会发生改变并且出现下划线，可以在配色方案中“强调文字与超链接”与“强调文字和已访问的超链接”，重新设置该文本颜色。

（2）为避免下划线，不直接设置文本而将文本置于自定义文本框后再对文本框进行链接设置。可用文本建立目录或菜单，也可设置为热字。

（3）直接输入网址自动与网页建立链接。

以上三种不同设置效果如图 6-10 所示：

图 6-10　文本超级链接效果

2. 图标的超级链接设置

图形、图像对象也可以设置超级链接，一个对象只能设置一个链接，如果在一个图片上需要建立多个链接，可以采用方法如下：

（1）绘制一图形覆盖于图片上，选择它设置链接。效果如图 6-11 所示。

（2）将该图形设置为“无填充色”与“无线条色”，则图形区域就成为了不可见的链接热区。效果如图 6-12 所示。

在一个图像对象上可以用以上所述的方法分别设置多个超级链接。

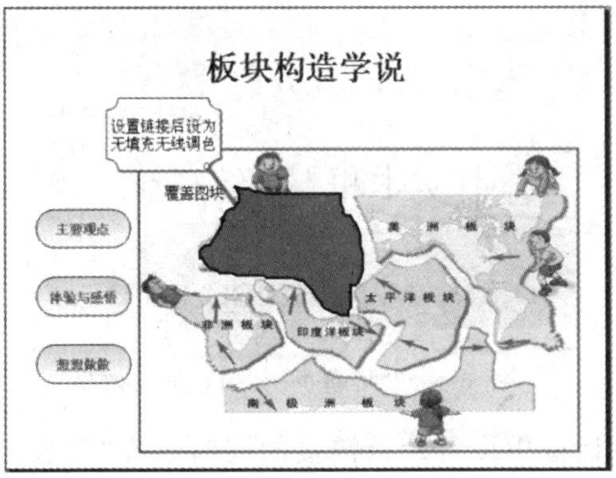

图 6-11　绘制图形覆盖于图片上设置链接

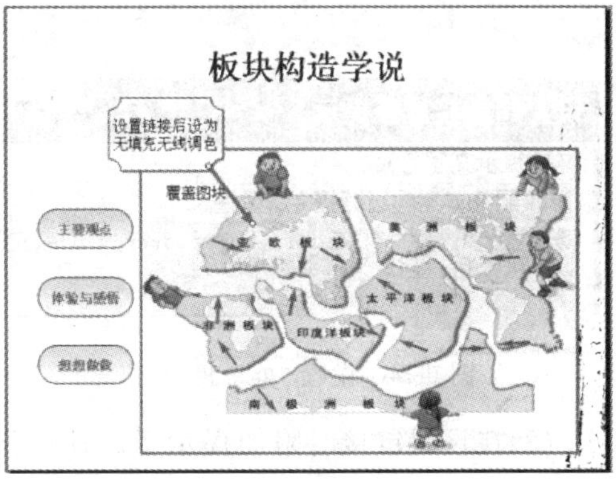

图 6-12　图形设置为“无填充色”与“无线条色”

3. 按钮的超级链接设置

PowerPoint 提供了已设置链接的动作按钮，可在绘图工具栏的“自选图形”或在“幻灯片放映”菜单下的“动作按钮”中选用。并可在格式菜单下调用“设置自选图形格式”对话框重新设置其外观。也可在“动作设置”对话框中重新设置链接。也可自制按钮或选择具有动画效果的图片作为按钮以增加可视性。

如图 6-13 所示，应用绘图工具栏的自选图形或在幻灯片放映菜单下的动作按钮设置超级链接控制课件播放。

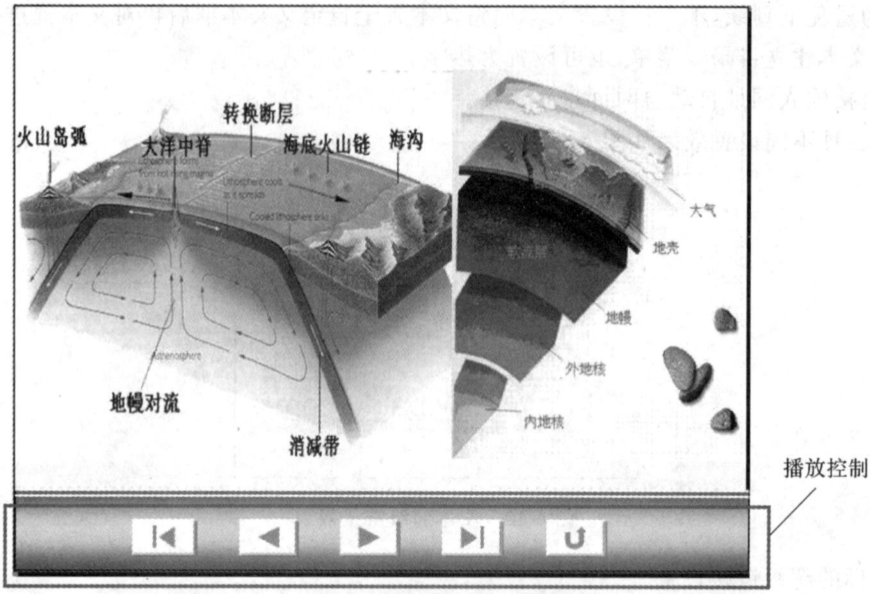

图 6-13 动作按钮设置超级链接

4.链接提示

为使课件播放操作具有可控性，导航的信息应该直接明了。但图形、图片作为链接时容易出现链接目标不能直接明示的缺点，为此通常具体做法是：

(1)在链接点添加文本框加入文字提示信息或在超级链接对话框(如图 6-14 所示)中设置“屏幕提示”信息，幻灯片上的显示效果如图 6-15 所示。

图 6-14 设置“屏幕提示”信息

图 6-15 “屏幕提示”信息显示效果

(2)在设置链接时附加提示音。在动作设置对话框中设置超级链接的同时选择“播放声音”，并在下拉框(如图 6-16 所示)中选择其他声音将提示音导入。

6.1.2.3 幻灯片的切换

1.幻灯片的切换设置

执行“幻灯片放映”菜单或快捷菜单下的“幻灯片切换”命令，在出现的对话框(如图 6-17 所示)上设置：

(1)切换效果。幻灯片的切换是指幻灯片放映时的转换。在效果下拉表中选择切换效果(同时可预览)及声音，应用于当前选定幻灯片选择“应用”确定，应用于演示文稿所有幻灯片则选择“全部应用”确定。

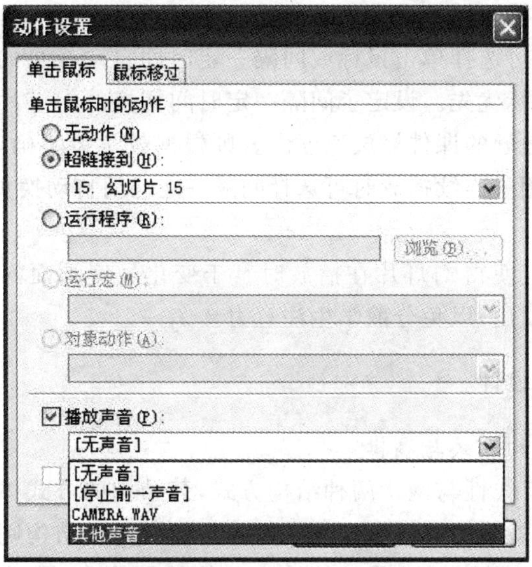

图 6-16　“动作设置”对话框中“播放声音”选项

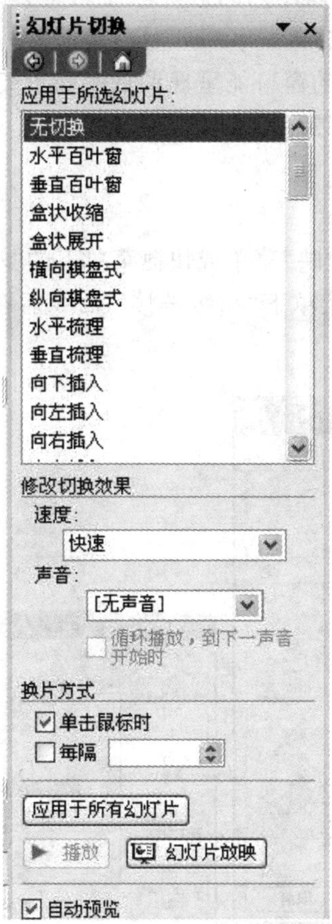

图 6-17　“幻灯片切换”对话框

也可在浏览视图工具栏设定切换效果。被设定了切换效果的幻灯片在其缩略图左下角有切换效果图标，可预览切换效果。

（2）切换方式。切换可选择单击鼠标或间隔一定时间自动换页的方式。同时选择了两种方式，则播放时以单击鼠标优先。设定了间隔一定时间切换的幻灯片在其缩略图左下角有定时图标。通常用于课堂教学的课件播放速度由教师根据教学策略确定播放速度，一般采用单击鼠标的切换方式。当用于连续播放时可选择间隔一定时间自动换页的方式。

2. 切换设置的原则

幻灯片的切换效果应使得幻灯片在播放时富于变化又使画面内容连贯流畅以增强可视性。切忌过多采用以及滥用，以免分散学生注意力。

6.1.3 课件结构的设计

6.1.3.1 课件的结构方式与编辑

演示型多媒体课件有线性与网状两种结构方式，其结构的方式体现了教学的策略。线性结构按照片序顺序播放，教学内容的呈现顺序是固定的。网状结构则可以通过超级链接的方式组织播放。网状结构的课件便于课堂教学中调整教学策略，同时也便于课件的修改。用PowerPoint编制的演示型课件可以序列幻灯片顺序结构方式呈现教学信息。也可以通过超级链接构建成网状的超媒体结构方式。

幻灯片浏览视图与大纲视图的窗口能呈现课件的所有幻灯片，在幻灯片浏览视图或大纲视图编辑课件的幻灯片页面顺序较为直观和方便。

6.1.3.2 超级链接

1. 超级链接的设置

设定链接点后执行“幻灯片放映”菜单或快捷菜单下的“动作设置”命令后在“动作设置”对话框（如图6-18所示）或“插入”菜单下“超级链接”命令后在对话框（如图6-19所示）设置超级链接。

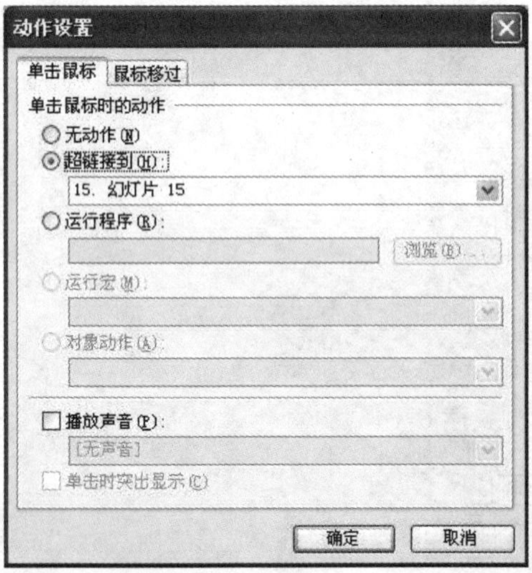

图6-18 “动作设置”对话框

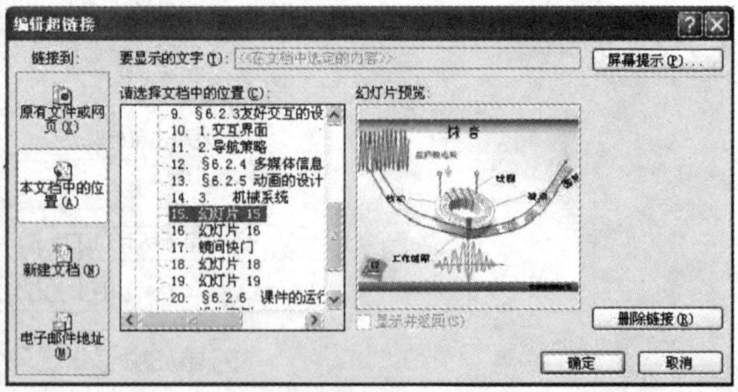

图6-19 “插入超级链接”对话框

2. 在本演示文稿内部幻灯片的超级链接

在"动作设置"对话框中激活超级链接选项，选择链接：

(1)"第一张"、"最后一张"、"上一张"、"下一张"：链接指向演示文稿中处于这些位置的幻灯片。通常可用于播放控制。

(2)"最近观看的幻灯片"：链接指向当前链接幻灯片之前放映的幻灯片。可用其在幻灯片之间建立调用与返回的链接关系。

(3)"幻灯片"：链接指向演示文稿中的某张幻灯片，其链接关系不因该张幻灯片在演示文稿中片序位置发生变化而改变。

(4)"自定义幻灯片"：执行"幻灯片放映"菜单或快捷菜单下的"自定义放映"命令在对话框(如图 6-20 所示)中将某张或多张幻灯片组合成一组自定义放映的幻灯片。

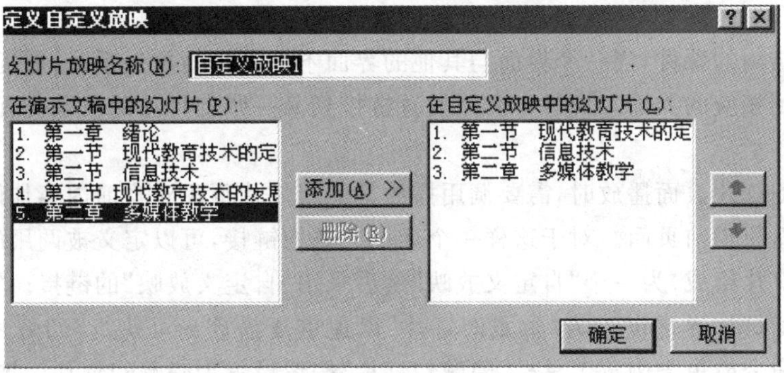

图 6-20　"自定义放映"对话框

链接指向"自定义放映"，在出现的"链接到自定义放映"对话框(如图 6-21 所示)选择链接对象，当选择"放映后返回"选项后，链接调用完成后将自动返回。此种链接对于信息的调用十分方便。

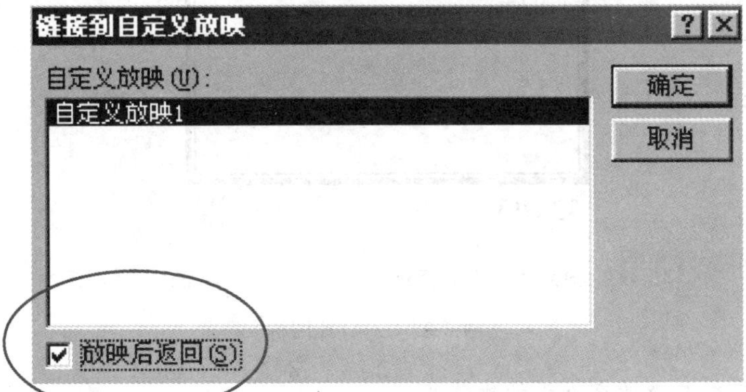

图 6-21　"链接到自定义放映"对话框

3. 外部资源的链接

(1)链接其他演示文稿。链接指向所链接的演示文稿中的选中作为书签页的这张至最后一张幻灯片，当链接播放完成，自动返回调用点。

(2)链接其他文件:如 Word 文档、Excel 电子表格等。

当链接指向文件时,打开该文件及关联的程序,如当链接某个 Word 文档时即打开该文档的编辑窗口。若链接指向带有文件后缀 exe 的可执行文件可选择"运行程序"。

(3)链接 URL。链接可指向某一路径下的文件或 Web 页地址,当链接调用完成,自动返回。当在幻灯片文本框中输入 Web 页地址,也可建立链接。

6.1.3.3 导航策略

1.播放控制

课件运行过程中应考虑播放的可控性。在播放窗口设置"进入"、"退出"与"翻页"等交互实现播放的控制,通常可以通过母版在页面上的一个区域设置"第一页"、"最后页"、"下一页"、"上一页"、"最近观看"、"结束放映"等链接。

2.跳转

对于网状结构的课件,当一个界面与其他的界面不是顺序播放关系时,需提供某种链接信息来帮助链接到相应的界面。课件中常用设置链接到某一张幻灯片的目录交互方式。

3.调用

当在一个幻灯片页面播放时,需要调用播放其他幻灯片页面对当前内容加以补充,而播放完成后又自动返回当前页面。对于这样一个调用关系的链接,可以定义被调用的幻灯片(某一张或由多张幻灯片组成)为一个"自定义放映"然后采用"自定义放映"的链接。

被调用的幻灯片通常设置为"隐藏幻灯片"以免重复播放。可执行"幻灯片放映"菜单下"隐藏幻灯片"命令或单击浏览工具栏"隐藏幻灯片"按钮设置为隐藏幻灯片。被设定的幻灯片在其缩略图右下角有隐藏幻灯片图标。如图 6-22 所示。

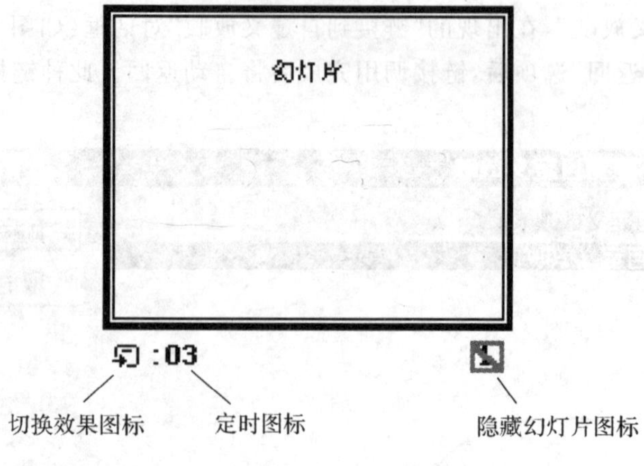

图 6-22 幻灯片图标

6.1.3.4 导航与教学交互设计操作案例

1.导航的设计

导航是通过交互功能在课件知识信息之间进行搜索,实现动态控制教学过程的教学策略。

(1)播放控制设计(如图 6-23 所示)

教学策略:在顺序结构课件播放过程中应用按钮控制播放进程。

操作方法:在幻灯片母板中应用绘图工具栏的文本框或图形工具制作一个按钮图形并设置填充、边框、文本等属性。其他多个按钮图形可通过选中该图形按住 Ctrl 键拖动复制得到。

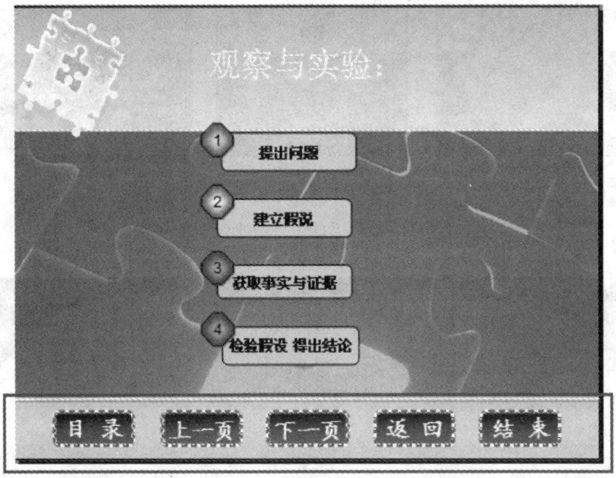

图 6-23 应用按钮控制播放

然后分别在其上输入“目录”、“上一页”、“下一页”、“返回”、“结束”的文字标签。并可在“绘图”菜单下“对齐与分布”工具排列按钮。

然后选中图形或文本框在“动作设置”对话框中分别设置超级链接为“第一页”、“上一页”、“下一页”、“最近观看的幻灯片”、“结束放映”。

(2)目录菜单导航设计(如图 6-24 所示)

教学策略：通过课件目录菜单选择播放内容。

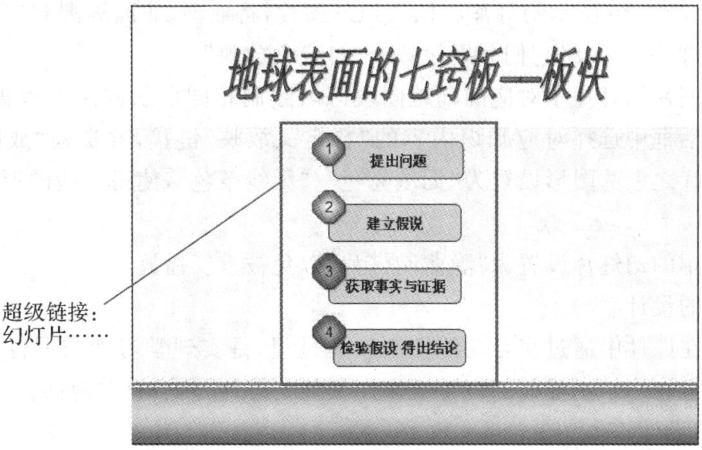

图 6-24 目录页幻灯片

操作方法：在目录页幻灯片(幻灯片 1)上应用绘图工具栏的文本框或图形工具制作一个目录条图形，并设置填充、边框、文本等属性。其他多个目录条图形可通过选中该图形按住 Ctrl 键拖动复制得到。然后分别在其上输入目录文本内容。选中图形或文本框在“动作设置”对话框中分别设置超级链接为“幻灯片……”选择链接至如图 6-25 所示的幻灯片中对应目录内容的某一张幻灯片。

(3)热区导航设计

教学策略：呈现“地球”教学图片幻灯片(如图 6-26 所示)。当光标落在“地球”图片的某

图 6-25 课件中的幻灯片浏览视图

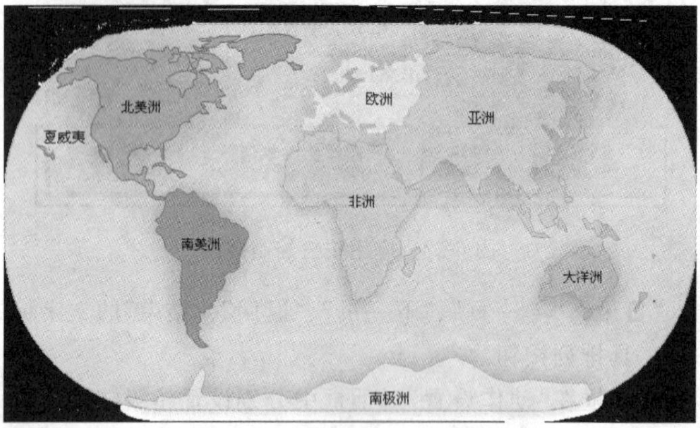

图 6-26 呈现地球图片的幻灯片

陆地区域即进入对应内容的学习。如光标落在“亚洲”陆地区域，则呈现关于亚洲知识的介绍。

操作方法：在图 6-26 所示幻灯片中插入地球图片，将亚洲、非洲等洲对应的知识内容分别置于其他各张幻灯片中，并将它们分别设置为“自定义放映”。

然后在地球图片幻灯片中对应的陆地图块区域绘制相同形状的图形覆盖其上，然后分别在“动作设置”对话框中选择对应知识内容的“自定义放映”链接，并选勾“放映后返回”选项。最后将覆盖在图片之上的图形设置为“无填充色”、“无线条色”，使得这些图形覆盖区域成为交互“热区”。

最后将被调用的幻灯片设置为“隐藏幻灯片”以免被重复播放。

2. 教学交互的设计

教学互动是在课件中通过交互功能控制教学过程，是实现学习者与课件知识信息的互动的教学策略。一般在一个主界面幻灯片上调用其他幻灯片，然后自动返回。

(1)反馈应答设计

教学策略：呈现思考题引导思考。对应思考题参考答案分别被链接可供调用查看。课件结构如图 6-27 所示。

操作方法：幻灯片 1 设置 3 个思考题，幻灯片 2、3、4 分别设置 3 个参考答案。将幻灯片 2、3、4 分别设置为“自定义放映”。

然后在幻灯片 1 的 3 个思考题上分别链接对应的“自定义放映”，并选勾“放映后返回”选项。

最后，选择被链接的幻灯片设置为“隐藏幻灯片”，以免被重复播放。

(2)调用扩展知识信息

教学策略：呈现“地球”图片幻灯片。当光标落在 “地球”图片的陆地区域弹出如亚洲、非

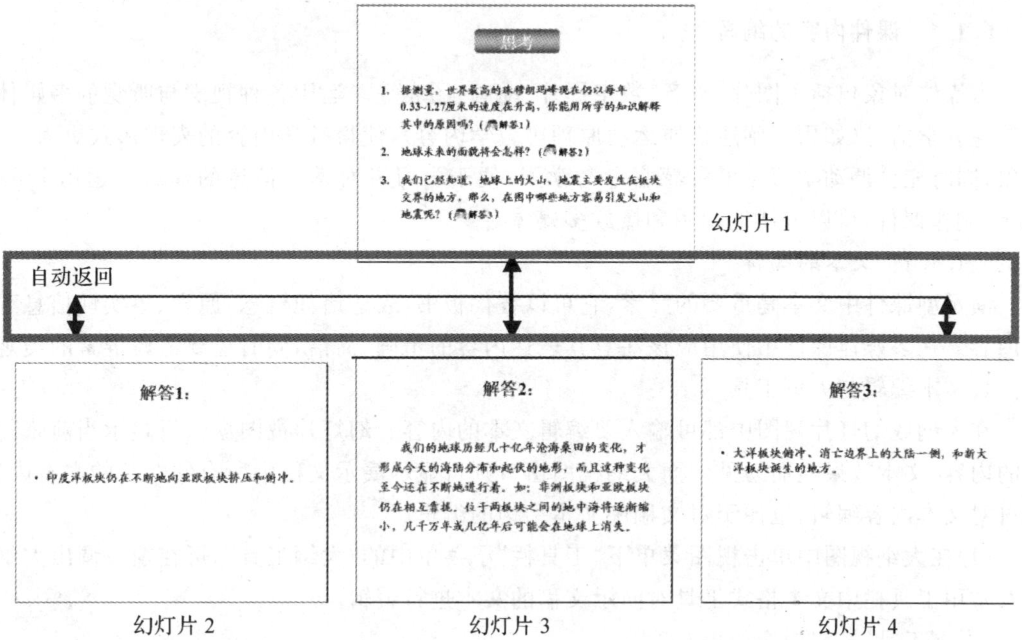

图 6-27　课件结构

洲、北美洲等标识信息，移开鼠标则消失。

操作方法：设计编辑幻灯片，如图 6-28 所示。在幻灯片 1 插入地球图片，然后在浏览视图中选择幻灯片 1，按住 Ctrl 键拖动复制幻灯片 2、3、4…再在复制得到的各张幻灯片上相应的图片区域添加文本框分别标注亚洲、非洲、北美洲等。并将幻灯片 2、3、4…设置为"自定义放映"。

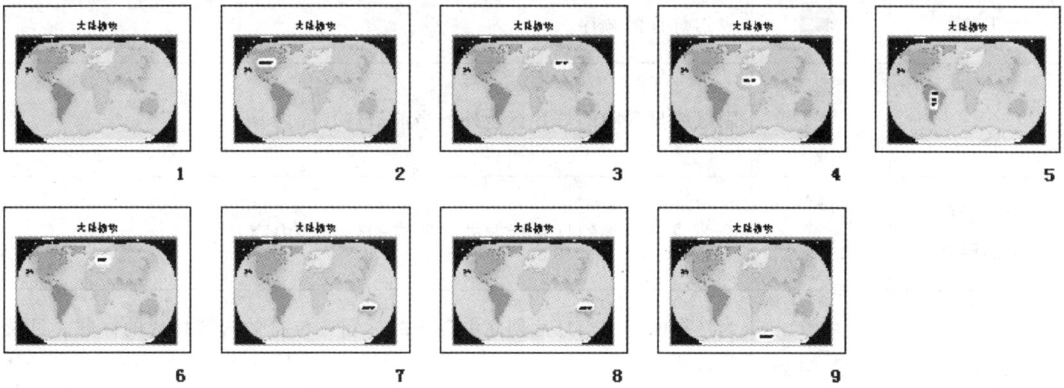

图 6-28　课件幻灯片浏览视图

在幻灯片 1 上对应的图块区域分别绘制相同形状的图形，覆盖其上，然后在"动作设置"对话框中选择"鼠标移过"选项卡分别设置对应的 "自定义放映" 链接，并选勾"放映后返回"选项。再将覆盖在图片之上的图形设置为"无填充色"、"无线条色"。

最后，选择被调用的幻灯片 2、3、4…在"幻灯片切换"对话框中选择"放映方式"为"每隔秒"。并设置为"隐藏幻灯片"以免被重复播放。

6.1.4 课件内容的编写

多媒体对象包括了图片、声音、数字影片、动画、图表等。运用各种视觉与听觉的多媒体对象传递教学信息(如用于阐述物质运动原理等教学内容),使得教学内容的表现形式更为丰富、形象,同时充分调动学习者多种感官参与学习,便于学习者对学习信息的理解。运用PowerPoint制作课件,可以方便地调用和播放多媒体对象。

6.1.4.1 文本的编辑

演示型课件中文本是重要的元素,它可以替代板书,表达诸如概念、原理、事实性信息等学习内容。在多媒体课件中使用应该注意其表达内容的精确、简洁,同时还要考虑屏幕的美观。

1. 文本编辑与大纲工具

在大纲或幻灯片视图中都可输入要编辑文本的内容。幻灯片视图窗口只显示当前张幻灯片的内容,文本效果显而易见。而大纲视图窗口则可显示演示文稿中所有幻灯片的文本内容,既可对文本内容编辑,也便于对文稿中文本结构的编辑。

(1)在大纲视图中单击视图菜单下"工具栏"子菜单中的"大纲工具",可在窗口调出大纲工具及常用工具栏中文本格式工具对演示文稿的文本进行编辑。

"大纲工具"按钮用途如表6-3所示:

表6-3 大纲工具按钮用途

按钮名称	按钮图标	按钮用途
升级 降级		使当前所选层次文本升一级或降一级(最多五级文本)。第一级文本升级即成为幻灯片标题。
上移 下移		使当前所选层次文本上移或下移,以改变所选内容在幻灯片中的从属关系或幻灯片的顺序。
折叠 展开		隐藏或显示除幻灯片标题外的当前幻灯片的内容。
全部折叠 全部展开		隐藏或显示除幻灯片标题外的所有幻灯片的内容。
摘要幻灯片		为选择的一组幻灯片创建由各张的标题占位符的内容构成的标题。目录幻灯片。
显示格式		切换文本显示方式。

(2)在幻灯片视图中单击文本占位符或选择绘图工具栏的文本框可输入文本,可在窗口调用常用工具或绘图工具栏中的文本格式工具编辑。

2. 在幻灯片视图中观察显示效果及排版

(1)文本格式的设置:在"格式"菜单下执行"字体"命令,或运用常用工具栏及绘图工具栏中相应工具设置字号、字体、颜色、阴影、浮凸效果等。

(2)项目符号的设置：单击格式工具栏中项目符号显示或隐藏项目符号。在“格式”菜单下执行“项目符号”命令，设置样式、颜色以及与文本的大小比例。

(3)页眉、页脚文本设置：在“视图”菜单下执行“页眉、页脚”命令，设置日期、幻灯片编号、页脚文本等内容；在“视图”菜单下执行“幻灯片母版”命令，选中在幻灯片母版上的相应文本或页眉、页脚占位符设置文本的格式。

3. 特殊文本的编辑

(1)艺术字：在幻灯片视图中，执行“视图”菜单下“工具栏”子菜单下“艺术字”命令或“绘图工具栏”中的“艺术字”按钮，选择样式、输入文本内容、设置文本格式，调整幻灯片上艺术字大小及位置。

(2)在文本框中添加文本：在幻灯片文本占位符外添加文本可单击“绘图工具栏”中的“文本框”按钮后在幻灯片视图的输入的位置单击后输入文本。

(3)在自选图形中选中添加文本：选中自选图形后可直接在该图形上添加文本。

6.1.4.2　图形图像对象的编辑

1. 图形对象的绘制与编辑

图形是多媒体课件最常用的媒体形式，如数学几何图形、化学仪器、物理学的电路图、光学图形、力学示意图以及其他学科的教学内容都可用图形直观地表现。

(1)绘制图形：在幻灯片视图下，选择“绘图工具栏”(如图 6-29 所示)上“直线”、“矩形”、“椭圆”按钮或单击“自选图形”按钮，选择某一类别中的图形，然后移动鼠标至幻灯片上按住鼠标左键做相应拖动即可绘制出图形。

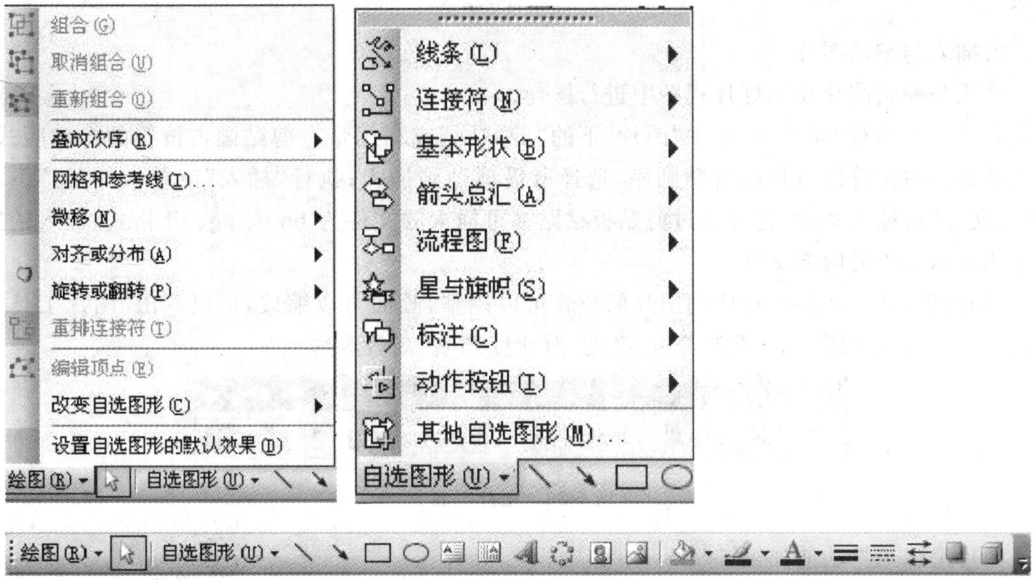

图 6-29　绘图工具栏

(2)绘图工具与图形对象的编辑：PowerPoint 提供了功能较为强大的图形绘制与编辑工具，可直接用它在幻灯片上创作与编辑。绘图工具栏相应按钮见表 6-4 所示：

表 6-4 绘图工具栏上按钮及功能

工具	单击绘图工具栏上的按钮	按钮用途
填充色	“填充颜色”	选择填充色或填充效果
线条色	“线条颜色”按钮	选择线条色或线条图案
线型	“线型”按钮	选择线型和线条粗细
箭头样式	“线型”按钮	选择箭头样式
三维效果	“三维效果”按钮	选择样式及三维设置
阴影效果	“阴影效果”按钮	选择样式及阴影设置

绘制的图形初始颜色由默认的配色方案决定，若要改变可选择该图形单击绘图工具栏相应按钮重新设置。对绘制的图形线条、阴影、三维效果等属性可运用绘图工具设置。

一个复杂的图形可以通过绘制多个自选图形组合而成，对多个图形的组合、叠放次序、对齐与发布等编辑操作可点击绘图工具“绘图”按钮上的三角符，在弹出的菜单上选择相应的命令。

2. 插入与编辑图片

插入与编辑图片在幻灯片视图中进行操作。

(1)插入：执行“插入”菜单中“图片”下的“剪贴画”或利用带有剪贴画占位符的自动版式，双击剪贴画占位符即可打开剪贴画库，选择所需剪贴画插入；执行“插入”菜单中“图片”下的“来自文件”可插入图像，也可通过剪贴板粘贴。可插入的文件为 bmp、jpg、gif 格式，插入的图片作为演示文稿的内部文件。

(2)编辑：插入在幻灯片中的图片的位置可以调整，画面可以缩放，可以调出“图片工具”(如图 6-30 所示)对其编辑(重新着色、亮度、对比度调整、裁剪等)。

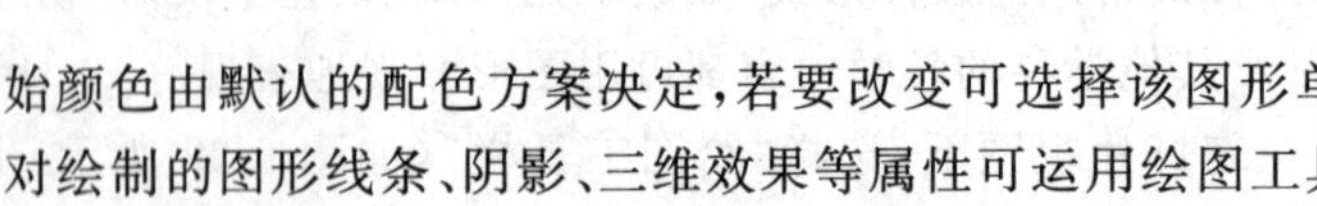

图 6-30 图片工具

图片编辑工具功能如表 6-5 所示：

表 6-5　图片编辑工具栏上按钮及功能

按钮	按钮图标	功　能
从文件导入图片		从“插入图片”对话框中浏览选择导入图片
线条设置		设置线条或图形对象边框的粗细、线型、颜色等
图片控制		使图像以自动、灰度、黑白、水印四种方式之一显示
对比度调整		调整图像对比度
亮度调整	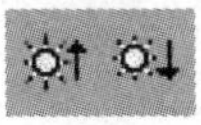	调整图像亮度
裁剪		拖动图像尺寸控点，裁剪掉尺寸控点外的图像内容
重新着色		为图形对象重新设置填充色
图片格式设置		以对话框方式设置图片的格式
设置透明色		单击图像的背景去除背景色，使之背景成为透明色
重设图片		恢复取消对图形、图像的操作，恢复至初始状态

剪贴画可以取消组合后对其内容进行取舍或将几个剪贴画组合；对一些不能进行旋转操作的剪贴画，可先将其取消组合后再重新组合，改变其格式后使其能进行旋转操作。

6.1.4.3　插入声音

1. 插入的文件格式

插入的文件格式为 wav；mp3；插入的文件作为外部文件，当该文件路径变化，则不能播放。

2. 插入方法

执行“插入”菜单中“影片和声音”子菜单下的相应命令可插入：

(1)“剪辑库中的声音”与“文件中的声音”。执行“文件中的声音”命令，在查找对话框中选择声音文件后插入。插入声音后幻灯片上出现图标，播放时单击该图标可链接声音播放。

(2)“播放 CD 乐曲”。执行“播放 CD 乐曲”命令，在对话框(如图 6-31 所示)中设置播放选项与选择开始与结束的节目号。在幻灯片视图上出现链接图标，放映幻灯片时只要将 CD 乐曲光盘置于光驱后单击该图标，即可启动播放器播放。

(3)“录制声音”。执行“录制声音”命令，窗口出现如下录音机(如图 6-32 所示)，运用该录音机录音(话筒插入声卡 MIC 插口)，确定后幻灯片视图上出现链接图标，该声音文件保存在

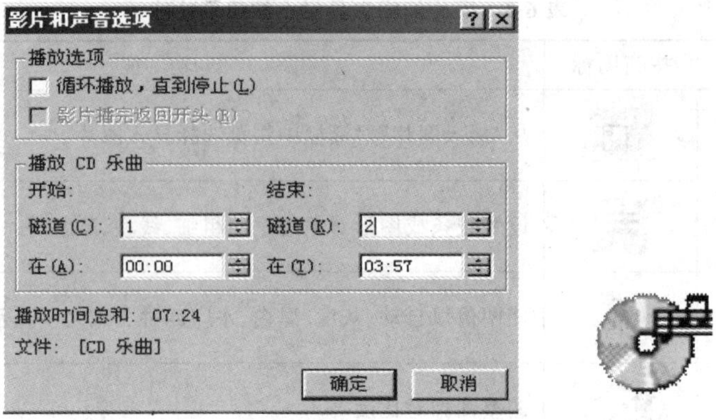

图 6-31　影片和声音选项对话框

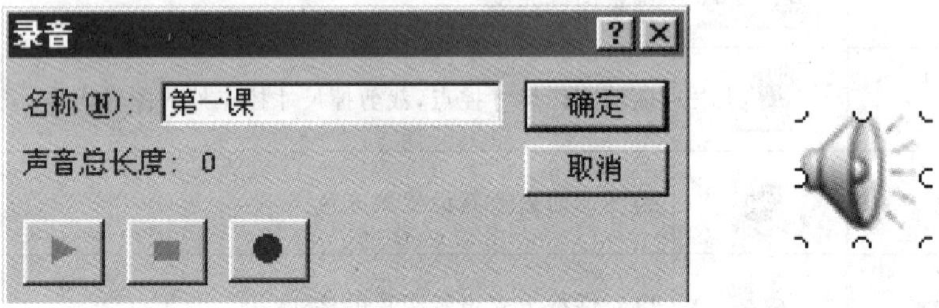

图 6-32　所示录音机

演示文稿内部。

(4)“动作设置”对话框中“播放声音”。如果要将某种声音加载于某一对象，当单击或光标落在其上播放声音，可以选择该对象在“动作设置”对话框中设置“无动作”，选择“播放声音”选项，并在下拉框中选择其他声音将声音导入。如在幻灯片中为某个生字或英语单词添加读音，可选中该单词，在动作设置对话框中选择“鼠标移过”选项卡，设置“无动作”，再选择“播放声音”选项，并在下拉框中选择其他声音将读音的声音文件导入。以这种方式导入的声音保存在演示文稿内部。

(5)“幻灯片放映”菜单下“录制旁白”。执行“幻灯片放映菜单下”的“录制旁白”命令，PowerPoint 课件进入播放状态，同时录音功能被启用，此时只要与播放同步录制声音，声音就会按照播放的节奏记录在每一张对应的幻灯片上。播放结束后，会弹出对话框(如图 6-33 所示)确认是否保存排练时间。确定保存后幻灯片视图上出现声音链接图标，该声音文件保存在演示文稿内部。

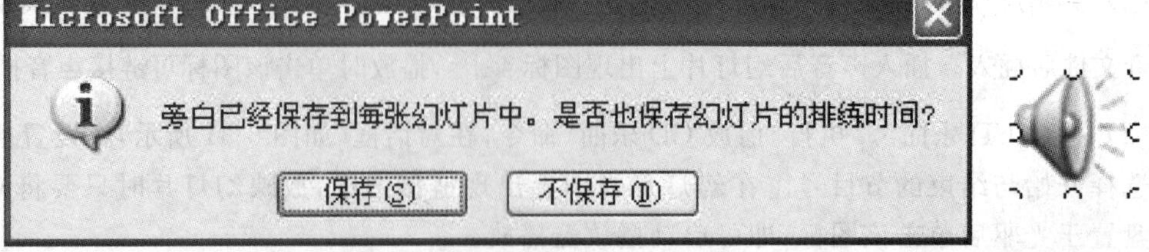

图 6-33　保存旁白对话框

3.课件中声音媒体的运用

(1)解说:多媒体课件中的解说常用于对屏幕的文本、图形图像以及对演示过程等配以语言解说。是对画面信息的补充与强化。应注意解说与其他媒体呈现信息的主从关系,恰到好处地应用,使得各种媒体的优势互补。解说可采用与播放同步的“录制旁白”的方法配置。也可用“插入”已录制的声音文件的方法,对贯穿多张幻灯片的声音可在动画效果选项卡中对其设置延续至某张幻灯片后停止播放。

(2)背景音乐:多媒体课件中的背景音乐通常用于烘托画面或解说,或延伸文本与解说的内涵,从而创设意境,也可用于吸引注意力。但运用时切忌喧宾夺主。过度的背景音乐应用会分散学习者的注意力。通常可用外部“插入”的声音,并在动画效果选项卡中对其设置延续至某张幻灯片后停止播放。

(3)音响效果:在多媒体课件中的音响效果通常用于模拟真实声音的效果以增强画面的真实感。如按钮被按下时的响声,又如闹钟的嘀嗒声、汽车的刹车声等。通常可在“动作设置”、“自定义动画”有关播放声音的选项中插入。

6.1.4.4　插入与编辑影片

1.插入的文件格式

插入的文件格式为avi、mpg、wmv,插入的文件作为外部文件,当该文件路径变化,则不能播放。

2.插入的方法

执行“插入”菜单中“影片和声音”子菜单下的相应命令可插入:“剪辑库中的影片”与“文件中的影片”。插入后幻灯片上出现影片第一帧的画面,该画面就是播放的窗口,可拖动其改变大小与位置。播放时单击该画面可链接影片播放。

3.影片媒体的运用

在多媒体课件中的影片通常用于呈现与还原动态变化的真实场景,如再现真实的历史事件、演示实验操作过程等。虽然影片动态、逼真地展现与描述教学内容生动与形象,但比较静止画面具有稍纵即逝的特点,应用时宜根据学习者的认知规律配以文本、静态画面以及恰当的解说,或应用交互功能控制播放的进度。

6.1.4.5　插入与编辑其他多媒体对象

1. 从“对象”插入

执行“插入”菜单中“对象”命令,出现以下对话框(如图6-34所示),选择“由文件创建”,然后“浏览”选定相应的插入文件。

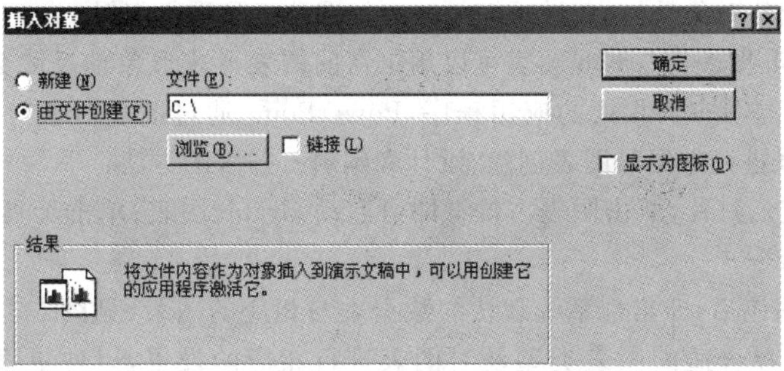

图6-34　插入对象对话框

在幻灯片上选中插入的对象，然后“自定义动画”对话框中(如图 6-35 所示)选择“添加效果”选项卡中“对象动作”下的“激活内容”；或执行“动作设置”命令，在图 6-36 所示中选择“对象动作”下的“激活内容”。

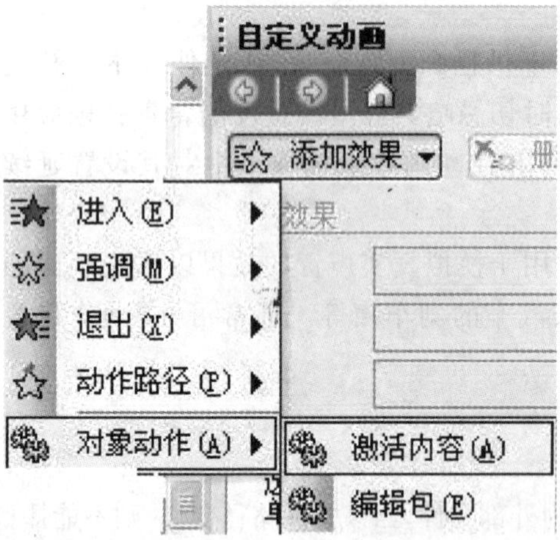

图 6-35 “自定义动画”中激活对象

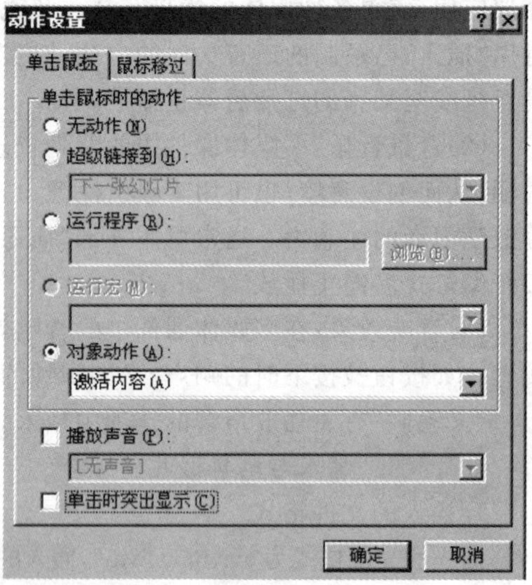

图 6-36 “超级链接”中激活对象

2. 插入表格、图表

(1)插入表格。插入的方法：选择表格版式幻灯片，双击表格占位符后在出现的插入表格对话框中设置行列数后即可在幻灯片中加入表格；单击工具栏表格工具设置行列数后加入表格；执行插入菜单下表格命令在出现的插入表格对话框中设置行列数后即可在幻灯片中加入表格。

(2)插入 Excel 工作表。执行插入菜单下“对象”命令，在弹出的对话框中选择以下操作：

如果要创建新的 Excel 工作表，单击“新建”单选按钮，再选择 Microsoft Excel 工作表。如果要插入已有的工作表，单击“由文件创建”单选按钮，然后通过“浏览”确定插入的文件。若选择了“链接项”，则原文件保持关联关系，当原文件改变时，插入的文件也将随之更改。

在幻灯片中插入 Excel 工作表后即进入 Excel 工作表编辑窗口，当对工作表操作完毕，只要单击幻灯片内工作表以外的区域返回 PowerPoint。该工作表就成为一个幻灯片嵌入对象，此对象与原创建程序间仍存在着链接，双击该对象即可进入编辑状态。单击该图表使其呈选中状态时它成为图片对象，可对其进行缩放并可用图片工具进行编辑。

(3)插入 Graph 图表。Graph 图表可以用丰富的图表形式形象地反映数据及数据间关联关系。Graph 图表是一个嵌入式的应用程序，PowerPoint 通过图表对象与 Graph 建立链接，进入 Graph 后可以进行数据与图表创建、设计和编辑。插入的方法：

选择图表版式幻灯片，双击图表占位符即可启动 Graph 图表；单击工具栏图表工具；执行插入菜单下图表命令。

启动 Graph 图表后，即出现系统默认的数据表与相应的图表，见图 6-37 所示。在表中修改或添加数据，选择合适的图表类型及对图表进行相应的设置，以便更直观和形象地说明问题。

当创建完成返回演示文稿时，该图表就成为一个幻灯片嵌入对象，此对象与原创建程序间

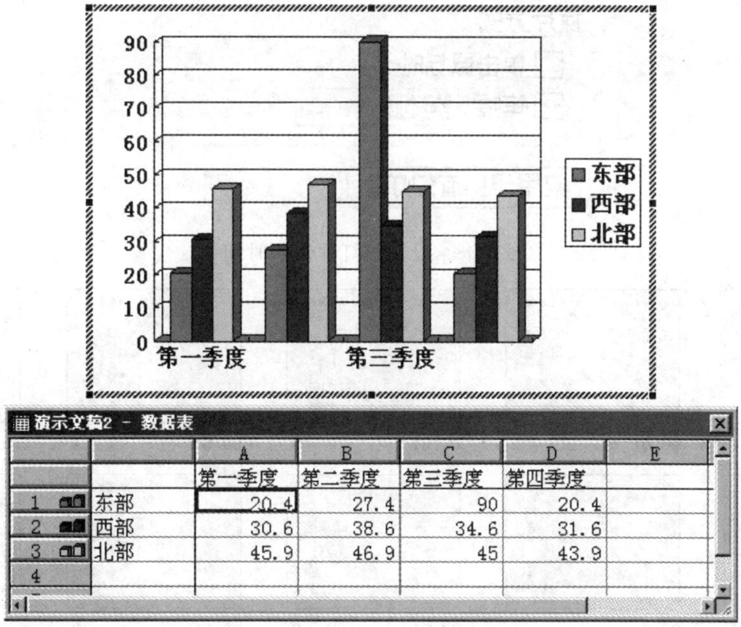

图 6-37　数据表与相应的图表

仍存在着链接，双击该对象即可进入编辑状态。单击该图表使其呈选中状态时它成为图片对象，可对其进行缩放并可用图片工具进行编辑。

3. 插入公式编辑器

执行插入菜单下“对象”命令，在弹出的对话框中的“新建”选项卡中选择 Microsoft 公式 3.0 即可进入公式编辑窗口。标记完成关闭该编辑窗口，在幻灯片上出现所编辑的公式。在此公式上双击又可重新进入编辑窗口。完成编辑的公式可视为图片，改变其字体颜色与背景填充色应运用图片工具以及属性设置。

6.1.5　动画的设计与制作

6.1.5.1　动画制作基本方法

使用 PowerPoint 动画功能可以实现一些简单的文本、对象的出现、强调与退出方式的动画，如“飞入”、“展开”、“回旋”、“路径”等。

1. 动画的演示作用

运用动画可以在时间上安排文字或对象出现的顺序与间隔时间，也可以利用多个对象动画组合以及通过对对象出现的时间、顺序效果的安排，制作出较为复杂的连续性动画效果。

2. 动画的基本方法

在 PowerPoint 中演示动画效果可以有两种基本方法，一是利用幻灯片的连续播放功能；另一种是在一张幻灯片中设置动画对象的出现或显示方式与顺序，从而达到动画效果。

(1)幻灯片的连续播放。将一个动画过程的间隔画面放在多张连续的幻灯片中，然后设置这组幻灯片切换方式为间隔时间(如图 6-38 所示)。如一个柴油机的吸气冲程的动画有连续 8 张图片，将其分别置于连续的 8 张幻灯片中，执行“幻灯片放映”菜单下的“幻灯片切换”命令，设置换片方式为“每隔 1 秒”自动播放，在幻灯片下标中即可见播放时间，如图 6-39 所示。

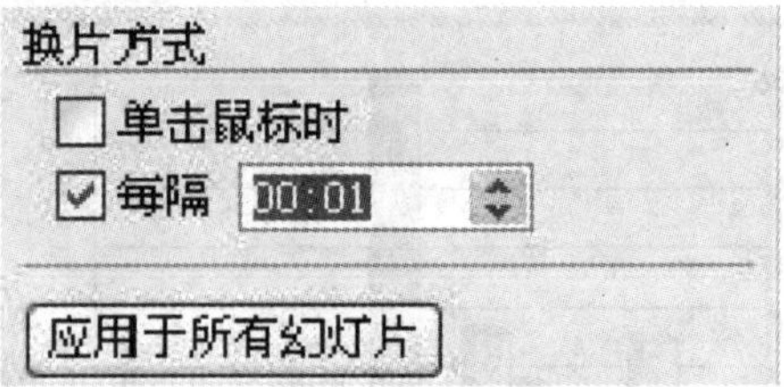

图 6-38　设置幻灯片切换时间

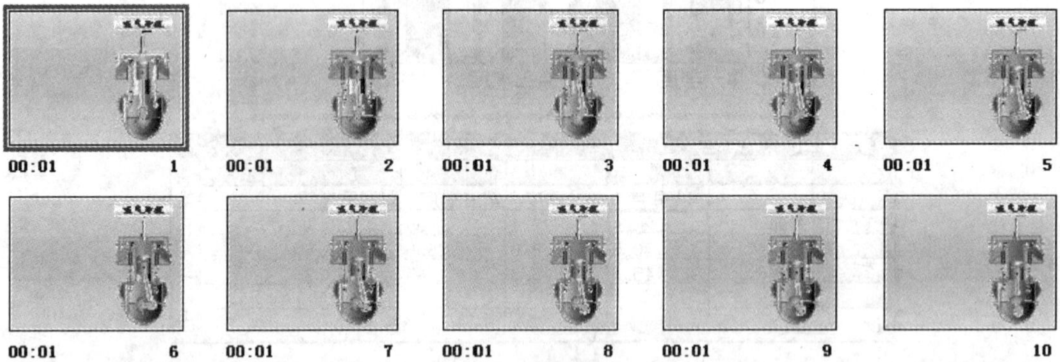

图 6-39　连续播放幻灯片的浏览视图

(2)幻灯片中对象的动画设置。在 PowerPoint 中动画有“动画方案”(如图 6-40 所示)与“自定义动画”(如图 6-41 所示)两种设置方法。“动画方案”中包括了对象出现、幻灯片切换的效果方案,其只能对占位符的对象进行设置。“自定义动画”则可对幻灯片中任意对象进行细致的动作设置,可以运用自定义动画的丰富多彩的动画效果及其动画组合生成所需的动画效果。

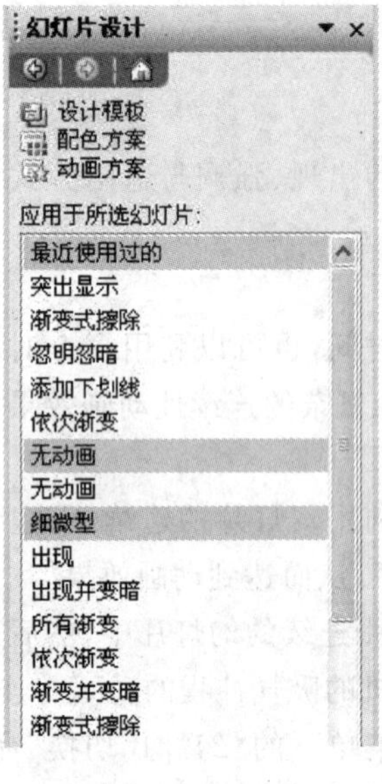

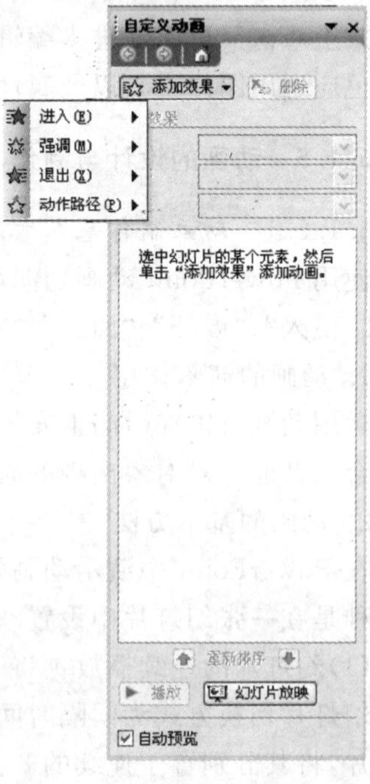

图 6-40　动画方案　　　图 6-41　自定义动画　　　图 6-42　自定义动画\添加效果

3. 自定义动画设置

(1)添加效果。PowerPoint 提供了丰富多彩的动画效果,选择动画对象后在添加效果的动画列表中选择动画后该对象就被列在动画列表中。PowerPoint 动画有“进入”、“强调”、“退出”、“动作路径”4 类(如图 6-42 所示),可分别在对象播放过程的进入、播放期间、退出阶段设置动画。既可选择动画列表中的动画动作,也可选择动作路径动画或自定义运动路径。巧妙地运用动画动作可以形象生动地描述展现对象的动作与变化过程。

(2)动画“开始”设置。动画启动有“单击时”、“之前”、“之后”三种方式。“单击时”是在幻灯片播放时单击鼠标触发动画动作,如需控制动画分步动作可选此项;“之前”是在上一个动画开始时同步开始动画动作,如需使多个对象同时动画动作,可选此项;“之后”是在上一个动画完成后开始动画动作,如需使多个对象连续动画动作,可选此项。

(3)动画顺序。动画列表中的动画动作按动画设置的先后顺序排列,动画按此顺序播放。可选择列表下方的“重新排序”的一对上移与下移的按钮调整顺序。

(4)触发器。PowerPoint 2003 版本启动动画可设置对象作为触发器。如可在“计时”选项卡中选择幻灯片中的一个图形、文本框等对象作为触发器,单击它可启动对应的动画动作。

6.1.5.2　文本的动画的设置

1.“动画方案”设置

在幻灯片浏览视图中选择预设置的幻灯片或在幻灯片视图中,单击幻灯片浏览工具栏的“动画方案”或执行幻灯片放映菜单下或快捷菜单“动画方案”命令,在“动画方案”列表中选择设置动画效果,此设置默认状态只能对主体对象(占位符的文本)设置动画。如选择“弹跳”动画,其包含了向右推出的幻灯片切换、标题弹跳、正文展开的效果方案,见图 6-43 所示。

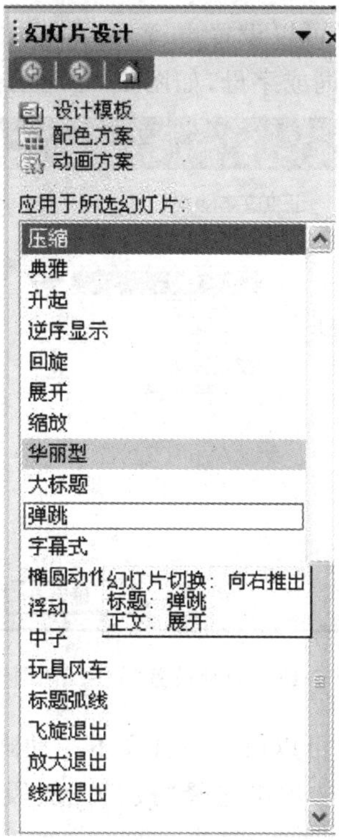

图 6-43　“动画方案”中的动画效果

2.“自定义动画”设置

(1)幻灯片视图中在“幻灯片放映”菜单下的“自定义动画”对话框设置动画，此种方式能较灵活地设置动画的顺序、启动的方式、文本按层次发送、声音等效果。

(2)可选择文本框作为动画对象，也可选择一行文本作为动画对象。

(3)对一个动画对象可以在演示过程中设置多个动画，如进入效果、强调效果以及退出效果。

(4)文本动画的“计时”选项设置可以用于控制文本动画开始与重复的方式以及动画速度，如图 6-44 所示。

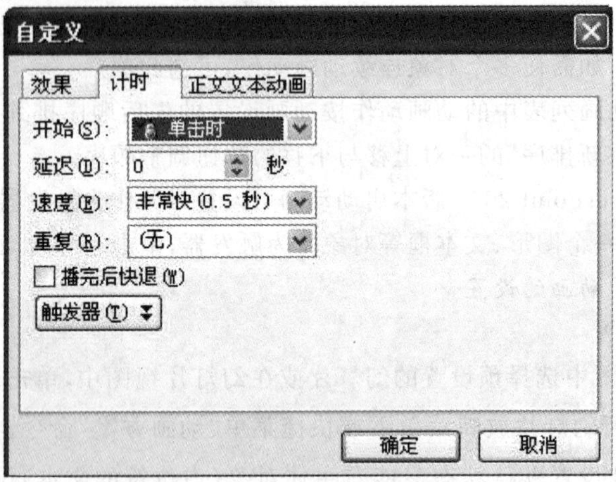

图 6-44 动画设置“计时”选项卡

(5)文本动画“效果” 选项设置可以设置声音、文本播放后隐藏或改变颜色的效果以及文字出现的节奏，如整批发送、按字/词或字母，如图 6-45 所示。

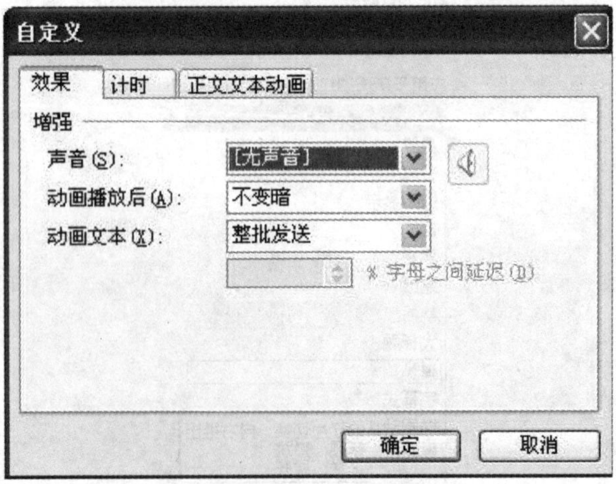

图 6-45 动画设置“效果”选项卡

(6)“正文文本动画” 选项设置可以设置组合文本中动画出现的文本级别。如一个文本框中文本有 3 个文本级别段落，在此选项中选择“按第三级段落”选项，播放时则文本可逐行出现，如图 6-46 所示。

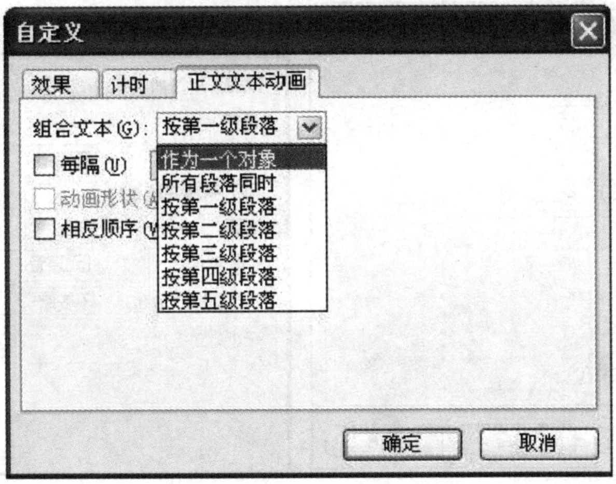

图 6-46　动画设置“正文文本动画”选项卡

6.1.5.3　图形对象的动画设置

1.“动画方案”设置

在幻灯片浏览视图中选择预设置的幻灯片或在幻灯片视图中，单击幻灯片浏览工具栏的“动画方案”或执行幻灯片放映菜单下或快捷菜单“动画方案”命令，在“动画方案”列表中选择设置动画效果。此设置默认状态只能对由占位符导入的主体对象设置动画。

2.“自定义动画”设置

幻灯片视图中在“幻灯片放映 ”菜单下的“自定义动画”对话框设置动画，此种方式能较灵活地分别对每一个对象设置动画的顺序、启动的方式、声音效果及动画播放后的效果等。对一个动画对象可以在演示过程中设置多个动画，如进入效果、强调效果、退出效果以及动作路径的动画。将单一的动画效果组合运用可以得到组合运动效果。如车轮运动既有平移又有转动，可设置车轮同时做 “陀螺旋”与“向右”路径的两个动画。

(1)对多个动画对象可以设置同时动作的动画。如果几个对象同时做同样的动作(如自行车的两个轮子)，则同时选择这些对象设置动画，此时在排列在动画列表中第一个对象动作开始后的几个对象“开始”选项自动被设为“之前”；如果几个对象同时做不同动作(两辆小车同时做相向运动)，则可分别设置动画效果，将列表中第一个对象之后的对象“开始”选项设为“之前”，这样第一个对象动作开始时其他对象也开始动作。

(2)在“计时”(如图 6-47 所示)、“效果”(如图 6-48 所示)选项中设置动画重复次数、动画播放后隐藏或颜色效果、声音、动画的触发器等。

6.1.5.4　多媒体对象的动画设置

1.声音与影片的播放动作设置

幻灯片视图中在“幻灯片放映”菜单下的“自定义动画”对话框中声音或影片多媒体对象的播放动作设置有“播放”、“暂停”、“停止”三种状态用以控制播放，见图 6-49 所示。

2.对象的动画设置

对在幻灯片中插入的图表、组织结构图等对象有两类动作设置。

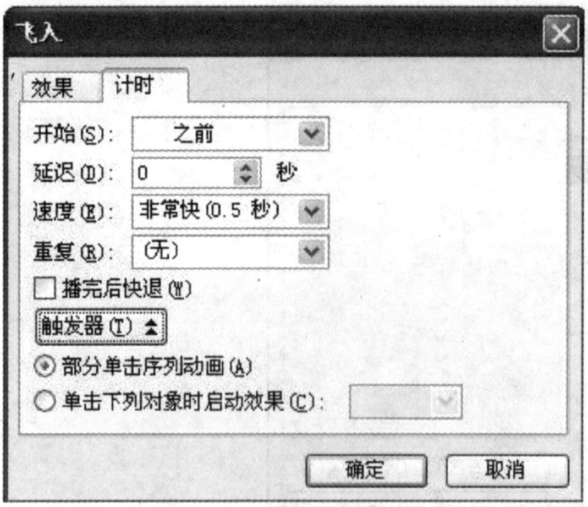

图 6-47　动画设置“计时”选项卡

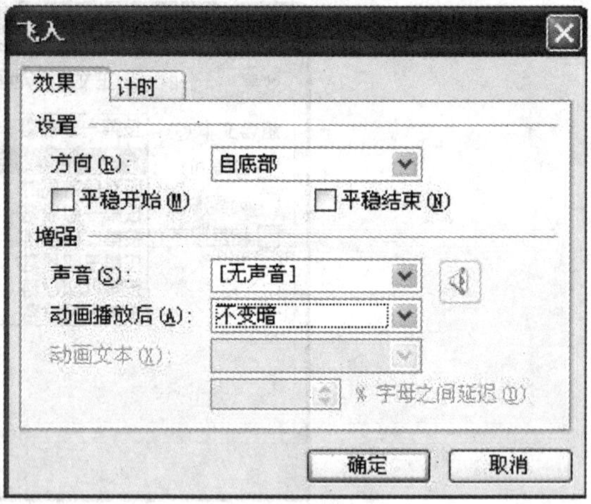

图 6-48　动画设置“效果”选项卡

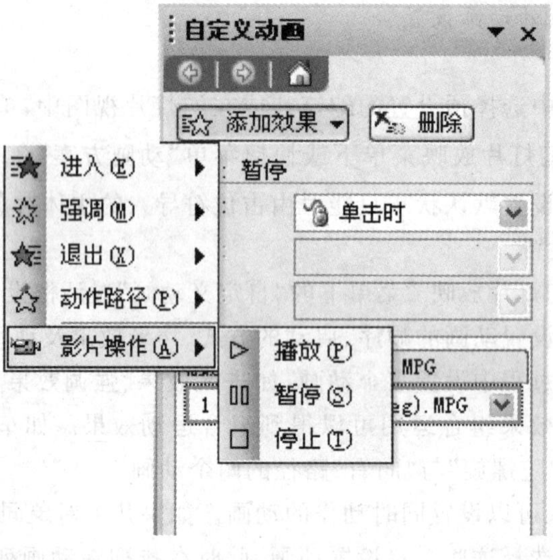

图 6-49　影片播放动作设置

(1)可在“自定义动画”对话框中设置“进入”、“强调”、“退出”、“动作路径”动画效果，并可在“效果”、“计时”、对应对象的“动画效果”选项卡中设置，如图表对象的“图表动画”选项卡可设置图表元素的动态效果(如图 6-50 所示)。

(2)还可另外对对象设置“编辑”、“打开”、“激活”动作。如对插入的图表对象设置“编辑”动作，当播放时启动“编辑”动作就进入编辑窗口；如对插入的 Flash 动画对象要设置“激活”动作，当播放时启动“激活”动作就可播放了(如图 6-51 所示)。

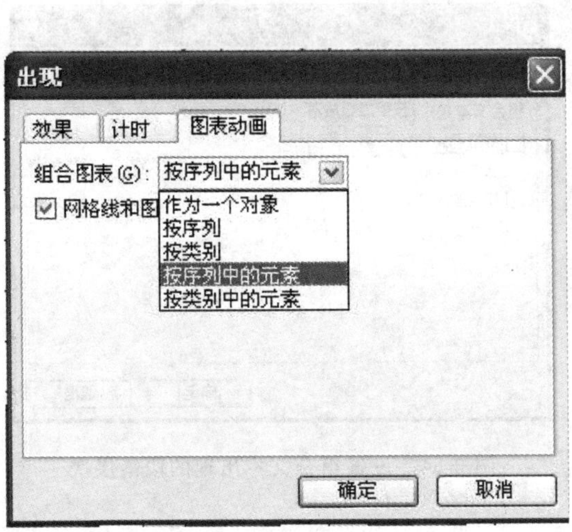

图 6-50　动画设置“图表动画”选项卡

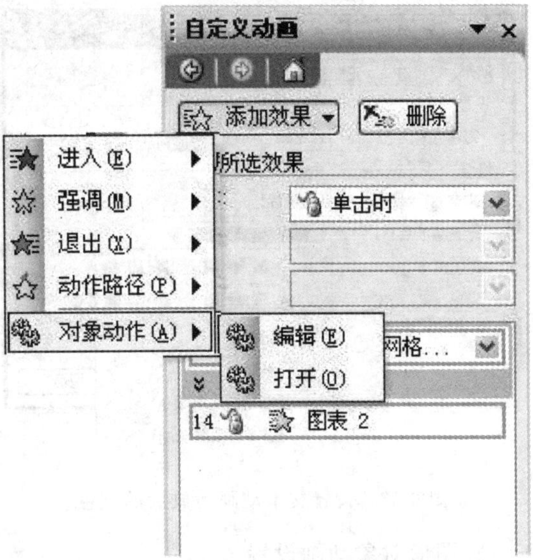

图 6-51　“激活”对象动作设置

6.1.5.5　动画设计制作操作案例

1. 文本动画设置

教学策略:制作如图 6-52 所示的幻灯片。通过单击鼠标控制文本逐行呈现的节奏。当下一行文本出现后,上一行文本变色显示以区别与衬托新呈现的文本内容。

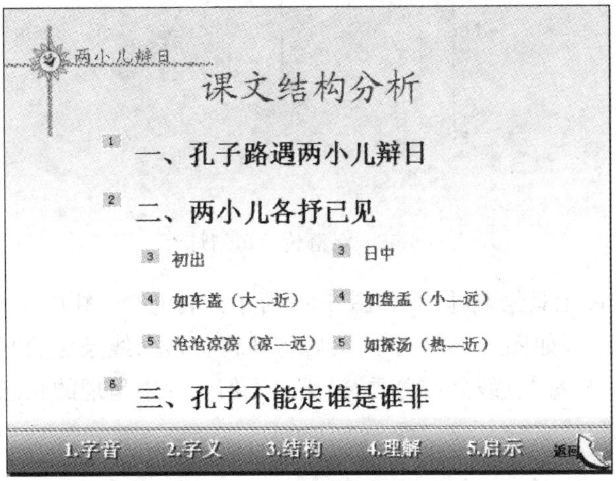

图 6-52　幻灯片文本内容

操作方法:选中文本框,在“自定义动画”对话框中设置“添加效果”选项为“进入\擦除”,动画“开始”方式为单击鼠标,并根据学习者阅读习惯与特点设置文本动画出现方向、速度。其他设置可在“效果”、“计时”、“正文文本动画”选项卡中设置。

其中在“效果”选项卡中设置“动画播放后”选项为“其他颜色”,以改变已播放文本的颜色(如图 6-53 所示);在“正文文本动画”选项卡中设置“组合文本”选项为“按第二级段落”,以使得第二级文本也随鼠标单击逐行呈现(如图 6-54 所示)。

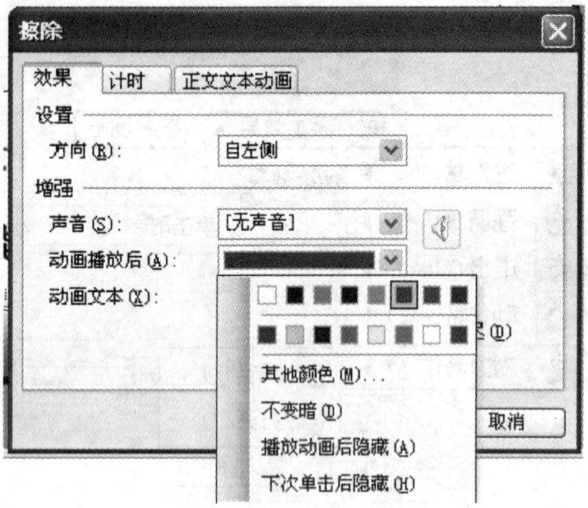

图 6-53 设置文本动画播放后的颜色

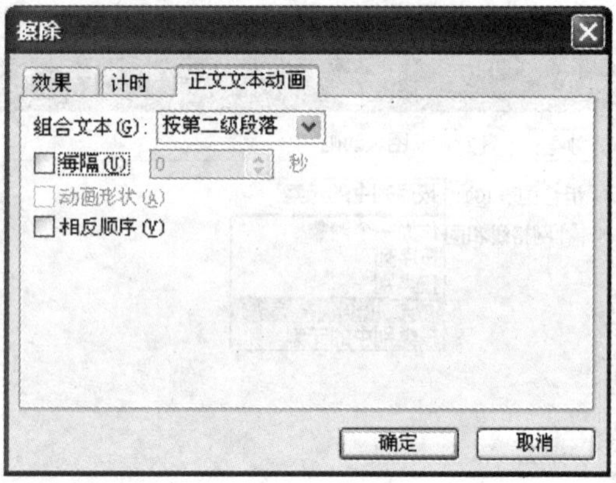

图 6-54 设置组合文本出现的段落层次

2. 图形对象动画设置

教学策略:通过定滑轮提升重物的动画展示(如图 6-55 所示),描述定滑轮特征与受力分析。

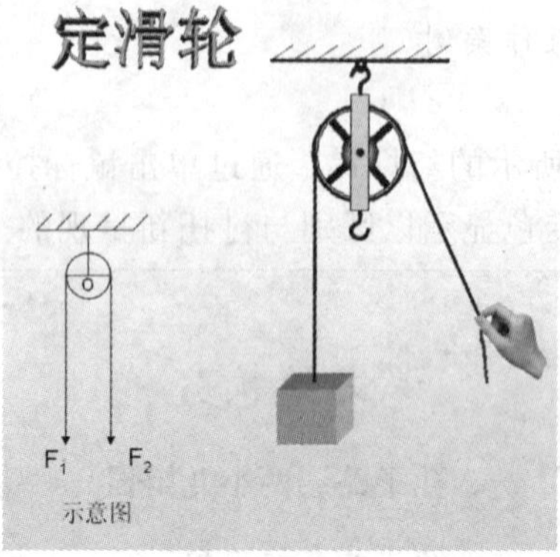

图 6-55 定滑轮动画幻灯片

操作方法:运用绘图工具绘制挂钩(如图 6-56 所示)、转轮(如图 6-57 所示)、重物(如图 6-58 所示)以及导入图片“手”(如图 6-59 所示),然后将挂钩、滑轮、线条组合成定滑轮(如图 6-60 所示)。将重物、手与定滑轮叠放(线条部分重合)成以上幻灯片中呈现的状态(如图 6-55 所示)。

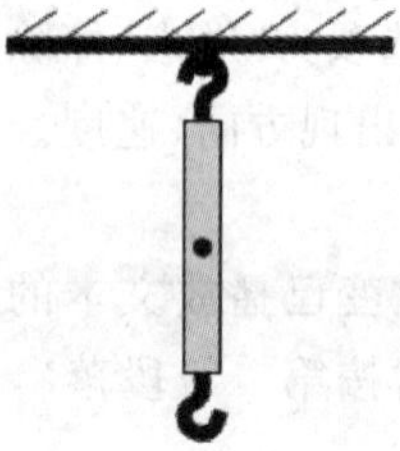

图 6-56 挂钩

图 6-57 转轮

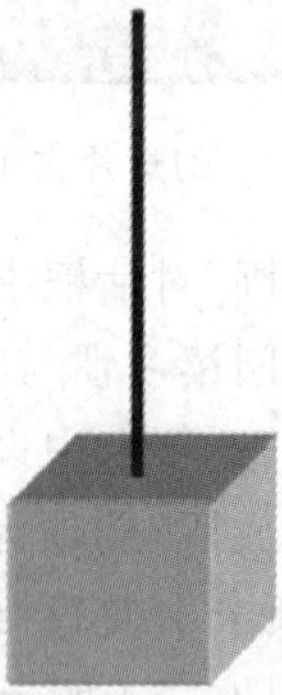

图 6-58 重物

图 6-59 手

图 6-60 定滑轮

在“自定义动画”对话框中设置转轮做动画“强调\陀螺旋”（如图 6-61 所示）；再将“重物”（如图 6-62 所示）与“手”（如图 6-63 所示）设为“路径”动画，并设置沿线条方向分别做向上与向下运动的移动路径。将动画开始方式设为“之前”，即使得幻灯片播放转轮、重物与手三个对象同步开始动画。并在计时选项卡中设置“重复”选项为“直到幻灯片末尾”，使得动画循环播放（如图 6-64 所示）。

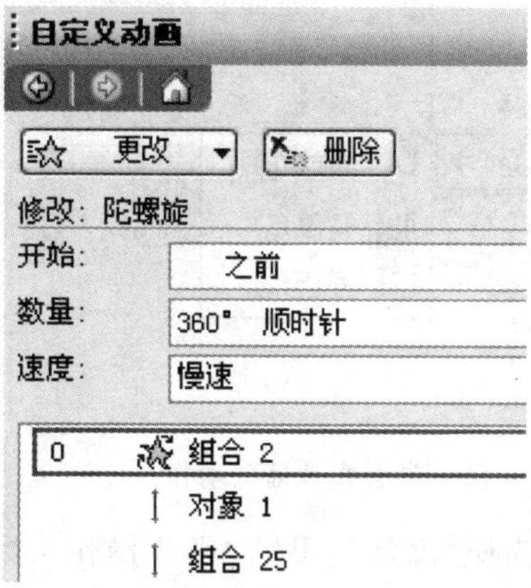

图 6-61　设置“转轮”动画

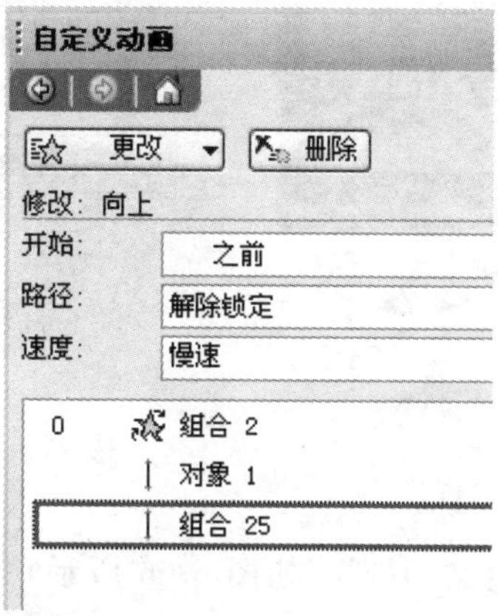

图 6-62　设置“重物”动画

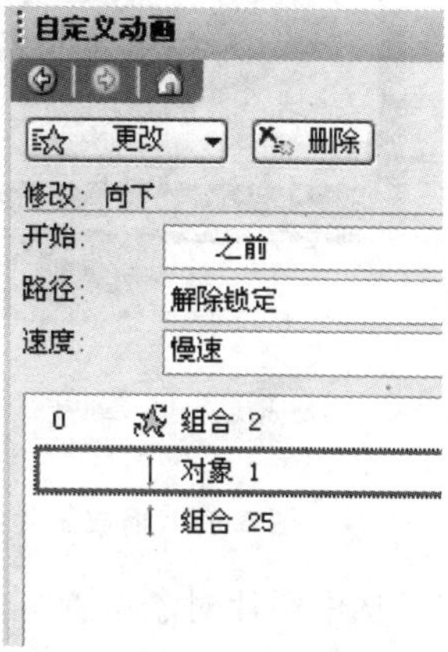

图 6-63　设置“手”动画

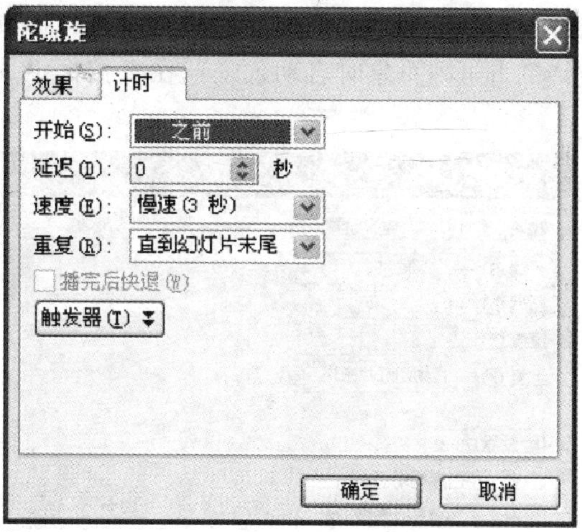

图 6-64　设置动画“重复”选项

3. 多媒体对象动画设置

教学策略：通过“播放”、“暂停\继续”、“停止”按钮的交互控制影片播放。

操作方法：在幻灯片中插入影片。再制作三个按钮图形，分别加上“播放”、“暂停|继续”、“停止”文本标签（如图 6-65 所示）。

图 6-65 播放影片的幻灯片

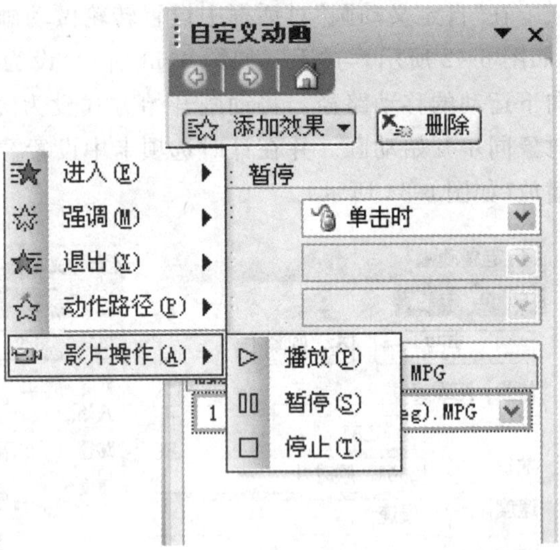

图 6-66 设置影片播放动作

选中影片对象设置“自定义动画”（如图 6-66 所示）。选择“添加效果”\“影片操作”、“播放”,将该动作“开始”选项设为“单击时”。并调出“计时”、“效果”、“电影设置”选项卡设置如下：

在“计时”选项卡中设“重复”选项为“直到幻灯片末尾”,使得播放过程中播放按钮始终有效。“触发器”选项下选择“单击下列对象时启动效果”,在下拉框中选择“播放按钮图形”为触发器(如图 6-67 所示)。

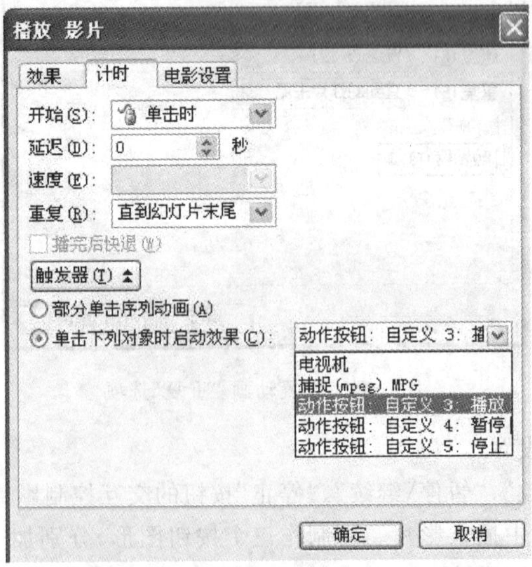

图 6-67 设置影片播放动作触发器

在“效果”选项卡中对“开始播放”选项作相应设置,如需播放从头开始,则选择“从头开始”;若需延续在多张幻灯片中播放,则在“停止播放”选项作“在(　)张幻灯片后”设置(如图 6-68 所示)。

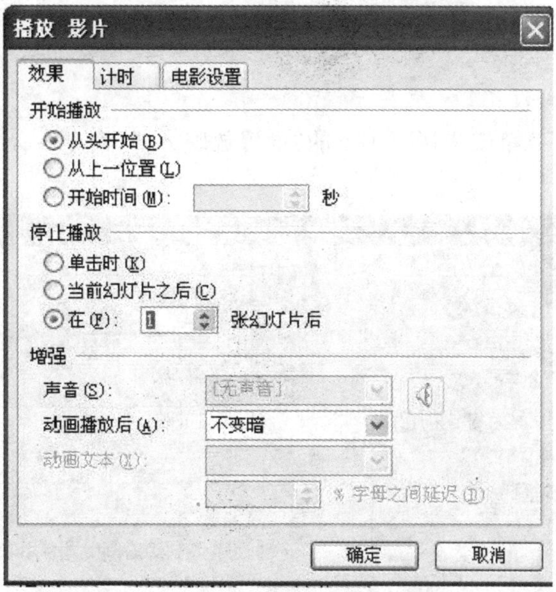

图 6-68　设置幻灯片中影片延续播放

在“电影设置”选项卡中对影片播放“显示选项”可设置“不播放时隐藏”、“缩放至全屏”；在此选项卡中还可对影片的音量进行调整设置(如图 6-69 所示)。

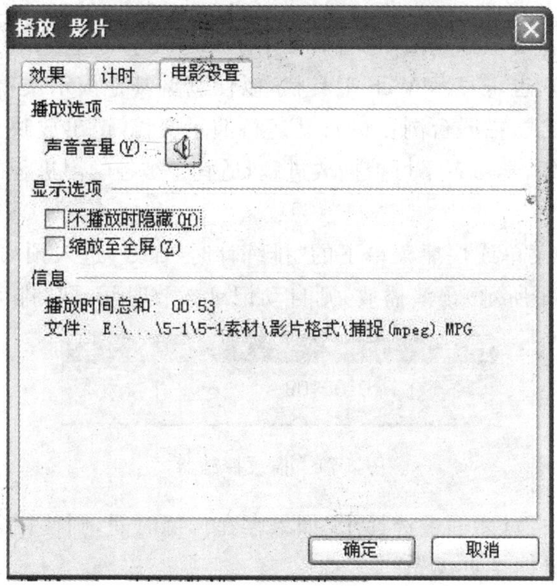

图 6-69　电影设置选项卡

然后与以上同样的方法设置暂停与停止播放控制的动画。再次分别选中影片对象在“添加效果”\“影片操作”、“暂停”动作选项以及“停止”动作选项，将该动作“开始”选项设为“单击时”，并调出“计时”、“效果”、“电影设置”选项卡设置。分别设置“暂停|继续”、“停止”按钮图形为动作的触发器。

6.1.6 放映设置

6.1.6.1 放映方式设置

执行“幻灯片放映”菜单或快捷菜单下的“设置放映方式”命令，在出现的对话框(如图6-70所示)上设置：

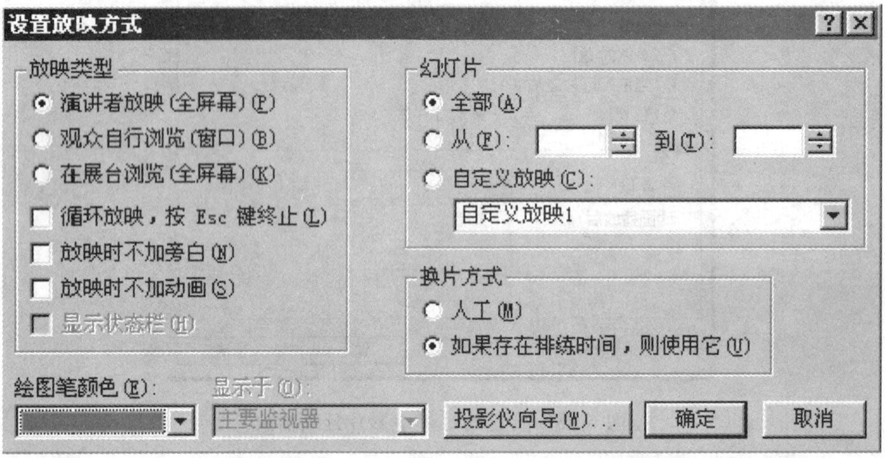

图6-70 “设置放映方式”对话框

1. 放映类型

演讲者放映可运行全屏显示的演示文稿，常用于课堂教学的播放；观众自行浏览可运行在小型窗口，使用滚动条浏览，也可显示 Web 工具栏，以便浏览其他演示文稿和搜索链接至 Web 地址，适宜于自主的学习形式；在展台浏览可自动运行演示文稿，退出放映按“Esc”键，播放时间采用“排练计时”做预先设定，学习者不可控播放进程，适宜于被控学习进程的学习形式。

2. 排练计时

执行“幻灯片放映”菜单或快捷菜单下的“排练计时”命令，进入预演播放状态：用窗口出现的播放控制器(如图6-71所示)预演播放，则自动记录播放时间，即“排练时间”。

图6-71 播放控制器

当在“设置放映方式”对话框中选择了“如果存在排练时间，则使用它”选项，放映时仍可单击鼠标换页，且以单击鼠标换页优先。

6.1.6.2 放映操作与技巧

1. 黑屏与白屏(B\W)

在课件播放过程中有时需要暂时的屏幕内容遮挡，如遮挡住显示的生字、英语单词、公式等，以留给学习者对显示内容记忆、背诵的时间，则可用黑屏或白屏(B\W)的方法实现快速遮挡。当按下“B”键可以切换至黑屏；当按下“W”键可以切换至白屏，再按任意键则返回播放界面。

2. 绘图笔标注

在播放过程中可以在播放窗口左下角单击绘图笔工具或在快捷菜单选择“指针选项”中

选择某种笔型的笔(如圆珠笔等)在屏幕窗口书写;可在此菜单中选择墨迹颜色、橡皮擦。当播放结束可选择“保留”或“放弃”用绘图笔所作的书写墨迹。

3. 演讲者备注

课件中的每一张幻灯片都可以添加备注页的内容,通常可以在备注页上添加不直接在屏幕上显示的信息,比如习题答案、字词的注释、公式等,便于需要显示时可方便地调用。在播放窗口快捷菜单中选择“屏幕”下的“演讲者备注”命令,则会弹出备注窗口。备注页的内容编写可以在课件编辑窗口的普通视图或备注页视图中添加与编辑,也可在播放过程中调出“演讲者备注”窗口添加。

4. 窗口模式播放

在播放课件时,有时需要切换至其他程序,可以采用窗口模式以避免退出播放。播放幻灯片时按下“Alt”键同时点击幻灯片放映按钮,或按下“Alt”键同时依次按下 D、V 键,播放窗口下可见任务栏,在任务栏上可激活其他程序。也可选择在播放窗口快捷菜单中选择“屏幕”下的“切换程序”命令,使得播放窗口下可见任务栏。

6.1.6.3　运用笔记本电脑双窗口演示

教师运用课件演示时往往需要一些提示信息或备注,而这些内容又不适合直接课堂展示。用笔记本电脑进行 PowerPoint(使用 PowerPoint 2003 版本)幻灯片放映时,通过多显示器放映功能,可使演示者的显示窗口与投影机上分别投出不同的内容。设置步骤如下:

1. 设置副显示器显示模式为桌面扩展模式

在桌面上右单击,选择“属性”,出现“显示属性”窗口。单击“设置”标签,单击显示器 1(笔记本电脑的液晶显示屏),选择“将该显示器作为主监视器”;单击显示器 2(外接投影机或外接显示器),勾选“将 Windows 桌面扩展到该显示器上”,并为该监视器设置合适的分辨率。若笔记本电脑的显示属性中只有一个显示器(如图 6-72 所示),这是由于显卡的驱动模式被设置为了单一模式或镜像模式,这时只需单击“高级”按钮,进入“高级属性”对话框把驱动模式改为多监控模式即可(如图 6-73 所示)。

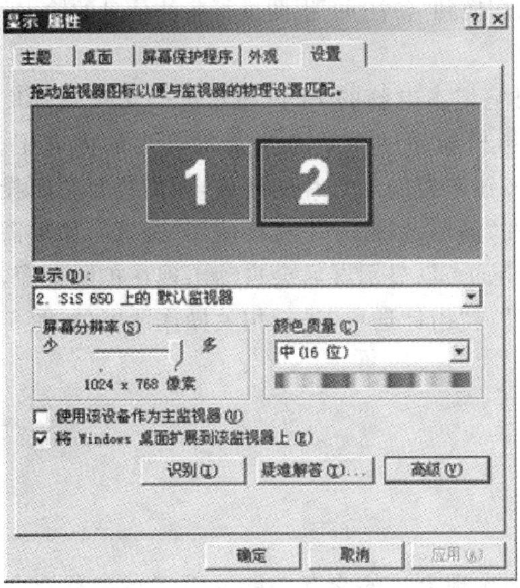

图 6-72　显示属性设置

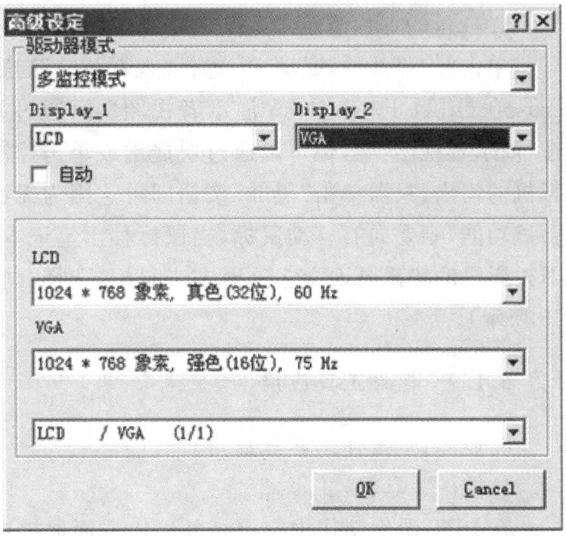

图 6-73　高级属性设置

2. 设置 PowerPoint 幻灯片放映方式

执行“幻灯片放映”菜单下“设置放映方式”命令，在“设置放映方式”对话框中将“幻灯片放映显示于”设置为“监视器 2 默认监视器”，并勾选“显示演示者视图”（如图 6-74 所示）。

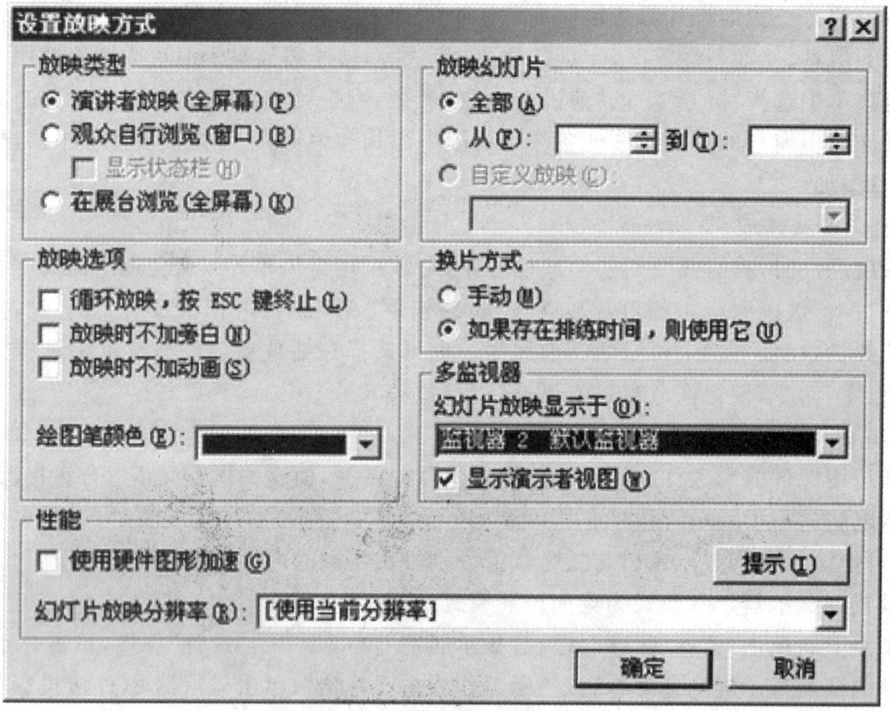

图 6-74 设置放映方式

3. 为演示文稿添加备注

用 PowerPoint 打开需要编辑的演示文稿，在每张幻灯片下的“备注窗格”中输入这张幻灯片的备注信息。如果需要输入的信息量比较大，则可以切换到“备注页”视图进行备注信息的输入。

4. 进行幻灯片演示

单击“幻灯片放映”菜单，选择“观看放映”，这时笔记本电脑的 LCD 显示屏会切换到“Microsoft Office PowerPoint 演示者视图”而通过投影机输出的则只有当前幻灯片的内容了。在“演示者视图”中，你可以通过快捷键或单击控制按钮来控制幻灯片的播放，如需暂时关闭投影机的输出，只需单击“黑屏”按钮即可。因为无法在“演示者视图”中直接使用“画笔”，如果需要该功能，则要向右移动鼠标，当鼠标移出笔记本电脑 LCD 显示屏后会自动出现在扩展桌面，即投影机的输出画面上。这时右击鼠标，选择“画笔”或“指针选项”进行相关操作即可（如图 6-75 所示）。

6.1.7 控件工具应用

6.1.7.1 控件工具与应用

1. 控件工具箱

在 PPT 课件制作中应用控件可以方便地扩展和实现上述的交互功能。PPT 的控件存在于“视图”→“工具栏”→“控件工具箱”中，可以将控件分为内部控件和外部控件。以 Power-

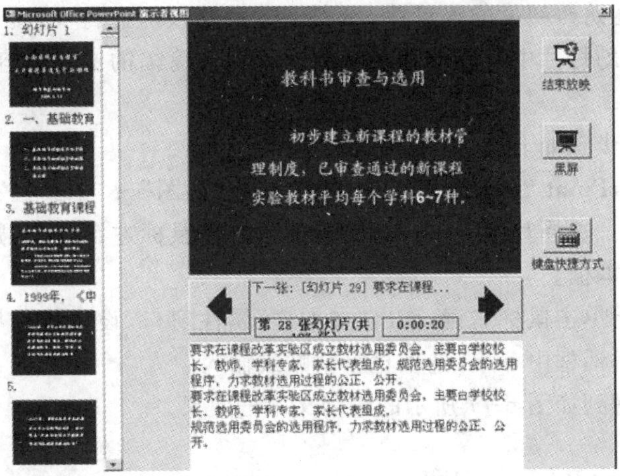

图 6-75　演示者视图

Point 2003 为例，内部控件主要由文本框、单选按钮，滚动条等 11 个控件组成，外部控件包括多媒体控件、数据通信控件、对话框等 200 多个控件(如图 6-76 所示)。

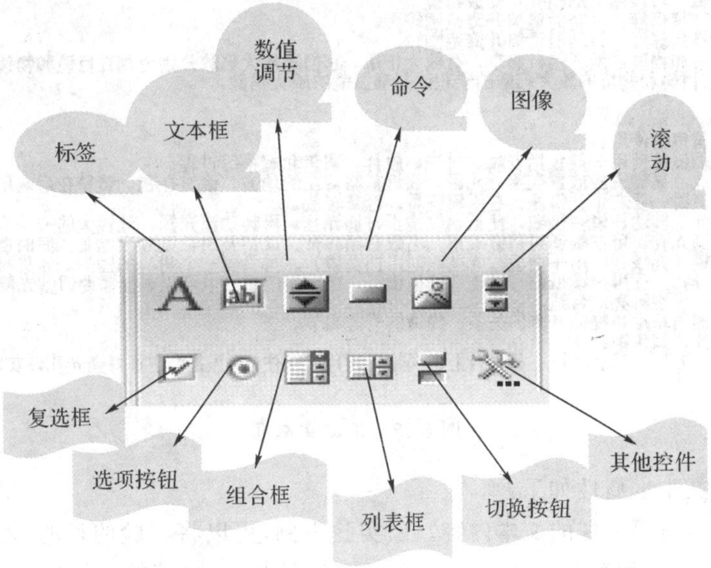

图 6-76　控件工具

2. 控件应用注意的问题

(1)在播放 PPT 课件前要激活控件。

(2)执行“工具”→“宏”→“安全性”命令，打开“安全性”对话框，在“安全级”标签，选中“低”选项，以避免“安全性”提示对话框，使幻灯片正常运行。

6.1.7.2　应用控件制作“滚动文本”框

在教学过程中，通常教师需要结合教材中的课后阅读材料以及通过其他如网络、报纸等媒体获取较大篇幅的阅读材料进行教学的扩展，又比如在进行实验教学的过程中，通常一个实验具有比较多的步骤，课件呈现的实验仪器或装置画面对应着较大篇幅的实验指导文本内容，若分放在几张 PPT 内会妨碍阅读的连贯性，不利于学生及教师进行实验。而应用滚动文本框，在课件中可以在一张幻灯片中拖动滚动条就可以看到大篇幅的文本内容，保持了阅读内容的完整性。

制作滚动文本的步骤如下：

首先，进入 PowerPoint 2003 工作界面，依次点击“视图”→“工具栏”→“控件工具箱”，打开“控件工具箱”面板。选择其中的“文本框”控件。按住鼠标左键，在幻灯片的适当位置上画出一个大小适中的文本框。

然后，在文本框上单击鼠标右键，调出“文本框”属性窗口，设置控件属性。可在文本框中粘贴文本，或在属性对话框中 Text 选项栏目粘贴或输入。

设置相关属性，得到如图 6-77 所示的滚动文本框效果。

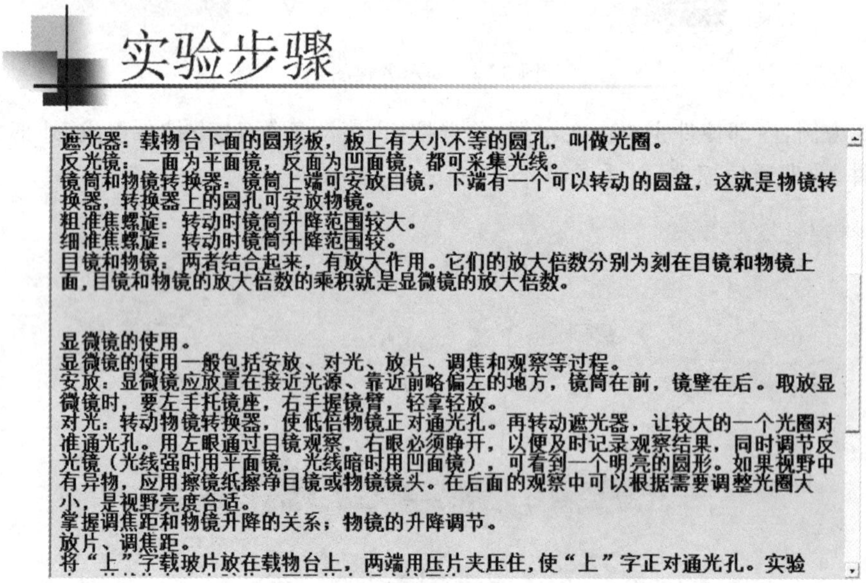
实验步骤
遮光器：载物台下面的圆形板，板上有大小不等的圆孔，叫做光圈。
反光镜：一面为平面镜，反面为凹面镜，都可采集光线。
镜筒和物镜转换器：镜筒上端可安放目镜，下端有一个可以转动的圆盘，这就是物镜转换器，转换器上的圆孔可安放物镜。
粗准焦螺旋：转动时镜筒升降范围较大。
细准焦螺旋：转动时镜筒升降范围较。
目镜和物镜：两者结合起来，有放大作用。它们的放大倍数分别为刻在目镜和物镜上面，目镜和物镜的放大倍数的乘积就是显微镜的放大倍数。
显微镜的使用。
显微镜的使用一般包括安放、对光、放片、调焦和观察等过程。
安放：显微镜应放置在接近光源、靠近前略偏左的地方，镜筒在前，镜壁在后。取放显微镜时，要左手托镜座，右手握镜臂，轻拿轻放。
对光：转动物镜转换器，使低倍物镜正对通光孔。再转动遮光器，让较大的一个光圈对准通光孔。用左眼通过目镜观察，右眼必须睁开，以便及时记录观察结果，同时调节反光镜（光线强时用平面镜，光线暗时用凹面镜），可看到一个明亮的圆形。如果视野中有异物，应用擦镜纸擦净目镜或物镜镜头。在后面的观察中可以根据需要调整光圈大小，是视野亮度合适。
掌握调焦距和物镜升降的关系；物镜的升降调节。
放片、调焦距。
将“上”字载玻片放在载物台上，两端用压片夹压住，使“上”字正对通光孔。实验

图 6-77 滚动文本框

一些常用的文本框属性如下：

- Text 属性：所要呈现的文本内容。以实验为例，可以将实验的目的、器材、步骤等直接输入，或在文字编辑软件中输入好后，采用“复制—粘贴”的方法进行输入。若是一些现成电子稿的课外阅读材料，就可直接“复制—粘贴”输入。
- Font 属性：设置显示文字的字体、字号等。
- ForeColor 属性：设置文本框窗体的颜色。
- Locked 属性：设置放映时能否修改文本框中的内容。当值为 True 时，在放映时不能修改文本框的内容。False 为可以在放映时修改。
- MultiLine 属性：设置文本内容能否多行显示。当值为 True 时，可以显示多行内容。
- ScrollBars 属性：设置滚动条的样式，其值取 0、1、2、3，分别表示不要滚动条、只要水平滚动条、只要垂直滚动条、要水平和垂直滚动条。
- TextAlign 属性：文本中内容的对齐方式，其值取 1、2、3，分别表示左对齐、居中对齐和右对齐。

- WordWrap 属性：段落内是否允许文本换行。True：允许换行；False：不允许换行。完成后，使用“幻灯片放映”命令，即可看到滚动文本的演示效果。

6.1.7.3 应用控件扩展数字视频与动画播放功能

1.“Windows Media Player”控件在课件中的应用

在 PPT 中，经常采用的插入视频的方法是：在“插入”菜单中选择“影片和声音”选项中的“文件中的影片”，选择并且插入相应的视频文件。但此方法有一个很大的缺点：由此插入的视频播放窗口不带播放控制条，对视频的播放不能进行有效控制。又由于 PPT 只支持播放特定的几种文件格式，如 avi、mpeg，而对一些流媒体的文件格式并不支持播放。而利用 PPT 控件工具箱中的“其他”控件嵌入“Windows Media Player”播放器，运用其扩展播放功能。使“asf”、“wmv”、“mpg”、“avi”等格式的视频文件导入在 PPT 中能够播放。并通过这种方法，在播放过程中教师可以使用播放控制条对影片进行控制，更加方便、灵活。步骤如下：

(1)“Windows Media Player” 控件应用。首先，进入 PowerPoint 2003 工作界面，选择“视图”→“工具栏”→“控件工具箱”，打开“控件工具箱”面板。在“控件工具箱”当中的“其他控件”中选择“Windows Media Player”控件。按住鼠标左键，在幻灯片上拖出一个矩形，该区域就会自动变为 Windows Media Player 的播放界面。

(2)在播放界面上单击鼠标右键，选择“属性”，调出控件的属性窗口，并设置控件属性。在“URL”设置项处输入视频文件的绝对路径和名称。通常把与课堂内容相关的视频文件和演示文稿放在同一文件夹下，这样在“URL”后只需输入文件名称即可，如“Apple. avi”，其中“avi”不能少。其他设置项均取默认值即可。

完成后，使用“幻灯片放映”命令，即可看到视频文件播放效果。在播放过程中，可以通过媒体播放器中的“播放”、“停止”、“暂停”和“音量调节”等按钮对视频进行控制。

2.“ Flash” 控件在课件中的应用

PowerPoint 携带的动画功能不足以满足课程教学的需要时，插入 Flash 动画整合到 PPT 课件当中加以弥补，可以使课件更加丰富，提升教学的效果。采用链接与插入对象的方法在窗口显示的是路径与图标，而采用“Flash”控件则可实现“无缝”链接。在窗口直接嵌入播放窗口。步骤如下：

(1)进入 PowerPoint 工作界面，选择“视图”→“工具栏”→“控件工具箱”，打开“控件工具箱”面板。在“控件工具箱”中“其他控件”选择“Shockwave Flash Object”，按住左键在幻灯片中合适位置拖放出一个矩形，并根据动画大小进行适当调整。

(2)在矩形上点击鼠标右键，设置 Flash 的属性。指定名称值为 SwF1。

一些常用 Flash 属性如下：

- Movie：输入 Flash 动画的绝对路径和名称。通常把 Flash 动画和演示文稿放在同一文件夹下，这样在“Movie”设置项后只需输入文件名称即可，如“zhinanzheng. swf”，其中“swf”不能少。
- EmbedMovie：设置成 True，表示把 Flash 电影嵌入课件，保证在另一台计算机上也能顺利播放 Flash 动画。
- Playing：设置成 True，表示播放当前幻灯片即自动播放 Flash 动画。
- Loop：设置成 True，让 Flash 动画反复播放，否则设置成 False。
- Menu：在播放过程中，如果想在右击 Flash 电影时弹出选项菜单，把这个属性设置成

True。

(3)播放控制。可利用命令按钮代码进行 Flash 的控制。方法如下:在幻灯片上添加五个命令按钮,“名称”属性依次指定为“play、pause、forward、back、end”,对应“Caption”的属性为“播放、暂停、前进、后退、结束”,对每一个按钮进行代码设置如下:

```
Private Sub play_ Click()
SwF1. Playing = True
End Sub
Private Sub pause_ Click()
SwF1. Playing = False
End Sub
Private Sub forward _ Click()
SwF1. FrameNum = SwF1. FrameNum + 10
SwF1. Playing = True
End Sub
Private Sub back_ Click()
SwF1. FrameNum = SwF1. FrameNum - 10
SwF1. Playing = True
End Sub
Private Sub end_ Click()
SwF1. FrameNum = SwF1. Total Frames
End Sub
```

完成后,使用“幻灯片放映”命令,即可看到 Flash 动画的播放效果。需要注意一点:为确保制作好的 PPT 课件中影片与 Flash 的正常播放,要将影片与 Flash 文件放到 PPT 文件的同一级目录,使用影片与动画文件时,不使用绝对路径,而在地址栏中直接输入带有扩展名的文件名。转移时要将 PPT 文件和动画文件放到同一文件夹中一同复制转移。

6.1.7.4 应用控件制作应答反馈型练习题

对于所有的学科来说,对知识的巩固练习是必不可少的。学习过程中通过练习—反馈不仅可以加深学习者对概念的理解、知识的巩固,也会激起学生学习的信心。

PPT 课件也可运用控件设置应答反馈型操练。在各种各样的习题中,选择与填充题通常占有很大的比例。选择题主要包括单项选择题和多项选择题。以下将阐述如何应用 PPT 的控件制作选择题和填充题。

1. 单项选择题制作具体操作实例

(1)题目的题干部分。在幻灯片中的文本框输入题目题干部分。如题目:“将右手放到一盆冷水中,左手放到一盆热水中,过一会儿把双手同时放到一盆温水中,则两手的感觉是?”。

(2)题目的选项设置。然后用控件单选钮制作四个答案选项。可以在制作完成一个以后,复制得到其他三个,设置它们的“名称”属性依次为“B11、B12、B13、B14”,“Caption”属性依次为“A. 右手热,左手冷;B. 右手热,左手热;C. 右手冷,左手热;D. 右手、左手一样热”;“Groupname”属性值都设为 Slide1(该题的四个选项属于同一组,其组名均为 Slide1)。

可以仿照上述方法制作更多的习题,只需将单选钮的“名称”属性改为“B21、B22、B23、

B24”和“Groupname”属性值都设为 Slide2。

(3)设置提交作业交互按钮。添加一个“命令按钮”,“Caption”属性为“提交答案并计算得分”,双击该按钮加入代码:

```
Private Sub CommandButton1_Click()
score = 0
If B11.Value = True Then
score = score + 2
End If
m = MsgBox("本次得分为:" & score, , "成绩统计")
End Sub
```

运行结果如图 6-78 所示。

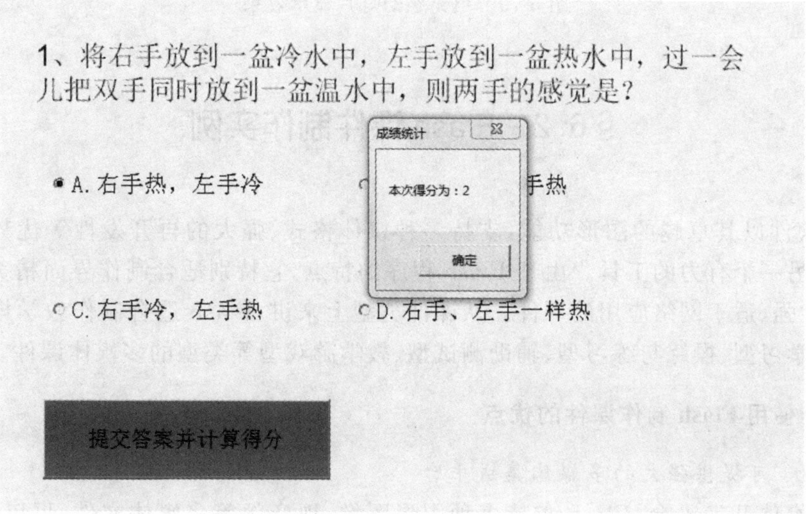

图 6-78　单项选择题幻灯片显示效果

2. 多项选择题制作具体操作实例

多项选择题的制作方法和单项选择题的制作方法非常类似,只需将代码中的“If B11. Value=True”中的单选按钮的名称“B11”换成相应的正确选项的多选按钮代码,并将语句用“and”连接即可。

3. 填充题制作具体操作实例

(1)设置题目文本。在幻灯片适当位置输入题目文本,如:“用放大镜来观察物体时,可以扩大观察的范围,属于____观察。”制作一条短横线表示填空区。

(2)设置输入“文本框”。在题目文本中的填充区域的横线之上添加一个“文本框”控件,并调整其大小及位置至合适,设置其名称属性为“TextBox1”。

(3)设置提交作业交互按钮。然后添加一个“命令按钮”,“Caption”属性为“提交答案并计算得分”,双击该按钮加入代码:

```
Private Sub CommandButton1_Click()
If TextBox1.Value = "间接" Then score = score + 1
```

```
End If
m = MsgBox("本次得分为：" & score, "成绩统计")
End Sub
```

最后，运行幻灯片，运行结果如图 6-79 所示。

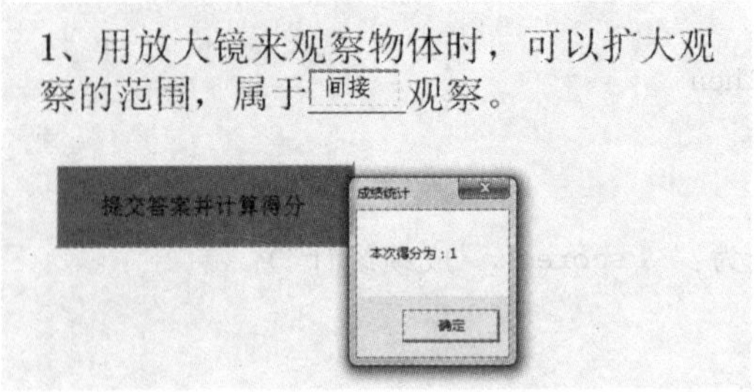

图 6-79 填充题幻灯片显示效果

§6.2 Flash 课件制作实例

Flash 软件以其卓越的图形功能，支持多种媒体格式、强大的再开发性等优势，逐渐成为课件开发的另一个有力的工具。由于 Flash 程序的特点，它特别适合制作界面精美、动画效果流畅、交互性强、适于网络应用的课件。从课件类型上来讲，Flash 适合制作教学模拟型、个别化系统交互学习型、操练与练习型、辅助测试型、教学游戏型等类型的多媒体课件。

6.2.1 使用 Flash 制作课件的优点

6.2.1.1 可提供强大的多媒体集成平台

作为多媒体开发平台，Flash 支持多种图形图像、视音频等多媒体文件，可以让使用者方便地利用手头的媒体素材进行课件开发。以 Flash 8.0 为例，在图形素材方面它支持多种矢量图形和位图格式，支持的矢量图有 dxf、eps、wmf，位图有 jpg、gif、png 等，Flash 支持中导入包括 wav、mp3、aif、mpeg、avi、wmv、mov、dv、asf、flv 等在内的多种音频、视频文件。因此，用 Flash 能制作出媒体形式丰富的课件。

6.2.1.2 可实现丰富的交互功能

利用 Flash 的自带的脚本语言(ActionScript)，可以让用户通过编程实现灵活多样的交互形式，以满足课件设计的要求。当然，使用编程功能需要用户有一定的编程能力，为了使普通用户也能很好地使用交互功能，Flash 还提供了“测验”模板，用户只需通过简单设置就可以创建出多种适用于课件开发的交互形式。

6.2.1.3 支持多种文件格式输出，便于使用

Flash 可将制作好的课件输出成多种格式，如默认的动画文件格式 swf，视频格式文件 avi、mov，可执行文件 exe，也可直接以 html 格式输出成网页。用户可以根据课件使用的环境挑选合适的输出文件格式。

6.2.1.4 提供灵巧的绘图工具

Flash 的主要功能之一就是创建精美的动画作品，所以在 Flash 中提供了大量用于图形对

象编辑与绘制的工具。这些工具功能强大且使用方便，如使用多边形工具可以创建任意多边形或多角星形，利用部分选择工具可以调节图形的边界。用户如果能熟练使用这些工具，就可以根据课件的要求，创建出各种形象生动、色彩鲜艳的矢量图形对象。

6.2.1.5　便于课件的网络化应用

由于 Flash 采用矢量图形技术，它生成的 swf 格式动画文件占磁盘空间非常小，数据流量也相对较小，在网络上播放时动画效果流畅。因此，Flash 制作的多媒体课件非常适合在网络上播放。此外，用 Flash 制作的 swf 格式的课件可以与网页无缝衔接，直接在打开的网页中演示课件，无需下载后再播放，这大大减少了使用者在浏览器端等待的时间。

6.2.2　基于 Flash 课件制作的一般过程

基于 Flash 的课件制作和其他软件制作课件一样，制作过程基本包括六个主要步骤。

6.2.2.1　教学设计

任何课件制作都需要在教学设计的基础之上完成的。课件制作前，教学者应该根据课程的教学目标，在学习对象需求分析基础上，选择适当的教学策略与教学媒体，以达到优化教学效果，提高教学效率和教学质量的目的。

6.2.2.2　脚本编写

脚本是多媒体课件设计思想的具体体现，编写脚本的过程是教学设计细化的过程，脚本设计一般是先根据需求来确定系统的目的，定义系统的功能与界面，然后以屏为单位确定系统的逻辑结构，选择媒体形式和确定每种媒体的信息量，最后形成详细而完整的制作脚本。

在编制 Flash 课件的脚本时，要充分考虑到此类课件的界面和程序语言特点，一般以场景为基本单位来建立课件的主结构，再利用按钮交互与元件对象在同一场景中建立分结构。场景间的转换设计也可以用影片调用、按钮交互、程序跳转等多种方式。

6.2.2.3　素材准备

Flash 有良好的多媒体支持性能，第四章介绍的五种多媒体素材，在 Flash 环境中都可以方便地使用。因此，在素材收集和准备时，可以着重考虑这些素材与课件的相关性和表现力，而不需过多考虑素材的格式问题。

6.2.2.4　课件编制

Flash 课件编制时一般可以分成封面片头制作、素材元件制作、导航界面制作及导航控制与显示元件之间的关联建立几个步骤。

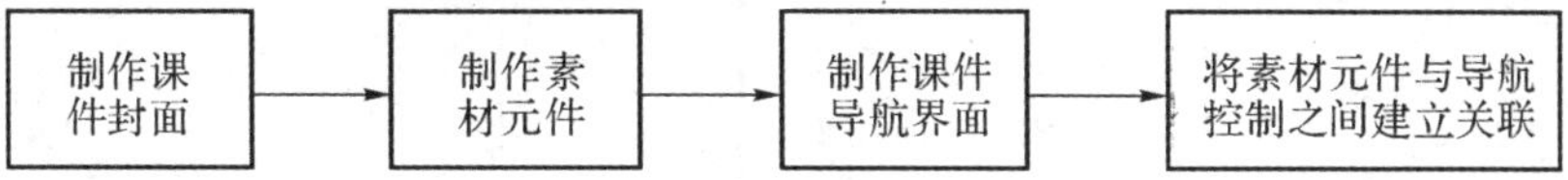

图 6-80　基于 Flash 的课件编制一般过程

课件的封面片头可以用 Flash 时间轴动画直接制作或导入用外部素材。通常封面单独占一个场景，并在封面场景上应设置进入程序主界面和退出程序两个按钮，以便课件使用人操作。

每一个在课件中使用到的素材，都可以通过建立元件的方法放置在元件库中。这样既有利于素材的统一管理，也方便素材的查找和使用。作为多媒体素材的元件一般可创建为影片剪辑或按钮元件，因为这两类元件可以通过 AS(ActionScript)语言对其属性进行控制，从而实现较为复杂的课件演示功能。

Flash 中的导航功能一般都由按钮中添加相应的代码来实现,根据控制对象的不同其代码编制有所区别:通过_visible 属性可控制元件在同一场景中的显示或隐藏;利用 goto 语句可实现不同场景中的切换;还可使用 loadmovie()函数调用外部的 swf 文件。

6.2.2.5 课件调试

Flash 课件的调试分为代码调试和功能调试。代码调试是指纠正课件中使用的 AS 语言代码的语法错误,然而课件没有语法错误并不意味着预设的功能一定实现了,可能还存在一些功能上的遗漏或错误,还需进行进一步的功能调试。功能调试是指查看程序运行的结果是否能够达到教学设计的目标和效果。通过两方面的调试后,课件基本完成,等待最后发布。

6.2.2.6 课件发布

Flash 课件可以发布成包括 swf、html、exe 等在内的多种文件格式。选择"文件"菜单下的"发布设置"命令,打开"发布设置"对话框,在对话框的"格式"标签中根据课件使用的环境选择一个发布的格式,然后在相应格式的属性面板中进行具体的发布属性设置,最后单击对话框中的"发布"按钮即可。图 6-81 所示为"发布设置"对话框中的"格式"标签。图 6-82 所示 swf 文件格式的属性设置。

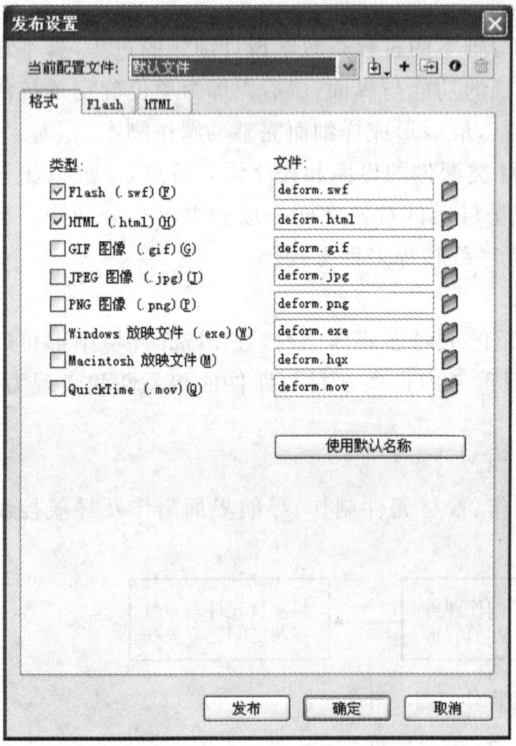

图 6-81 "发布设置"对话框中的"格式"标签

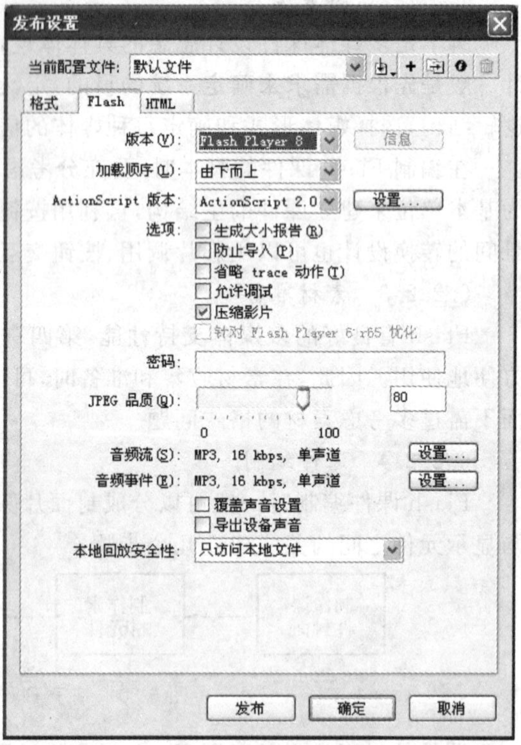

图 6-82 swf 文件格式的属性设置标签

6.2.3 基于 Flash 的多媒体素材使用技术

Flash 支持多种类型多种格式的外部多媒体素材,包括文字、图片、声音、视频及动画等。这些素材可以通过导入的方式建立在 Flash 内部,也可以通过调用的方式直接使用外部媒体文件。本单元将介绍几种课件中常用的素材使用方法。

6.2.3.1　调用外部文本文件

(1)选择工具箱中的文本工具在编辑区拖出一个文本框,将文本设为动态文本,并给动态文本设置一个变量名,如:mytxt。

(2)在同一目录下建立一个文本文件 test.txt,并且在文件开头写入 mytxt=,后面为需要调用的文字内容。

(3)建立四个按钮,分别为"调用"、"清除"、"上翻一行"、"下翻一行",界面效果参看图 6-83。

(4)给四个按钮分别添加动作代码,具体代码如下:

"调用"按钮上的代码:

```
on (release) {mytxt = ""; // 清空文本变量
              loadVariables ("test.txt" , mytxt ); // 调用 test.txt 文件
              System.useCodepage = true; // 正确显示外部文件的中文字符 }
```

"清除"按钮上的代码:

```
on (release) {mytxt = ""; //清除动态文本框中的内容; }
```

"向上"按钮上的代码:

```
on (press) {_root.mytxt.scroll = _root.mytxt.scroll - 1; // 文本向下滚动一行; }
```

"向下"按钮上的代码:

```
on (press) {_root.mytxt.scroll = _root.mytxt.scroll + 1; // 文本向上滚动一行; }
```

测试场景显示结果如图 6-83 所示。

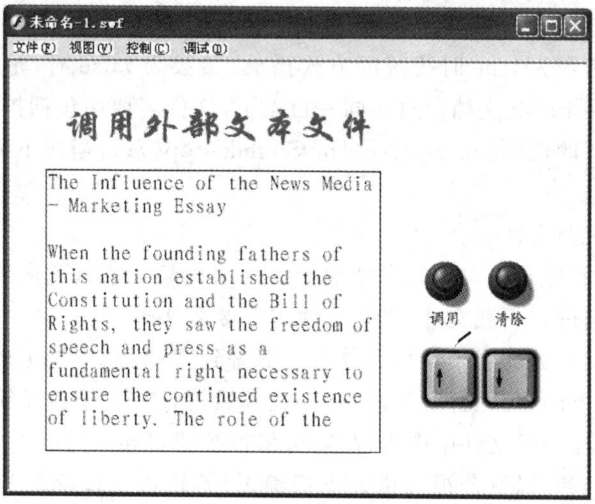

6-83　"调用外部文本文件"程序运行结果

6.2.3.2　调用外部声音素材

Flash 对于声音素材的调用主要有两种方式:一是通过"导入"到库,二是通过 loadSound ()函数调用外部声音文件。

1. 第一种方法

(1)使用“文件”菜单下的“导入—导入到库”命令，打开文件导入窗口，选择要导入的声音文件后，单击“确定”按钮，此时在当前文档的库窗口中可以找到导入的声音文件，如图 6-84 所示导入了“Windows—media”目录下的文件名为“Windows XP 启动.wav”的声音文件。

(2)新建一个图层作为声音层。选中该图层，将库中的声音文件拖到当前场景中，可以看到所选图层中的波形图样，如图 6-85 所示。这样就可以同步使用声音文件了。

图 6-84 导入库中的声音文件

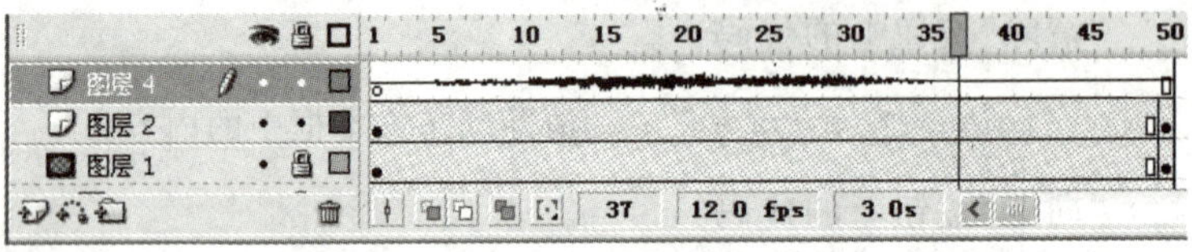

图 6-85 拖入到场景后的声音图层

2. 第二种方法

如果以按钮实现外部声音文件的调用和停止声音播放功能，可以作如下操作：

(1)在场景中制作两个按钮(一个调用，一个停止)，然后在两个按钮上分别添加代码。

(2)“调用”按钮上的代码：on (release){mySound=new Sound ();mySound.loadSound(“外部声音文件名”,true);}，该段语句先建立一个新的声音对象 mySound，然后加载外部声音文件到此对象中，参数为 true 时按流的方式播放，参数为 false 时，是以装载完后播放。注意：外部声音文件应和 Flash 文档存放在同一目录下，文件名要用包括扩展名的全名。

(3)“清除”按钮上的代码：on(release){mySound.stop();}，当按下清除按钮后，停止声音的播放。

6.2.3.3 调用视频文件

Flash 中可使用“视频导入”向导，方便地导入外部视频。通过此向导，可以选择将视频剪辑导入为流式文件、渐进式下载文件、嵌入文件或链接文件。

若选“导入渐进式下载的视频”，可以导入已部署到 Web 服务器上的视频文件；也可以选择存储在本地计算机上的视频文件，导入到 fla 文件后再将其上载到服务器上。

若在向导中选择在 swf 文件中嵌入视频，可将视频剪辑导入为嵌入文件，并在向导中选择对视频进行嵌入、编码和编辑(若视频格式支持编辑)等操作。理论上 Flash 支持多种视频文件格式，但实际操作中何种视频文件格式导入为嵌入文件，将具体取决于操作系统。如在 PC 与苹果的操作系统中，支持的文件格式有所不同，是否安装视频驱动程序也将影响视频的导入。

下面我们导入一个存放在本地计算机中的视频文件为影片剪辑元件。

(1)选择“文件”菜单下的“导入—导入视频”选项，可打开视频导入向导；

(2)选择“在您的计算机上”选项，输入文件路径和文件名，或单击“浏览”找到要导入的视频文件，然后单击“下一个”按钮；

(3)选择“在 swf 文件中嵌入视频并在时间轴上播放”选项，然后单击“下一个”；

(4)在“符号类型”中选“影片剪辑”，选择“实例放置在舞台上”复选框可将导入的影片剪辑元件直接放置在场景中，否则导入的剪辑存放在库中，单击“下一个”；

(5)单击“完成”按钮，完成视频导入；

(6)导入的视频以影片剪辑元件形式存在，可用 AS 语言实现对其的播放控制。

6.2.3.4　调用外部的 swf 文件

在 Flash 中可以使用 loadMovie( )和 loadMovieNum( ) 函数调用外部的 swf 文件。调用的途径一般有两种：一是先在场景建立一个空影片剪辑元件，然后将外部 swf 文件加载到该空影片剪辑中；二是直接将外部 swf 文件加载到时间轴上。为了程序简便，先将外部 swf 文件和编辑的 Flash 文件放在同一目录下，然后再实现调用。

(1)用函数 loadMovie (“外部 swf 文件全名”,“空影片剪辑实例名”) 实现加载外部的 swf 文件到空影片剪辑中；清除 swf 文件时，用 unloadMovie (“空影片剪辑实例名”)即可。

(2)用函数 loadMovie(“外部 swf 文件全名”,level)实现加载外部 swf 文件到场景中，其中 level 值为层深值；可用 unloadMovie(level)移除制定层上的 swf 文件。

(3)同时加载多个外部 swf 文件时，可用函数 loadMovieNum(“外部 swf 文件全名”,level)将指定的外部 swf 文件加载到指定的层次上。如分别将 01. swf、02. swf、03. swf 加载到 1、2、3 个层次上，可以使用语句：

```
loadMovieNum("01.swf", 1);
loadMovieNum("02.swf", 2);
loadMovieNum("03.swf", 3);
```

如果要卸载则可用语句：

```
unloadMovieNum("01.swf", 1);
unloadMovieNum("02.swf", 2);
unloadMovieNum("03.swf", 3);
```

用 loadMovie( )和 loadMovieNum( ) 函数除了可以调用外部的 swf 文件外，还可以用同样的方法调用外部的非动画的 gif、png 和 jpeg 等图片文件。

6.2.4　基于 Flash 的课件制作实例——《摩擦力》

本节将结合一个 Flash 课件的制作实例，来具体讲解在课件编制过程中的常用技术。

6.2.4.1　课件制作的基本过程

(1)根据《摩擦力》的教学设计，先制作此章节的课件制作文字脚本；

(2)根据《摩擦力》的教学设计，建立课件知识点的导航结构图；

(3)根据制作脚本制作所需媒体素材；

(4)根据制作脚本进行课件页面设计，并加载制作的素材；

(5)根据导航结构图设置各个页面之间的链接方式；

(6)测试课件，进一步完善；

(7)课件发布。

6.2.4.2 《摩擦力》课件制作文字脚本

见表 6-6 所示。

表 6-6 《摩擦力》课件文字脚本

课件名称	摩擦力		
稿本作者	省略	制作单位	省略
适用对象	高中一年级学生、同等程度自学对象		
使用方式	1.资料	2.课堂演示	3.操作练习
	4.个别化系统学习	5.系统仿真	6.其他

教学内容划分及教学媒体使用

知识单元	知识点	教学目标	使用媒体	备注
认识摩擦力	1.生活中的摩擦力 2.摩擦力的定义 3.摩擦力的种类	1.了解摩擦力的作用	视频 文字 图片	
静摩擦力	1.静摩擦力的定义 2.静摩擦力产生的条件 3.静摩擦力的大小和方向	1.知道静摩擦力产生的条件 2.会判断静摩擦力的大小和方向	文字 图片 动画	
滑动摩擦力	1.滑动摩擦力的定义 2.滑动摩擦力产生的条件 3.滑动摩擦力的计算和方向 4.滑动摩擦因素的定义	1.知道滑动摩擦力的产生条件 2.会判断滑动摩擦力的大小方向 3.会计算滑动摩擦力	文字 图片 动画	

6.2.4.3 《摩擦力》课件组织结构图

见图 6-86 所示。

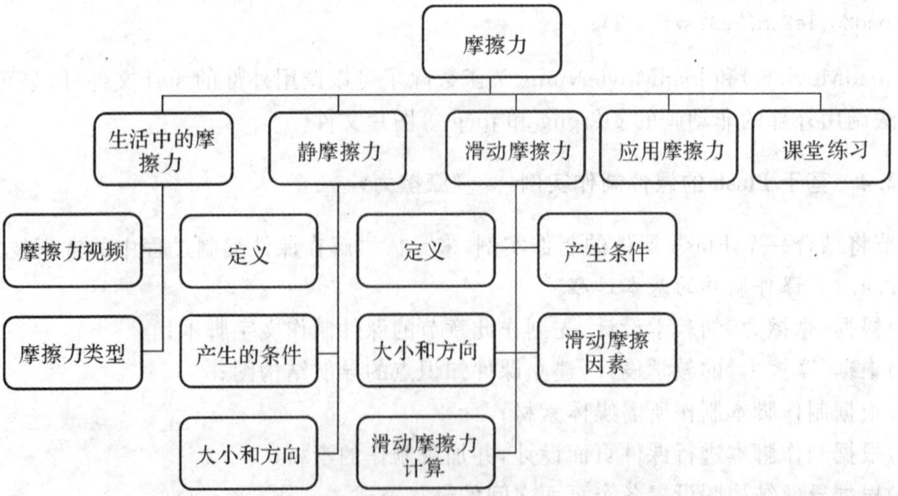

图 6-86 《摩擦力》课件组织结构图

6.2.4.4　课件主要页面设计

课件页面设计应把握几个基本原则:风格统一,布局合理,操作简便。本实例将页面分成两个区域,左边为按钮,右边内容显示区域,见图6-87所示。

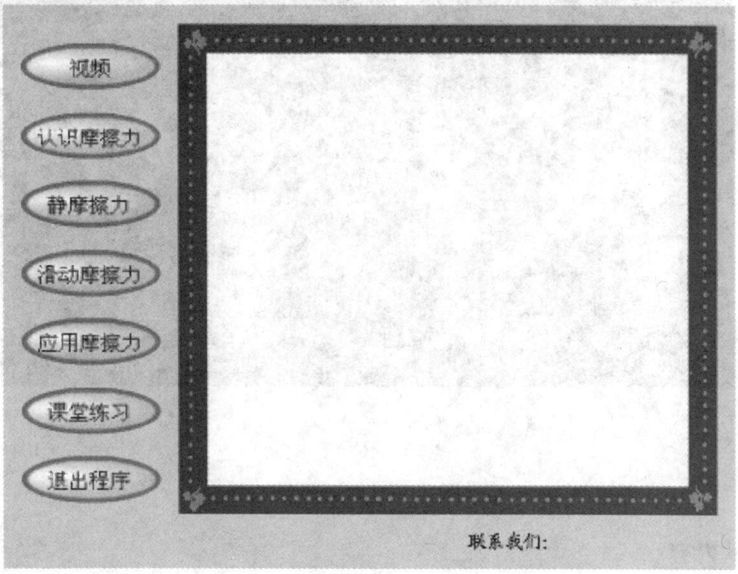

图6-87　《摩擦力》课件的主页面

6.2.4.5　课件制作主要步骤

1. 制作课件封面

(1)用Cool 3D制作一个片头的文字动画,并生成avi格式视频文件。

(2)启动Flash后,新建Flash文档。改变页面属性,将页面大小调整为800×600像素,并适当调整背景颜色。

(3)新建一个影片元件,然后选择“文件”菜单中的“导入——导入视频”选项。在弹出的“选择视频”对话框中输入文件路径或通过浏览选择要导入的视频文件,单击“下一步”按钮,进入下一对话框。

(4)在弹出的“部署”对话框中选择“在swf中嵌入视频并在时间轴上播放”选项后,单击“下一步”按钮,进入下一对话框。

(5)在弹出的“嵌入”对话框中使用默认选项,在下一个“编码”对话框中选择合适的编码质量(本例采用默认选项)。

(6)完成视频导入后,返回场景。在“库”面板中将刚刚制作的影片剪辑元件拖入场景中,并缩放到合适的大小。

(7)在按钮库中选择两个按钮元件,拖放到场景中,并在按钮边输入文字,如图6-88所示。

(8)在“进入课件”按钮元件上加动作,代码如下:on (release) { gotoAndStop ("场景 2", 1); }。

(9)在“退出课件”按钮上加动作,代码如下:on (release) { fscommand("quit"); }。注:该按钮的代码在课件发布后起效,在测试影片时不起作用。

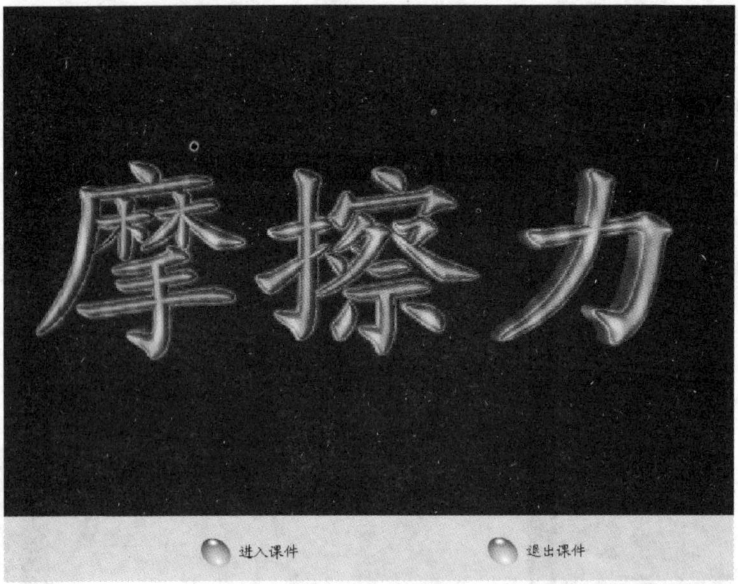

图 6-88 封面场景

2. 制作课件内容

(1)制作课件背景

1)插入一个新场景(场景 2),在场景的第一图层中导入一个外部边框的图片,并将该图层命名为“背景”。

2)插入一个新图层,命名为“按钮”,在“按钮库”中拖放多个按钮元件到该图层中。分别进入这些按钮的元件编辑窗口,将按钮的文字改成所需的文字。将按钮和边框图片按图 6-89 所示排放整齐。

注:本实例要实现单击左边按钮后,在右边图框内显示相应的内容的效果。有多种方法可以实现这样的效果:如将每个按钮对应的内容制作成影片剪辑元件,运行程序时,可用元件的_visible 属性控制对应的元件的显示或隐藏状态;或者将每个按钮对应的内容分别在不同的场景中制作,然后通过场景切换来实现预想的效果。

(2)制作“视频”对应的内容

1)插入一个新影片剪辑元件,参照“课件封面”制作过程中导入视频的方式,将事先转换好的视频文件导入至元件中,然后返回场景。

2)插入一个新图层,命名为“视频”,将该影片剪辑元件拖入此场景中,将此元件的实例名命名为“mcl”。

3)在按钮库中选择四个按钮,拖放到场景中,如图 6-89 所示。然后将这些按钮的实例名分别命名为“video_play”(播放)、“video_stop”(停止并返回到第一帧)、“video_pause”(停止在当前帧)和“video_replay”(重新播放)。

4)参照第四章“数字化媒体素材”中的“实例二十一:可控制的旋转文字”的方法,用按钮控制影片剪辑的播放。

(3)制作“认识摩擦力”按钮对应的内容

1)插入一个新场景(场景 3),将第一个图层命名为“背景”。插入一个新图层命名为“按

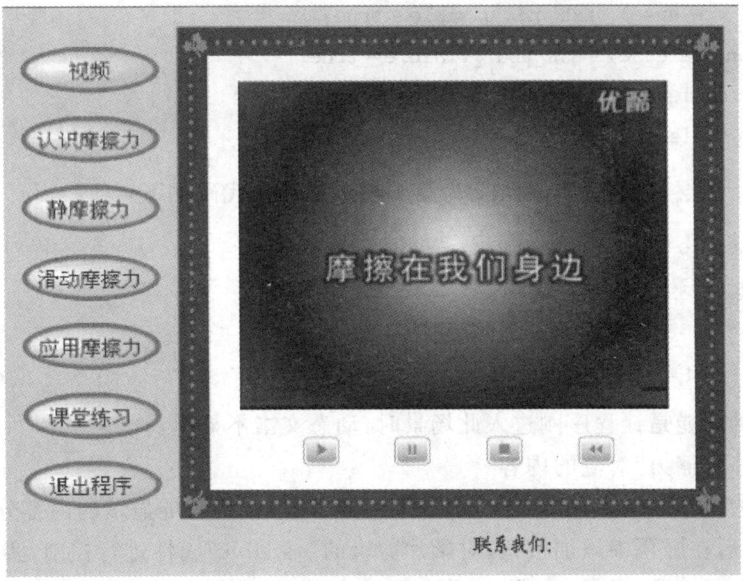

图 6-89　“视频”按钮对应的内容

钮”。将场景 2 中的“背景”和“按钮”图层的内容复制到场景 3 的对应图层中。

2)插入一个图层,命名为“认识摩擦力”,在此图层中建立如图 6-90 所示的内容。

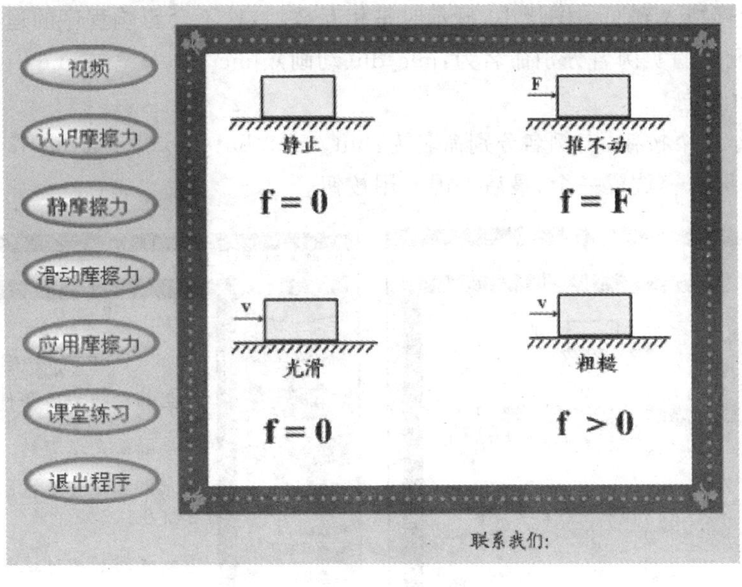

图 6-90　“认识摩擦力”对应的内容

注:此处要实现点击图形,显示对应的摩擦力表达式。因此,此处的图形具有按钮的功能,而表达式需以“动态文本”的方式建立。

3)将四个图形分别转换成按钮元件,并将它们的实例名分别命名为:but_jz、but_tbd、but_gh 和 but_cc。

4)将四个表达式以动态文本方式建立,并分别命名为:txt_jz、txt _tbd、txt _gh 和 txt _cc。

5)分别在按钮上添加代码,实现显示对应的文本功能。

```
but_jz：on (release) {txt_jz._visible = true;}
but_tbd：on (release) {txt_tbd._visible = true;}
but_gh：on (release) {txt_gh._visible = true;}
but_cc：on (release) {txt_cc._visible = true;}
```

6)插入一个图层，命名为“action”，为第 1 帧添加动作代码如下：

```
txt_jz._visible = false;
txt_tbd._visible = false;
txt_gh._visible = false;
txt_cc._visible = false;
```

这些代码的功能是让程序刚进入此场景时，动态文本不显示。

(4)制作“静摩擦力”对应的内容

此处展示的内容比较多，分四屏显示。采用的方法是：将每屏显示的内容分别制作成不同的影片剪辑，然后在屏幕中添加按钮，对影片剪辑的“_visible”属性进行控制，实现翻页功能。

1)插入一个新场景(场景 4)，将第一个图层命名为“背景”。插入一个新图层命名为“按钮”。将场景 2 中的“背景”和“按钮”图层的内容复制到场景 4 的对应图层中。

2)制作 5 个影片剪辑元件，其中一个的内容是动画，其余的是文字。

3)插入一个新图层，命名为“静摩擦力”。将五个元件拖入场景中，如图 6-91 至图 6-94 所示放置。注：元件拖入到同一图层中，显示时是相互叠加，这不会影响程序的运行。

4)将这些元件的实例名分别命名为：jmc_dh(动画)、jmc_gn(概念)、jmc_tj(条件)、jmc_dx(大小)、jmc_fx(方向)。

5)如图制作三个按钮，实例名分别命名为：but_next、but_next2、but_next3，放置在显示区域的右下角，每屏内容放置一个，最后一屏不用按钮。

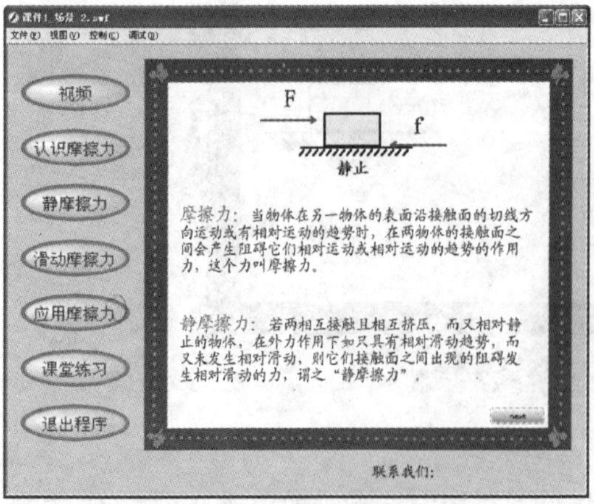

图 6-91　“静摩擦力”第 1 屏的内容

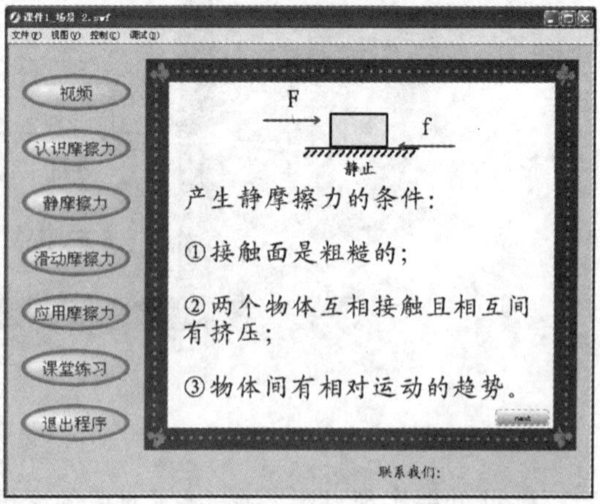

图 6-92　“静摩擦力”第 2 屏的内容

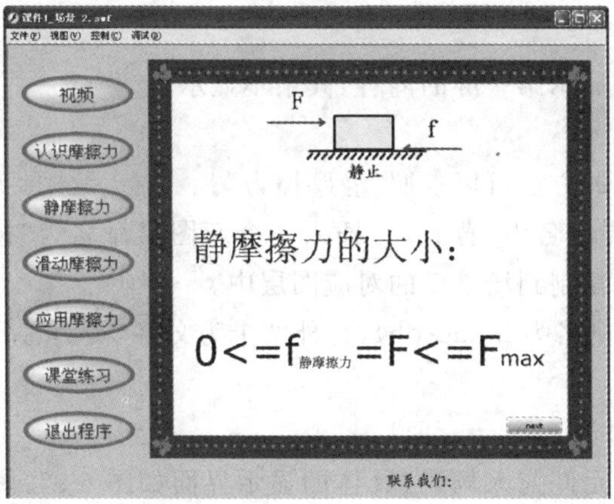

图 6-93 “静摩擦力”第 3 屏的内容

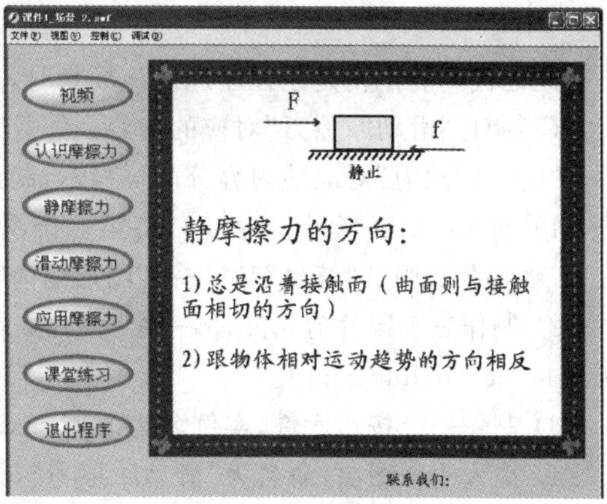

图 6-94 “静摩擦力”第 4 屏的内容

6)分别给每个按钮添加动作(功能类似,后面两个按钮上的代码解释省略):

```
but_next：on  (release){   jmc_gn.stop();  \\jmc_gn 元件停止播放
                          jmc_gn._visible=false;  \\jmc_gn 元件隐藏
                          jmc_tj._visible=true;  \\jmc_tj 元件显示
                          jmc_tj.play();  \\jmc_tj 元件开始播放
                          but_next2._visible=true;   \\显示按钮元件 but_next2
                          but_next._visible=false;   \\隐藏按钮元件 but_next  }
but_next2：on (release){  jmc_tj.stop();
                          jmc_tj._visible=false;
                          jmc_dx._visible=true;
                          but_next2._visible=false;
                          but_next3._visible=true;   }
but_next3：on (release){  jmc_dx._visible=false;
                          jmc_fx._visible=true;
                          but_next3._visible=false; }
```

7)插入一个图层,命名为“action”,为第一帧添加动作代码如下:

```
jmc_dh._visible=true;
jmc_dh.play();
jmc_gn._visible=true;
jmc_gn.play();
jmc_tj.stop();
jmc_tj._visible=false;
jmc_dx._visible=false;
jmc_fx._visible=false;
but_next._visible=true;
but_next2._visible=false;
```

```
but_next3._visible = false;
```

此处代码的作用是让程序进入该场景时，只显示第一屏的内容，其余不显示。

(5)制作“滑动摩擦力”对应的内容

“滑动摩擦力”对应的内容分两屏显示，制作的方法可以参照“静摩擦力”。

1）插入一个新场景(场景5)，将第一个图层命名为“背景”。插入一个新图层命名为“按钮”。将场景2中的“背景”和“按钮”图层的内容复制到场景5的对应图层中。

2）制作三个影片剪辑元件，一个为动画(实例名为hdmc_dh)，另外两个为文字(实例名分别为hdmc_gn、humc_gs)。

3）制作一个按钮元件，实例名为but_next 4。

4）插入一个图层，命名为“滑动摩擦力”，将元件拖入场景，具体的显示界面如图6-95，图6-96所示。

5）在按钮元件but_next 4上添加动作代码：

```
on (release) {  hdmc_gn._visible = false;
           hdmc_gn.stop();
           hdmc_gs.play();
           hdmc_gs._visible = true;
           but_next4._visible = false; }
```

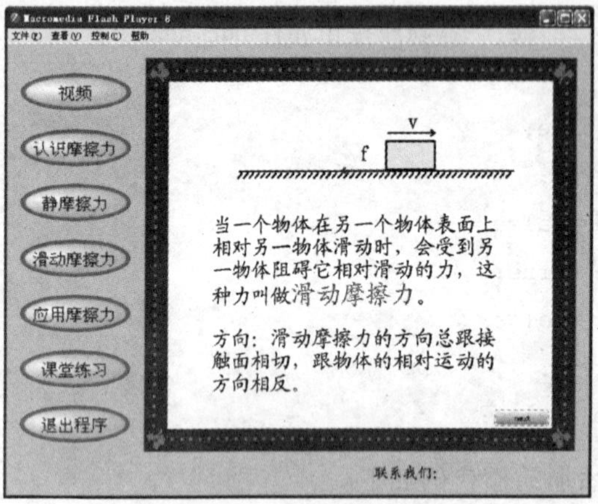

图 6-95 “滑动摩擦力”第1屏的内容

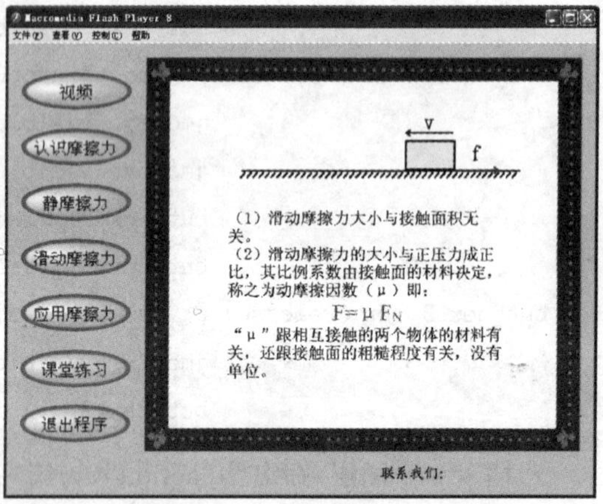

图 6-96 “滑动摩擦力”第2屏的内容

6)插入一个图层，命名为“action”，为第1帧添加动作代码如下：

```
hdmc_gn.play();
hdmc_gn._visible = true;
hdmc_dh.play();
hdmc_dh._visible = true;
hdmc_gs.stop();
hdmc_gs._visible = false;
but_next4._visible = true;
```

(6)制作“应用摩擦力”对应的内容

这里拟采用场景切换的方法来实现对应内容的显示。先显示一道习题的文字,如图 6-97 所示,并制作一个“回答”按钮;单击按钮后播放曲线的显示动画,如图 6-98 所示。

1)插入一个新场景(场景 6),将第一个图层命名为“背景”。插入一个新图层命名为“按钮”。将场景 2 中的“背景”和“按钮”图层的内容复制到场景 6 的对应图层中。

2)制作两个影片剪辑元件,一个是题目的文本,另一个为曲线显示过程的动画。

3)将两个影片剪辑元件拖入场景,并制作一个“回答”按钮元件。这些元件在场景中的实例名分别为:yymc_wz、yymc_qx、but_hd。

4)在“回答”按钮上添加动作代码:

```
on (release) {   yymc_qx._visible = true;
            yymc_qx.play();   }
```

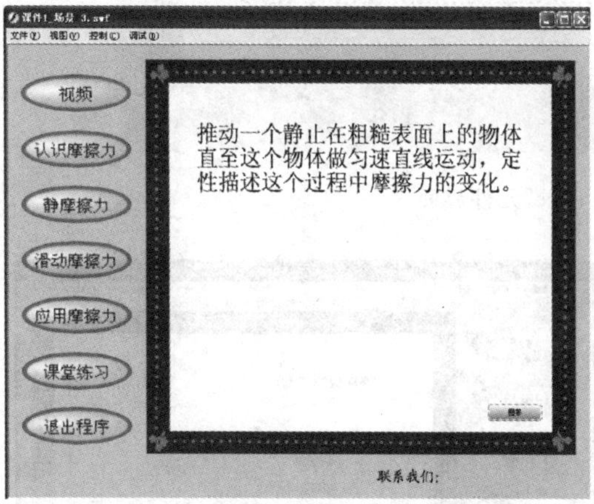

图 6-97　“应用摩擦力”习题

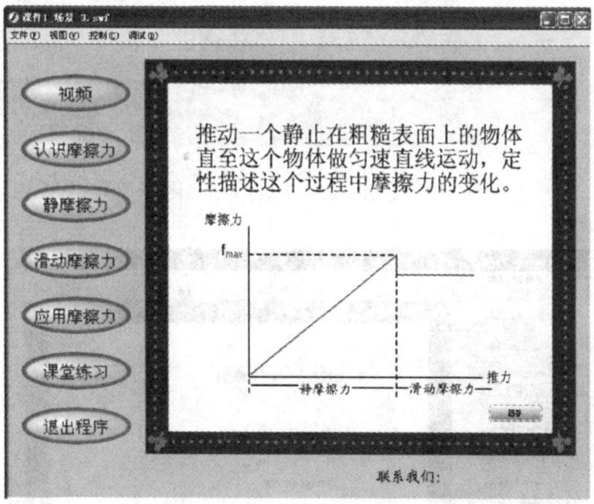

图 6-98　“应用摩擦力”曲线动画

(7)制作“课堂练习”对应的内容

此处利用“实例二十三:利用‘测验’模板制作交互式练习题”的方法制作两个选择题。

1)插入一个场景(场景 7),将当前图层命名为“背景”,插入一个新图层命名为“按钮”。将场景 2 中的“背景”和“按钮”图层的内容复制到场景 7 的对应图层中。

2)新建一个影片剪辑元件,选择“窗口—公用库—学习交互”,在打开的库面板中选择“Multipel Choice”元件拖到场景中间,并调整至合适的大小,见图 6-99 所示。

3)插入一个新图层,在按钮库中选择一个按钮,放置到如图 6-99 所示位置。点击此按钮可以进入下一道题目。

4)选择按钮所在的帧,给帧添加动作代码:stop();。

5)给按钮添加动作代码:on (release) {gotoAndPlay(2);}。

6)按照“实例二十三:利用‘测验’模板制作交互式练习题”的介绍,设置此选择交互。

7)在每一图层中,都插入关键帧。如上步骤制作第二道题。

8)退出元件编辑窗口,在场景中将刚制作的习题元件导入,并放置到合适的位置。测试场景后运行的结果如图 6-100 和图 6-101 所示。

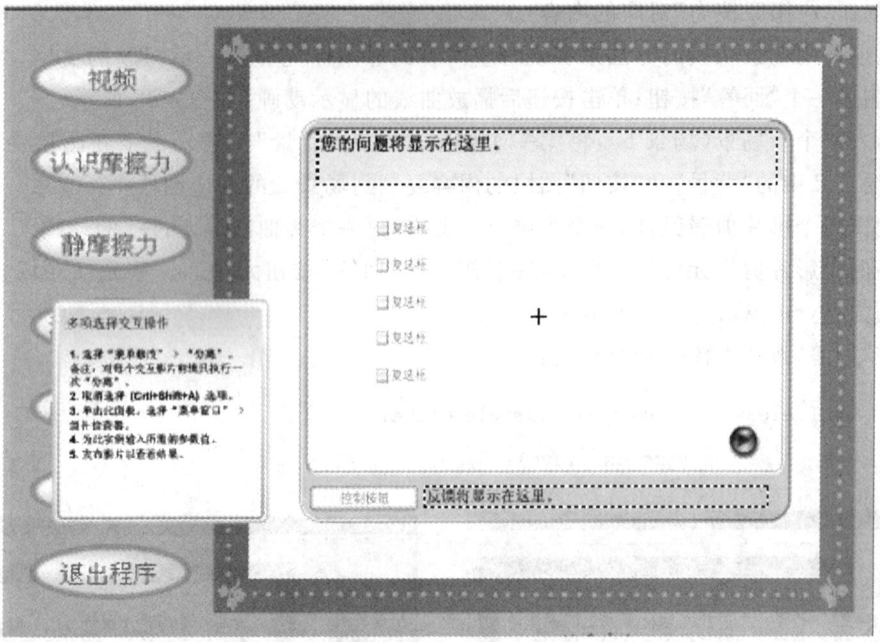

图 6-99 “Multipel choice”元件界面

图 6-100 “课堂练习”第 1 题界面图

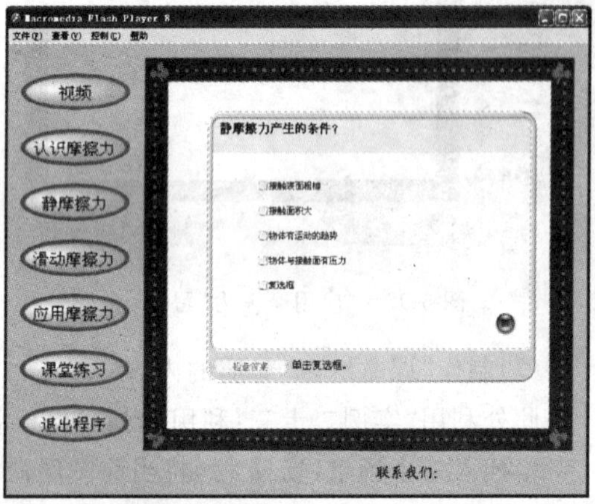

图 6-101 “课堂练习”第 2 题界面

至此步骤，已将要添加的内容制作完毕，接下来要设置主界面的按钮功能，以实现课件的程序效果。

(8)设置主界面中的按钮功能

1)切换到场景 2，插入一个新图层，命名为“action”，在此图层的第 1 帧上添加帧动作代码如下：

```
mcl._visible = false;
mcl.stop();
video_play._visible = false;
video_stop._visible = false;
```

```
video_pause._visible = false;
video_replay._visible = false;
```

注:此处代码是对程序初始化。视频所在的影片剪辑元件以及控制视频的按钮元件都在场景 2 中,初始化是为了让这些元件在程序运行初期都不显示。

2)选择“视频”按钮,添加动作代码如下:

```
on (release) {
mcl._visible = true;
mcl.stop();
video_play._visible = true;
video_stop._visible = true;
video_pause._visible = true;
video_replay._visible = true;
video_play.enabled = true;  \\激活“播放”按钮元件
video_stop.enabled = false;  \\使“停止”按钮元件不可用
video_pause.enabled = false;
video_replay.enabled = false;   }
```

3)选择“认识摩擦力”按钮,添加动作代码如下:

```
on (release) {
 gotoAndStop("场景 3", 1); }  \\转到场景 3,并停在第 1 帧
```

4)选择“静摩擦力”按钮,添加动作按钮如下:

```
on (release) {
gotoAndStop("场景 4", 1); }
```

5)选择“滑动摩擦力”,添加动作代码如下:

```
on (release) {
gotoAndStop("场景 5", 1); }
```

6)选择“应用摩擦力”按钮,添加动作代码如下:

```
on (release) {
 gotoAndStop("场景 6", 1); }
```

7)选择“课堂练习”按钮,添加动作代码如下:

```
on (release) {
gotoAndStop("场景 7", 1); }
```

8)选择“退出程序”按钮,添加代码如下:

```
on (release) {
fscommand("quit"); }
```

9)步骤 3)～步骤 8)的代码可以同样添加在不同场景的相同按钮上,而“视频”按钮的代码

添加到其他场景的相应按钮上时,需要在“on (release) {”后面加一句“gotoAndStop("场景2",1);”才可正常运行程序。

6.2.4.6 测试课件

(1)在各个场景中可以使用“控制—测试场景”命令对当前场景进行调试。

(2)场景调试正确后,可以使用“控制—测试影片”命令对整个课件进行调试。

6.2.4.7 发布课件

整个课件运行正确后,使用“文件—发布”即可发布课件,生成 swf 文件。

§6.3 基于网页的多媒体课件制作实例

随着 Internet 的普及以及网络技术的发展,基于网页的课件也逐步成为多媒体课件的一个重要形式。本节首先介绍有关网页基础知识,然后通过一个基于网页的多媒体课件的制作实例介绍此类课件的一般开发过程和关键制作技术。

6.3.1 网页课件制作基础

6.3.1.1 网页的基本概念

1. WWW 与 HTTP

(1)WWW　WWW 是 World Wide Web 的缩写,也可以简写为 W3、3W、Web 等,称为国际互联网(Internet),又称万维网,它是基于超文本的信息查询和信息发布的系统。使用 WWW 的服务不仅可以提供文本信息,还可以包括声音、图形、图像以及动画等多媒体信息,它为用户提供了图形化的信息传播界面——网页。

WWW 就是以 Internet 上众多的 WWW 服务器所发布的相互链接的文档为基础,组成的一个庞大的信息网,目前它已经成为继书刊、广播、电视之后的第四媒体,具有越来越重要的影响力。

(2)HTTP　网页在 Internet 上使用超文本传输协议(Hyper Text Transfer Protocol, HTTP)进行传送,要打开 Internet 上某一网页,只要在浏览器地址栏中输入网页地址即可。

2. 网页及其主要类型

网页(Web Page)是通过 WWW 发布的包含有文本、图片、声音和动画等多媒体信息的页面,它是网站最基本的组成单位。众多的网页有机地集合在一起就组成了网站。

一个网页实际上就是一个普通的文本文件,其文件名后缀通常为 htm 或 html。在 IE 浏览器中打开一个网页时,单击“查看”菜单下的“源文件”命令,就会打开一个记事本窗口,显示该网页源文件内容。目前常见的网页类型主要有如下几类:

(1)HTML　超文本标记语言(Hyper Text Markup Language, HTML)HTML 利用标记(tag)来描述网页的字体、大小、颜色及页面布局的语言,使用任何的文本编辑器都可以对它进行编辑,与 VB、C++等编程语言有着本质上的区别。

对于网页制作的初学者来说,理解 HTML 的工作原理是必要的,但也无须仔细地了解到每一个标记的作用,因为现在已经有了很好的所见即所得的网页编辑软件,如 Dream Weaver 和 FrontPage 可以快速地生成 HTML 代码,无须像早期的网页制作人员一样,一行一行地编写代码了。

(2)CGI　公共网关接口(Common Gateway Interface,CGI)是一种编程标准,它规定了Web 服务器调用其他可执行程序(CGI 程序)的接口协议标准。CGI 程序通过读取使用者的输入请求从而产生 HTML 网页。CGI 程序可以用任何程序设计语言编写,如 Shell、Perl、C 和 Java 等,其中最为流行的是 Perl。

CGI 程序通常用于查询、搜索或其他的一些交互式的应用。

(3)ASP　动态服务器主页(Active Server Pages,ASP)是一种应用程序环境,可以利用 VBScript 或 Java Script 语言来设计,主要用于网络数据库的查询与管理。其工作原理是当浏览者发出浏览请求的时候,服务器会自动将 ASP 的程序码解释为标准 HTML 格式的网页内容,再送到浏览者浏览器上显示出来。也可以将 ASP 理解为一种特殊的 CGI。

利用 ASP 生成的网页,与 HTML 相比具有更大的灵活性。只要结构合理,一个 ASP 页面就可以取代成千上万个网页。尽管 ASP 在工作效率方面较之一些新技术要差,但胜在简单、直观和易学,是涉足网络编程的一条捷径。

(4)PHP　超文本预处理器(Hypertext Preprocessor,PHP)的优势在于其运行效率比一般的 CGI 程序要高,而且 PHP 是完全免费,不用花钱,可以从 PHP 官方站点(http://www.php.net)上自由下载。PHP 在大多数 UNIX 平台、GUN/Linux 和 Microsoft 公司的 Windows 平台上均可以运行。

(5)JSP　JSP 与 ASP 非常相似:不同之处在于 ASP 的编程语言是 VBScript 之类的脚本语言,而 JSP 使用的是 Java。此外,ASP 与 JSP 还有一个更为本质的区别,两种语言引擎用完全不同的方式处理页面中嵌入的程序代码。在 ASP 下,VBScript 代码被 ASP 引擎解释执行;在 JSP 下,代码被编译成 Servlet 并由 Java 虚拟机执行。

(6)VrmL　虚拟实境描述模型语言(Virtual Reality Modeling Language,VrmL)是描述三维的物体及其连接的网页格式。用户可在三维虚拟现实场景中实时漫游,VrmL2.0 在漫游过程中还可能受到重力和碰撞的影响,并可和物体产生交互动作,选择不同视点等(就像玩 Quake)。

浏览 VrmL 的网页需要安装相应的插件,利用经典的三维动画制作软件 3D MAX,可以简单而快速地制作出 VrmL。

6.3.1.2　网页的基本元素

一般来说,组成网页的元素有文字、图形、图像、声音、动画、影像、超链接以及交互式处理等。它们的特点如下。

1. 文字

文字是网页的主体,主要负责传达信息的功能。在网页制作时,可通过字体、字形、字号和颜色等变化来美化页面格局。

2. 图形

WWW 上的图形文件格式主要有 jpeg、gif 和 png 三种格式,其中 jpeg 和 png 格式可支持真彩色和灰度的图形,而 gif 文件只能储存 256 色的图片。

3. 动画

动画是动态的图形,添加动画可以使网页更加生动。在网页课件制作中,常用的动画格式包括动态 gif 图片和 Flash 动画,前者是用数张 gif 图片合成的简单动画;后者采用矢量绘图技术，生成带有声音效果及交互功能的复杂动画。此外，JAVA 动画也是网页课件中常用的一种动画方式。

4. 声音和视频

声音是多媒体网页中的重要组成部分，支持网络的声音文件格式很多，主要有 mid、wav、mp3 和 aif 等。使用声音文件作为网页背景音乐，会影响网页的浏览速度。一般可以在网页中添加一个打开声音文件的链接，让音乐变得可以控制。

视频文件使网页变得精彩生动，网页中支持的视频文件格式主要有 rm、rmvb、mpeg、avi 和 flv 等。

5. 表格

表格是网页页面设计中的一个重要工具，在网页中使用表格可以控制网页中信息的结构布局，精确定位网页元素在页面中出现的位置，使网页元素整齐美观。

6. 超链接

超链接是网页与其他网络资源联系的纽带，是网页区别于传统媒体的重要特点，正是超链接的使用，使互联网变得丰富多彩，可以在文本和图片上设置超链接。

7. 导航栏

导航栏是用户在规划好站点结构，开始设计主页时必须考虑的一项内容。其作用是引导浏览者浏览所有站点。实际上，导航栏就是一组超链接，链接的目标就是站点中的主要网页。

一般情况下，导航栏应放在网页中引人注目的位置，通常在网页的顶部或者一侧，导航栏可以是文本链接，也可以是一些图标和按钮。

8. 表单

表单类似于 Windows 程序的窗体，用来将浏览者提供的信息，提交给服务器端程序进行处理。表单是提供交互功能的基本元素，例如问卷调查、信息查询、用户申请及网上订购等，都需要通过表单进行信息的收集工作。

9. 其他常见元素

网页中除了以上几种最基本的元素之外，还有一些其他的常见元素，如水平线、计数器、悬停按钮、Java 特效和 ActiveX 等。这些元素和特殊效果使网页变得更加生动有趣、引人入胜。

6.3.1.3 网页浏览原理

Internet 上的资源都是存放在 Internet 服务器上的，对于大多数用户而言，Internet 服务器只是一个逻辑上的名称，并非一个具体的实体。用户无法知道这样的服务器有多少台、配置如何以及放置在何处等。当用户上网时，可能访问的是大洋彼岸美国计算机上的信息，也可能是隔壁房间计算机上的信息。用户要做的就是在浏览器的地址栏里输入网址并按下 Enter 键。

那么用户访问的信息是怎么到达自己的计算机上呢？下面介绍互联网的工作模式。

1. WWW 的工作过程

WWW 系统是一种基于超链接（Hyperlink）的超文本和超媒体（Hypermedia）系统，由于提供信息的多样性，也称为超媒体环球信息网。WWW 的工作过程如图 6-102 所示：

首先，用户启动客户端浏览器，在浏览器地址栏输入想要访问网页的 URL，浏览器软件通过 HTTP 协议向 URL 地址所在的 Web 服务器发出服务请求。然后，服务器根据浏览器软件送来的请求，把 URL 地址转化成页面所在服务器上的文件路径，找出相应的网页文件。当网

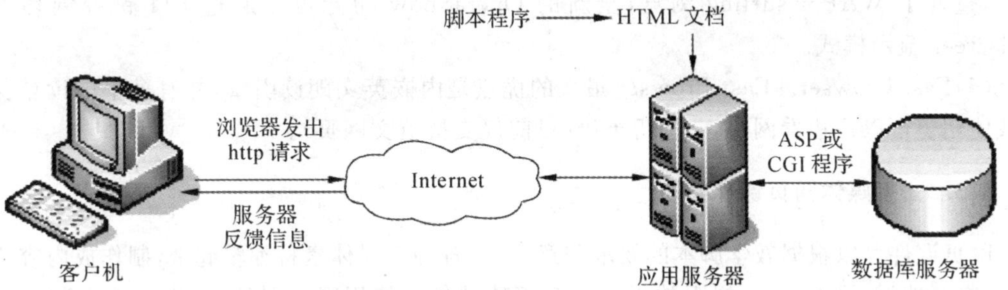

图 6-102　Web 网页浏览过程

页中仅包含 HTML 文档，服务器直接使用 HTTP 协议将该文档发送到客户端；如果 HTML 文档中还包含有 JavaScript 或 VBScript 脚本程序代码，这些代码也将随同 HTML 文档一起下载；如果网页中还嵌套有 CGI 或 ASP 程序，这些程序将由服务器执行，并将运行结果发送给客户端。最后，浏览器解释 HTML 文档，并将结果在客户端浏览器上显示。

2. 网页浏览工具

浏览 Web 页面的软件称为 Web 浏览器（简称浏览器），它是上网冲浪的必备工具软件。浏览器的种类繁多，有图形界面的，也有文字界面的。当今最流行的浏览器是 Microsoft 公司的 Internet Explore(IE)和 Netscape 公司的 Navigator，这两款产品在使用性能和可靠性上相差不大，但由于国内个人计算机多采用 Microsoft 公司的 Windows 操作系统平台，所以 IE 使用更为广泛。除 IE 和 Navigator 外，还有不少优秀的浏览器。下面介绍几款目前使用较为广泛的浏览器。

(1)IE 浏览器。IE 是 Windows 操作系统使用最广泛的浏览器，由 Microsoft 公司研制开发，最早版本为 IE 4.0，集成在 Windows 98 系统中，随后升级为 6.0 版本。该软件使用最广，也是受到攻击最多的浏览器，使用方法简单，新版本也在原来基础上增加了很多实用的功能。

(2)Maxthon Browser(MyIE2)。遨游浏览器(Maxthon Browser)是著名浏览器 MyIE 的改版，也称 MyIE2，是一款基于 IE 内核的、多功能、个性化多页面浏览器。Maxthon Browser 是功能强大、速度快、占用系统资源少的国产优秀软件。它允许在同一窗口内打开任意多个页面，减少浏览器对系统资源的占用率，提高网上冲浪的效率。同时它又能有效防止恶意插件，阻止各种弹出式、浮动式广告，加强网上浏览的安全。Maxthon Browser 支持各种外挂工具及 IE 插件，在 Maxthon Browser 中可以充分利用所有的网上资源，享受上网冲浪的乐趣。

(3)Firefox 浏览器。Mozilla Firefox 是一个自由的、开放源码的浏览器，适用于 Windows、Linux 和 MacOS 平台，它体积小速度快，还有其他一些高级特征。主要特性有标签式浏览、可以禁止弹出式窗口、自定制工具栏、扩展管理、良好的搜索特性和具有快速而方便的侧栏。

(4)Opera Browser。主要特性有速度很快、出色而小巧、支持 Frames(框架)、方便的缩放功能、多窗口、可定制用户界面、高级多媒体特性以及标准和增强 HTML 等。可直接使用 IE 的书签、频道。增加了 E-mail 的客户端功能，可以使用多个账户，拥有 128 位的加密技术。支持 TLS、SSL2、SSL3、CSS1、CSS2、XML、HTML 4.0、HTTP 1.1、WML、ECMAScript 和 Javascript 1.3 等项功能，此外还有最新的 WAP－WML 技术。还可以通过顶端的设置按钮选择这些页面是层叠式显示还是同屏显示。内置了网络实时聊天的客户端，可以使用 ICQ 的账号，整合了 WAP－surfing 浏览，全新的 OperaShow 功能可以通过 F11 键控制切换到 Fullscreen 显示模式。

(5)Fast Browser。Fast Browser 最大的优点是内嵌英文朗读引擎，并有多个朗读精灵供下载使用。可以一边看网页，一边听英语(目前仅支持英文网页)。

6.3.2 多媒体网页课件概述

网页课件可以根据教学脚本的要求和意图，将各种多媒体素材编辑起来，制作成内容详细丰富、交互性强、操作灵活、视听效果好的多媒体课件。使用网页课件，学生可以突破时空限制，进行选择性学习，因此，网页课件特别适合学习者的自主学习。

6.3.2.1 多媒体网页课件的制作工具

利用超文本标记语言可以直接制作多媒体网页课件，但要求制作人员必须具有一定的 HTML 基础，对于初学者有一定难度，且制作效率也较低。若利用成熟的网页制作软件则可高效且方便地制作多媒体网页课件，如 Microsoft Frontpage、Macromidea Dreamweaver、Macromidea Flash、HotDog Professional、Adobe Pagemill、HomeSite 等都是很好的网页制作软件，比较适合初学者学习使用。同时，使用 VBScript、JavaScript 等简单易懂的脚本语言，结合 HTML 代码，可以为网页课件添加较强的得动感和交互性。

这些网页制作软件的主要特点有：软件的技术标准统一，有利于信息的交换；具有多媒体处理能力；编辑修改简单、方便，用其制作的课件易于更新、维护。

这些网页制作软件也易于学习和掌握，如 Microsoft FrontPage 制作软件，只要会使用文字处理软件，经过简单学习就能熟练使用；Macromidea Dreamweaver 也是一个简单易学的制作软件，它比 FrontPage 功能强大，用它做出的网页，垃圾代码也比较少；Adobe Pagemill 的特点是创建多框架页面十分方便，它可以同时编辑各个框架中的内容，如果你的页面需要很多框架、表单和 Image Map 图像，那么选用 Adobe Pagemill 比较合适，但各种软件各有所长，可以配合使用。

6.3.2.2 多媒体网页课件的优点

1. 网页课件占用存储少，适于网络传输，易于共享

网页本身就是在互联网上传输产生的，所以，它有着得天独厚的先天条件，在网络上传输是其他软件无法于其并论的，占有绝对的优势；在个头上，它又有自己小巧的特点，很多网页都不会超过一张软盘的容量。如果制作的网页课件很大，只要我们打开课件所在文件夹一看，就会发现，原来这个大的网页课件是由许多较小的文件组成。

2. 网页课件信息容量大

PowerPoint、Flash 等课件在制作及显示过程中都受到显示面积的限制，在一个页面中不能组织过多的内容；而在一个网页中，利用滚动条可以使网页无限地延长，可以在一个页面中组织相当多的信息。此外，网页中利用超级链接可以将遍及全网的信息资源轻易地组织起来，成为课件的一个部分。因此，网页课件具有超大的信息容量。

3. 网页课件是一个开放的体系，便于修改

一个完整的网页课件一般以一个网站形式保存在服务器上，但网页课件的编辑单元是一个网页，因而网页课件修改时，不需修改整个课件，只要在编辑区域调出其中一个页面进行处理即可。而且能对网页课件进行修改的软件很多，如果懂得 HTML 语言，用记事本就可简单解决。

4.网页课件对多媒体素材的兼容性高

相对于PowerPoint和Flash而言,网页课件对多媒体的素材的兼容性较好。在网页中几乎可以使用目前流行的全部多媒体素材格式,而且使用的方法也比较简单,易于掌握。如在网页中可以直接插入Flash动画,而无需通过控件调用。除了常见的多媒体文件外,网页对如JAVA动画那样的语言动画的兼容性也非常好。

5.网页课件突破了时空局限,便于开展个性化远程教学

网页课件不仅可以在局域网上发布,也可以发布在互联网上,突破了传统课件播放的设备、场地、时间等限制。尤其是现代无线网络的发展,为网页课件拓展了使用空间。只要有一台上网的终端设备,就可以方便地学习课件内容。此外,学习者通过网页浏览,可对学习资源进行选择性的学习,有利于个性化学习的开展。

6.网页课件对操作系统兼容性强

网页课件以网页形式保存和传输,对操作系统没有特殊的限制。不管是Windows还是Linux,甚至是苹果的MacOS,只要能运行浏览器程序,都可以打开网页课件,阅读信息,并完成远程交互。

6.3.2.3　多媒体网页课件的制作流程

多媒体网页课件的一般制作过程包括以下几个环节:选题→学习者分析→教学设计→系统结构设计→原型开发→稿本编写→素材制作→系统集成→评价和修改→发布和应用→升级更新。

6.3.2.4　多媒体网页课件布局

在网页多媒体课件设计中,布局设计非常重要。网页多媒体课件跟一个漂亮的站点很相似,只有当网页布局和网页内容成功搭配时,才能受到学习者的青睐。

1.影响网页显示尺寸的因素

网页课件一般在远程客户端的浏览器中呈现,制作者在制作网页课件时应该充分考虑网页显示特点,才能制作出美观大方的网页课件。影响网页显示尺寸的主要因素有显示分辨率和浏览器工具栏。

显示器大小及分辨率与网页页面显示尺寸直接相关,一般显示器分辨率在1024×768时,页面的显示尺寸为1007×600像素;显示器分辨率在800×600时,页面的显示尺寸为780×428像素;显示器分辨率在640×480时,页面的显示尺寸为620×311像素。制作网页课件时一般将显示页面尺寸设置为显示分辨率的百分比值,这样无论客户端的显示分辨率为何值,都不会影响网页页面的大小。

浏览器的工具栏也是影响页面显示大小的另一个原因。常用IE浏览器的工具栏可以进行自定义显示,当你将浏览器设置为显示全部工具栏时,网页显示尺寸最小,而设置为关闭全部工具栏时,网页显示尺寸最大。浏览器的滚动条是增加网页显示尺寸最好的方法,可以通过浏览器的滚动条方便同一页面显示更多内容。

2.网页布局的技术

制作网页课件前,可以利用手绘草图或图形软件绘制等方法,先设计一个网页布局的初稿,这有利于制作者设计出美观大方的网页。在网页中实现布局的技术方法主要有以下几种:

(1)表格布局。表格布局是一种最简单的布局方法,适合初学者使用。其布局过程如下:

1)先插入一个表格,宽度是760～780px(记住,一定要用px,不要用百分比),高度不用设

置，然后令这个表格居中。以后所有的内容都限制在这个表格中。

2)使用表格嵌套，即在一个表格中再插入另一个表格，此操作可以将一个单元格再细划分为几个部分，从而达到符合设计要求的布局结构。

3)一般用于布局的表格的边框宽度设为0，即table中的border属性值为“0”，这样表格的线条在网页预览中不可见。示例如下：

```
<html>
<head>
<title>单行单列的表格布局</title>
<body>
<table border = "1" width = "100 % ">
<tr> <td>
</td></tr>
</table>
</body>
</html>
```

(2)框架布局。框架是浏览器窗口中的一个区域，它可以独立显示一个HTML文档。框架集是HTML文件，它定义一组框架的布局和属性。框架不是文件，只是存放文档的容器，任何一个框架都可以显示任意一个网页文档。

要在浏览器中查看一组框架，输入框架集文件的URL，浏览器随后打开要显示在这些框架中的相应文档。通常将一个站点的框架集文件命名为index.html，当访问者未指定文件名时默认显示该名称文件。

下面的示例显示了一个由上下两个框架组成的框架布局。

```
<! DOCTYPE HTML PUBLIC "-//W3C//DTD HTML 4.01 Frameset//EN" "http://www.w3.org/TR/
html4/frameset.dtd">
<HTML>
<HEAD>
<TITLE>框架页面</TITLE>
<META http-equiv = "Content-Type" content = "text/html; charset = gb2312">
<META NAME = "Generator" CONTENT = "EditPlus">
<META NAME = "Author" CONTENT = "长风网络,SailSoft.Net,AFly">
</HEAD>
<frameset rows = "80, * " frameborder = "NO" border = "0" framespacing = "0">
<frame src = "http://www.baidu.com/" name = "topFrame" scrolling = "NO" noresize >
<frame src = "http://zhidao.baidu.com/" name = "mainFrame">
</frameset>
<NOFRAMES>
<BODY>
</BODY>
</NOFRAMES>
```

```
</HTML>
```

在此示例中，一个网页包含两个框架。顶部框架显示固定的文档不变；下面框架显示变化的网页。当单击下面框架中任一导航条时，该框架会显示相应的网页文档。

(3)CSS 层叠样式表的应用。CSS 是 Cascading Style Sheets 的简称。中文意思是层叠样式表。

使用 CSS 样式表可以精确控制文档格式。这种样式表可同时被网站上多个网页调用，一个网站上如果有多个文档都使用相同的 CSS 样式表，则修改 CSS 样式表后，多个文档格式将同时改变，对于建立批量格式相似的网页非常有效。

CSS 样式表有两种存在形式，一种是以文件形式放在网页外，叫做外置 CSS 样式表；一种是以代码形式嵌入网页内，叫做内置网页样式表。

外置的 CSS 样式表文件扩展名是 css，注意网页发布或上传到服务器时，该文件应与网页文件同时上传。其示例如下：

```
#content {
  position: absolute;
  top: 0px;
  left: 0px;
  padding: 10px;
  margin: 20px;
  background: #FFF;
  border: 5px solid #666;
  width: 400px;
  }
```

内置 CSS 样式的代码放在网页头部的<head>和</head>之间。这种样式只能对此网页有效。好处是不用另附加文件，网页移动位置时不再考虑样式表都跟随移动的问题。其示例如下：

```
<style type = "text/css">
.content {
    position: absolute;
    top: 0px;
    left: 0px;
    padding: 10px;
    margin: 20px;
    background: #FFF;
    border: 5px solid #666;
    width: 400px;
    }
</style>
```

6.3.3 多媒体网页课件制作实例——《雷雨》

6.3.3.1 《雷雨》多媒体网页课件制作的基本过程

(1)根据《雷雨》的教学大纲和教学目标，进行教学设计，并产生文字稿本；

(2)根据制作脚本制作所需媒体素材；

(3)根据制作脚本进行课件页面设计，并加载制作的素材；

(4)根据导航结构图设置各个页面之间的链接方式；

(5)测试课件，进一步完善；

(6)课件发布。

6.3.3.2 《雷雨》课件制作文字脚本

见表 6-7。

表 6-7 《雷雨》课件文字脚本

课件名称	雷雨		
稿本作者	省略	制作单位	省略
适用对象	高中二年级学生、同等程度自学对象		
使用方式	1. 资料	2. 课堂演示	3. 自学
	4. 个别化系统学习	5. 预习	6. 其他

教学内容划分及教学媒体使用

知识单元	知识点	教学目标	使用媒体	备注
知识目标	戏剧知识 作者介绍 作品简介	了解戏剧的一般常识，简介曹禺和他的《雷雨》。	文字 图片 动画	
能力目标	剧中人物 课文结构 人物性格 语言揣摩	1. 分析《雷雨》(节选)的戏剧冲突，结构布局特点。 2. 体会戏剧中个性化的语言和人物性格。 3. 概括戏剧中揭示的思想主题。	文字 图片 动画	
创新目标	最具雷雨性格的人 最具悲剧色彩的人 《雷雨》序 繁漪形象的悲剧美 应怜最是周朴园 视频欣赏	结合大语文观教学，拓展分析人物形象的深层意义。	文字 图片 动画 视频	

6.3.3.3 课件制作步骤

1. 界面设计及切片

课件页面设计应把握几个基本原则：风格统一，布局合理，操作简便。本实例将页面分成两个区域，左边为按钮，右边为内容显示区域。

第一步：使用 Photoshop 软件设计制作如图 6-103 所示界面。

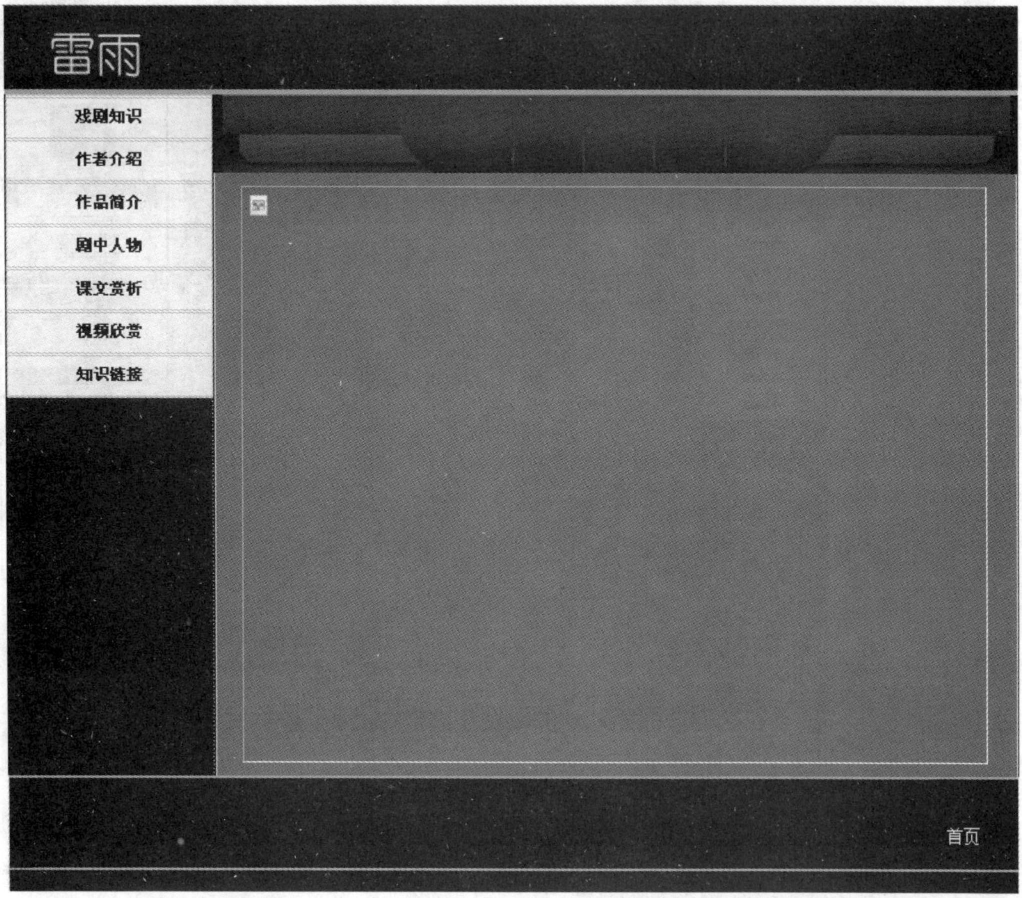

图 6-103　课件首页效果图

第二步：使用 Photoshop 切片工具进行界面切分，并按切片导下所有的切片图，为后面在网页编辑软件工具 Frontpage 进行软件布局打好基础。切片情况如图 6-104。

6.3.3.4　课件布局

根据课件中知识点结构，每个知识点用一个页面来展示，所以本课件共需制作 13 个页面，为了统一课件风格，每个页面的布局基本保持一致。本课件使用 FrontPage 进行表格布局的制作，首先作首页面 index.htm 的制作。

(1)打开 FrontPage 2003 软件，切换为设计视图方式，根据我们在 Photoshop 里的切片图示，先插入一个 1 行 1 列的表格，按图 6-105 所示的“表格属性”对话框设置相关属性，按“确定”后完成第一个表格的设计，作为课件名称图片的导入位置。

(2)第二个表格相对复杂一些，采用插入表格和绘制表格相结合的方法完成制作。如同步骤(1)，先完成一个 1 行 2 列的表格，再利用绘制表格工具将右边单元格分为两行。

(3)再插入一个 1 行 1 列的底部表格，就基本完成了整个页面布局，如图 6-106 所示。

(4)把界面切片的全部图片按照布局相对应位置依次插入，并将视图切换为拆分视图，将单元格的大小按照对应切片图的大小进行调整。将其以 index.htm 命名保存，这样就完成了首页面的制作。

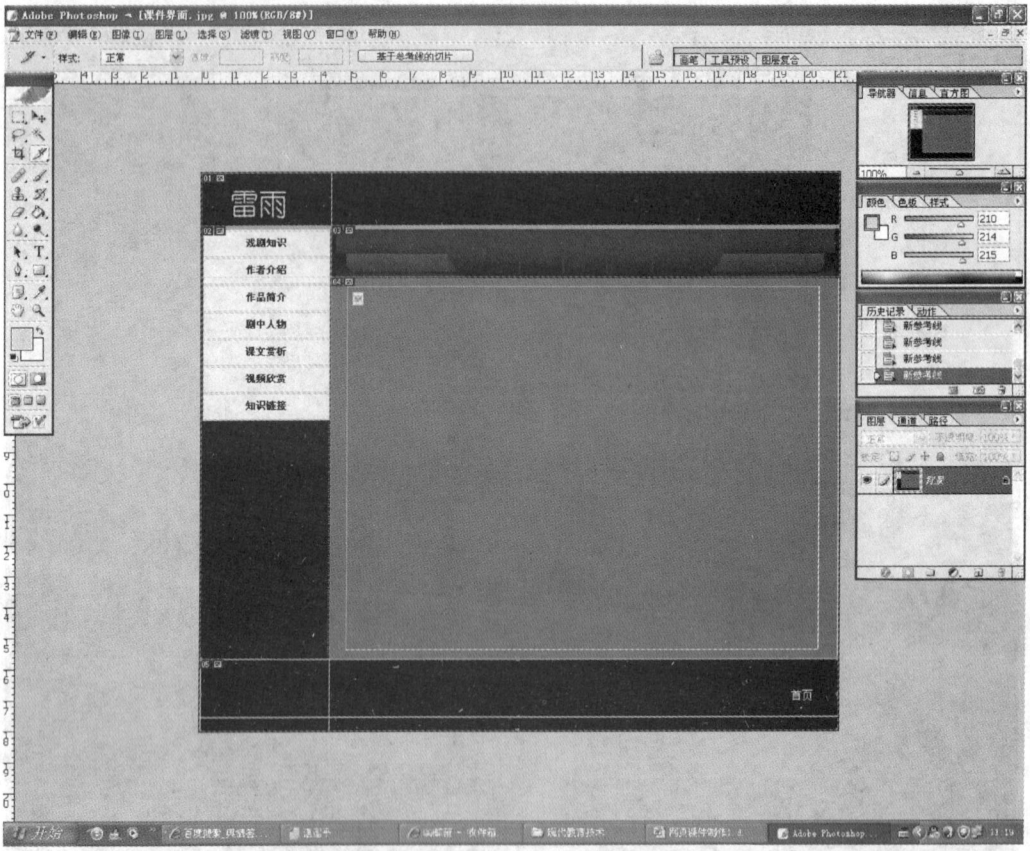

图 6-104 在 Photoshop 中对图形切片

其整个页面代码如下：

```
<! DOCTYPE html PUBLIC "-//W3C//DTD XHTML 1.0 Transitional//EN" "http://www.w3.org/TR/xhtml1/DTD/xhtml1-transitional.dtd">
<html xmlns="http://www.w3.org/1999/xhtml">
<head>
<link rel="stylesheet" href="images/css.css" type="text/css">
<meta http-equiv="Content-Type" content="text/html; charset=utf-8" />
<title>课件雷雨</title>
</head>
<body>
<table width="800" border="0" align="center" cellpadding="0" cellspacing="0">
  <tr>
    <td width="163" height="68"><img src="images/logo.gif" width="163" height="68" /></td>
    <td><img src="images/banner.gif" width="637" height="68" /></td>
  </tr>
</table>
```

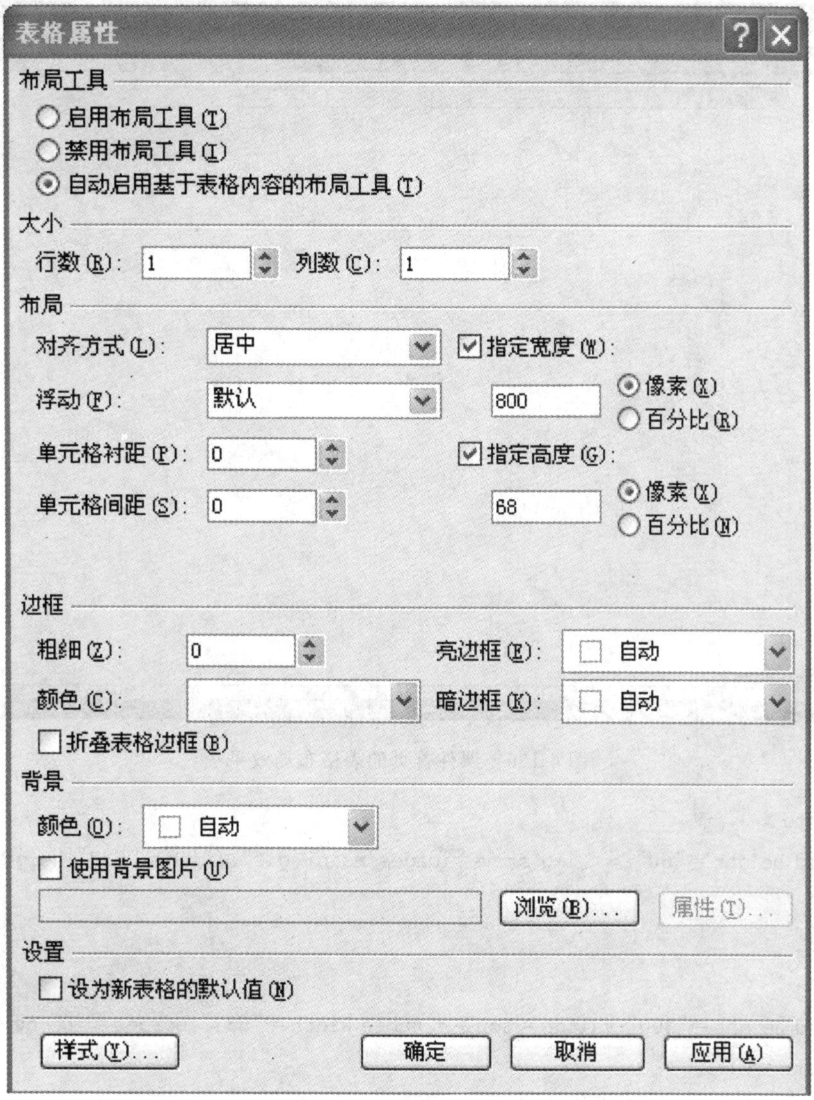

图 6-105　表格属性设置对话框

```
<table width = "800" border = "0" align = "center" cellpadding = "0" cellspacing = "0">
  <tr>
    <td width = "163" rowspan = "2" valign = "top" background = "images/menubg.gif" class = "txt_menu"><table id = mnuList style = "WIDTH：150px;HEIGHT：100%" cellspacing = 0 cellpadding = 0 align = center border = 0>
  <tr>
    <td bgcolor = #F0F0E5>

    </td>
  </tr>
</table>
```

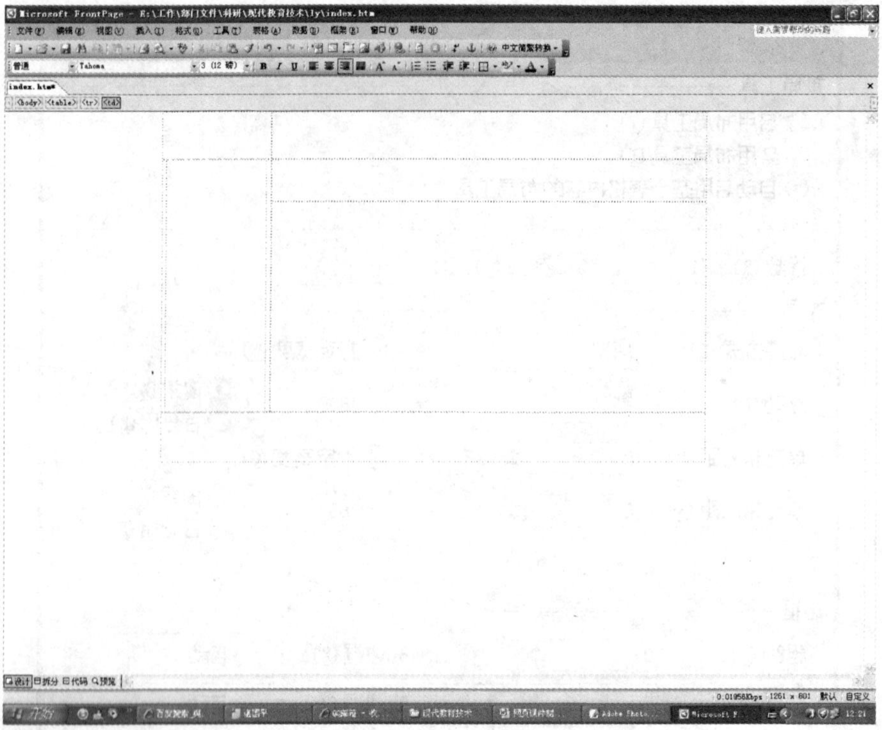

图 6-106 课件首页的表格布局效果

```
        </td>
        <td height = "60"><img src = "images/main1.gif" width = "637" height = "60" /></td>
      </tr>
      <tr>
        <td height = "300" valign = top><table width = "637" border = "0" cellspacing = "0" cellpadding = "0">
      <tr>
        <td width = 8 background = "images/bg1.gif"></td>
        <td width = "620" valign = "top" class = ss></td>
        <td width = 9 background = "images/bg1.gif"></td>
      </tr>
    </table>
    </td>
      </tr>
    </table>
    <table width = "800" border = "0" align = "center" cellpadding = "0" cellspacing = "0">
      <tr>
        <td height = "71" background = "images/btbg.gif" align = "right"  valign = "middle" class = ss1><img src = "images/sy.jpg" border = "0" /></td>
```

```
  </tr>
</table>
</body>
</html>
```

其余 12 个页面的结构的制作方法跟首页面相同，也可以通过将首页面另存为的方法，分别命名为：jg.htm（课文结构），bjsc.htm（最具悲剧色彩的人），jj.htm（作品简介），lyxg.htm（最具雷雨性格的人），rw.htm（剧中人物），rwxg.htm（人物性格），vedou.htm（视频欣赏），xjzs.htm（戏剧知识），yy.htm（语言揣摩），zs1.htm（繁漪形象的悲剧美），zs2.htm（应怜最是周朴园），zs.htm（《雷雨》序）和 zz.htm（作者介绍），完成其他页面的制作。

(5)各页面内容部分的制作。首页面内容是一个事先准备好的 Flash 影片，作为课件的片头。利用菜单上的"插入—图片—Flash 影片"命令，将其导入。导入后，其他大小按照首页设计时的大小进行调整，完成后的效果如图 6-107 所示。

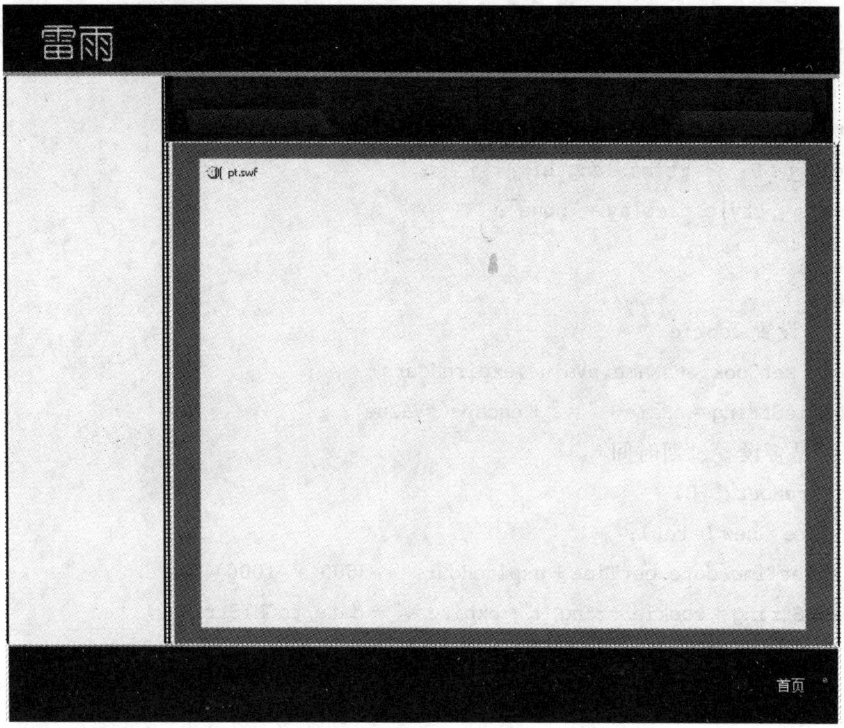

图 6-107　完成后的预览效果图

其他页面的内容通过相类似的办法制作完成。

其中 bjsc.htm 页面的图片排列是通过一个 3 行两列的表格进行布局完成的，在效果上作了一点特技处理，其他代码为<img src="images/sp.jpg" style="filter：alpha(opacity=30)" onMouseOver="makevisible(this,0)" onMouseOut="makevisible(this,1)">，通过鼠标响应，实现明暗变化，重点突出所讲内容。

(6)页面左侧导航菜单的制作。导航可以通过图片链接实现，为了使导航更加直观地显示使用者阅读页面的位置，使界面更加美观漂亮，我们在各页面左侧导航位置插入一段带有记忆

功能的导航菜单,并对各菜单项命名并按内容进行超链接,其代码如下:

```
<script language="javascript" type="text/javascript">
//---获取 ClassName
document.getElementsByClassName=function(cl){
var retnode=[];
var myclass=new RegExp('\\b'+cl+'\\b');
var elem=this.getElementsByTagName('*');
for (var j=0; j<elem.length; j++){
  var classes=elem[j].className;
  if (myclass.test(classes)) retnode.push(elem[j]);
}
return retnode;
}
//---隐藏所有
function HideAll(){
var items=document.getElementsByClassName("optiton");
for (var j=0; j<items.length; j++){
  items[j].style.display="none";
}
}
//---设置 cookie
function setCookie(sName,sValue,expireHours){
var cookieString=sName+"="+escape(sValue);
//;判断是否设置过期时间
if (expireHours>0){
  var date=new Date();
  date.setTime(date.getTime+expireHours * 3600 * 1000);
  cookieString=cookieString+"; expire="+date.toGMTString();
}
document.cookie=cookieString;
}
//---获取 cookie
function getCookie(sName){
  var aCookie=document.cookie.split("; ");
  for (var j=0; j<aCookie.length; j++){
var aCrumb=aCookie[j].split("=");
if (escape(sName)==aCrumb[0])
  return unescape(aCrumb[1]);
  }
  return null;
```

```
}
window.onload = function() {
var show_item = "opt_1";
if (getCookie("show_item") ! = null) {
  show_item = "opt_" + getCookie("show_item");
}
document.getElementById(show_item).style.display = "block";
var items = document.getElementsByClassName("title");
for (var j = 0; j<items.length; j + + ) {
  items[j].onclick = function() {
  var o = document.getElementById("opt_" + this.name);
  if (o.style.display ! = "block") {
  HideAll();
  o.style.display = "block";
  setCookie("show_item",this.name);
  }
  else {
  o.style.display = "none";
  }
  }
}
}
</script>
<table id = mnuList style = "WIDTH : 150px;HEIGHT: 100 % " cellspacing = 0 cellpadding = 0 align = center border = 0>
      <tr>
          <td bgcolor = # F0F0E5 id = outLookBarShow style = "HEIGHT: 100 % " valign = top align = middle name = "outLookBarShow">
                  <ul id = "menu">
<li class = "item"><a href = "javascript : void(0)" class = "title" name = "1">戏剧知识</a>
    <ul id = "opt_1" class = "optiton">
     <li><a href = "xjzs.htm">内容</a></li>
    </ul>
</li>
<li class = "item"><a href = "javascript : void(0)" class = "title" name = "2">作者介绍</a>
    <ul id = "opt_2" class = "optiton">
     <li><a href = "zz.htm">内容</a></li>
    </ul>
```

```
</li>
<li class = "item"><a href = "javascript: void(0)" class = "title" name = "3">作品简介</a>
  <ul id = "opt_3" class = "optiton">
   <li><a href = "jj.htm">内容</a></li>
  </ul>
</li>
<li class = "item"><a href = "javascript: void(0)" class = "title" name = "4">剧中人物</a>
  <ul id = "opt_4" class = "optiton">
   <li><a href = "rw.htm">内容</a></li>
  </ul>
</li>
<li class = "item"><a href = "javascript: void(0)" class = "title" name = "5">课文赏析</a>
  <ul id = "opt_5" class = "optiton">
   <li><a href = "jg.htm">课文结构</a></li>
   <li><a href = "rwxg.htm">人物性格</a></li>
   <li><a href = "yy.htm">语言揣摩</a></li>
   <li><a href = "lyxg.htm">最具雷雨性格的人？</a></li>
   <li><a href = "bjsc.htm">最具悲剧色彩的人？</a></li>
  </ul>
</li>
<li class = "item"><a href = "javascript: void(0)" class = "title" name = "6">视频欣赏</a>
  <ul id = "opt_6" class = "optiton">
   <li><a href = "vedou.htm">内容</a></li>
   </ul>
</li>
<li class = "item"><a href = "javascript: void(0)" class = "title" name = "7">知识链接</a>
  <ul id = "opt_7" class = "optiton">
   <li><a href = "zs.htm">《雷雨》序</a></li>
   <li><a href = "zs1.htm">繁漪形象的悲剧美</a></li>
   <li><a href = "zs2.htm">应怜最是周朴园</a></li>
  </ul>
</li>
</ul>
      </td>
   </tr>
```

</table>

至此,就完成了所有页面内容的制作。

分别将所准备的相关内容插入对应的网页主显示区,就完成了本课件的制作过程。最终效果见图 6-108 所示。

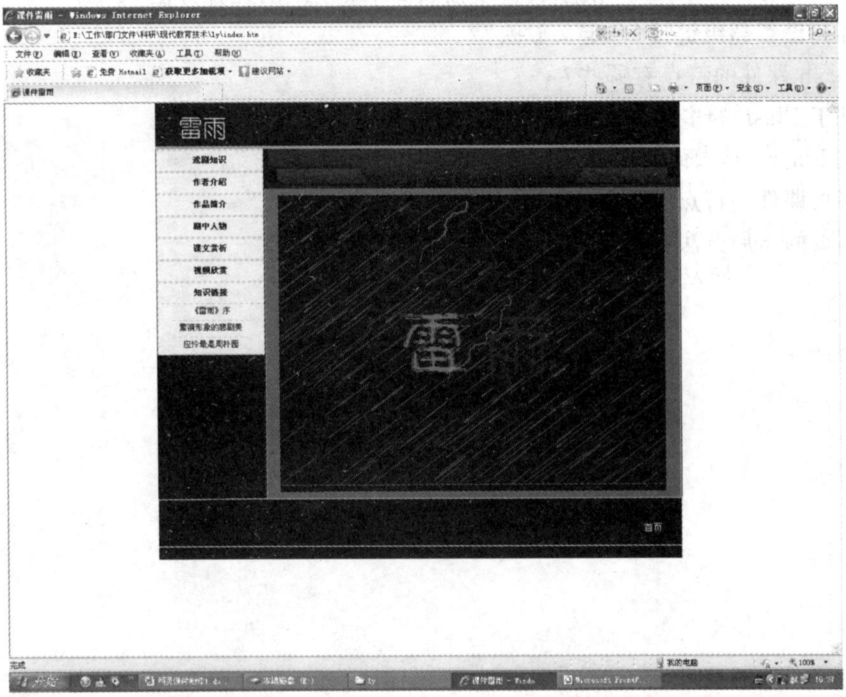

图 6-108 课件演示时的效果

习 题

1. PowerPoint 演示文稿有哪几种基本的文件保存格式?不同的文件格式,各有什么特点?

2. 在 PowerPoint 不同视图下适合对演示文稿进行什么编辑?

3. 在 PowerPoint 的幻灯片中执行“插入”菜单下“插入对象”命令,被插入的对象如何激活播放?

4. 在 PowerPoint 的幻灯片中执行“插入”/“影片与声音”菜单下“来自文件的声音”或“来自文件的影片”命令,插入的文件是否被保存在演示文稿内部?

5. 在 PowerPoint 的幻灯片中执行“幻灯片放映”/“动作设置”命令,在弹出的对话框“播放声音”选项中插入的声音文件是否被保存在该演示文稿内部?

6. 在 PowerPoint 的幻灯片中执行“幻灯片放映”/“录制旁白”命令,录制的声音是否被保存在该演示文稿内部?提示保存的“排练时间”含义是什么?

7. 在 PowerPoint 中幻灯片切换效果与动画效果有何不同?

8. PowerPoint 演示文稿中如何应用以及制作设计模板？

9. 在 PowerPoint 演示文稿中如何改变设置了超级链接的文本字体颜色？

10. 为了在另一台计算机上能够播放插入了影片和声音文件的 PowerPoint 演示文稿，保存及在另一台计算机上安装该演示文稿时应如何做？试列举两种方法。

11. 试列举在 PowerPoint 演示文稿中播放 Flash 动画的几种方法。

12. 如何设置超级链接“自定义放映”？

13. Flash 课件的特点有哪些？

14. 基于 Flash 的多媒体课件制作的一般过程包括哪几个步骤？

15. 在 Flash 中，如何调用外部媒体文件？

16. 网页课件的特点有哪些？

17. 网页的布局方法有哪几种？

参考文献

1. 陈琦，刘儒德．当代教育心理学[M]，北京：北京师范大学出版社，2007.

2. 张洪亮．现代教育理论导读[M]，东营：中国石油大学出版社，2009.

3. 黄荣怀，沙景容，彭绍东．教育技术学导论[M]，北京：高等教育出版社，2006.

4. 何克抗，李文光．教育技术学[M]，北京：北京师范大学出版社，2002.

5. 何克抗．关于《中小学教师教育技术能力标准》[J]，电化教育研究，2005.（04）.

6. 刘世清，关伟，王肖虹．教育信息技术专业英语[M]，北京：电子工业出版社，2008

7. 教育技术 2004 定义的讨论，[DB/OL]. http://www.jeast.net/jiahou/

8. 中华人民共和国教育部．中小学教师教育技术能力标准（试行），[DB/OL]，http://www.moe.edu.cn/edoas/website18/info7837.htm

9. 任友群，鲍贤清，等．规范与交叉：教育技术发展趋势分析[J]，远程教育杂志，2009，（05）.

10. 徐福荫．改革开放推动我国教育技术迅猛发展[J]，教育研究，2009，（05）.

11. 张京，徐渊．现代教育技术[M]，杭州：浙江大学出版社，2003.

12. 何克抗．对国内外信息技术与课程整合途径与方法的比较分析[J]，中国电化教育，2009，（09）.

13. 何克抗．21 世纪以来教育技术理论与实践的新发展[J]，现代教育技术，2009，（10）.

14. 谢亚静．2008 培训盘点——“全国中小学教师教育技术能力建设计划”项目专访[J]．中小学信息技术教育，2009，（03）.

15. 余胜泉、杨晓娟、何克抗．基于建构主义的教学设计模式[J]，电化教育研究，2000.

16. 何克抗，基于多媒体网络的课件脚本设计[EB/OL]，http://www.etc.edu.cn/articledigest4/multimedia－design_software_via_internet.htm，2010.

17. 何克抗，等．教学系统设计[M]，北京：高等教育出版社，2006.

18. 李俊山，等．数字图像处理[M]，北京：清华大学出版社，2007.

19. 杨杰．数字图像处理及 MATLAB 实现[M]，北京：电子工业出版社，2010.

20. 钟玉琢．多媒体技术[M]，北京：清华大学出版社，1999.

21. 郑可新，等．Photoshop 6.0 美工之路[M]，北京：人民邮电出版社，2001.

22. 太阳工作室．Photoshop 6.0 外挂滤镜与特效演练[M]，北京：人民邮电出版社，2001.

23. 祝智庭，等．现代教育技术——走进信息化教育[M]，北京：高等教育出版社，2005.

24. DDC 传媒．Adobe Audition 2.0 标准培训教材[M]，北京：人民邮电出版社，2007.

25. 郝兵，等．premiere 6.0 教程[M]，北京：北京希望电子出版社，2002.

26. 老虎工作室．创意无限——平面设计典型范例解析[M]，北京：人民邮电出版社，2001.

27. 何克抗．现代教育技术[M]，北京：北京师范大学出版社，2002.

28. 何文茜，高振环．现代教育技术[M]，北京：北京大学出版社，2009.

29. 杨欢耸．现代教育技术概论[M]，杭州：浙江大学出版社，2003.

30. 茅育青．现代教育技术[M]，杭州：浙江教育出版社，2006.

31. 武法提．网络教育应用[M]，北京：高等教育出版社，2003.

32. 李方，叶谷平．现代教育技术学[M]，广州：广东高等教育出版社，2006.

33. 清华教育在线，http://www.theti.org.

34. 李新月．应用 Flash 技术制作课件具有的优势及应坚持的原则[J]，山西财经大学学报(高等教育版)，2009，(02).

35. 马九克，PowerPoint 2003 在教学中的深度应用，[M]，上海：华东师范大学出版社，2009.

36. 游泽清，多媒体画面艺术设计，[M]，北京：清华大学出版社，2009.